走私犯罪
判例释解与辩点分析
第二版

晏山嵘 著

SMUGGLING CRIME CASE COMMENTING
AND ANALYSIS OF DEFENSE POINT

中国法制出版社
CHINA LEGAL PUBLISHING HOUSE

第二版前言

《走私犯罪判例释解与辩点分析》一书于2018年3月问世以来，幸得读者好评——有读者认为该书为"控辩审各方学习和提升的必备素材"和"办理走私案件的重要指导用书"，不少法官、检察官、缉私警察及律师将其作为案头常用参考书，这些都让我倍感欣喜。更重要的是，不少网络读者和现实生活中的朋友数次留言催促，希望我能尽快修订本书，多增加点近几年新发生的典型案例。于是，历经数月辛劳，便有了现在的第二版。

第二版增补和替换了部分案例（共24个），并根据最新法律法规司法解释对相关内容进行了修订，修订幅度30%左右。改版后的全书案例数量共计109个。第二版修订的内容主要体现在：第一，增补了无罪辩护案例。该部分为本律师团队作了无罪辩护的走私案例（结果不全是无罪）。第二，增补了人民检察院决定不起诉的案例。该部分为全国范围内人民检察院决定不起诉的走私典型案例。第三，增补了新型、典型案例。如跨境电商走私案例、以单位名义实施犯罪后主要违法所得无法查清去向的案件是应定单位走私还是个人走私等。第四，替换了一些陈旧案例。

最后，要感谢中国法制出版社的大力支持和不断敦促，感谢我家人的默默关心！同时也感谢指出本书第一版不足之处的所有读者！

由于修订时间有限，本书难免仍存在值得商榷之处，请大家不吝提出意见和建议。感谢广大读者一如既往的支持和厚爱。

晏山嵘
2023年1月

前　言

这是一本资料新、判例多、内容全的走私犯罪专著。"资料新"体现在本书对最新的走私犯罪法律法规及司法解释作了全面透彻地解析;"判例多"体现在本书全面分析了100个走私犯罪判例,其中大量判例为2015年后裁判的;"内容全"体现在本书对几乎所有走私犯罪罪名(走私核材料罪除外)的判例类型均作了深度研究,同时,对走私犯罪总论部分的判例则通过主观故意的认定、犯罪形态的认定、单位犯罪的认定及处罚、自首的认定等四章作了体系性阐释。本书判例由案件名称、裁判要点、案情简介、裁判理由、评析与辩点等五部分组成(少数判例还有余论部分),其中"评析与辩点"部分并未将"评析"与"辩点"截然分开予以表述,而是将两者有机融合,读者可自行品鉴。

本书最大特色在于理论紧密联系实务,其中既包含了理论界、实务界的各种学说和观点,又包含了最新规定和法院的大量判例。判例是一种司法实践,蕴含着丰富的解决问题的方法和智慧,对争议已有终局性的法律结论,大样本的判例是观察司法实践全景的有效窗口。通过对判例进行观察、概括、批判和总结,笔者试图提炼出某些共同特征,把解决问题的方法概括为可适用的规则。笔者近3年的时间都在通过各种渠道收集判例、阅读判例、分析判例、整理判例、萃选判例,书中判例是从我阅读过的12687个走私犯罪真实判例(另有部分判例尚未进入审判环节即予终结)中萃选出来的,总共汇集了100个典型判例,也即本书所选的每个判例均是对几十个乃至上百个同类判例进行反复甄选的结果,极具代表性,本书判例时间跨度为1994年至2016年,其主要来源为:最高人民法院公布的指导性案例;最高人民法院"中国裁判文书网"等网站所载判例;《最高人民法院公报》《刑事审判参考》《刑事司法指南》《人民法院案例选》《中国审判案例要览》所载判例;各地高级人民法院、中级人民法院的官方网站及出版物所载判例,还有极少数判例来源于学者的论文、专著、教材或网页。所有判例收录本书时，均经过我们编辑加工处理，仅为分析法律问题提供参考。

本书呈现以下六个特点：

第一，既重视判例研究，又重视规范分析。"个案——规范"作为一个法学研究的分析框架，是本书写作过程中始终遵循的一种法学方法。在"个案——规范"的互动中发现刑法的思想，在"个案——规范"的分析框架中解释走私犯罪刑事处罚的合法性或非法性。但相当一部分走私犯罪专著缺少法规范和个案的引证，与司法实务保持了不应有的"距离"。这样的书不仅读者读起来无趣，对法律实践也影响甚微。

第二，既重视个案研究，又重视类案研究。本书以个案研究为主，同时也兼顾了类案研究。个案研究是针对某一个具体的个案所展开的"解剖麻雀式"的分析；而后者是以某一领域的问题为中心所作的"一网打尽式"的分析，如本书中针对"走私贵重金属案中从犯认定的证据标准"及"应如何界分特定故意及概括故意"等问题就进行了类案研究。围绕上述主题，我们分别研究了8个判例及14个判例（事例），并从中概括抽象出一些基本原则、具体规则和模式类型。此外，需提示的是：本书每个判例仅研究一个问题（因此，我们在判例的"案情简介"部分对与此问题无关的其他事实等内容将根据需要有所删减），如果在其他判例中又涉及这一问题时，虽然我们未再表态，但并不代表我们改变了原有立场。如在"傅某某走私普通货物（柴油）案"中，我们认为，走私柴油案不宜引用《刑法》第155条规定作为定罪处罚依据；而在"胡某某走私普通货物（柴油）案"中，法院也引用了《刑法》第155条规定作为定罪处罚依据，我们对此未予置评并不代表我们调整了此前观点。

第三，既重视最高人民法院公布的各类典型判例，又重视下级法院的新型判例。最高人民法院通过各种渠道公布的判例虽然具有权威性和典型性，但一般都经过了人为的加工裁剪，研究主体很多时候实际上根本就无法掌握案件的全貌，因而未必是最理想的分析范本。在我国，绝大多数走私犯罪案件都是由中级人民法院审理的，因而大量新型案件是最早进入中级人民法院视野的。一般来说，这些新型案件在当时往往都具有广泛的社会影响，有的还曾引起媒体的强烈关注，因而案件的全貌更容易掌握，是更为理想的判例素材。如"袁某某等走私武器、弹药（气枪、铅弹）案"等即是绝佳的判例范本，其中蕴藏着极为丰富的研究素材。

第四，既重视主流裁判观点，又重视非主流裁判观点。我国境内的判决书不同于境外有些国家或地区的判决书，前者判决主文中就只能包含一种观点，而后者在公布判决所持多数法官的观点的同时还公布其他少数法官的反对意见，让当事人或读者可以从中汲取更多养分。本书受此启发，对同类案件不同法院的判决进行比较研究，如在"陈某某走私国家禁止进出口的货物（檀香紫檀）案"中，我们既选取了定走私国家禁止进出口的货物罪的判例，又选取了定走私普通货物罪的判例，还选取了持上述两种罪名构成想象竞合或法条竞合应从一重处断观点的判例，然后有针对性地逐一评析，最后阐述了自己的倾向性意见。诸如此类同时选取持正反几种观点的不同法院之判例的情形在本书当中可谓俯拾即是，这对律师代理、学者研究和法官裁判而言无疑极具参考价值。

第五，既重视有罪判例，又注重无罪判例。本书选取的判例大部分都是有罪判例，这类判例大体类似，其在认定事实、审查证据、适用程序、适用法律等方面均需达到法定要求；而无罪判例则各有各的原因，有的是因为事实不清、证据不足，有的是因为缺乏法律依据，对于这些无罪判例我们均给予了足够的重视，以充分发掘出其潜在价值及指导意义。同时，在上述有罪判例中，我们经过认真研究后，认为其中有些应认定为无罪，如"陈某走私贵重金属（黄金制品）案"中，虽然法院判决陈某有罪，但我们认为这种个人携带黄金制品出境的情形不宜认定为走私犯罪。在另外一些有罪判例中，我们虽然赞同其判决结果，但认为其论理过程值得商榷。当然，也有部分有罪判例的判决结果及论理过程我们均表赞同。因此，我们对有些读者所持"某某论述跟实务不符，故没啥价值"的观点实在难以赞同，因为唯有不同意见或观点才会对探寻事物本质及改进司法实践更具教益。当然，提出新观点并不意味着可以完全脱离实务去求新求异，其存在价值的前提须立于对目前通行的实务观点及学界观点全面透彻掌握的基础之上，舍此，即为镜中花、水中月、沙上塔。

第六，既重视法益保护，又注重自由保障。本书尽可能站在中立的角度来展开研究，避免预设立场或本位主义，在并非个案辩护的法学研究场域，如果完全站在律师的角度来阐释案件，则该研究成果将难以获得严谨的客观性、公认的可信度及长久的生命力。鉴此，本着客观中立的立场，在有的判例中，我们注重维护了刑事侦查机关、司法机关的权威性及刑法的法益保护机能，如在"苍南TH公司等走私普通货物（杂货）案"中，我们即认为，"发错货"的说法如无其他客观、充分、可信赖的证据作支撑，较难成为否认存在走私犯罪主观故意的理由；而在有的判例中，我们注重维护刑法的罪刑法定原则及自由保障机能，如在"王某某等走私普通货物（水产加工品）案"中，我们即认为，明知系擅自销售的保税货物而单纯收购的情形不宜认定为走私普通货物罪。

本书与目前市面上的其他走私犯罪专著有较大区别，它的一大特色在于以最为重要的一些走私犯罪理论或实务问题为线将大量判例穿缀起来，而且，我们往往将内在联系紧密的多个判例分别放置在前后几节进行"剥笋式"地层层推进和全面梳理，形成了体系性的研究态势，并得出了一些较全面系统深入的研究结论，这些结论在一定程度上可以折射出中国走私犯罪刑法图景的现状和未来。正如维特根斯坦在《札记》一书中所言："洞见或透识隐藏于深处的棘手问题是艰难的，因为如果只是把握这一棘手问题的表层，它就会维持原状，仍然得不到解决。因此，必须把它连根拔起，使它彻底地暴露出来。"同时，本书将刑事法、证据法、海关法、行政法较好地熔于一炉，并引入了法释义学、法政策学、法比较学等法学研究方法，同时还借鉴了民事及行政领域的一些理论成果，部分判例提出了独到并实用的立法建议，希望本书能够为广大刑事执法人员、司法实务人员、理论研究人员及律师等法律界人士发挥较大的参考借鉴作用。

此外，本书与作者此前出版的《走私犯罪案例精解》一书配套使用（两书重合部分较少）可以达到更好的阅读和使用效果。

目 录

第 1 章　走私犯罪主观故意的认定 ……1

1. 擅自修改矿物检测数据未必构成走私故意 / 3

   【案件名称】吕某走私废物（球碎矿）案

2. 公司领导审批并不意味着其对走私必然知情或必然存有主观故意 / 7

   【案件名称】卓某某涉嫌走私普通货物（石材）案

3. 虽客观上有帮助行为但难以证实当事人有主观故意的仍无法定罪 / 9

   【案件名称】季某某涉嫌走私普通货物（大米）案

4. 行为有悖常理不一定能证明当事人有故意或明知 / 12

   【案件名称】苏某等走私、运输毒品（海洛因）案

5. 可采取证明方式认定主观故意时不必采取推定方式 / 16

   【案件名称】陈某走私普通货物（汽车）案

6. 间接证明方式应当达到排除合理怀疑的证明程度方为有效 / 20

   【案件名称】大连甲公司、大连保护区乙公司、刘某、都某某等走私普通货物（冻品）案

7. 事实推定应适用高于法律推定的证明标准 / 24

   【案件名称】区某某走私普通货物（干果）案

8. 在非设关地接驳偷运进境的货物可推定为具有走私犯罪故意 / 28

   【案件名称】钟某文走私普通货物（冻品）案

9. 事前无通谋即便提供过多次帮助亦未必构成走私犯罪故意 / 32

   【案件名称】韦某某等涉嫌走私普通货物（香烟）案

10. 将长粒米伪报为中短粒米被认定为具有走私犯罪故意 / 36

    【案件名称】谢某某等走私普通货物（大米）案

11. 货主"明知"他人将长粒米报成中短粒米未被认定为走私犯罪 / 39

   【案件名称】A公司涉嫌走私普通货物（大米）案

12. 海关的过错在特定情形下可以成为犯罪阻却事由 / 41

   【案件名称】深圳YW公司、湖北YW公司等涉嫌走私普通货物（毛豆油）案

13. 如实申报后由于海关的不当行为未能鉴别出商品禁限属性而予以放行的行为可成为犯罪阻却事由 / 43

   【案件名称】唐某涉嫌走私珍贵动物制品（金带喙凤蝶标本）案

14. 未参与走私行为核心环节的普通员工难以推定其具有走私犯罪主观故意 / 45

   【案件名称】许某甲等涉嫌走私普通货物（废金属）案

15. 曾因"同一"走私行为被定罪处罚不必然推定有走私犯罪故意 / 48

   【案件名称】区某某涉嫌走私普通货物（化工原料）案

16. 因不明知而发生的事实认识错误不应认定为有故意 / 51

   【案件名称】王某某等走私普通货物（冻品）案

17. 持择一故意的，在择知范围外成立事实认识错误 / 59

   【案件名称】冯某某走私珍贵动物制品（穿山甲鳞片）案

18. 误把犯罪行为当一般行政违法行为予以实施的情形能否阻却犯罪故意的成立？/ 65

   【案件名称】蒋某某走私普通货物（化妆品等）案

19. 未有效消除怀疑的"惑知"仍属"明知" / 79

   【案件名称】蒋某某走私文物（青铜器）案

第2章 走私犯罪及形态的认定 83

20. 寄售在现有法律条件下难以构成走私犯罪 / 85

   【案件名称】甲公司等走私普通货物（水果）案

21. 走私人未归案的情形无法认定被告人构成准走私犯罪 / 88

   【案件名称】王某甲走私普通货物（汽车）案

22. 未查清当事人参与走私具体数量的不应对其定罪处罚 / 90

   【案件名称】李某生等走私普通货物（汽车轮胎）案

23. 无法完全证明"邮箱单证价格"系真实成交价格的不能定罪处罚 / 94

   【案件名称】柯某尔公司等走私普通货物（汽车贴膜）案

24. 未查扣的象牙因无法鉴定及难以查明事实故无法定罪 / 101
   【案件名称】周某等走私珍贵动物制品（象牙等）案

25. 尚未进入报关环节、尚未向海关申报的行为不宜认定为犯罪未遂 / 103
   【案件名称】彭某某走私普通货物（面粉）案

26. 行为人因其他原因被刑拘后，其他共犯仍按原计划实施走私，行为人未继续实施的，是否能认定为犯罪中止？/ 107
   【案件名称】陈某某等走私普通货物（石材）案

27. 货运通关走私在海关监管现场被查获的情形不宜一概认定为犯罪既遂 / 113
   【案件名称】赵某甲走私普通货物（硅铁）案

28. 尚未提取、销售且尚未申请核销加工贸易保税货物的情形构成未遂 / 119
   【案件名称】浙江XQ公司走私普通货物（皮料）案

29. 海上绕关走私犯罪应以货物跨越关境并过驳作为既遂认定标准 / 122
   【案件名称】张某甲走私普通货物（柴油）案

30. 走私犯罪既遂部分与未遂部分偷逃税款数额不宜一概简单相加作为案件涉税数额 / 126
   【案件名称】蔡某某走私普通货物（柴油）案

31. 未进入申报环节之时被迫扔掉弹药的情形宜认定为犯罪预备 / 130
   【案件名称】吕某某走私弹药（气枪子弹）案

第3章 单位走私犯罪的认定及处罚 135

32. 提供批文的单位及责任人如无特殊情节应认定为从犯 / 137
   【案件名称】徐某某等走私废物（废塑料）案

33. 对声称仅形式审核申报资料的单位不宜宣告无罪 / 142
   【案件名称】南某船代公司等走私普通货物（废钢铁）案

34. 以单位名义实施犯罪后主要违法所得无法查清去向的，应根据有利于被告人的原则认定为单位犯罪 / 146
   【案件名称】王某某等走私普通货物（通讯设备）案

35. 单位部门负责人履行职责的行为宜认定为单位走私犯罪 / 148
   【案件名称】吕某某等走私制毒物品（麻黄浸膏粉）案

36. 名义性承包或挂靠的情形宜认定为个人走私犯罪而非单位犯罪 / 152
   【案件名称】陈某走私普通货物（乳胶浆等）案

37. 单位意志系构成单位走私犯罪的唯一本质特征 / 155
   【案件名称】李某某等走私普通货物（化工原料）案

38. 公司设立后以实施犯罪为主要活动的情形应认定为个人犯罪 / 163
   【案件名称】陈某等走私普通货物（柴油）案

39. 特定情形下单位分支机构可被认定为单位犯罪主体 / 166
   【案件名称】中山HJ公司业务四部走私普通货物（牛皮）案

40. 特定条件下单位一般工作人员的意志可上升为单位意志 / 170
   【案件名称】上海某公司涉嫌走私普通货物（天然气发动机）案

41. 特定条件下（单位分支机构负责人超越职权协助他人走私）宜将分支机构认定为走私犯罪的协助主体 / 174
   【案件名称】吴某某等走私普通货物（皮料）案

42. 单位与个人共同走私已超过个人起刑点但未达到单位起刑点的情形应如何处理？/ 179
   【案件名称】TZX公司与黄某共同走私普通货物（汽车）案

43. 单位走私犯罪共犯之间宜区分主从犯 / 182
   【案件名称】汇某公司、锦某公司等走私普通货物（皮料）案

44. 单位走私犯罪共犯之间应如何区分主从犯？/ 187
   【案件名称】上海倍某公司等走私普通货物（木料）案

45. 单位主从犯与直接责任人员主从犯关系应保持相对一致性 / 195
   【案件名称】鑫某某公司等走私普通货物（硅锰合金）案

第4章 走私犯罪自首的认定 201

46. 单位自首的效果一般可自动及于直接责任人员 / 203
   【案件名称】冯某某等走私普通货物（海鲜）案

47. 单位自首并不意味着直接责任人员必然成立自首 / 207
   【案件名称】安某等走私普通货物（开关）案

48. 走私犯罪中特别自首的成立 / 211
   【案件名称】田某某等走私普通货物（镁砂等）案

49. 投案自首取保候审期间又犯新罪，因其他一般性违法接受调查时又主动交代该新罪的，应认定为自首 / 213

【案件名称】乙公司走私普通货物（生物试剂）案

50. 海关价格例行调查时如实供述且主动提供定罪书证的应认定为自首 / 218

【案件名称】甲公司走私普通货物（纸尿裤）案

51. 旅检例行检查查获未申报应税物品，在海关关员调查时即如实供述自己罪行的，能否认定为"形迹可疑"型自动投案？/ 221

【案件名称】童某走私普通货物（化妆品等）案

52. 例行安检时，携带毒品的罪行未被公安机关发现，仅因形迹可疑被盘问，主动交代犯罪事实的，应认定为自动投案 / 224

【案件名称】杨某某等走私毒品案

53. 自动投案后虽然供述的犯罪数额过半数，但未供述的部分足以影响案件定罪或加重刑罚的，不应认定为自首 / 227

【案件名称】苏某某等走私普通货物（木料）案

第5章　走私犯罪的证据　　......231

54. 经海关查验的报关单及查验记录单之证据效力要高于侦查机关事后收集到的其他一般书证和口供 / 233

【案件名称】刘某等走私废物（废人发）案

55. 仅有收购人口供而无其他充分证据无法认定被告人构成准走私犯罪 / 237

【案件名称】冯某甲走私普通货物（大米）案

56. 跨境电商走私案仅凭模糊证据难以定罪 / 240

【案件名称】李某某等走私普通货物（跨电商品）案

第6章　走私普通货物、物品罪　　......243

57. 无法证明有主观明知的夹藏普通货物难以认定为走私普通货物罪 / 245

【案件名称】龙某华、郭某鹏走私普通货物（液晶玻璃等）案

58. "发错货"的说法如无其他充分的客观可信赖证据作支撑，较难成为否定走私犯罪主观故意的理由 / 249

【案件名称】苍南TH公司等走私普通货物（杂货）案

59. 经验法则可用于对客观事实的推定 / 253

【案件名称】朱某某走私普通货物（花生米）案

60. 向境外供货商支付的"佣金"不应认定为不计入完税价格的购货佣金 / 256

【案件名称】厦门甲公司等走私普通货物（啤酒）案

61. 拍卖费不宜一概计入计税价格 / 259

【案件名称】甲进出口公司、乙运输公司等走私普通货物（艺术品）案

62. 进口货物的维修费并非一概都不能计入计税价格 / 262

【案件名称】杭州A公司等走私普通货物（旧胶印机）案

63. 伪报贸易方式并非一概构成走私犯罪 / 265

【案件名称】上海日某公司等走私普通货物（干花工艺品成品等）案

64. 进口货物的国内运输等费用虽未单独列明，亦不宜计入计税价格 / 268

【案件名称】光某公司等走私普通货物（印刷机）案

65. 如何理解《刑法》第153条中"多次走私未经处理"之意涵？ / 271

【案件名称】罗某甲等走私普通货物（柴油）案

66. 同一犯罪构成要件内发生的事实认识错误不影响罪名认定 / 277

【案件名称】深圳A公司等走私普通货物（食品）案

67. 仅对特定种类或同质的走私对象持故意可排除其他不同质罪名的成立 / 280

【案件名称】徐某前等走私普通货物（苹果平板电脑及穿山甲鳞片等）案

68. 对同一犯罪构成要件内的数额认识错误将影响量刑 / 287

【案件名称】文某走私普通货物（美容针剂等）案

69. 走私柴油案不宜引用《刑法》第155条规定作为定罪处罚依据 / 290

【案件名称】傅某某走私普通货物（柴油）案

70. 明知系擅自销售的保税货物而单纯收购的情形不宜认定为走私普通货物罪 / 293

【案件名称】王某某等走私普通货物（水产加工品）案

71. 1年内3次走私入罪规定中的前两次走私对象宜限定在普通货物、物品的范围之内 / 297

【案件名称】焉某某走私普通货物（中药材等）案

72. 走私限制类废物的情形不宜认定为走私普通货物罪 / 301

【案件名称】陈甲走私废物（废五金）案

73. 二审期间才生效的司法解释如对被告人有利应有溯及力 / 305

   【案件名称】黄某某等走私普通货物（跑车）案

74. 如何看待海上偷运走私犯罪中的"合法证明"？/ 310

   【案件名称】王某等走私普通货物、国家禁止进出口的货物（冻品）案

第7章　走私国家禁止进出口的货物、物品罪　　......315

75. 对合法颁发的许可证未经法定撤销程序难以认定为走私国家禁止进出口的货物罪 / 317

   【案件名称】巫某某等走私国家禁止进出口的货物（感光鼓等）案

76. 起运时货物属性为非禁止类的即便进口时伪报品名亦不构成走私国家禁止进出口的货物罪 / 322

   【案件名称】杜某某等走私国家禁止进出口的货物（德米古夷苏木）案

77. 目前形势下走私冻品均被认定为走私国家禁止进出口的货物罪 / 326

   【案件名称】余某轮等走私国家禁止进出口的货物（冻品）案

78. 走私土沉香（白木香）的情形不宜认定为走私国家禁止进出口的货物罪 / 329

   【案件名称】吴某某走私国家禁止进出口的货物（土沉香或白木香）案

79. 走私被明令禁止的疫区动物的情形构成走私国家禁止进出口的货物罪 / 334

   【案件名称】柳某某等走私国家禁止进出口的货物（山羊）案

80. 走私檀香紫檀的情形该如何定罪处罚？/ 337

   【案件名称】陈某某走私国家禁止进出口的货物（檀香紫檀）案

第8章　走私珍贵动物、珍贵动物制品罪　　......341

81. 偷带猛犸象牙等已灭绝的古代野生动物制品的情形不构成走私珍贵动物制品罪 / 343

   【案件名称】蒋某某走私珍贵动物制品（猛犸象牙等）案

82. 对携带购买地允许交易的珍贵动物制品进境的行为应如何查明外国法及分配举证责任？/ 345

   【案件名称】朱某某等走私珍贵动物制品（象牙制品）案

83. 购买地允许交易珍贵动物制品的条款被取消后还能否以此作为有效抗辩理由？/ 351

   【案件名称】高某某走私珍贵动物制品（象牙制品等）案

84. 从外国偷运在其原产国非国家保护动物进境的行为不宜认定为走私珍贵动物制品罪 / 355

【案件名称】吐尔迪某某走私珍贵动物制品（羚羊角）案

85. 明知是死体穿山甲而走私的情形应认定为走私珍贵动物制品罪 / 358

【案件名称】程某等走私珍贵动物制品（死体穿山甲等）案

第9章　走私废物罪　　　……363

86. 走私的废物中另有普通货物则全案应如何定罪处罚？ / 365

【案件名称】黄某某等走私废物（旧电脑硬盘等）案

87. 单纯利用他人许可证进口限制类废物的情形不宜认定为走私废物罪 / 368

【案件名称】王某乙走私废物（废塑料）案

第10章　走私武器、弹药罪　　　……373

88. 因鉴定检材受污染故当事人无法构成走私武器、弹药罪 / 375

【案件名称】陈某某走私武器、弹药、非法持有弹药（铅弹）案

89. 一般贸易出口仿真枪伪报品名的情形难以构成走私犯罪 / 378

【案件名称】何某某等走私武器及国家禁止进出口的货物（自制气步枪及仿真枪）案

90. 以为仿真枪系玩具枪而实施走私的情形不宜认定为走私武器罪 / 381

【案件名称】袁某某等走私武器、弹药（气枪、铅弹）案

第11章　走私贵重金属罪　　　……387

91. 取消审批项目后个人携带黄金出境的情形不宜认定为走私犯罪 / 389

【案件名称】吴某走私贵重金属（黄金金块）案

92. 走私贵重金属案中从犯认定的证据标准 / 392

【案件名称】侯某琼走私贵重金属（黄金）案

第12章　走私文物罪和走私假币罪　　　……395

93. 携带文物兼珍贵动物制品两种性质的商品进境的情形该如何定罪处罚？ / 397

【案件名称】高某某走私珍贵动物制品（牙雕）案

94. 走私白垩纪古脊椎鸟类化石的情形是否构成走私文物罪？/ 399

【案件名称】朱某某走私国家禁止进出口的物品（白垩纪古脊椎鸟类化石）案

95. 走私假币罪从犯认定的证据标准 / 402

【案件名称】施某某等走私假币（假美元）案

第13章 走私淫秽物品罪 405

96. 对"淫秽物品"的认识差异究竟属于事实认识错误还是法律认识错误？/ 407

【案件名称】ALY走私淫秽物品（淫秽光碟）案

97. 性药品外包装上的性图片是否属于淫秽物品？/ 411

【案件名称】郑某走私淫秽物品（色情图片）案

98. 走私淫秽光盘后又复制贩卖的情形应定一罪还是数罪？/ 413

【案件名称】何某走私淫秽物品（淫秽光盘）案

99. 确实不知所走私普通货物中混杂有淫秽物品的情形不构成走私淫秽物品罪 / 416

【案件名称】魏某文等走私普通货物（杂货）案

第14章 走私毒品罪 421

100. 不能排除当事人被蒙骗可能性的，无法认定为走私毒品罪 / 423

【案件名称】童某连等走私毒品（甲基苯丙胺）案

101. 新规颁行后携带恰特草进境是否存在违法性认识之可能性或不可避免的违法性认识错误？/ 431

【案件名称】易卜拉某走私毒品（恰特草）案

102. "止咳水"未必一概应认定为毒品 / 439

【案件名称】余某某走私、贩卖、运输、制造毒品（止咳水）案

103. 邮寄型走私毒品犯罪应以完成交付邮寄手续为既遂标准 / 443

【案件名称】莫某某等走私、贩卖、运输、制造毒品（"冰毒"）案

104. "推定"及"惑知"可构成走私毒品罪的"明知" / 447

【案件名称】李某走私毒品（海洛因）案

105. 在走私毒品案中如不能排除货主存在之可能性的，应慎用死刑立即执行 / 451

【案件名称】胡某某等走私毒品（海洛因等）案

第15章 走私制毒物品罪 453

106. 走私未列入国家规定管制范围的物品之情形不宜认定为走私制毒物品罪 / 455

【案件名称】谢某某涉嫌走私制毒物品（盐酸）案

107. 邮寄制毒物品的情形不宜认定为走私制毒物品罪 / 459

【案件名称】高某走私制毒物品（麻黄碱）案

108. 走私拆除包装改变形态的麻黄碱制剂的情形可认定为走私制毒物品罪 / 462

【案件名称】吴某某走私制毒物品（拆除包装的麻黄碱制剂）案

109. 尚未进入邮寄的具体交寄环节之情形宜认定为犯罪预备 / 465

【案件名称】陈某某等走私制毒物品（麻黄碱）案

附 录 471

中华人民共和国刑法（节录）/ 473

最高人民法院、最高人民检察院、海关总署关于办理走私刑事案件
适用法律若干问题的意见 / 477

最高人民法院、最高人民检察院关于办理走私刑事案件适用法律若
干问题的解释 / 486

最高人民法院、最高人民检察院关于办理妨害文物管理等刑事案件
适用法律若干问题的解释 / 495

最高人民法院关于审理毒品犯罪案件适用法律若干问题的解释 / 500

后 记 508

第1章
走私犯罪主观故意的认定

1. 擅自修改矿物检测数据未必构成走私故意

案件名称

吕某走私废物（球碎矿）案

处置要点

擅自修改矿物检测数据未必构成走私故意。

案情简介

2017年7月至2018年3月，上海某公司先后从国内两个口岸进口矿石约32万吨，其中最后一批经鉴定被认为掺有固体废物，海关缉私局遂成立专案组立案侦办，同时将前期进口的矿石也全都纳入了侦查范围。该案嫌疑人为货主黄某、口岸单位检测部门领导吕某、货代汤某某、检测员施某某、码头公司蔡某等近十人。

吕某在货物正常进口时微调了涉案9条船中6条船的检测数据（主要是修改了铁含量和水分含量）。具体情形为：在货物通关放行后，吕某应汤某某的请求，对6船次货物的铁含量检测数据在对外出具的品质证书上进行了微调，主要是将货物铁含量的百分比调高零点几至三点几不等，如由59点多调至62点多等。该9条船中的5条船所载货物被鉴定机构鉴定为禁止进口的固体废物。据此，侦查机关认为吕某与人通谋，涉嫌走私废物罪。

最终该案检察院对吕某作出了存疑不起诉的决定。

处置理由

该案检察院经全面审查并经二次退回补充侦查，仍然认为在案用以证实吕某具有走私废物主观故意的证据未达到确实、充分的标准，认定吕某涉嫌走私废物罪的犯罪事实不清、证据不足，不符合起诉条件。根据《刑事诉讼法》[①]第175条第4款的规定，决定对吕某存疑不起诉。针对其他事项的意见略。

[①] 本书中的"案情简介""处置理由""裁判理由"中的《刑事诉讼法》均是指人民检察院、人民法院在处理相关案件当时的《刑事诉讼法》。——编者注

评析与辩点

第一，吕某及其所在单位均不具备检测固废的能力、设备、资质和条件，吕某主观上从未想过要协助走私，因此其不具备走私的主观故意。

以涉案9条船中的"A船""B船""C船"等3条船为例。其中"A船"尚未报关，吕某也未来得及出具品质证书，因此不存在调整数据的问题，针对该船商检在海关调查后也心存疑惑，因此自己又检测了一遍但并未发现异常，而这条船所载货物鉴定机构检测认为是固体废物。与此类似，对"B船"货物，吕某没有调数据，商检自己又检测一遍同样未发现异常，这条船所载货物鉴定机构检测也认为是固体废物。与上述两船情况恰恰相反的是"C船"，吕某调了数据，但鉴定机构检测认为不是固体废物。由此，至少可以得出以下三点结论：

一是吕某及其所在单位无检测固废的能力、设备及资质。吕某及其所在单位根本就没有检测固废的能力、设备和条件，同时也没有鉴别固废的法定资质，让他们来检测或鉴别是否为固废并对此做到心中有数，无论是案发前还是案发后，这均已超出他们的能力范围，不具期待可能性。因此，"起诉意见书"称吕某对前一口岸"进口的8船明显具有固废特征的球碎矿货物未作固体废物属性鉴别"的说法是不客观的。

二是吕某无确定故意及概括故意。如果说吕某有确定或精准的协助走私故意，那么其就应具有固废鉴别的能力并事先做到心中有数，但现实却是调了数据的"C船"，连鉴定机构都认为不是固废；如果说吕某有概括或模糊的故意，那么其就应该不管什么情况都将每条船数据调高一些，但问题是对于"B船"，吕某根本就没有调数据。由此，无论是确定的故意还是概括的故意，吕某都是没有的。

三是吕某调数据与否与鉴别机构的认定无必然联系。由前述也可看出，吕某调不调数据与鉴定机构最终认定是不是固废并无必然联系。若认为两者之间存有必然联系，则属客观归罪和结果归罪。

第二，涉案企业就涉案货物向海关报关的数据全部直接采用了境外中国检验认证（集团）有限公司（以下简称CCIC）数据，完全没有采用吕某"品质证书"数据。

涉案企业向海关报关进口涉案货物可分为一次报关、二次报关两个步骤，关于涉案货物的铁含量等数据，企业在一次报关及二次报关时全部直接采用了境外某 CCIC 等机构所提供数据，均未采用吕某"品质证书"上的数据。就此问题，由于涉案几条船的情况均类似，以下仅以涉案 9 条船中的"D 船"为例进行分析。

先看"D 船"的一次报关，境外某 CCIC 于 2017 年 7 月 24 日调整后的数据为：铁含量 63.85%，含水量 0.38%；吕某于 2017 年 9 月 14 日出具的数据则为：铁含量 63.38%，含水量 0.66%，与境外某 CCIC 数据有明显差异；而 2017 年 8 月 9 日的报关单上显示的数据与境外某 CCIC 数据却是完全一致的，亦为：铁含量 63.85%，含水量 0.38%。

紧接着再看"D 船"的二次报关，企业于 2017 年 10 月 9 日向海关出具的"二次结算情况说明"指出：除重量以卸货港 CIQ 变更的数据为准外，"其他指标不作调整"（包括"铁含量"等指标），以报关单数据为准（也即以境外某 CCIC 等境外机构数据为准）。

由前述可以清晰地看出：如果本案存在走私事实且与调整、修改数据有关，那么也应是境外某 CCIC 等境外机构调整或提供数据的行为与走私具有因果关系。反观吕某，既然在一次报关及二次报关时企业都完全未采用吕某"品质证书"上的数据，也即吕某的行为未能实际影响到报关及通关，那有没有发生走私跟吕某的行为就没有关联性。

第三，本案与其他貌似相同之案例具有本质区别。

经检索，我们发现有一起案件与本案貌似有某种相似之处——上海中某贸易公司等走私普通货物、物品案[①]。该案中，也是公职人员修改了检验证书上的数据，最终修改数据者被判构成走私普通货物罪。

但经深入研究后，我们发现，该案被告之一申某某帮他人修改数据的行为与本案吕某的行为具有以下本质区别：

一是是否具有主观故意不同。申某某事前是明知的，并与对方就走私达成了共谋，而本案的吕某与相关方没有就走私做过任何商量或谋划，吕某对走

---

① 山东省烟台市中级人民法院（2014）烟刑二初字第 10 号刑事判决书、山东省高级人民法院 (2015) 鲁刑二终字第 101 号刑事裁定书。

私既无通谋，也不明知。

二是是否具有受贿的事实不同。申某某具有收受贿赂的情节，而本案没有这一情节。本案仅涉及小面值购物卡且系正常人情往来（吕某与汤某某系朋友关系，有长期的非工作往来），与修改数据没有直接联系。

三是是否具有调换样品的事实不同。申某某调换了样品，将其他燃料油样品调换成5-7号燃料油样品，而本案不存在调换样品的情形。

四是是否导致了侵害禁、限、税的后果不同。最为重要的一点是：申某某案中针对被调换过的样品所作虚假重量证书影响了商品编码、商品品名，进而影响了进口商品价格的认定，最终导致海关应征的税款数额减少了，产生了偷逃税款的后果。但本案没有这些后果，吕某微调数据的行为最终既没有影响到海关的禁止性、限制性管理，也没有影响到海关对商品名称、商品编码、商品价格的认定，故不可能导致海关少征税款。

综上，吕某私自调整检测数据的做法，属不规范操作，但依法难以构成犯罪。因为，走私犯罪是指故意逃避禁、限、税的行为，而吕某既没有故意，也没有逃避禁、限、税的后果出现，故依法不构成走私或协助走私。侦查机关并未调取到能证明吕某有走私犯罪行为或协助走私的证据，同时，也始终没有获得其具有走私主观故意的证据。因此，无法证明吕某有走私主观故意及走私客观事实。我们认为，该案检察院最终作出存疑不诉的决定是非常正确的。

2. 公司领导审批并不意味着其对走私必然知情或必然存有主观故意

案件名称
卓某某涉嫌走私普通货物（石材）案

处置要点
公司领导审批并不意味着其对走私必然知情或必然存有主观故意，该领导并不必然成为走私犯罪主体。

案情简介
北京某石材集团有限公司（以下简称某集团）在经营从国外进口大理石荒料等业务过程中，为降低成本、获取非法利润，由王某某（某集团法定代表人卓某某之妻）等决定采取低报价格方式走私进口货物。

在进口石材过程中，厦门公司及某集团相关人员分别负责联系外商接受制作虚假单据以及对外请款付汇、支付差额货款等工作。卓某某在明知进口价格的情况下，仍旧审批通过肖某某、张某某所作走私进口记录。

经核实，某集团采取上述低报价格方式走私进口大理石荒料共计432票，涉嫌偷逃进口增值税税款人民币25,745,202.67元。最终该案检察院以事实不清、证据不足为由，决定对卓某某存疑不起诉。

处置理由
该案检察院经审查并退回补充侦查，认为现有证据无法证实卓某某明知某集团走私而通过审批等方式领导、组织、指挥该公司相关人员实施走私，无法排除卓某某辩解其对公司走私行为不知情且未参与的可能性。故该案检察院认为某海关缉私局认定的犯罪事实不清、证据不足，不符合起诉条件。遂依照《刑事诉讼法》第171条第4款的规定，决定对卓某某不起诉。

评析与辩点
规模较大的现代企业通常拥有复杂的政策决定程序，层级较多，责任分散，单位高层领导或实控人往往并不直接干预具体业务，而是授权给各个职能部门，由各部门领导或员工代表单位意志来履行职责和具体操作。同时，单位高层领导或实控人对有关业务文件或单据的审批有两种模式：一种是实质性审查；另一种是形式性审查。如果无证据证明该领导对有关业务文件或单据的审批系实质性审查，那么其所辩解的对走私不知情或无故意之观点成立的可能性就较大。很显然，本案检察机关依据现有证据，认为仅能认定某集团老板卓某某对相关文件履行了形式性审查和审批工作，故对其作出了存疑不起诉的决定。尽管如此，我们根据单位意志系判断一行为是否为单位犯罪的核心要素、核心标准这一点，仍认为本案属于单位犯罪，至于要不要追究单位负责人的刑事责任则是另外一个话题。若不追究单位负责人，则很有可能还是要追究该单位及其具体责任人。类似情形在走私案件中是存在的，如公司董事长虽然对涉及走私的各种业务文件履行了批准程序，但如果其对实际内容确实不知情，完全是程序性审核或挂名式的签字，则该董事长最终可能不会成为走私犯罪主体进而被追究刑事责任。

这里可以进一步参考凌某某受贿案[①]。该案裁判要旨指出：受贿罪中"国家工作人员的职务行为可能只是请托人谋取利益过程中所经的一个环节，如需要层层审批的行政事务，最终的批准权可能在于某个领导，但在交由领导审批前，也需要经过各部门相关人员的审查。虽然这种审查只是工作程序中的一个环节，并不能最终决定事项是否批准，但这一审查程序同样是这些人员的职务行为"。据此，即便行为人实施的仅是某中间层级的审批，只要其对犯罪行为参与、知情、洞悉或实质性审查了，其仍然可以触犯某特定罪名。与此相反，哪怕行为人的审批是最终环节的审批，只要其对该犯罪行为不知情，其仅仅是对相关文件作形式性审查和签批，其仍可能未触犯某特定罪名。该最高人民法院参考性案例对走私案的认定同样颇具借鉴价值。

---

① 参见中华人民共和国最高人民法院刑事审判第一、二、三、四、五庭主办：《刑事审判参考》2014年第4集（总第99集），法律出版社2015年版。

3. 虽客观上有帮助行为但难以证实当事人有主观故意的仍无法定罪

案件名称
季某某涉嫌走私普通货物（大米）案

处置要点
虽客观上有帮助行为但难以证实当事人有主观故意的，仍无法对其定罪处罚。

案情简介
2014年开始，季某某帮助其丈夫向某某（另案处理）从越南、缅甸等地购买走私大米，与走私人直接联系沟通涉案货物运输情况，并受向某某的安排支付货款。从2014年1月至7月13日，向某某通过杨某某（另案处理）购买了越南走私入境的大米。从2014年下半年开始，向某某开始从刘某甲、刘某乙（均另案处理）父子和袁某某（另案处理）处购买走私进境的越南大米，同时向某某通过季某某联系刘某某、齐某某（均另案处理）夫妇向二人购买缅甸走私大米。经查，季某某、向某某共涉嫌走私大米4,436.11吨，涉嫌偷逃税款人民币共计9,849,214.99元。

后该案检察院以证据不足，不符合起诉条件为由，决定对季某某存疑不起诉。

处置理由
该案检察院经审查并两次退回补充侦查，仍然认为某海关缉私局认定被不起诉人季某某走私普通货物、物品的犯罪事实不清、证据不足。该案中季某某确有向刘某乙、袁某某等人指定的银行账户转账，以及与齐某某短信联系的客观行为，但在案证据无法确实、充分地证实季某某明知向某某购买的大米系走私入境。同案人向某某未证实过季某某主观明知，直接走私人刘某乙等人也未证实季某某主观上明知是为购买走私进境的大米而实施转账等行为。故认定季某某主观明知是走私大米而提供帮助行为的证据不足,不符合起诉条件。依据《刑事诉讼法》第171条第4款的规定,决定对季某某不起诉。

评析与辩点

我们认为,要认定某当事人是否具有帮助走私犯罪的主观故意的方式有三种:一是直接证明;二是间接证明;三是推定。而且,在有条件适用直接证明或间接证明方式的情形下,不允许直接或优先适用推定的方式,该推定的方式必须放在最后环节才考虑使用。

从本案现有证据来看,既无法直接证明也无法间接证明季某某存在帮助走私的故意和犯罪行为。根据《刑事诉讼法》及其司法解释之规定,只有所有的间接证据达到完整性、统一性、闭合性的高度统一,才能得出案件事实的唯一结论。本案在证明该帮助走私的事实上显然远远未能达到结论唯一性和排他性的程度。本案无法对季某某定罪的原因主要有:其一,被帮助对象即季某某的丈夫向某某否认季某某对涉案大米系走私入境的事情知情。其二,销售商即直接走私人刘某乙等人也无法证实季某某对此知情。其三,季某某本人对此又不予承认。诚然,季某某在本案中做了一系列的转账、短信联系等客观行为,但由于难以证实其具有主观犯意和明知,这些行为就变成了不带褒贬色彩和刑法评价意义的"纯客观行为"。基于主客观相统一的原则,对于任何缺乏主观方面或客观方面的案件和当事人,都是无法对之定罪处罚的。故季某某辩称自己的工作是正当业务行为具有一定的合理性。

同时,《关于办理走私刑事案件适用法律若干问题的意见》第5条规定,具有以下情形的,可推定行为人具有主观明知:(1)逃避海关监管,运输、携带、邮寄国家禁止进出境的货物、物品的;(2)用特制的设备或者运输工具走私货物、物品的;(3)未经海关同意,在非设关的码头、海(河)岸、陆路边境等地点,运输(驳载)、收购或者贩卖非法进出境货物、物品的;(4)提供虚假的合同、发票、证明等商业单证委托他人办理通关手续的;(5)以明显低于货物正常进(出)口的应缴税额委托他人代理进(出)口业务的;(6)曾因同一种走私行为受过刑事处罚或者行政处罚的;(7)其他有证据证明的情形。但根据在案证据来看,季某某的行为并不符合以上可推定明知的任何一种情形。

其他类似刑案如刘某福掩饰、隐瞒犯罪所得罪案[①]。该案法院认为，刘某福"按协议约定收取租赁费并应对方当事人要求将其中应退还部分转付他人的行为不属于窝藏、转移赃款的行为，主观上也不具有帮助"惠某文窝藏、转移犯罪所得的故意，其行为不符合刑法关于掩饰、隐瞒犯罪所得罪的构成要件，遂撤销原有罪判决，改判上诉人刘某福无罪。

---

① 宁夏高级人民法院（2009）宁刑终字第67号刑事判决书。

4. 行为有悖常理不一定能证明当事人有故意或明知

案件名称

苏某等走私、运输毒品（海洛因）案①

裁判要点

行为有悖常理不一定能证明当事人有故意或明知。

案情简介

2015 年 6 月 30 日晚，李某香从缅甸携带毒品入境至沧源县城，一路上由苏某全程监视着李某香，准备将毒品运往昆明。次日 14 时 16 分，当二名被告人乘坐由沧源县开往临沧市客车途经河底岗边境检查站时被执勤武警抓获，当场从被告人李某香携带的一个棕色行李箱夹层内查获白色粉末状毒品海洛因，净重 1,042 克。

上述事实，公诉机关列举了相应的证据并认为李某香、苏某无视国法，走私、运输大量毒品，认为两人行为均已触犯《刑法》第 347 条第 2 款 1 项之规定，应当以走私、运输毒品罪追究二人的刑事责任。在共同犯罪中，二人共同承担罪责。

庭审中，李某香辩称：本人是来旅游玩耍的，没有走私、运输毒品的主观故意，至于被检查查获的毒品，是一个姓"毛"的男子在缅甸宾馆拿给他的，当时交给他的是一个棕色行李箱，里面只有两件衣服，并让他带到昆明，本人不知道该行李箱夹层内有毒品。其辩护人提出：被告人李某香在第一次开庭时已作了有罪供述并当庭认罪，今天第二次开庭又当庭翻供，其翻供的理由缺乏证据支撑，其无法提出辩护意见，请法庭实事求是地作出公正判决。

苏某辩解：公诉机关指控的事实不符合，本人与李某香之前素不相识，只是按照不知名"老板"安排跟踪"欠债人"李某香，"老板"会给报酬，

---

① 云南省临沧市中级人民法院（2016）云 09 刑初 384 号刑事判决书，来源于中国裁判文书网，最后访问时间：2022 年 10 月 9 日。

至于李某香携带的毒品,他并不知情。其辩护人提出:苏某不具备走私、运输毒品罪的主观要件,公诉机关对其指控的事实不清,证据不足,指控罪名不能成立。

经审理查明:2015年7月1日14时16分许,河底岗边境检查站执勤人员在执勤现场依法对一辆由沧源县开往临沧市的客运车实施检查。当准备对李某香所携带的一棕色行李箱进行检查时,李某香随即便称其所携带的行李箱是别人给他的,执勤人员认为此情况较为可疑,遂对该行李箱进行重点检查,当场从其携带的一个棕色行李箱夹层内查获白色粉末状毒品海洛因,净重1,042克。李某香遂被抓获。在对乘坐该客运车上的其他人员进行进一步排查时,执勤人员发现乘坐该车15号座位上的四川越西籍男子苏某随身携带的飞机票、车票与李某香的行驶路线完全一致,后经苏某交代称,其是"老板"安排负责全程监视李某香的,执勤人员遂将苏某抓获。

法院认为,苏某行为有悖常理,但现有证据不能证明其有故意或明知。遂宣告苏某无罪。而李某香被法院认定为走私、运输毒品罪,判处无期徒刑,剥夺政治权利终身,并处没收个人全部财产。

裁判理由

关于苏某对走私、运输毒品作"主观不明知"的辩解,根据法庭质证的证据和查明的事实,苏某对李某香走私、运输毒品的行为,虽然实施监视跟踪,其间并具有通信联系和相同的行动轨迹等客观事实,但该事实不能表明苏某与李某香具有走私、运输毒品的共同犯意和主观明知必然联系。苏某辩称:是一不知名的"老板"让其负责全程监视李某香的行踪。至于为何要对李某香进行跟踪监视,苏某不能自圆其说,有悖于常理,但不必然得出苏某"主观明知"的唯一结论。从本案指控的事实和证据看,公诉机关并没有形成证据锁链,足以证明被告人苏某构成犯罪且符合主客观方面相统一的犯罪构成要素和证据确实、充分,达到排除一切合理怀疑的证明标准。故法院认为,公诉机关指控被告人苏某犯罪的事实不清,证据不足。法院对李某香判处有罪的裁判理由略。

评析与辩点

本案中苏某的工作是跟踪监视李某香,那么苏某就至多处于帮助犯的角色（在构成共同犯罪的前提下），而李某香则属于正犯、实行犯。《办理毒品犯罪案件适用法律若干问题的意见》等规定中关于通过"高度隐蔽方式运输""高度隐蔽方式交接""为获取高额或不等值报酬而运输"等推定明知的证据规则均是针对正犯、实行犯来设计的。因此上述推定明知的规定很难直接用在帮助犯苏某身上。而且，苏某仅仅是贴身跟踪监视他人，既未采取强制、暴力、胁迫等直接侵犯他人人身、财产的手段，也未采用特制窃听、窃照等特殊监视设备，就跟踪监视本身而言，是难以定罪的。

苏某称自己受他人"雇佣"对李某香实施了跟踪监视。至于苏某出于何目的而实施监视行为，其供述是"受一个不知名'老板'指使跟踪李某香，其他一概不知"。苏某供述一直是稳定的，且通话记录、聊天记录均无法证明苏某对毒品有故意或明知。

在整个旅途中，苏某与李某香行动轨迹一致、两人之间有过简单交流，苏某还按老板要求给过李某香买车票的费用、拒绝帮李某香短暂看管行李箱。这些都是对苏某比较不利的。观察李某香的供述前后反复，有过多次变化。李某香第一次供述：其运输毒品，没有同伙。第二次供述：从缅甸佤邦出来，苏某就一直跟着他，在沧源等车时，李某香要去吃面，想让苏某帮其看一下行李箱，苏某说不帮看并让其拿走，李某香认为"行李箱"有问题，苏某是姓毛的男子派来跟踪他的。第三次供述又说：其同伙是苏某。其后侦查机关又补充过一份李某香笔录，这次其又称不清楚苏某是否明知运输毒品的事。由于李某香与苏某具有利害关系，因此我们认为，李某香对苏某不利的供述之证明力较低，还必须找到大量其他类似证据直接证明或予以印证才行，类似案例如郑某涉嫌贩卖毒品案[①]。该案法院因其他证据不能直接证实郑某有贩卖毒品的行为，因此对有利害关系的两份不利的证人证言均未采信，进而撤销原有罪判决，改判郑某无罪。

所幸本案法院对苏某是否构成毒品犯罪真正采用了排除一切合理怀疑、必须得出唯一结论的证明标准。的确，苏某的跟踪行为无疑是有悖常理的，且苏某本人不能自圆其说，但这不必然得出被告人苏某"主观明知"的唯一结论。

---

① 云南省曲靖市中级人民法院（2019）云03刑终129号刑事判决书。

不过，苏某有悖常理的行为中也并非完全没有合理成分，现实生活中，有的人请他人实施跟踪行为，未必会向其说明实情，他可能隐瞒不说，也可能告知他人一个虚假的理由。由此，苏某辩称按照不知名"老板"安排，跟踪"欠债人"李某香的说法也是符合日常生活逻辑的，具有相当的合理性。因此，本案无法排除苏某被不知名"老板"蒙骗的可能性。

5. 可采取证明方式认定主观故意时不必采取推定方式

案件名称

陈某走私普通货物（汽车）案①

裁判要点

法院认为本案可采用推定方式认定被告人存在主观故意。

案情简介

陈某伙同他人，于2011年至2013年5月间，通过隐瞒进境机动车辆实际所有人不是外国驻中国使馆和使馆人员的事实真相，以向海关虚假申报的方式，逃避海关监管，走私进口宾利轿车等6台机动车辆，经北京海关关税处计核，偷逃应缴税款共计人民币2,928万余元。一审法院认为陈某构成走私普通货物罪，且系从犯，判处有期徒刑13年，并处罚金人民币3,000万元。二审法院对此予以维持。

裁判理由

在案证据能够证实，涉案车辆均由陈某委托航运公司通过轮船运输进境，陈某使用同案另一当事人提供的外交人员身份信息制作虚假的货运提单，将提单实际收货人更改为外交人员后交由他人报关，陈某等人系交运货物的境内收货人，且明知货物属性；根据相关规定，进口货物的收货人、出口货物的发货人应当向海关如实申报，陈某在明知涉案车辆的真实收货人的情况下，通过他人以虚假收货人、虚假进境物品性质向海关进行申报，系以伪报的方式逃避海关监管。

在案证据能够证实，涉案车辆均以一般贸易方式从境外购买，并由陈某帮助报关进境；根据相关规定，以一般贸易等方式进口列入《货物自动进口许

---

① 北京市第三中级人民法院（2015）三中刑初字第00546号刑事判决书、北京市高级人民法院（2015）高刑终字第588号刑事裁定书，来源于中国裁判文书网，最后访问时间：2022年10月9日。

可管理办法》附件1"自动进口许可管理货物目录"中的汽车产品,在向海关申报前,须向商务部或其授权的地方、部门机电办申领《自动进口许可证》,即不允许擅自进口实行自动进口许可管理的汽车产品;但涉案车辆均不具有《自动进口许可证》。

综上,被告人陈某从事进口汽车销售工作,主观上应当明知汽车产品进口实行许可证制度并应缴纳关税、增值税,以及涉案车辆的实际收货人并非使馆及外交人员;客观上,被告人陈某不具有汽车产品进口资质,将在境外购买的车辆或将境外的已购车辆擅自进口,后提供虚假提单通过他人以外交公用或者自用物品的名义免税向海关申报,运输国家限制进出境的货物进境,导致货物未缴纳关税、增值税,造成国家税款损失,系走私行为。针对其他事项的裁判理由略。

评析与辩点

我们认为,仅从法律适用上来说,本案认定为走私犯罪应无问题。以下我们主要就当事人是否伪造了提单及如何认定其主观故意等两个问题予以评析。

一、该案中陈某是否伪造了提单?

伪造提单属于一种常见的违法行为,主要手段有:(1)承运人尚未签发提单或根本不打算签发提单或虽签发提单但完全不发货或未按时发货的情况下,出口商利用信用证漏洞伪造清洁提单促使银行付款以骗取货款;(2)承运人已签发与信用证信息完全相符的提单,但仅发运部分货物;(3)承运人仅签发不清洁提单[①]的情况下,出口商利用信用证漏洞伪造清洁提单促使银行付款以骗取货款;(4)出口商未按时交货,却要求承运人倒签按时交货的提单,这导致收货时间与提单日期差异很大,而货款早已被出口商支取;(5)出口商在单据中就重大事项作虚假的欺骗性陈述导致承运人签发的提单亦不真实;(6)出口商与承运人均明知出口商的货物有重大缺陷,但出口商以出具保函

---

① 不清洁提单,是指货物交运时,其包装及表面状态出现不坚固或不完整等情况,船方可以批注,即为不清洁提单。承运人在装船时应对承运货物的外表状况负责,如发现货物已经受损或短缺,必须立即通知托运人修补或换货,或者将这种损坏、短缺批注在提单上,否则在卸货港交付货物时,承运人根据提单记载效力的规定,应对损坏或短缺向收货人负赔偿责任。银行在办理结汇时,通常不接受不清洁提单。

为手段来换取承运人签发的清洁提单。当然，也还有因为提单正副本上所加盖印章不相吻合或签发人的签字不相吻合导致无法提货而被认定为伪造提单等情形。[①] 但本案并没有发生提不到货或者货款被骗等严重后果，而且使馆工作人员也是知情并同意作为提单"收货人"的，故不属于通常意义上的伪造提单。从国际贸易法来看，不记名提单不需要任何手续就可任意转让，而指示提单经过背书也可以转让，因此，提单上的收货人不一定非得是真正的买家本人或进口商。虽然从广义上讲，提单上的所有内容的确全部都必须保证真实。[②] 但我们仍然认为，本案的提单不宜直接认定为虚假提单，对银行而言其只对提单进行形式审查，即只审核提单文字记载是否与信用证一致；更为重要的是，公法应对私法领域中的各种规则和成例保有足够的尊让，即便严格来看有轻微瑕疵的情形，在私法上也未必就一概将其认定为虚假或无效。其实，本案不将提单认定为虚假也并不影响人民法院认定该国际贸易在海关法上足以构成虚假贸易方式。

二、本案应采取何种方式来认定陈某具有走私的主观故意？

根据《关于办理走私刑事案件适用法律若干问题的意见》的规定，提供虚假的合同、发票、证明等商业单证委托他人办理通关手续的，除有证据证明确属被蒙骗的外，可推定当事人具有主观明知。上述"商业单证"当然包括提单在内。因此，法院在判决中一再指出"被告人陈某在走私过程中伪造商业单证为他人提供方便"，"在进口货物过程中，以伪造的商业单证向海关申报，逃避海关监管"，因此构成走私犯罪。虽然法院并没有直接引用上述规定，但已经包含了其实质意涵。如上所述，我们认为本案中的提单很难直接认定为虚假或伪造。因此，能否适用上述规定来推定当事人具主观故意尚有疑问。

我们认为，要认定某当事人具有走私犯罪的主观故意有三种方式：一是直接证明；二是间接证明；三是推定。而且，在有条件适用直接证明或间接证明方式的情形下，不允许直接或优先适用推定的方式，同时，还应当以明确的

---

① 如某中成药保健品进出口公司与A航运有限公司、B航运公司马达加斯加公司、C航运（香港）有限公司、广东D国际船舶代理有限公司海上货物运输合同纠纷案，广州海事法院（2011）广海法初字第362号民事判决书。

② 参见杨良宜：《国际货物买卖》，中国政法大学出版社1999年版，第77～79页。

方式向当事人表明司法机关业已穷尽各种证明手段均无法完成证明任务时，才可以考虑适用推定方式。因此，《关于办理走私刑事案件适用法律若干问题的意见》也明确规定具有几种特别情形的"可以"认定为明知，而非"应当"认定为明知。

根据在案证据，庭审播放的视听资料显示陈某在微信聊天记录中称自己销售的车辆使用了使馆指标，不用交税，但正常进口需要交税；照片证明被告人陈某与他人对账及支付使馆指标款等情况，陈某以使馆人员证件以及通知发货人更改提单收货人。陈某的供述显示其进口的车都是国内车主自己买的，用使馆指标在进口的时候都暂时没交税，实际车主不是使馆外交人员，是实际使用人付的车款。进口汽车要交关税、增值税、消费税，用外交官进口指标的车辆在进口的时候均可免交。车主并无免税资格，买免税监管车是违法的，利用使馆指标进口汽车可以用使馆的牌照，暂时不用交税。从以上聊天记录、供述等直接证据来看，我们认为本案完全可以采取直接证明的方式来认定当事人陈某具有走私的主观故意，而无须采取推定方式。

综上，本案中陈某属于伪报贸易方式（将一般贸易伪报成常驻机构公用等监管方式）从而偷逃了应缴税款（当然同时还影响了许可证管理），构成走私普通货物罪。

6. 间接证明方式应当达到排除合理怀疑的证明程度方为有效

案件名称

大连甲公司、大连保护区乙公司、刘某、都某某等走私普通货物（冻品）案①

裁判要点

对第一部分证据充分的169票货物予以定罪处刑，而对第二部分使用间接证据予以证明的另外57票货物认为尚未达到排除合理怀疑的证明标准，故未予认定。

案情简介

1. 2011年6月至2013年12月间，被告单位大连甲公司、大连保护区乙公司、刘某等采用低报价格的方式走私进口冻肉制品169票。经海关关税处计核，偷逃税款共计人民币2,716,628.26元。

2. 2011年7月至2012年5月间，大连甲公司、大连保护区乙公司、刘某等采用伪报品名的方式走私国家禁止进口的美国牛肉产品57柜共1,162,156.63千克。

法院最终仅认定第一部分事实，认定大连甲公司犯走私普通货物罪，判处罚金人民币220万元。

裁判理由

在本案指控的57柜货物未能被查获实物、多名主要的涉案人员尚未到案、部分证人证言互相矛盾、被告人刘某和赵某某对指控的犯罪均无供述的情况下，本案现有的证据均为间接证据，根据《刑事诉讼法》第55条和最高人民法院《关于适用〈中华人民共和国刑事诉讼法〉的解释》第140条之规定，只有所有的间接证据达到完整性、统一性、闭合性的高度统一，才能得出案件事实的唯一结

---

① 辽宁省大连市中级人民法院(2015)大刑二初字第61号刑事判决书，来源于中国裁判文书网，最后访问时间：2022年10月9日。

论。本案中，因控方提供的间接证据存在一定的瑕疵，在案证据虽形成一定的逻辑证明体系，但在指控货物是如何全部通过或逃避海关的报关抽检、如何在境内进行销售等环节上还存在脱钩，缺乏证据支持，不能形成完整的证明体系。同时，对于辩方提供的指控货物在美国出口报关时品名为猪肉产品，且大连进口检验检疫部门申报认定均为猪肉产品，这与指控货物为美国牛肉产品存在着无法排除的矛盾。故公诉机关指控的事实不足以排除合理怀疑，不能得出被告人实施了走私行为且走私的对象是美国牛肉的唯一结论。针对其他事项的裁判理由略。

评析与辩点

要厘清间接证明与推定之间的关系首先要搞清楚司法证明与推定的关系。所谓"推定"，既是对司法证明方法的替代，也是对逻辑推理方法的规避。如果按照严格的逻辑推理，在基础事实业已得到证明的前提下，所谓的"推定事实"并不能自动从基础事实中直接推论出来。在基础事实与推定事实之间还是存在着逻辑推理上的断裂和跳跃。这就足以说明推定与逻辑推理或司法证明之间的区别了。当然，既然根据基础事实无法合乎逻辑地说明推定事实的存在，那为什么还要确认推定具有一定的正当性和必要性，这就属于另一个需要论证的问题了。推定与司法证明责任具有怎样的关系？我们认为，推定尽管是一种替代司法证明的事实认定方法，但却与司法证明有着密不可分的关系。事实上，作为推定前提的基础事实仍然属于司法证明的对象，要由举证方承担证明责任，而在基础事实得到证明的情况下，推定事实是不需要提出证据加以证明的。[①]

接下来，我们再看间接证明与推定（当然这里主要是指法律推定）有何区别：第一，证明标准不同。就待证事实而言，间接证明需要达到排除合理怀疑或内心确信的证明标准，而推定具有一定的"推测与假定性"，因此不可避免地降低了证明标准，当然对基础事实的证明标准并不能减弱。第二，制度特征不同。间接证明具有自由心证的特征，而推定则具有法定证据的特征。第三，间接证明未转移证明责任，而推定转移了证明责任。第四，间接证明没有强制

---

① 参见陈瑞华："论刑事法中的推定"，载《法学》2015年第5期。

性的事实认定义务，而推定则有，如果基础事实一旦达成且确定要适用推定方法时，就必须认定推定事实的存在。① 第五，证明对象不同。间接证明所要证明的对象为待证事实，而推定如上所述，其所要证明的对象是基础事实，待证事实在基础事实达成且无反证的情形下，将成为免证事实。② 第六，基础事实与推定事实的关系不同。间接证明中两者关系是严格的对应关系，而推定中两者关系是选择关系，也允许选择法定可选的其他基础事实来加以证明。第七，反驳的性质不同。间接证明中当事人的反驳仅为辩护权的体现，而推定中当事人的反驳及其成立与否就成为必经程序及推定事实能否成立的必备前提。③ 第八，在是否允许连续证明的问题上不同。间接证明允许连续证明，而推断不允许连续推断，只允许在一个层面上完成。④

　　回到本案，由于本案指控的 57 柜货物未能被查获实物、多名主要的涉案人员尚未到案、部分证人证言互相矛盾、被告人刘某和赵某某对指控的犯罪均无供述，因此缺乏直接证据，现有证据均为间接证据。正如辩护人所提出的：第一，涉案货物在美国出口报关单及进境时经检验检疫局取样化验的结论均显示，涉案货物为猪肉。第二，在国内海关随机布控检验的 4 票货物，均得出单货相符的结论。虽然这 4 票货物不在起诉书指控的范围内，但不能否定这 4 票货物的查验记录对本案的影响。第三，集装箱号码的同一不能证实箱内货物的同一。因为有中途换货的可能性。第四，公诉机关指控被告单位走私美国牛肉入境，应有销售美国牛肉的客观证据予以证明。法院随后对辩方的第一点意见予以了认可，对第三点未予认可，对其他意见未予明确回应。我们认为，除第一点意见之外，第二点及第四点还是具有一定合理性的，第二点其实类似于一种品格证据，虽然不能作为直接证据用来证实某件事情，但用作反驳证据还是可行的；而第四点则显示，如果当事人确实进口了牛肉，进口之后不可能毫无

---

　　① 参见龙宗智主编：《刑事证明与推定》，中国检察出版社 2009 年版，第 194～198 页。
　　② 参见张云鹏：《刑事推定论》，法律出版社 2011 年版，第 26 页。
　　③ 参见褚福民：《刑事推定的基本理论——以中国问题为中心的理论阐释》，中国人民公安大学出版社 2012 年版，第 117 页。李立丰：《美国刑法犯意研究》，中国政法大学出版社 2009 年版，第 241 页。不过，在英美刑法中，特定情形下，陪审团也可完全不理会当事人的反驳。参见吴峻：《英美刑法规则与判例》，中国检察出版社 2005 年版，第 105 页。
　　④ 参见樊崇义主编：《证据法学》（第 5 版），法律出版社 2012 年版，第 399 页。

踪迹，这也是不符合常情常理的现象。而法院认为，控方所提交的证据由于单据有重复、时间有差异且非原始证据，再加之检验检疫的结论均显示涉案货物为猪肉，虽然检验检疫工作人员宋某、米某某在检疫过程中，徇私舞弊，在明知卫生证明与实际不符的情况下，制作虚假的检验检疫记录单，出具的检验检疫结论系不真实的结论，因该证据主要证明的是国家机关工作人员违反法定职责和工作流程，侵犯了国家公务的合法性、公正性，并不能证明未予抽检的就是美国牛肉产品。

正因为推定具有很多弊端和不确定性，因此在本案当中，法院坚持采取证明的方式，在直接证明无法达成的情形下，转而采取间接证明的方式来证明当事人具有主观故意及客观行为，但最终未能达到排除合理怀疑的证明标准，因此对该部分事实未予认定。

7. 事实推定应适用高于法律推定的证明标准

案件名称

区某某走私普通货物（干果）案①

裁判要点

区某某长期从境外购买干果而从未见过报关单证推定其有走私的主观故意；区某某与他人共谋以明显低于正常价格及税费的包税价进口干果构成走私犯罪。

案情简介

被告人区某某在上海参加坚果展销会时认识了供货商香港 ADL 公司的业务员梁某某，但由于需到香港自行提货，双方未达成购货协议。2013 年 11 月左右，区某某与梁某某取得电话联系，得知可以将在境外购买的坚果送至区某某位于佛山九江的仓库（以下简称九江仓库），货物价格约为每吨人民币 31,000 元，但另需支付从香港到佛山九江的费用。达成协议后，区某某经梁某某介绍认识了在香港从事拆柜的高某（另案处理），并经高某介绍认识了李某 A（另案处理）。区某某与李某 A 商定，由李某 A 负责帮区某某将向香港 ADL 公司购买的坚果以边民互市的方式通过广西边境走私进境送至九江仓库。收到货后，区某某支付李某 A 每吨坚果人民币 3,000 元左右的费用。经统计，区某某陆续以上述方式将向香港 ADL 公司购买坚果共计 263,089 千克走私进境，其中包含核桃 252,229 千克、开心果 10,860 千克。经海关关税部门核定，上述干果偷逃应缴税款合计人民币 3,545,722.11 元。法院判决区某某犯走私普通货物罪，判处有期徒刑 3 年 6 个月，并处罚金人民币 100 万元。

---

① 广东省佛山市中级人民法院（2016）粤 06 刑初 21 号刑事判决书，来源于中国裁判文书网，最后访问时间：2022 年 10 月 9 日。

裁判理由

对被告人区某某及其辩护人所提没有走私犯罪故意的相关辩论意见及辩护意见，经查，证人李某A、高某、李某B的证言，经区某某、李某A签认的手机短信记录，以及经区某某签认的银行交易流水可以证实，区某某经梁某某介绍认识高某，再经高某介绍认识李某A，与李某A有短信往来；涉案货物是在香港拆柜运往越南，再以边民互市的方式从越南关口进入广西，由李某A走私团伙雇车运送到区某某指定的仓库，待区某某验收后再转账至李某A指定的银行账户，并不存在梁某某操纵李某A等人的情况。该事实能够与被告人区某某在侦查阶段的供述相互印证。被告人区某某在侦查阶段亦自认，其以货到付款的方式向香港梁某某购买干果，但始终没有索取过相应通关、完税单证，辩护人在法庭上亦不否认该事实。区某某明知是向境外购买干果，在将近一年、数十次交易中，没有见到有关货物来源的单证，也没有索取货物的报关进口手续，可以推定被告人有走私进口货物的主观故意。证人李某A、高某的证言，经被告人区某某、李某A签认的手机短信记录相互吻合地证实区某某在货款之外，还需要支付每吨3,000元的费用，该费用包括从香港到内地指定仓库的所有费用。结合同时期海关进口核桃以及开心果征收税费的情况，该费用明显低于货物正常进口的报关费用及运输费用。上述证据足以证实区某某知道向香港梁某某购买的货物是通过走私进口手段入境的，且在此明知的心态下，长期、多次、大量向梁某某订购干果。区某某实际上已经与高某、李某A等走私团伙形成共同的走私故意，应当认定为走私普通货物罪的共犯。针对其他事项的裁判理由略。

评析与辩点

事实推定是法律推定的源头，而法律推定是事实推定的衍生。事实推定成熟稳定之后经由法律的形式予以固定化之后就形成了法律推定。法律推定与事实推定主要有三个区别：其一，适用依据不同。法律推定的依据是法律明文规定，目前我国刑事法中的法律推定依据主要体现为司法解释或司法解释性质文件；而事实推定的依据则通常表现为经验法则和逻辑规则。其二，是否具有强制效力不同。法律推定具有法定性，有严格的强制效力，即"法律要求事实认定者在特定的基础事实被证实时就必须作出推断";①而事实推定并不具有如此效力,在诉讼活动中,法官不被要求必须作出这种推定。法律推定是对法官自由裁量权的限制。其三,对证明责任分配产生的影响不同。②法律推定是证明责任分配的实体法规则,是实现证明责任倒置的方式,而事实推定仅造成主观的证明责任的转移,并不能从根本上影响证明责任的配置。但无论是法律推定还是事实推定,都具有可反驳的特性。③

回到本案,对于交易价格,区某某前后做过三种不同的供述,其中第一种供述内容为:美国带壳核桃送到其九江仓库的价格是每吨人民币 31,000 元至 33,000 元,其中有 2,900 元至 3,000 元人民币的运费直接支付给送货人,剩下的货款就转账到香港 ADL 公司指定账户里。该运费已经包括了通关环节货物进口需要向海关申报缴纳的所有税款。按照核桃 13% 增值税税率来算,每吨 2,900 元的运费是不够正常缴纳报关进口的税费的。其知道很多坚果是用边贸优惠政策进来的,香港 ADL 公司这些货物可能也是通过边贸优惠政策等方式进来的。即便货物是通过边民从广西走私进来也是他们的事,对其而言能够节约成本有钱赚就行,其并没有想那么多。第二种供述内容为:交易价格的 30,000 元不包括运费。运费包括其买的干果从香港运到佛山九江的所有费用,但其亦没有与对方具体说里面包括哪些项目,反正是除了货款之外的所有费用。第三种供述内容为:承认梁某某说送到越南,再从越南运进来。这样过关比较便宜,3,000 元的运费不包括通关费用,仅仅是运输费用,其所支付的货款已经包括了通关费用,境内外交易是一样的。其因为见到海关的人紧张,才说运费包括所有环节的费用。

我们认为,区某某的供述当中如果第一种为真,那么其就具有概括故意或未必故意;如果第二种为真,那么其就具有概括故意或直接故意;如果第三种为真,则其主观故意是否能成立还需要再研究。仔细分析上述三种说法,当事人在说到运费时均称包括境外及境内两部分运费在内,因此,我们认为人为

---

① 参见[美]乔恩·R.华尔兹:《刑事证据大全》,何家弘等译,中国人民公安大学出版社 1993 年版,第 770 页。
② 参见[德]莱奥·罗森贝克:《证明责任论》,庄敬华译,中国法制出版社 2002 年版,第 226 页。
③ 参见张云鹏:《刑事推定论》,法律出版社 2011 年版,第 35～37 页。

地将通关、仓储等费用与境内外总运费分开核算比较不常见，如果境内外运费是分开结算的，那么其第三种说法也是有可能成立的。同时，证人李某A、高某的证言及被告人区某某、李某A签认的手机短信记录相互吻合地证实区某某在货款之外，还需要支付每吨3,000元的费用，该费用包括从香港到内地指定仓库的所有费用。至此，该基础事实应该已达到了内心确信的证明程度。综上，我们认为区某某的第二种说法或第一种说法的可信度较高，而法院最终认定了其第二种说法为真。因此，我们进而认为本案可以直接引用《关于办理走私刑事案件适用法律若干问题的意见》第5条第2款第5项规定，推定当事人区某某具有主观明知。

本案法院认为区某某明知是向境外购买干果，在将近一年、数十次交易中，没有见到有关货物来源的报关单证及完税手续，也没有索取这些资料，可以推定被告人有走私进口货物的主观故意。我们认为，这属于事实推定，因为这推定方式并没有规定在上述或其他司法解释、司法解释性质文件当中。上述长期购买干果未见过报关单证的基础事实能否直接推定出当事人具有走私故意，我们认为是薄弱的，难以确认其与走私之间的必然性或高度盖然性和常态联系，容易扩大打击面，也正因为事实推定缺乏法律依据，因此更应严格把关，应对事实推定适用比法律推定更高的证明标准。相应地，当事人对事实推定的反驳证明标准也可以相对降低至引起合理怀疑即可，而无须达到优势证据的证明程度。[1] 正如有学者指出的，事实推定之存在虽然具有客观性，但其正当性值得怀疑，主要体现在以下四个方面：导致错误认定案件事实的概率增加、法官自由裁量权的行使趋向恣意、影响证明规则、侵犯被告人权利。[2] 我们认为，虽然没有必要也不可能完全取消事实推定，但上述问题的确需要给予足够的关注。

---

[1] 类似见解，参见赵俊甫：《刑事推定论》，知识产权出版社2009年版，第269页。
[2] 参见褚福民：《刑事推定的基本理论——以中国问题为中心的理论阐释》，中国人民公安大学出版社2012年版，第118页。

8. 在非设关地接驳偷运进境的货物可推定为具有走私犯罪故意

案件名称

钟某文走私普通货物（冻品）案[①]

裁判要点

钟某文等人在凌晨于非设关地码头接驳货物，可推定其主观上对客观行为违法性具有明知。

案情简介

2015年5月，被告人钟某文、李某1（已判刑）受"二哥"（身份不详）雇请，负责为一批走私入境的冻品做前期准备工作。同年6月初，被告人钟某文根据"二哥"的安排，租用了一辆车牌号为粤T×××××的白色日产小轿车，用于与"二哥"、李某1到珠海市高栏港的一个非设关码头测量水位、查询经纬度及查看卸货地点等事先踩点活动，并负责查询香港至高栏港的海路航线、记录冻品的货柜号等协助卸货事宜。

同年6月12日，孙某、贺某、孔某、张某、费某、李某等7人（均已判刑）受他人雇请，驾驶"某33"铁壳船从我国广西北海海域驶往越南海防港。6月14日到达目的地并装载了18个装有冻品的货柜后返航。

同年6月19日晚，被告人钟某文与"二哥"、李某1等人到达前述高栏港非设关码头，准备协助"某33"铁壳船卸货。孙某等人驾驶"某33"铁壳船于次日凌晨2时许抵达该码头，由于岸上吊机问题卸货没有成功，在得到"二哥"承诺给每名船员增加1万元的酬劳后，孙某等人根据"二哥"的要求将船驶往外海等待。6月20日晚间，被告人钟某文与"二哥"、李某1等人再次到达该码头，准备协助"某33"铁壳船卸货。次日凌晨2时许，孙某等人再次将"某33"铁壳船停靠在该非设关地码头，并下船离开。被告人钟某文、李

[①] 珠海市中级人民法院（2020）粤04刑初69号刑事判决书，来源于中国裁判文书网，最后访问时间：2022年10月9日。

某 1 在"二哥"的安排下，协助"某 33"铁壳船卸货。

同年 6 月 21 日凌晨 5 时许，海关缉私部门在该非设关地码头将正在卸货的"某 33"铁壳船截获，当场查获 1 批冻牛肉、冻猪脚等冻品及吊车、货车等运输工具。经珠海出入境检验检疫局检验检疫中心鉴定，所涉冻品共 578,475.9 千克，经拱北海关核定，涉嫌偷逃应缴税额共计人民币 2,526,279.61 元。

法院依照《刑法》第 153 条第 1 款第 3 项、第 25 条第 1 款、第 27 条、第 67 条第 1 款、第 72 条第 1 款、第 3 款、第 73 条第 2 款、第 3 款、第 52 条、最高人民法院、最高人民检察院《关于办理走私刑事案件适用法律若干问题的解释》第 16 条第 1 款和《刑事诉讼法》第 15 条、第 201 条的规定，判决如下：被告人钟某文犯走私普通货物罪，判处有期徒刑 3 年，缓刑 3 年，并处罚金人民币 10 万元。

⚖️ 裁判理由

被告人钟某文违反国家法律法规，逃避海关监管，伙同他人走私货物进境，偷逃应缴税额特别巨大，构成走私普通货物罪，应予依法惩处。公诉机关的指控成立。在共同犯罪中，被告人钟某文为获取报酬受雇参与犯罪，起次要作用，是从犯，应当减轻处罚。被告人钟某文犯罪以后自动投案，如实供述自己的罪行，是自首，可以从轻处罚。被告人钟某文是初犯，愿意接受处罚，可对其从轻处罚。另，涉案走私冻品被当场查获，量刑时酌予考虑。被告人钟某文明知其行为涉嫌走私犯罪而积极参与，主观恶性并非较小。根据被告人钟某文的犯罪情节和悔罪表现，适用缓刑确实不致再危害社会，对其所居住的社区没有重大不良影响，可以对其宣告缓刑。

📖 评析与辩点

根据《关于办理走私刑事案件适用法律若干问题的意见》第 5 条第 2 款第 3 项的规定，未经海关同意，在非设关的码头，运输（驳载）进出境货物的，除有证据证明确属被蒙骗的外，可推定当事人具有主观明知。本案中，钟某文即是在非设关码头接驳涉案冻品，法院可以运用法律推定的方法来认定其具有走私故意。

这里提出以下几个问题探讨一下：

第一，如果是认定在非设关地驳载或运输，那么就应当证明从什么船舶上通过什么人将货物驳载下来的，当然这样的取证要求或许有点高，但对于基础事实的证明标准的确也不能太过宽松，我们认为，即便不能做到这一点，起码也应当有视频动态影像资料显示将涉案冻品从船舶上通过岸上吊机驳载到涉案车辆上的动态过程，并且要将船舶的船名、船号、涉案地点的具体位置和当时环境拍摄清楚，该案这方面证据有待完善。

第二，涉案船舶的航次航图、航海日志、GPS、AIS 轨迹、卫星电话及其通话记录，该案这方面证据亦有待完善。

第三，对于涉案货物是否为进境货物，也需要有足够的证据予以支撑，这就对商品鉴定提出了较高要求，而事实上，对于一些内外皆为中性包装且无明显境外特征或产地特征的货物来说要把它们鉴定清楚是何产地货物的确是一件很困难的事情。

在《关于办理走私刑事案件适用法律若干问题的意见》出台之后，最高人民法院、最高人民检察院、海关总署又公布了《打击非设关地成品油走私专题研讨会会议纪要》，其针对成品油类的走私案件主观故意之推定作了更为详细的规定，而这对于研究其他类型走私案的主观故意推定也同样具有借鉴价值。该纪要第 2 条规定，行为人没有合法证明，逃避监管，在非设关地运输、贩卖、收购、接卸成品油，有下列情形之一的，综合其他在案证据，可以认定具有走私犯罪故意，但有证据证明确属被蒙骗或者有其他相反证据的除外：(1) 使用"三无"船舶、虚假船名船舶、非法改装的船舶，或者使用虚假号牌车辆、非法改装、伪装的车辆的；(2) 虚假记录船舶航海日志、轮机日志，进出港未申报或者进行虚假申报的；(3) 故意关闭或者删除船载 AIS 系统、GPS 及其他导航系统存储数据，销毁手机存储数据，或者销毁成品油交易、运输单证的；(4) 在明显不合理的隐蔽时间、偏僻地点过驳成品油的；(5) 使用无实名登记或者无法定位的手机卡、卫星电话卡等通讯工具的；(6) 使用暗号、信物进行联络、接头的；(7) 交易价格明显低于同类商品国内合规市场同期价格水平且无法作出合理解释的；(8) 使用控制的他人名下银行账户收付成品油交易款项的；(9) 逃避、抗拒执法机关检查，或者事前制定逃避执法机关检查预案的；(10) 其他可以认定具有走私犯罪故意情形的。

该条文中第 4 项"在明显不合理的隐蔽时间、偏僻地点过驳成品油的"的规定与《关于办理走私刑事案件适用法律若干问题的意见》文中"未经海关同意,在非设关的码头,运输(驳载)进出境货物的"的规定有类似之处,但前者范围更为宽泛。当然,过于宽松的推定明知规则未必科学,但这样的制度设计留给当事人合理辩解的空间却变大了。

9. 事前无通谋即便提供过多次帮助亦未必构成走私犯罪故意

案件名称

韦某某等涉嫌走私普通货物（香烟）案[①]

裁判要点

韦某某等3被告人事前虽然没有与走私分子有通谋行为，但在意识到自己的行为是为犯罪所得赃物予以转移时，仍为其承运。公诉机关指控被告人韦某某、陈某B、刘某某构成走私普通货物罪不能成立。

案情简介

1999年9月的一天下午，被告人宋某某分别给被告人韦某某和被告人刘某某家打电话，通知他们把车子开到海口金盘实验小学附近，等待拉货，并商定付给韦某某运费每趟300元，付给刘某某运费每趟800元。当晚9时许，韦某某按约驾驶一辆小"柳州"货车，刘某某妻子按约派司机彭某庭驾驶一辆"东风"栏板车停放在金盘实验小学对面的金南苑小区路口。当晚11时许，一个叫"徐某"的雷州人（在逃）带韦某某驾车到海口市东宇路接"雷州人"和民工，然后让韦某某直接开车到海口市长流镇粤海铁路码头附近。"雷州人"和民工则下车步行到海边，从已靠岸的一艘"大飞"艇上卸下160件南洋"红双喜"香烟，并将香烟装到彭某庭开来的"东风"货车上。第二天凌晨2时许，彭某庭将烟拉回金盘实验小学门前停下，宋某某马上通知金南苑小区的保安将大门打开，被告人陈某某和"雷州人"到停车处将香烟从"东风"货车上转搬到韦某某的小"柳州"货车和宋某某的五十铃小货车上并拉回金南苑小区仓库存放。第二天上午，宋某某又给韦某某、陈某B打电话，约两人到金南苑小区和海口生产资料公司道客村仓库装运货物。商定付陈某B运费每趟2800多元。韦某某按约于上午9时开车到金南苑小区仓库，几个"雷州人"则到仓库用宋某某

[①] 海南省海口市中级人民法院（2000）海中法刑初字第117号刑事判决书。

事先从废品收购站购来的旧纸箱把原装香烟重新包装，伪装后再把香烟搬到韦某某的小"柳州"货车和宋某某的五十铃小货车上运到道客村仓库，直接转搬到陈某B的五十铃大货车上。当天下午3时许，陈某B和其雇请的司机黎某才（已作行政处理）和随车押烟的陈某某一起搭乘海口至蛇口的轮船过海，次日中午从深圳蛇口上岸，通过边防检查后直接将车子开往广东顺德区大良镇，下午到达大良镇后，陈某A便和接烟人联系，后把香烟卸到接烟人指定的地点。此次走私南洋"红双喜"香烟160件，价值人民币11万余元，偷逃税款34万余元。法院认定宋某某犯走私普通货物罪，判处有期徒刑12年，并处附加刑；认定陈某A犯走私普通货物罪，判处有期徒刑10年，并处附加刑；认定韦某某犯转移赃物罪[①]，判处有期徒刑2年；认定陈某B犯转移赃物罪，判处有期徒刑1年6个月；认定刘某某犯转移赃物罪，判处有期徒刑1年2个月。

裁判理由

被告人韦某某、陈某B、刘某某3人系个体运输户。韦某某的运输工具被租用后用于接运民工和转运货物。陈某B在明知装运的货物不属合法来源还为其承运。刘某某虽没有直接到现场运输，但作为车主派车前往亦应承担责任。3被告人事前虽然没有与走私分子有通谋行为，但在意识到自己的行为是为犯罪所得赃物予以转移时，仍为其承运。公诉机关指控被告人韦某某、陈某B、刘某某构成走私普通货物罪不能成立。3被告人的行为均应构成转移赃物罪。针对其他事项的裁判理由略。

评析与辩点

根据刑法学原理，一般来说犯罪故意形成于犯罪行为实施之前或实施过程中，而不能产生于犯罪既遂之后。也即，如果故意犯罪已经呈现出既遂的状态之后，即便此时行为人为犯罪嫌疑人提供了一些便利或协助，也不应当认为该事后行为还可构成该类故意犯罪。

本案中，韦某某、陈某B、刘某某3人系个体运输户，为宋某某提供运输

[①] 注意："转移赃物罪"已改为"掩饰、隐瞒犯罪所得、犯罪所得收益罪"。

服务，现无证据证明该 3 人对宋某某的走私行为在事先有明知或通谋，故不构成走私普通货物罪。对此，《刑法》第 156 条作了如下提示性规定，与走私罪犯通谋，为其提供贷款、资金、账号、发票、证明，或者为其提供运输、保管、邮寄或者其他方便的，以走私罪的共犯论处。其后，《关于办理走私刑事案件适用法律若干问题的意见》第 15 条对此进行了重申和进一步解释，其具体内容为，通谋是指犯罪行为人之间事先或者事中形成的共同的走私故意。下列情形可以认定为通谋：（1）对明知他人从事走私活动而同意为其提供贷款、资金、账号、发票、证明、海关单证，提供运输、保管、邮寄或者其他方便的；（2）多次为同一走私犯罪分子的走私行为提供前项帮助的。上述两项规定实际上也是一种法律推定。对于上述第 1 项规定，我们认为是比较清晰合理的，但第 2 项规定是否科学我们认为还值得进一步研究。

基础事实与推定事实之间的逻辑联系设定是否科学合理及是否属于常态联系或合理联系往往成为决定这一法律推定规则成败的关键因素。境外就有一些因为法律推定规则设定不合理而被判违宪或败诉的判例。所谓"合理联系"，是指"只要一个理智的事实审理者能够坚持自己的立场和独立思维，如果认为根据自己的推理和经验可以合理地从甲事实推导出乙事实，即使被推定的事实对于构成犯罪是必要的，这种推定也被认为具有合理联系"。[1] 在"特德诉合众国"（Tot v. United States）一案中，法院第一次采取合理联系的标准审查了联邦制定法的一项推定，以基础事实与推定事实之间不具有合理联系为由，宣布该推定违宪。[2]

回到《关于办理走私刑事案件适用法律若干问题的意见》的规定，如果第 15 条第 2 项规定中"多次为同一走私犯罪分子的走私行为提供前项帮助的"情形也像第 1 项一样要求行为人有"明知"，那么第 1 项规定就足以涵盖此种情形，实无必要再次重复；如果不要求行为人有"明知"，那么该项推定规则就设定得不合理了，因为无论推定也好证明也好，都不能客观归罪，而不问主观状态。鉴此，我们建议修改或删除上述第 2 项规定。

---

[1] 参见黄永：《刑事证明责任分配研究》，中国人民公安大学出版社 2006 年版，第 323 页。
[2] 参见 [美] 约翰·W. 斯特龙主编：《麦考密克论证据》（第 5 版），汤维建等译，中国政法大学出版社 2004 年版，第 678 页。

回到本案，韦某某、陈某 B、刘某某 3 人均为宋某某等提供过 4 次运输帮助，但最终因为无法证明他们有主观明知或与走私人有事前通谋，最终法院并没有认定该 3 人构成走私普通货物罪，尽管他们客观上的确曾 "多次为同一走私犯罪分子的走私行为提供了运输帮助"，该结论也进一步印证了笔者上述观点的正确性。但这个结论反过来推，则不一定具有完全的合理性，也即，我们不能说事前无通谋的多次事后帮助行为一定不具有走私犯罪故意，但我们仍需证明其具有明知的主观状态，当然并不一定要证明每一次的明知，如针对同一对象提供了事前无通谋且属同一性质的事后帮助达 3 次，如果控方证明了当事人在实施第 1 次事后帮助行为时是具有明知的，只能推定后 2 次行为构成走私；如果仅证明了当事人在实施第 2 次事后帮助行为时是具有明知的，则只能推定最后 1 次行为构成走私；如果仅证明了当事人在实施第 3 次事后帮助行为时始具有明知的，则当事人的该 3 次行为均不构成走私。

10. 将长粒米伪报为中短粒米被认定为具有走私犯罪故意

案件名称

谢某某等走私普通货物（大米）案[①]

裁判要点

明知自己公司进口的大米为长粒米，而自己所申领的配额证为中短粒米，还故意实施伪报规格型号及低报价格的行为，构成走私普通货物罪。

案情简介

2013年年初，被告单位 WG 公司向广西丰某进出口贸易有限公司（以下简称丰某公司）购买了广西粮油食品进出口公司数量为 1,800 吨的中短粒米关税配额证。2014 年 2 月 24 日、25 日，被告单位 WG 公司、被告人谢某某、李某某，采取同样的伪报货物品名、低报价格的方式向海关申报进口 2 票共 684.36 吨柬埔寨产香米。因海关经查验及商检鉴定，发现实际进口货物与申报货物品名、规格不符，遂予扣押。侦查机关经将上述香米取样送检，结论为，长度为 7.2 毫米或 7.3 毫米的籼米。经海关关税处核定，上述货物偷逃应缴税额人民币 3,003,522.75 元。

另外，被告单位 HC 公司的实际负责人王某某与被告人张某某、谢某某商定，由被告单位 ZT 公司、被告人谢某某为 HC 公司购买中短粒米关税配额证用于进口需要长粒米关税配额证的籼米。被告单位 HC 公司和 ZT 公司签订代理进口大米合同。之后，被告人张某某、谢某某委托被告人李某某代理报关，被告人李某某遂通过建某报关行办理具体报关事宜。为进一步降低成本，被告人王某某、张某某、谢某某、李某某还商定，报关时低报越南籼米的价格。被告人王某某制作了虚假的大米购销合同及发票用于报关。

2013 年 6 月 15 日、9 月 16 日，被告单位 HC 公司、ZT 公司、被告人谢某

[①] 广东省高级人民法院 (2015) 粤高法刑二终字第 340 号刑事裁定书，来源于中国裁判文书网，最后访问时间：2022 年 10 月 9 日。

某、李某某持天某公司中短粒米配额证，以伪报货物品名、低报价格的方式走私进口 2 票共 120.07 吨越南籼米。案发后，侦查机关将存放于 HC 公司仓库中的上述籼米取样送检，结论为，外观形态、长度均与长粒型籼米相符。经海关关税处核定，上述货物偷逃应缴税额人民币 409,345.42 元。

经统计，被告单位 WG 公司走私柬埔寨长粒型籼米 2,668.355 吨，偷逃应缴税额人民币 11,845,111.46 元；被告单位 HC 公司走私越南长粒型籼米 120.07 吨，偷逃应缴税额人民币 409,345.42 元；被告人谢某某、李某某参与走私柬埔寨长粒型籼米 2,668.355 吨、越南长粒型籼米 120.07 吨，偷逃应缴税额人民币 12,254,456.88 元；被告单位 ZT 公司参与走私柬埔寨长粒型籼米 1,983.995 吨、越南长粒型籼米 120.07 吨，偷逃应缴税额人民币 9,250,934.13 元。

一审法院判决被告人谢某某犯走私普通货物罪，判处有期徒刑 11 年，并处罚金人民币 451 万元；其他被告的刑罚略。二审法院维持了这一判决。

裁判理由

上诉人谢某某联系购买的天某公司配额证只能进口中短粒米，且其明知道自己公司所经营大米的成本及销售价格，仍然同意以低得多的 620 美元／吨等价格报关，这充分表明其主观上逃避海关监管、偷逃应缴税款的故意。上诉人张某某、谢某某明知道黄某某希望通过购买配额证进口大米的目的就是少交关税，仍为其购买中短粒米的配额证用于进口长粒米；明知道黄某某既是进口大米的供货商，又是进口商，应当熟知自己的大米的成本和真实销售价，却要征询他们以什么价格申报，表明黄某某不希望如实申报而以较低价格申报，明显具有欺骗海关审查的心态；虽然以什么品种、什么价格申报对他们的收益没有影响，但为了迎合黄某某以取得业务积极配合以 620 美元／吨等低价申报，这些都充分表明他们与黄某某共同欺骗海关以达到少交关税的目的，具有走私的故意。各上诉人及辩护人否定上诉人明知低报价格等环节进而否认走私故意的理由不成立。针对其他事项的裁判理由略。

评析与辩点

我们判断行为人是否具有走私犯罪的主观故意，需要综合考量。我们认为，需要考量的因素至少有以下几个：第一，需要考量其在公司所担任的职务、实际地位及发挥的作用。谢某某与他人一起负责大米的报关进口事宜，并且联系购买和准备配额证也是其主要负责的事项。从广义上来理解，为报关准备了重要单证的情形，即可视为负责了部分报关事宜或者说要对部分报关事项负责。即便其并没有直接参与低报价格的行为，但套用中短粒米配额证的行为目的就是降低成本和申报价格，只要对这一点是明知的就至少可以成立间接故意。第二，需要考量其文化程度及知识背景。谢某某长期从事进出口贸易的相关工作，可以推定其对进出口相关事项比一般人具有更高的认知水平。第三，要考量其在进出口中参与的环节是否属关键环节或多个环节。谢某某在本案中也的确参与了关键环节甚至多个环节的工作。第四，要考量其参与的时间长短及数额大小等客观因素。第五，要考量其专业水平和工作能力。专业水平和工作能力越高，其具有明知的可能性就越大。第六，要考量其事前对涉案行为的认知态度。如果曾经流露出害怕打击等态度，则其具有明知的可能性较大。第七，要考量其事后的解释和供述是否符合常情常理及与其他同案犯、证人之间说法的符合性或矛盾性。综上，我们可以初步判断出谢某某是具有走私犯罪主观故意的。

但我国针对大米也的确有规定不清晰的地方。例如，区分长粒米与中短粒米有无国家标准或权威标准？多长谓之长粒米？多短谓之中短粒米？这些都是不明确的。还有就是针对同一商品，海关规范的商品名称与日常国际贸易中的习惯称呼往往有差异，这也就会带来是否构成伪报、是否具有主观故意的问题。比如，有人习惯把海关法意义上的"长米"叫成"中粒米"或者以香度、松软度、粘度等别的特征来命名，可能就会存在一方认为其有故意，另一方则认为其没有故意的问题，而且如果恰好其处于次要地位且没有参与关键环节的话，则其是否构成走私还需要进一步研究。

11. 货主"明知"他人将长粒米报成中短粒米未被认定为走私犯罪

案件名称

A 公司涉嫌走私普通货物（大米）案①

处置要点

检察机关认为 A 公司走私的主观故意及客观行为均呈现事实不清、证据不足的样态，因此难以定罪处罚。

案情简介

2013 年 7 月，A 公司（国内大米批发商）负责人张某与 B 公司负责人签署外贸合同，约定 A 公司从 B 公司（越南供货商）进口越南大米 500 吨，商定了价格，但对规格未作特别约定；与此同时，A 公司又与 C 公司（国内进口代理商）签署代理进口协议，商定由 C 公司代理进口上述 500 吨大米。外贸合同与代理进口协议约定的进口价格、品名是相同的。

2013 年 9 月，B 公司分两批报关进口了大米 500 吨，A 公司按代理进口协议向 C 公司支付人民币货款(由 C 公司申请换汇对外付汇）及各项代理费用等。具体报关事宜，A 公司未参与且不知情。

2014 年 3 月，C 公司因涉嫌伪报品名（以中短粒米配额进口长粒米）走私被海关缉私部门刑事立案，随后 A 公司负责人张某也被刑事拘留，理由是张某在一次询问笔录中称自己知道 C 公司使用的是中短粒米配额，而实际收到的货物是长粒米。2014 年 6 月，海关缉私部门将此案移送检察机关审查起诉。检察机关经过两次退查后认为 A 公司走私事实不清、证据不足，遂作出了不起诉决定。

处置理由

检察机关认为 A 公司走私的主观故意及客观行为均呈现事实不清、证据

---

① https://www.customslawyer.cn/portal/lssf/detail/id/63281.html，最后访问时间：2022 年 10 月 9 日。

不足的样态，涉案大米也已经流入国内市场，无法取得实物证据，在事实存疑的情形下难以定罪处罚。

评析与辩点

第一，该案由于张某在一次询问中阐述自己知道 C 公司使用的是中短粒米配额，而实际收到的货物是长粒米。这就给侦查机关留下了主观明知的印象。但事实上，国家法规针对大米的长度并没有明确的国家标准或行业标准，多长谓之长粒米？多短谓之中短粒米？这些是非常不明确的事情。张某自己所理解的长粒米或中短粒米与海关法意义上的长粒米或中短粒米是否就是一个概念，这是很不确定的事情。海关其实是有这种先例的，如海关总署公告 2008 年第 98 号之附件 4《进口商品暂定税率表》第 602 项中就把行业中习惯叫"液力机械式"自动变速箱称之为"液压机械型"自动变速箱，看似差别细微实际却有天壤之别，导致海关总署的政策意图难以实现且已造成很多误解，由于上述公告存在瑕疵及不明确之处，故海关总署不得不于 2009 年 9 月下发《关于小桥车用自动换档变速箱及其零件暂定税率适用范围的通知》，对此作进一步详细解释。由此可见，海关的规范商品名称也不是所有情形下都是合理的或者符合客观实际的。第二，虽然配额内外税率不同（当然，涉嫌走私的大米应按什么税率计核偷逃税是另一个需要深入研究的问题，在此暂不探讨），但如前所述，米粒长度问题并无明确的权威标准，而且米粒长度在海关法意义上仅仅是影响归类的要素之一，却不是影响价格的要素。第三，张某所签署的外贸合同与代理进口协议对进口价格、品名的约定是相同的，而且张某也的确是按照合同约定付款了，因此就价格而言，很难说张某或 A 公司有低报价格、逃避海关监管、偷逃税款的故意。第四，张某及 A 公司确实也没有参与报关等关键环节或承担提供重要单证的工作。第五，涉案大米已全部流入国内市场，无法查找实物，当然也就无法进行鉴定，所以在证据上的确有重大缺陷。

12. 海关的过错在特定情形下可以成为犯罪阻却事由

案件名称

深圳 YW 公司、湖北 YW 公司等涉嫌走私普通货物（毛豆油）案①

裁判要点

经过海关批准的行为在特定情形下可以成为犯罪阻却事由，此时难以认定当事人具有走私犯罪故意。

案情简介

1996 年至 1998 年，被告人潘某某在担任深圳 HR 公司董事、副总经理、深圳 YW 公司、深圳 SY 公司董事、总经理、湖北 YW 公司总经理、香港 BR 集团董事期间，伙同其上司黄某某，以上述公司名义，与武汉 WM 公司等单位合作，先后申领多本加工贸易手册和成立武汉 FR 保税库，进口保税毛豆油 10.64 万余吨，未经海关许可全部倒卖。事后，潘某某等人使用无效西藏许可证补税 3 万吨、低报价格补税 0.16 万吨，其余毛豆油均未补税（其中假结转湛江、蛇口、南宁海关核销 2.04 万吨，编造假海损、假损耗事故核销 0.66 万吨，编造理由申请延期 0.94 万吨），走私偷逃税款共计人民币 7.1 亿多元。

一审法院认为，深圳 HR 公司、深圳 YW 公司、深圳 SY 公司、湖北 YW 公司和武汉 FR 保税库违反海关法规，逃避海关监管，共同走私毛豆油 10.64 万余吨，偷逃国家税款人民币 710,645,040.44 元，其行为构成走私普通货物罪。被告人潘某某系单位犯罪的直接责任人员，其行为构成走私普通货物罪，且情节特别严重。遂判决如下：一、被告人潘某某犯走私普通货物罪，判处有期徒刑 13 年。二、海关缉私局扣押的上海 JH 公司账上原湖北 YW 公司的走私赃款人民币 8,775 万元由海关缉私局依法没收，上缴国库。其余涉案单位的资金、房产、车辆等财产，由海关缉私局依法予以处理。二审法院对上述单位犯罪的部分事实未予认定，但仍维持了原判。

---

① 湖北省高级人民法院（2013）鄂刑一终字第 00001 号刑事判决书，来源于中国裁判文书网，最后访问时间：2022 年 10 月 9 日。

⚖️ 裁判理由

刑法规定，未经海关许可并且未补缴税款，擅自将批准进口的来料加工的原材料等保税货物在境内销售牟利的，以走私普通货物罪定罪处罚。据此，构成本罪必须同时具备两个条件：一是逃避海关监管，二是偷逃税款。本案中：第一，深圳 YW 公司、湖北 YW 公司等涉案单位的补税行为系其主动向海关申报，主观上没有逃避海关监管的故意；第二，西藏许可证和配额都是真实的，涉案单位使用西藏许可证和配额按优惠税率补税得到海关审批，不属于偷逃税款；第三，深圳 YW 公司、湖北 YW 公司等涉案单位是否弄虚作假、故意低报价格，没有证据证实，其补税价格得到海关审批确认；第四，没有证据证实深圳 YW 公司、湖北 YW 公司等涉案单位与海关人员内外勾结实施走私犯罪，海关原关长莫某某同意涉案单位使用西藏许可证和配额补税的行为，已被生效的刑事判决、刑事裁定确认为玩忽职守罪。综上，一审判决认定深圳 YW 公司、湖北 YW 公司等涉案单位低价补税及使用西藏许可证优惠补税的行为构成走私犯罪，事实不清、证据不足。针对其他事项的裁判理由略。

🖋️ 评析与辩点

我们认为，如果进口某种货物系正常经过了海关的批准或同意，[①]且履行了相关法定程序、手续，那么一般而言是可以成为走私犯罪的阻却事由的。本案中，深圳 YW 公司、湖北 YW 公司等涉案单位低价补税及使用西藏许可证优惠补税的行为都是经过了海关正常批准的行为，而针对西藏许可证是否能够得到优惠补税最终还是海关说了算，虽然国家有关部门在当时已发出通知严格限制或禁止签发类似的许可证，但本案所涉及的许可证确实是西藏经贸厅正式签发的，时间也是在上述通知发出的前后期间，海关审核了许可证认为可用，而且多年来也是这么使用的，如果要让当事企业拥有这样的鉴别能力和专业水准就太苛求企业了。因此，我们认为上述涉案单位难以构成走私故意，二审法院也未将这一节事实认定为走私犯罪。

[①] 我们认为，该"同意"是指海关或工作人员真实完整的意思表示，而且因下列情形之一而获取"同意"的除外：利用欺诈、胁迫、贿赂等不正当手段；对重要事项提供不正确资料或为不完全陈述；明知"海关或工作人员同意"将构成违法或因重大过失而不知道上述同意将构成违法的。

13. 如实申报后由于海关的不当行为未能鉴别出商品禁限属性而予以放行的行为可成为犯罪阻却事由

案件名称

唐某涉嫌走私珍贵动物制品（金带喙凤蝶标本）案①

裁判要点

如实申报后由于海关工作人员审查把关不严或业务水平不够精通等原因导致将属于禁限属性的商品错误放行，不应将此责任转嫁于当事人。

案情简介

1993年下半年被告人唐某向被告人苏某非法收购《濒危野生动植物物种国际贸易公约》附录Ⅱ所列举动物金带喙凤蝶（标本）23只，唐某将其中5只标本在向海关履行了报关手续后，得到了海关的查验放行，寄往国外。一审法院以走私罪对唐某定罪量刑，二审法院改判唐某不构成走私罪。

裁判理由

二审法院认为，唐某虽在无许可证的前提下将5只金带喙凤蝶标本寄往国外，但向海关履行了报关手续，且该报关手续是符合海关要求的，并未逃避海关监管，其行为不构成走私罪。海关放行的依据是金带喙凤蝶未列入我国《国家重点保护野生动物名录》，而根据我国加入的《濒危野生动植物物种国际贸易公约》，金带喙凤蝶属于保护对象。海关工作人员工作中的失误或过错不能由当事人来承担。针对其他事项的裁判理由略。

评析与辩点

这里海关之所以出现执法不当，是因为其主要参考国内法规定，而忽视了我国加入的国际公约规定（当然我国加入的国际法相关内容没能及时转化为

---

① 参见陈晖：《走私犯罪论》（第2版），中国海关出版社2012年版，第229页。

国内法，此时国际法还能不能直接适用是另一个值得深入研究的问题，也可以作为一个辩点，在此暂不展开）。这一不当行为直接和行为人是否逃避海关监管这一关键主客观构成要素相联系，直接影响了犯罪构成，因此很有必要对之深入研究。我们认为，既然当事人已经向海关如实申报，海关经表面审查及外形查验即可初步判断当事人申报是否属实（如果是低报价格等情形还可以说海关工作人员有被蒙骗的可能，但本案不属于此类情形）的情形下，海关仍对不应放行的商品予以放行，这种过错责任不应由当事人来承担，因为在此情形下，当事人客观上并无逃避海关监管的走私犯罪行为，主观上亦无走私犯罪的主观故意。更进一步分析，海关工作人员在此遇到的其实不再是事实认定的问题而是法律适用的问题，而法律该如何适用与当事人的申报行为并无直接联系，当事人并无保证海关工作人员正确适用法律的义务和能力。

14. 未参与走私行为核心环节的普通员工难以推定其具有走私犯罪主观故意

案件名称

许某甲等涉嫌走私普通货物（废金属）案[①]

裁判要点

未参与走私行为核心环节的普通员工难以推定其具有走私犯罪主观故意，也很难说其工作与走私犯罪的核心环节或核心工作有法律上的直接联系。

案情简介

被告人许某某、郑某能和洪某将所购买和招揽的货物以广某丙公司的名义以"包税"的方式通过同案人邝某某（另案处理）联系同案人秦某某（另案处理）报关进口。秦某某利用其掌控的贸易公司、航运公司、码头等企业，安排专人在香港对广某甲公司和广某乙公司的货物重新换柜和拼柜处理，船队将超重装载的货柜运抵广州建翔码头当晚，在未经海关查验的情况下，先后在广州建翔码头内和广州JL公司货场对涉嫌走私的货柜进行偷卸、偷换，由广东YG公司的车队将偷卸、偷换出来的货物运抵广某甲公司在佛山市南海区的货场。所需支付的"包税"费用通过广某甲公司的企业账户和被告人许某某亲属个人账户支付到秦某某控制的其他人的账户内。经统计，2010年4月至2011年12月，广某甲公司收到通过秦某某团伙走私进口的废紫铜、废黄铜、黄铜水箱、废铝等金属类货物共计24,212,857千克。经海关关税部门核定，偷逃应缴税额人民币120,515,837.53元。

被告人许某某作为广某甲公司的法定代表人，在明知广某甲公司所缴纳的"包税"费用不足以缴纳正常税费的情况下，负责组织人员在国内接收走私货物、对外支付货款和"包税"费用、销售走私货物牟利。被告人许某甲从

[①] 广东省广州市中级人民法（2013）穗中法刑二初字第42号刑事判决书、广东省高级人民法院（2016）粤刑终1454号刑事裁定书，来源于中国裁判文书网，最后访问时间：2022年10月9日。

2009年年底开始到广某甲公司工作,主要负责接收进口货物费用清单传真件、核对国内收货情况和制作进口货物收取代理费统计表格,并协助被告人许某某在国内销售走私进口的货物。

法院判决如下:一、被告人许某某犯走私普通货物罪,判处有期徒刑12年;二、被告人许某甲无罪。附加刑略。

⚖️ 裁判理由

被告人许某某的多次供述均未明确指证许某甲具有走私的共同犯意以及许某甲知道广某甲公司的货物是通过走私方式进口的。被告人许某甲从未供认过其有走私的主观故意,其供认只是打工的,月薪2,500元,该供述与其签认"广某乙公司付款"等相关书证内容相吻合,印证其工资收入为每月2,500元,证明其供述真实可信。被告人许某某供认被告人许某甲没有参与货款的收取、支付,钱款的事由陈某乙卿负责;该供述与许某甲供认其没有参与公司钱款管理,货款怎么支付其不清楚的供述内容相印证;与证人许某戊的证言相吻合;证明被告人许某甲关于货物"运费""关税"等费用并不清晰的辩解有一定合理性。本案中,许某甲负责广某甲公司货物交接等具体工作,但现有证据不足以印证该行为与走私行为有直接的关联性。另外,侦查机关未能收集郑某能、陈某乙卿等人指证被告人许某甲共同参与走私犯罪行为的证言,本案亦无其他证据印证被告人许某甲有走私的主观故意和参与了共同走私犯罪行为。综上,因现有证据不能充分证实被告人许某甲具有走私的主观故意及实施了走私的客观行为,故公诉机关对被告人许某甲构成走私普通货物罪的指控证据不足,法院不予支持。被告人许某甲及辩护人提出许某甲的行为不构成走私普通货物罪的意见和辩护意见均有理,法院予以采纳。针对其他事项的裁判理由略。

📢 评析与辩点

第一,许某甲在涉案公司的身份是一个文员兼跟单员,工资也很低,在公司处于从属地位,其主要工作就是负责制作表格清单及协助销售(看磅及登记)。这些工作并非核心环节,仅是一种程序性工作,可替代性极强。我们认为,应当摒弃一种观点就是条件说,该说认为在某一犯罪中如果缺少了某一环节整个行为就无法完成,那么这一环节就是关键环节,这一环节上的人也就构成犯罪，如果抱有这种观点执法的话，所有员工都有可能被定罪。第二，从供述来看，涉案公司老板许某某称，许某甲没有参与货款的收取、支付，许某甲在公司会将到场货物的情况记录，但许某甲应该不知道货物的来源；许某甲称，涉案货物是怎么进口的其并不知情，货款怎么支付也不清楚。当然，许某甲也说过其所经手的资料中所显示出来的"运费"，估计可能是货物从香港到南海广某甲公司之间产生的费用，而且从郑某能传真过来的传真件上面有显示"关税"的字样，这个"关税"的标准就是"运费"的标准。这个"运费"标准够不够实际应缴的费用其称不清楚，因为海关要收多少费用的计算方法、增值税的税率其是不清楚的。或许有人会认为考察这一点，就可以认定许某甲对走私持有间接故意，但我们认为，许某甲并未参与报关及洽谈价格、收付货款等方面的核心工作，也不具备这方面的专业知识，其不了解涉案货物性质也属正常现象，不宜对其提出过高要求，所以很难说其具有走私犯罪的间接故意。第三，我们认为，对单位走私犯罪原则上只追究部门负责人以上职务的人员，对于一般经手人如业务员、文员、财务人员等，除非其在单位犯罪中的犯意明确、行为积极、作用重大，否则不宜对其定罪处罚。《关于办理走私刑事案件适用法律若干问题的意见》第18条第3款规定，……对于受单位领导指派而积极参与实施走私犯罪行为的人员，如果其行为在走私犯罪的主要环节起重要作用的，可以认定为单位犯罪的直接责任人员。当然，如此认定的前提也还是要有主观故意。对照该规定，许某甲也是不符合定罪条件的。

15. 曾因"同一"走私行为被定罪处罚不必然推定有走私犯罪故意

案件名称

区某某涉嫌走私普通货物（化工原料）案[①]

裁判要点

曾因"同一"走私行为被定罪处罚不必然推定有走私犯罪故意；同时，并非一定要证明"被蒙骗"才能阻却对明知的推定。

案情简介

2005年5月，香港货主陈某某（另案处理）委托被告人区某某找人代理进口二甘醇，被告人区某某经人介绍，将进口事宜委托刘某办理。其后，刘某联系了香港捷某贸易公司及广州FT公司分别作为转口公司和收货单位；每票货物进口时，均由刘某联系上述两家公司签订进口合同，陈某某方面的人员将每票二甘醇进口的柜号、数量、产地等数据传真给香港JY公司负责人陈某材用以制作发票、装箱单，刘某收到陈某材传真的相关数据后，将货物委托有关报关公司报关进口。货物通关后，刘某将货物送至位于广州土华的一处仓库交由"阿猛"收货，事后，被告人区某某将货主陈某某支付的税费及代理费等费用转交给刘某。2005年6月至9月，刘某接受区某某委托共代理进口二甘醇十余票。2005年9月13日，刘某依上述模式向番禺海关申报进口了6个货柜、109,020千克的"二甘醇"，经海关查验及鉴定，实际进口货物为甲苯二异氰酸酯（简称TDI）90,620千克和多亚甲基多苯基多异氰酸酯（简称PAPI）18,400千克。经海关关税部门核定，上述货物的偷逃应缴税额为人民币261,060.66元。法院判决被告人区某某无罪。

另经法院查明，2003年10月27日，区某某曾因犯另一起走私普通货物罪被广东省高级人民法院判处有期徒刑3年，缓刑4年。

[①] 广东省广州市中级人民法院（2006）穗中法刑二初字第178号刑事判决书。

裁判理由

正如公诉机关起诉书所认定的，被告人区某某不是涉案货物的货主。因此，无法从身为货主的角色来认定被告人区某某知道涉案货物的真实品名。公诉机关向法庭出示的证据证实，被告人区某某没有介入涉案货物的发票等资料的制作和传递，也没有介入报关单证的制作以及向海关申报进口的环节；货物通关后，被告人区某某没有参与货物的运输、仓储以及销售等行为。以上表明，无法从走私货物入境及相关后续行为来认定被告人区某某明知涉案货物的真实品名。现有证据只能认定被告人区某某实施了以下两方面的行为：一是接受货主委托后，找到刘某，由刘某与相关人员直接联系办理进口货物的所有事宜；二是将货主支付的费用转交给刘某。但是，公诉机关向法庭出示的证据中，没有货主陈某某的言词证据；而被告人区某某一直供认其接受委托时，货主陈某某明确告知货物是"二甘醇"。因此，在陈某某与区某某之间的委托环节中，没有证据证实区某某知道货物的真实品名；同时，也不能排除区某某在对货物真实品名的认知上存在被误导的现实情形。关于被告人区某某是否属于"曾因同一种走私行为受过刑事处罚"据此可认定其在本案具有明知的主观故意之情形，经审查，法院认为不宜适用该规则。针对其他事项的裁判理由略。

评析与辩点

第一，在本案中，由于进口货物被层层转包，因此发货人、收货人、进口商等很可能都不是国际贸易的原始交易双方，这样的单证、合同极易被有关部门确认为假单证及假合同，但这些又都是国际贸易中非常常见的方式，很难说这么做的就都一定有走私或其他违法犯罪的目的，所以一旦出现某一行为是否为走私犯罪有争议之时就主要据此推定当事人具有主观故意其实是非常薄弱甚至是不合理的，当然，这些外贸乱象的确需要约束和规范，但并非一概要以定罪处刑的方式。因此，《关于办理走私刑事案件适用法律若干问题的意见》第5条第2款第4项将"提供虚假的合同、发票、证明等商业单证委托他人办理通关手续的（除被蒙骗外）"情形一概推定为具有走私犯罪故意是值得商榷的。第二，由于当事人区某某在本案中的行为表现与其之前所犯走私普通货物罪的具体行为并不相同，两者不具备可比性，即行为表现上不具有同一性或类似性。因此，不能以区某某曾因犯走私普通货物罪而认定其在本案中具有走私的主观故意。但这仅是本案判决所持意见，我们不能保证所有司法机关都将这样理解，因为《关于办理走私刑事案件适用法律若干问题的意见》第5条第2款第6项规定中的"同一种走私行为"究竟是指触犯同一罪名还是指使用同一手法或是指同一种标的或同一类标的目前并无详尽解释，因此亟待明确以统一刑事执法及司法认定标准。我们认为，宜从实质意义上去严格解释"同一种走私行为"的意涵。第三，我们认为《关于办理走私刑事案件适用法律若干问题的意见》第5条第2款中的"被蒙骗"应修改为"不知道"，因为"被蒙骗"也仅仅是"不知道"中的一种情形而已，如果当事人确实有证据或者在案现有的其他证据就已证明了其"不知道"，即便不属被蒙骗而完全是自己或别人搞错了，也同样可以证实其没有主观故意，因此我们不宜人为地限缩犯罪阻却事由的成立范围。回到本案，无论是从《关于办理走私刑事案件适用法律若干问题的意见》第5条第2款第5项还是第6项出发，本案判决都没有要求当事人区某某提供证据证明自己确属被蒙骗，而是根据现有证据来推断其并无主观明知，我们认为该做法是正确的。

16. 因不明知而发生的事实认识错误不应认定为有故意

案件名称

王某某等走私普通货物（冻品）案①

裁判要点

因不明知而发生的事实认识错误不应认定为有故意。

案情简介

2012年4月初，被告人王某某、李某某（另案处理）等人预谋从台湾地区经海上走私冻鸡爪、鸡翅等货物入境，李某某向台湾地区某某国际航运有限公司租赁了某某号货轮并负责走私冻品在台湾地区的打包装载事宜，被告人王某某负责寻找合适的卸货地点及向李某某、蔡某乙等人支付轮船运输及货物卸驳所需款项。王某某还安排被告人陈某甲负责与林某某联系并监督走私货物装卸等事宜。2012年4月初，被告人王某某、陈某甲选定福建省平潭县海域试行走私。4月6日，李某某在台湾地区将80.0439吨冻鸡爪、鸡翅等货物装上某某号货轮后，即以泉州港为目的港申报出航。被告人林某某、甲某、潘某等人驾驶某某号货轮按陈某甲指定的经纬度，于4月8日夜间抵达平潭东沃岛海域，将走私的冻品卸驳到事先联系好的两艘铁壳船上运回平潭县东沃码头，再由三辆帆布货车将走私冻品运走。由于在平潭县海域走私冻品不便捷，且货物破损较为严重，被告人王某某经人介绍联系管理福鼎市八尺门码头的被告人周某，周某明知王某某利用码头卸驳走私货物，仍将码头租赁给王某某并两次收取了共计10万元的费用。2012年4月14日，被告人林某某、甲某、潘某再次驾驶装载着286.3615吨冻鸡爪、鸡翅从台湾地区高雄港出发，途经日本石垣岛后，于4月18日到达福鼎市沙埕港外海域，被告人王某某指使被告人陈某甲雇用当地的一艘小船前往该海域将某某号货轮引航至某某码头停靠。而后，

---

① 福建省宁德市中级人民法院（2015）宁刑初字第2号刑事判决书，来源于中国裁判文书网，最后访问时间：2022年10月9日。

蔡某乙（另案处理）指挥从广东省汕头市雇用的百余名搬运工将走私冻品卸驳到在码头等待的冷藏车上，将冻品运往福州马尾等地的冷库寄存或销往大陆市场。2012年4月24日，被告人王某某、林某某、甲某、潘某、陈某甲、蔡某乙以相同手段，将468.46274吨冻鸡爪、鸡翅等冻品从八尺门码头走私入境。2012年5月6日，李某某在台湾地区高雄港将552.63191吨的冻鸡爪等冻品装载上某某号货轮，并在外包装纸箱上套上红、黄、蓝等不同颜色的塑料袋进行货品标识，5月7日21时许，某某号货轮抵达八尺门码头，蔡某乙等人再次组织搬运工装卸走私冻品，5月8日凌晨，被海关缉私分局在福鼎市八尺门码头当场查获，并被查扣走私船某某号货轮及部分走私冻品，抓获被告人林某某、甲某、潘某。被告人杨某甲明知是走私物品，仍受指派，伙同他人在福州市东某水产有限公司等公司冻库接受、转运本案涉案冻品，价值662.1298万元。2012年7月3日、7月21日被告人周某、陈某甲分别向警方投案。被告人周某还提供重要线索，协助公安机关抓获犯罪嫌疑人。经福州市价格认证中心鉴定，上述4次走私的冻品价值为1,688.4193万元，其中在福州市G公司、鑫某某公司、名某公司、海某公司等冷库查扣的冻品价值共计662.1298万元。经海关计核，被告人王某某、林某某、甲某、潘某、陈某甲偷逃税款557.482405万元，被告人周某偷逃税款524.066499万元。上述走私冻品中，混有来自美国疫区属于国家禁止进口的冻品共计250.204吨。

被告人王某某等辩称不知道走私的冻品中有来自疫区的，故不构成走私国家禁止进出口的货物罪。

依照《刑法》第153条第1款第3项、第3款、第156条、第312条第1款、第25条、第27条、第64条、第65条、第67条第1款、第3款、第68条、第72条和《关于办理走私刑事案件适用法律若干问题的解释》第16条的规定，法院判决如下：一、被告人王某某犯走私普通货物罪，判处有期徒刑14年，并处罚金人民币300万元；二、被告人林某某犯走私普通货物罪，判处有期徒刑6年，并处罚金人民币100万元；三、被告人甲某犯走私普通货物罪，判处有期徒刑5年，并处罚金人民币80万元；四、被告人陈某甲犯走私普通货物罪，判处有期徒刑3年，并处罚金人民币60万元；五、被告人潘某犯走私普通货物罪，判处有期徒刑3年，并处罚金人民币50万元；六、被告人周某犯走私普通货物罪，判处有期徒刑3年，缓刑3年，并处罚金人民币50万元；七、被告人杨某甲犯掩饰、隐瞒犯罪所得罪，判处有期徒刑2年6个月，并处罚金人民币10万元；附加刑等内容略。

⚖裁判理由

　　《关于办理走私刑事案件适用法律若干问题的意见》第6条规定，走私犯罪嫌疑人主观上具有走私犯罪故意，但对其走私具体对象不明确的，不影响走私犯罪的构成，应根据实际走私对象定罪处罚。但是，确有证据证明行为人因受蒙骗而对走私对象发生认识错误的，可以从轻处罚。根据上述规定，行为人基于概括故意而实施走私犯罪的，其虽然不明知走私物品的具体种类，但因走私这些物品均不违背其意志，故应当按实际走私的物品性质定罪处罚。但如果行为人对走私物品性质有明确认知，并基于这种认知而实施犯罪的，则不能适用该规定。《关于办理走私刑事案件适用法律若干问题的解释》第22条规定："在走私的货物、物品中藏匿刑法第一百五十一条、第一百五十二条、第三百四十七条、第三百五十条规定的货物、物品，构成犯罪的，以实际走私的货物、物品定罪处罚；构成数罪的，实行数罪并罚。"根据上述规定，由于行为人对武器、弹药、毒品、贵重金属、珍稀植物及制品等刑法专门规定的特殊货物、物品或禁止进口货物、物品的"藏匿"行为应当是明知的、主动的，因此才规定按实际查获的货物、物品定罪处罚，如同时构成走私普通货物罪，实行数罪并罚。本案现有证据可以认定被告人王某某、林某某、甲某、潘某、陈某甲、周某主观上明知是走私行为；但由于本案货主未到案，无法查证货主事前是否告知上述被告人含有来自美国疫区冻品的情况，被告人均辩解走私的是从我国台湾地区运往大陆的冻鸡爪、鸡翅等，不知道走私的冻品中含有来自美国疫区的货物；且我国已禁止从美国疫区进口冻品并非属众所周知的事情，上述被告人均不是冷冻食品的经营者并不应当知道，根据有利于被告人的原则，应采信被告人的辩解。在检察机关无法证实被告人具有走私国家禁止进出口的货物罪的犯意的情况下，认定其犯走私国家禁止进出口的货物罪的犯罪构成要素缺失，其行为不构成走私国家禁止进出口的货物罪。但在走私冻品中混有来自疫区的货物这一事实，可作为一个从重量刑情节予以考虑。针对其他事项的裁判理由略。

评析与辩点

一、概括故意与对象认识错误的区别

刑法理论中,概括的主观故意是指行为人认识到结果发生是确定的,但结果发生时的一些重要情状不确定,同时,概括的主观故意应体现同一的故意。概括故意认识内容的不确定表现在三个方面:一是侵害客体不明确,如某人在闹市区向人群中投掷炸弹,虽知一定会有人伤亡,但究竟是死亡还是伤害,行为人无法确定;二是危害范围不明确,如上述情况下,炸弹爆炸将死伤多少人,行为人缺少明确的认识;三是侵害对象不明确,炸弹爆炸到底是炸死某甲,还是炸死某乙,行为人同样没有明确的认识。可见,"概括"是指行为人对侵害的范围与性质有一个大体的了解,这一基本认识是认定概括故意的关键。实践中,某些犯罪的故意便是由概括故意构成的。例如,危害公共安全的犯罪故意,只要行为人认识到自己的行为会造成不特定的多人伤亡和公私财产的重大损失,尽管其认识是概括的,尚不具体,一样成立犯罪故意;或许可以这样说,概括故意恰恰表明危害公共安全罪的特点。可见,概括故意同样表明行为人"明知故犯"的心理实际,行为人负担刑事责任的主观根据。但走私罪是一个类罪名,包括走私普通货物、物品罪、走私假币罪、走私毒品罪等多种具体犯罪。各种具体犯罪所侵犯的社会关系是不一样的,各种具体犯罪的认定必须符合具体的犯罪构成。因此,严格来说,刑法理论上的概括故意与走私犯罪理论中所称概括故意其实是有些区别的。但既然走私犯罪理论对此概念已作了较广泛的探讨和使用,并已大致框定了其内涵及范围,我们也就不妨先借用这一概念进行研究。

刑法上的所谓对象认识错误,是指行为人主观上所认识到的行为对象与实际的行为对象发生在同一犯罪构成之内或跨越了不同犯罪构成的情形,前者属于具体的对象错误,而后者属于抽象的对象错误。[①] 抽象的对象认识错误,往往对罪过及其形式产生很大影响。当错误影响到行为人认识或者可能认识自己行为的危害结果或罪质的等价性或相容性时,就应当排除行为人主观故意的

[①] 以下我们重点探讨的是抽象的对象认识错误,如无特别说明,下文的"对象认识错误"均指"抽象的对象认识错误"。

成立；当错误虽然对这种认识有影响，但并未影响到这种认识的可能性时，可以排除行为人主观故意的成立，但不能排除过失的成立；当错误对这种认识毫无影响时，不能排除行为人主观故意的成立。

由上可见，走私犯罪理论上的概括故意与对象认识错误还是有很大区别的，不应将其混淆。即便是对象认识错误不影响定罪的情形，也不能将其简单认定为概括故意。

《关于办理走私刑事案件适用法律若干问题的意见》第6条规定，走私犯罪嫌疑人主观上具有走私犯罪故意，但对其走私具体对象不明确的，不影响走私犯罪构成，应当根据实际的走私对象定罪处罚。但是，确有证据证明行为人受蒙骗而对走私对象发生认识错误的，可以从轻处罚。我们认为，该规定有将概括故意与对象认识错误混淆的倾向，如果某人持正面限定的概括故意而非模糊的概括故意，其仅仅对走私普通货物及走私淫秽物品这两类货物持概括故意，具体里面是哪一种普通货物或淫秽物品在所不问，又或者具体每一次里面是普通货物还是淫秽物品或者两者都有也在所不问，但如果实际货物是枪支，根据上述规定，应认定为走私武器罪，这显然是不合理的。正如有观点所指出的，该司法文件误解了概括故意的含义，有违主客观相统一的原则，将会增加司法乱象。[①]

理论界与实务界针对走私犯罪中的对象认识错误主要探讨了以下三种情形：第一种情形，将走私对象误认为合法对象的情形。如有观点认为，所谓对象认识错误，是指行为人因受蒙骗等原因对其携带、运输进出境的货物、物品的性质发生错误认识，即将走私货物、物品误认为合法进出境的货物、物品。[②]我们认为，该观点值得商榷，其所述情形当然属于对象认识错误情形中的一种，但并非全部。第二种情形，将其他非走私物品误认为是走私物品的情形。如有观点认为，将其他非走私物品误认为是走私物品的情形构成犯罪未遂。该观点认为，在行为人将其他物品误认为是走私物品而运输过关的场合，

[①] 参见李涛："走私犯罪的故意认定还需坚持常识主义"，载《检察日报》2017年3月20日第3版。

[②] 参见苗有水等："《最高人民法院、最高人民检察院、海关总署关于办理走私刑事案件适用法律若干问题的意见》的理解与适用"，载姜伟主编：《刑事司法指南》2002年第3辑（总第11辑），法律出版社2002年版。

行为人显然具有走私犯罪的主观故意，客观上也实施了"走私"行为，只不过由于主观上的认识错误，使其行为所指向的对象与行为人预期的并不一致。但这并不能改变行为人所实施行为的犯罪性质，仍然应当以走私犯罪对行为人定罪，但鉴于行为人在对象上的认识错误，其实施的犯罪行为并未发生危害社会的结果，因此，应当认定为犯罪未遂，在量刑时酌情考虑其他因素，确定能否对行为人从轻或减轻处罚。[1] 我们认为，该观点值得商榷，如果从彻底的客观主义出发，这种行为并不会产生走私犯罪的客观危害性，因此，不应认定为走私犯罪。第三种情形，将走私犯罪对象误认为走私犯罪对象范围之外的某类物品的情形。如有观点认为，行为人如果明知自己带的货物属于走私犯罪对象范围之外的某类违禁品物品（如管制刀具等），但实际上却是走私犯罪对象（如枪支、弹药等），就只能给予行政处罚而不能定罪。[2] 我们认为，该观点较有道理。

二、事实认识错误对处理走私犯罪的影响

在司法实践中，涉及事实认识错误对处理走私犯罪产生影响的规定主要有以下两个：

1.《关于办理走私刑事案件适用法律若干问题的意见》第6条规定，走私犯罪嫌疑人主观上具有走私犯罪故意，但对其走私的具体对象不明确的，不影响走私犯罪构成，应当根据实际的走私对象定罪处罚。但是，确有证据证明行为人因受蒙骗而对走私对象发生认识错误的，可以从轻处罚。

2.《关于办理走私刑事案件适用法律若干问题的解释》第22条规定："在走私的货物、物品中藏匿刑法第一百五十一条、第一百五十二条、第三百四十七条、第三百五十条规定的货物、物品，构成犯罪的，以实际走私的货物、物品定罪处罚；构成数罪的，实行数罪并罚。"

针对第一个规定所描述的情形，我们认为，如前所述，该规定已显露出将概括故意与对象认识错误混淆的态度。因此，有必要对之进行限缩解释，我们认为，对之正确的解读应该是：走私犯罪嫌疑人主观上具有走私犯罪故意，但对其走私的具体对象不明确，如果行为人对走私对象具有模糊的概括故意或

---

[1] 参见赵永林："走私犯罪研究"，西南政法大学2012年博士学位论文。
[2] 参见梁争：《走私罪研究》，法律出版社2013年版，第51页。

择一故意的,那么一般可按实际走私对象定罪处罚;如果行为人对走私对象具有一般特定故意的(有证据证明其明确表示或可推定其要排除或拒绝实际发生的走私对象),但实际货物却超出了其一般特定故意范围的,则应当按照其意图走私的对象来认定走私罪(未遂)。如果确有证据证明行为人因受蒙骗而对走私对象发生认识错误的,在不同质且不相容的构成要件(有轻罪与重罪之分的场合)之间的事实错误(对象错误)应当采取抽象的法定符合说,假如其意图走私的对象为普通货物,那么该普通货物偷逃税额又已达到起刑点,则应按照走私普通货物罪(未遂)来定罪处罚,而不应按照实际对象来定罪再从轻处罚;又假如其意图走私的对象为武器,而实际走私的却是普通货物且偷逃税额已达到起刑点的,由于走私武器罪与走私普通货物罪的罪质不同,且两个罪名互不相容(我们认为,武器很难评价为普通货物),也即不存在重合部分,因此,对此情形一般就只能认定为走私武器罪(未遂),但如果在客观上没有任何成功走私武器的紧迫危险或可能性,则仅针对运输或携带、邮寄普通货物进境未申报的违规行为作行政处罚即可。

针对第二个规定所描述的情形,我们注意到,主流观点针对对象认识错误问题开始持明确的严格态度,其认为《关于办理走私刑事案件适用法律若干问题的意见》中的"确有证据证明行为人因受蒙骗而对走私对象发生认识错误的,可以从轻处罚"的规定事实上被《关于办理走私刑事案件适用法律若干问题的解释》第22条废除了,该观点还认为第22条中的"藏匿"一词本身就已包含故意的意思在内。本案法院也持这一观点,正如本案判决所指出的,行为人对武器、弹药、毒品、贵重金属、珍稀植物及制品等刑法专门规定的特殊货物、物品或禁止进口货物、物品的"藏匿"行为应当是明知的、主动的,才能按照《关于办理走私刑事案件适用法律若干问题的解释》规定按实际查获的货物、物品定罪处罚,如同时构成走私普通货物罪,实行数罪并罚。[1] 因此,虽然《关于办理走私刑事案件适用法律若干问题的解释》并没有刻意强调故意一词,但按照主流观点及相关判例对该司法解释的解读来看,该解释第22条不应理解为客观归罪,如果确有证据证明发生了对象认识错误的情形,是不能认

---

[1] 参见最高人民法院刑事审判第二庭主编:《〈最高人民法院、最高人民检察院关于办理走私刑事案件适用法律若干问题的解释〉理解与适用》,中国法制出版社2015年版,第137页。

定为走私犯罪的。若从这个角度来看，上述《关于办理走私刑事案件适用法律若干问题的解释》的规定是妥当的。

综上，在无法证明行为人对禁止进出口的疫区冻品有走私故意的情形下，本案判决将其排除出定罪范围，我们认为是妥当的。

17. 持择一故意的，在择知范围外成立事实认识错误

案件名称

冯某某走私珍贵动物制品（穿山甲鳞片）案[①]

裁判要点

应当根据实际货物来认定罪名。

案情简介

2016年4月初，被告人冯某某受冼某某（另案处理）雇请，预谋驾驶摩托艇从中山市前往香港水域装载货物走私入境。同年4月7日，被告人冯某某伙同徐某某（另案处理）驾驶摩托艇从中山市到达香港装载货物走私入境，但发现现场附近水域有香港水警巡逻而放弃走私返回中山市。同年4月10日下午5时许，被告人冯某某与徐某某再次驾驶摩托艇（无牌号）从中山市民众镇前往香港水域装运货物走私入境。当晚7时许，被告人冯某某与徐某某驾船到达香港东涌避风塘码头，由冼某某等人将一批用蛇皮袋包装的穿山甲鳞片搬运上艇。随后，冯某某与徐某某二人驾艇返回。次日凌晨0时30分许，被告人冯某某与徐某某驾艇途经中山市民众镇横门水道田基沙水闸河涌附近时被公安民警拦截检查，二人立即跳水逃跑。公安民警将被告人冯某某当场抓获并缴获穿山甲鳞片一批。经鉴定，被告人冯某某走私的穿山甲鳞片系珍贵动物制品，净重1,495千克，价值人民币1,997,320元。被告人冯某某供称："'阿建'（老板）跟我是一个村的，他让我和'徐某某'到香港装一些冻品或者木头之类的走私货物，并答应每次给我们1万元至3万元。"

依照《刑法》第151条第2款、第27条、第67条第3款、第64条以及《关于办理走私刑事案件适用法律若干问题的解释》第9条第3款第2项、第10条第1款的规定，法院判决如下：被告人冯某某犯走私珍贵动物制品罪，

[①] 广东省中山市中级人民法院（2016）粤20刑初78号刑事判决书，来源于中国裁判文书网，最后访问时间：2022年10月9日。

判处有期徒刑 8 年，并处罚金人民币 10 万元；附加刑内容略。

⚖ 裁判理由

法院认为，被告人冯某某结伙走私国家禁止进出口的珍贵动物制品，情节特别严重，其行为已构成走私珍贵动物制品罪，依法应予惩处。被告人冯某某受他人指使参与实施走私，其所起作用相对较小，可认定为从犯，依法应当减轻处罚。其归案后如实供述自己的罪行，依法可以从轻处罚。公诉机关指控的事实清楚，证据确实、充分，罪名成立。针对其他事项的裁判理由略。

评析与辩点

一、根据认识的确定性强弱程度划分明知的类别

周光权教授认为，在确知和确实不知之间，根据认识的由强到弱，还分别存在"实知（事实上知道）""或知（可能知道）""应知（应当知道）"三种类型。由此，对于明知，可以作确知、实知、或知、应知四级区分。[①] 我们认为，上述观点是很有价值的，对确知与确实不知之间的主观认识状态的确有必要作精细化区分，但上述观点也有值得商榷之处，主要体现为以下三点：第一，将"可能知道"（"或知"）列为明知的一种值得商榷。我们认为，"明知"只能相当于"肯定知道"和"很可能知道"两种，不应包括"可能知道也可能不知道"，更不应包括"很可能不知道"和"不可能知道"。[②] 第二，将"应当知道"列为明知的一种也值得商榷。当然，周教授其实也不同意使用该用语，其在后文中表明了态度，周教授认为凡是不属于推定的"应知"，一律应用"实知"替代，从而减少"应当知道"这类容易引起歧义和非议的表述，增加司法解释的精准性，应当说这段论述是到位的。陈兴良教授也表达过对"应当知道"这一用语的质疑，因为该词想表达的内涵明显有别于"疏忽大意的过失"的内涵，但使用的文字却是一模一样，因此，陈教授认为以"应当知道"来表述推

[①] 参见周光权："明知与刑事推定"，载《现代法学》2009 年第 2 期。

[②] 参见张少林等："刑法中的'明知'、'应知'与'怀疑'探析"，载《政治与法律》2009 年第 3 期。

定的故意,在用语上是否恰当,仍然是一个值得推敲的问题。[1]我们认为,应当在表达明知的场合弃用"应当知道"或"应知"这一表达方式,对于不属于推定的"应知",实际上可以直接用"确知"替代;而对于属于推定的"应知",则可用"推知"替代。第三,对明知类型的概括不够全面。我们认为,择一的认知(择知)、概括的认知(概知)等情形都应当作为明知的一种类型予以单列出来研究。

我们认为,根据认识的确定性强弱程度,可将明知划分为以下五类:确知、择知、概知、推知、惑知。这些认识因素,绝大多数与推定无关。在惑知之后就应当是可能不知道、很可能不知道及确实不知道或不可能知道。其中,确知是指通过证明方式证实行为人知道,而不是通过推定;而择知、概知是指行为人具有择一的明知或概括性的明知;推知是指通过推定的方式来认定行为人具有明知,但允许对基础事实、推定逻辑及推定事实进行反驳,实际上推知就是一种很可能知道的状态;惑知是指行为人对认识客体心存疑惑,一直也没能根据科学可靠、令自己及一般人信服的理由来有效地排除这种疑惑或困惑,最终处于既不能肯定、也不能否定的将信将疑之状态,而绝不是或许知道或许不知道的状态。[2]

二、五类明知的判例解析

第一,确知判例。如徐某前等走私普通货物等(苹果平板电脑及穿山甲鳞片等)案。[3]在该案中,被告人徐某前称其只知道受托的货物是电子产品,不知道其中有穿山甲鳞片,法院也没有否定这一说法。虽然该案法院最终判决认定徐某前构成走私普通货物罪及走私珍贵动物制品罪,但我们仍然认为,徐某前等对走私的苹果平板电脑的主观状态系属确知,但因穿山甲鳞片已超出其认知范围,因此,可以认为徐某前等对之没有明知。

---

[1] 参见陈兴良:"'应当知道'的刑法界说",载《法学》2005年第7期。

[2] "惑知"在美国刑法中被称之为"有意无视",尽管也有学者认为将"有意无视"纳入"明知"的范围是对"明知"的过度扩展,但美国多数法院仍确信"有意无视"系"明知"的一种类型。参见[美]约书亚·德雷斯勒:《美国刑法纲要》,姜敏译,中国法制出版社2016年版,第141页。但可能性低至可以忽视之程度的认识,则应否认"惑知"或故意的存在。参见[日]松宫孝明:《刑法总论讲义》(第4版补正版),钱叶六译,中国人民大学出版社2013年版,第141页。

[3] 广东省深圳市中级人民法院(2014)深中法刑二初字第14号刑事判决书。

第二，择知判例。如本案，据被告人冯某某供述："'阿建'跟我是一个村的，他让我和徐某某到香港装一些冻品或者木头之类的走私货物，并答应每次给我们1万元至3万元。"据此，冻品及木头涉及的罪名分别均可能触犯走私普通货物罪或走私国家禁止进出口的货物罪。我们认为，被告人对冻品与木头就属于择一的明知，如果其最终走私的就是冻品及木头中的任意一种，均在其主观认知范围之内。但这两类货物或类似货物与实际货物穿山甲鳞片相比，无论是从罪质上看，还是从相容性来看，均有较大区别。因此可以认为，穿山甲鳞片已属超出冯某某择知范围的货物，应当归入抽象的对象认识错误的范畴。因此，本案将冯某某认定为走私珍贵动物制品罪值得商榷。

第三，概知判例。如何某生走私普通货物（显示器、电视机等）案。[①] 在该案中，据被告人何某生供述，其虽然对走私进境归属其中一个货主的显示器这一事实有认识，但同批走私进境的货物还存在别的货主，因此，在该案中，我们认为，可以认定何某生具有模糊概括故意，即便货物中出现珍贵动物制品、淫秽物品等也不能认为超出了其主观认识的范围（但毒品应另行研究）。虽然该案最后查获的仅仅是普通货物，法院当然也就仅认定了走私普通货物罪，但从主观认知状态来看，何某生的明知类型系属概知。

这里特别需要论述一下走私毒品与概知、概括故意的关系。虽然有部分规定认为只需要证明行为人对货物具有非法性或违禁品属性有概括性认识，而实际货物为毒品的话，就可以推定其有走私毒品的故意。但鉴于走私毒品罪系所有走私犯罪类别中唯一保留死刑的罪名，且走私毒品罪也具有一定的特殊性，因此，我们认为应当对其赋予更高更严一些的程序要求或证据规范，不应当然地认为一般的或模糊的概括性认识就足以把毒品包含在内。

在司法实践中，确实有些司法人员认为只要犯罪嫌疑人认识到运输、携带的是违禁品就足以证明其具有主观明知，如何某某涉嫌走私毒品案。2013年8月某日晚，犯罪嫌疑人何某某拟乘坐中国某市至菲律宾马尼拉的航班从某市机场口岸出境。海关关员在其托运的行李箱夹层发现可疑物品，遂移交某海关缉私局处理。经检验，该可疑物品为毒品甲基苯丙胺（俗称"冰毒"），净重

---

① 广东省珠海市中级人民法院（2004）珠中法刑初字第42号刑事判决书。

993 克。据何某某供述，其妻子林某某受一位黑人客户委托，替黑人客户将装有货物样板的行李箱带往菲律宾马尼拉，由黑人客户承担往返机票，并支付林某某 400 美元现金作为报酬。其妻子林某某由于工作繁忙无法前往马尼拉，为了"肥水不流外人田"，鼓动何某某帮黑人客户送行李箱出境。出行前，何某某从林某某手上拿到行李箱，打开行李箱检查发现装有服装和货版，未见异常就出发前往马尼拉。当海关关员在行李箱夹层查获毒品，何某某辩解其不知道行李箱夹层藏有毒品，但供述其曾怀疑箱里藏有违禁品。案件的公诉机关认为，毒品属于违禁品的一种，只要犯罪嫌疑人、被告人认识到可能是违禁品就可以认定其具有"明知"，不要求其认识到肯定是毒品。一般情况下，审判机关亦持相同观点。理论界有观点认为，尽管根据案件中不符合常情常理的事实可以推定犯罪嫌疑人何某某知道自己替人运送的可能是违禁品，但违禁品的种类繁多，仅根据某些异常的事实就推定行为人知道自己携带的是毒品，是不妥当的。我们认为，走私毒品罪主观"明知"的行为对象是毒品，并不是违禁品。虽然违禁品包含毒品，但在证明犯罪嫌疑人、被告人的主观明知时以违禁品替代毒品作为需证明的行为对象，显然是扩大了"明知"认识内容应有的范围，降低了司法机关证明的标准和难度。如果任意将行为对象的范围扩大，可能无法避免地产生冤案、错案。最高人民法院主流观点亦认为，构成特定的走私犯罪，如走私毒品犯罪等，行为人主观上仅有一般的走私故意还不够，必须对特定货物（如毒品）具有"明知"的认识。[1] 我们认为，最高人民法院主流观点的意思应当是要构成走私毒品罪必须针对毒品有特定明知才行，概括性认识是不够的。正如本案中，犯罪嫌疑人何某某已经供述其怀疑行李箱中藏有违禁品，司法机关应该进一步收集证据，证明何某某与毒品或毒品交易有一定关联性，如何某某或其家属系吸毒人员、贩毒人员，以致何某某有条件、有能力判断出违禁品很可能是毒品或者就是毒品，这样才达到证明标准。[2] 但"明知毒品"并不要求认识到毒品的种类、重量、含量等毒品的具体情况。

---

[1] 参见最高人民法院刑事审判第二庭主编：《〈最高人民法院、最高人民检察院关于办理走私刑事案件适用法律若干问题的解释〉理解与适用》，中国法制出版社 2015 年版，第 281～282 页。

[2] 参见周栽："论走私毒品罪中'明知'的推定"，湘潭大学 2016 年硕士学位论文。

第四，推知判例。如罗某某等走私普通货物（硬盘）案。①《关于办理走私刑事案件适用法律若干问题的意见》第5条第2款第3项的规定，未经海关同意，在非设关的码头，运输（驳载）进出境货物的，除有证据证明确属被蒙骗外，可推定当事人具有主观明知。因此，在该案中，被告人罗某某等人在非设关码头驳载或驳载并运输涉案货物，法院运用法律推定的方法来认定其具有明知是可行的，该种明知系属推知。但同时也应当允许被告人对基础事实、推定逻辑及推定事实进行反驳。

第五，惑知判例。如李某走私毒品案。②该案中，上诉人李某承认自己怀疑过是否有违禁品甚至毒品，李某的家人得知其帮人带东西回国，也提醒过小心有毒品，上述供述和证言说明李某已经意识到其帮人带回国的物品中可能含有毒品，但在入境时，李某并未主动向海关或边检申报自己帮他人携带的物品，在执法人员询问是否有帮他人携带物品时依旧否认。据此，李某怀疑过其携带的物品为毒品且一直没有可信服的合理根据来消除这种疑惑，因此，我们认为，李某对毒品是具有惑知的，当然，对其在海关监管现场及案件中的其他表现，还可以通过推定方式认定其具有推知。如上所述，如果在案证据仅能反映出李某只是怀疑过其所携物品为违禁品的话，尚不足以认定其具有惑知。

---

① 广东省高级人民法院（2010）粤高法刑二终字第7号刑事裁定书。
② 广东省高级人民法院（2014）粤高法刑三终字第238刑事裁定书。

18. 误把犯罪行为当一般行政违法行为予以实施的情形能否阻却犯罪故意的成立？

案件名称

蒋某某走私普通货物（化妆品等）案①

裁判要点

对被告人蒋某某的法律认识错误虽不能阻却犯罪故意，但可对其从轻处罚。

案情简介

2015年4月9日，被告人蒋某某携带未经申报的某牌生长素共计20瓶，从香港经深圳湾口岸入境时被海关查获。中华人民共和国深圳湾海关对其处以没收涉案物品的行政处罚。

同年12月27日，被告人蒋某某携带未经申报的某牌黄金笔美容棒6盒、Kindle电子书2台、某牌保温杯3个等，从香港经福田口岸入境时被海关查获。中华人民共和国皇岗海关对其处以没收涉案货物的行政处罚。

2016年4月3日13时10分，被告人蒋某某从香港经福田口岸入境时被海关查验。海关人员从其随身携带的行李内查获未经申报的某牌防晒霜共计230支。经计核，上述货物共计偷逃税款人民币2,224.1元。

被告人蒋某某供述其不知道1年内有3次走私是要负刑事责任的。所带的货物均没有向海关申报。

依照《刑法》第153条第1款第1项、第25条第1款、第27条、第67条第1款、第64条之规定，法院判决如下：被告人蒋某某犯走私普通货物罪，判处拘役3个月，并处罚金人民币3,000元；附加刑内容略。

---

① 广东省深圳市中级人民法院（2016）粤03刑初344号刑事判决书，来源于中国裁判文书网，最后访问时间：2022年10月9日。

裁判理由

法院认为，被告人蒋某某违反海关法规，逃避海关监管，在1年内曾因走私被给予两次行政处罚后又实施走私，其行为已构成走私普通货物罪，公诉机关指控的罪名成立。被告人蒋某某受他人雇请走私涉案货物入境，在共同犯罪中起次要作用，系从犯；被告人蒋某某在未被采取强制措施的情况下，经电话通知及时到案并如实供述犯罪事实，应认定为自首。综合全案犯罪事实、情节，法院决定对其予以从轻处罚。法院对相关辩解予以采纳。

评析与辩点

一、关于法律认识错误能否阻却犯罪故意或影响刑事责任的多种学说

关于违法性认识及其可能性或法律认识错误[①]对于成立犯罪的意义，德日刑法理论中主要有以下五种观点：一是违法性认识不要说。该说认为违法性认识错误既不能阻却故意，也不影响刑事责任。如果将违法性认识作为责任要素会给犯罪者逃避惩罚提供借口。其主要理由有：故意是对事实的认识，只要对事实有认识就有故意；只要有刑事责任能力就有认识违法性的能力，无须特别考察违法性认识。二是社会危害性认识必要说。该说认为只需要行为人认识到自己的行为具有社会危害性即可，而不需要对行为的违法性有认识。也即，只要行为人认识到其行为是不道德的、伤风败俗的、有罪的、被禁止的，认识到其行为不符合社会生活目的就足够了。[②] 三是违法性认识必要说或严格故意说。该说认为，由于故意责任的本质在于行为人意识到自己的行为是法律所不允许的，但是并没有因此而形成反对动机、决意而实施行为的直接的反规范的意思或人格态度，所以，为成立故意或故意责任，就必须具有违法性认识。[③] 四是自然犯——法定犯区别说。该说认为，在自然犯·刑事犯中，如果存在犯罪事实的表象，就当然表明行为人的反社会性格，但是，在法定犯·行政犯中，不

---

① 严格来说，违法性认识错误与法律认识错误是稍有区别的，但由于很多论述中分别使用了这两个概念进行研究，为了忠实原文，我们没有对之修改。
② 参见[德]李斯特：《德国刑法教科书》，徐久生译，法律出版社2000年版，第284~290页。
③ 参见[日]大谷实：《刑法总论》，黎宏译，法律出版社2003年版，第255页。

知道法律上所禁止的内容的人，就不能承认其反社会性格。①因此，责任故意的成立，在自然犯·刑事犯中，不需要行为人具有违法性认识；而在法定犯·行政犯中，需要行为人具有违法性认识。不过，要把自然犯·刑事犯与法定犯·行政犯区分开来，很多时候本身就是一件困难的事。五是违法性认识可能性说，又分为限制故意说与责任说。限制故意说认为，违法性认识的可能性是成立犯罪故意的必备要件：虽然不需要违法性的意识，但是存在违法性意识的可能性是责任故意的要件。限制故意说的立场又可细分为两种：一种见解认为，在缺乏违法性意识的问题上行为人存在过失时，与故意同等对待；另一种见解站在人格责任论的立场上认为，即使行为人不具违法性意识，但只要按照至此的人格形成承认其存在违法性意识的可能性，就可以从中看出行为人直接的反规范人格态度，可以承认责任故意；②而责任说认为故意是与事实相连的要素，违法性意识及其可能性是独立于故意以外而存在的责任要素。责任说由严格责任说与限制责任说两种学说组成。其中，严格责任说认为，除了对符合构成要件的客观事实有错误之外，都成立故意；排除违法性事由的错误，如假想防卫是对符合构成要件的客观事实有认识，所以成立故意，因此它是有关违法性意识的可能性的东西，是责任的问题。而限制责任说认为，排除违法性事由的错误影响故意的成立，即便对犯罪事实有认识，但只要没有唤起与此相伴的违法性意识的可能性，就应当说不具有作为责任形式的故意。即便在排除违法性事由的错误中，由于具有对符合构成要件的客观事实有认识并有实现该认识的意思，所以，明显是有成立故意所必要的对犯罪事实的认识的，只要具有该种认识，就应当说行为人有考虑规范的机会。③目前，责任说已成为德日违法性认识理论的主流观点。如德国学者韦尔策尔认为："行为人认识到，或者能够认识到某一行为具有符合于构成要件的存在属性，仅凭这一点，还不足以肯定该行为具有可谴责性；只有当行为人同时也认识到，或者能够认识到该行为具有违法性时，才能认定该行为是可谴责的。除了关于构成要件实现的认识

---

① 参见 [日] 大塚仁：《刑法概说（总论）》（第3版），冯军译，中国人民公安大学出版社2003年版，第391页。

② 同上，第391~392页。

③ 参见 [日] 大谷实：《刑法总论》，黎宏译，法律出版社2003年版，第258页。

以及可能性以外，还必须存在关于违法性的认识以及认识可能性"；"当行为人对违法性完全没有认识的可能性时，我们绝对不可就违法的行为决意对他进行谴责，否则就从根本上违反了责任原则"。①

英美刑法理论中存在着绝对主义和相对主义两种基本立场：绝对主义的立场包含肯定说和否定说两种观点，肯定说与德日刑法理论中的违法性认识不要说的观点基本一致，主张绝对地坚持不知法律不免责原则，否定说与德日刑法理论中的社会危害性认识必要说的观点有相同之处，主张实行"不知法律免责"原则；相对主义立场与德日刑法理论中的违法性认识可能性说的观点大致相当，主张原则上坚持不知法律不免责，但是，特定情况下的法律错误可以减轻甚至免除刑事责任。

我国对这一问题主要有以下六种观点：一是违法性认识不要说。该说与英美刑法中严格坚持不知法律不免责原则的做法实质上都是主张公民负有绝对的法律规范认知义务。二是社会危害性认识必要说。该说与英美刑法中坚持"不知法律免责"原则的做法相同，实质上也是主张公民绝对无法律规范认知义务。还有学者提出了一些例外规则，即认为原则上应坚持不知法律不免责的原则，但因为不知道法律而不能明知自己的行为会发生危害社会的结果时，排除故意的成立。②三是社会危害性——违法性认识共同必要说。该学说认为行为人要成立犯罪故意不仅应认识到行为的社会危害性，同时还应认识到行为的违法性。③四是社会危害性与违法性认识择一说。该学说认为行为人只要在社会危害性认识与违法性认识两者之间具备其一即可成立犯罪故意。④五是违法性认识必要说。该说认为故意犯罪的成立，必须要认识到行为的违法性。⑤六是违法性认识可能性说。该说认为，在罪过（故意和过失）中要求违法性认识及其认识的可能性，比要求社会危害性认识更为有利。因为，如果一个人对自己行为是违法的甚至没有产生认识的可能性，就要求其承担法律责任，是不合

---

① 参见[德]汉斯·韦尔策尔：《目的行为论导论——刑法理论的新图景》（增补第4版），陈璇译，中国人民大学出版社2015年版，第76～78页。
② 参见张明楷："英美刑法中关于法律认识错误的处理原则"，载《法学家》1996年第3期。
③ 参见齐文远："论犯罪的故意"，湖北财经学院1985年硕士学位论文。
④ 参见童伟华："违法性认识新论"，载《华侨大学学报》（哲学社会科学版）2003年第3版。
⑤ 参见冯军：《刑事责任论》，法律出版社1996年版，第227页。

理的。同时，从设定和追究刑事责任的目的及公民守法的可行性来看，采用该学说是更妥适的。①

二、本书关于法律认识错误能否阻却犯罪故意或影响刑事责任的基本立场

我们认为，在我国现有通行的犯罪构成体系中，违法性认识问题应成为故意理论的组成部分，这与德日违法性认识理论中的故意说大体相当。② 我国学者陈兴良教授也认为，违法性认识是故意的内容，是犯罪故意的规范评价要素。③

在法律认识错误能否阻却犯罪故意或影响刑事责任的问题上，我们的基本立场是违法性认识必要说，违法性认识应当归属于犯罪故意的认识内容。我们认为：第一，因无违法性认识可能性而实施了行为时，不成立犯罪；第二，在不缺乏违法性认识可能性的前提下实施了行为，行为人对事实有认识但辩称有违法性认识错误时，一般应推定行为人具有违法性认识；第三，在不缺乏违法性认识可能性的前提下，行为人为避免故意犯罪在违法性认识方面未作任何努力或仅作了不够真挚而充分的努力（但激情犯罪可以例外研究），导致认识错误发生的，应认定行为人具有违法性认识，但针对已作部分努力或有一定合理理由的情形可以考虑从宽处罚。我们主张，在事实认定的问题上，应当以证明为原则，以推定为例外；而在违法性认识的问题上，应当进一步放宽对推定规则的设定及适用。但必要的前提是，所有的推定规则都应当由法律来设定。

我们认为，故意犯罪的刑事责任不应强加于事实上没有违法性认识或违法性认识可能性的场合，"不知者不怪""不知者无罪"这些古语用在是否成立犯罪故意并承担故意犯罪的刑事责任问题上是恰当的。我们持违法性认识必要说的主要原因有三：

第一，欲证明行为人具有犯罪故意需证明其具有该犯罪的违法性认识而不需要证明社会危害性认识。严重的社会危害性是犯罪的本质特征，这一点毋庸置疑，违法性只是社会危害性在法律上的表现形式，行为不是因为违法才具

---

① 参见张智辉：《刑事责任通论》，警官教育出版社1995年版，第203～204页。
② 参见于洪伟：《违法性认识理论研究》，中国人民公安大学出版社2007年版，第1～44页。
③ 参见陈兴良："违法性认识研究"，载《中国法学》2005年第4期。不同见解，参见周光权："违法性认识不是故意的要素"，载《中国法学》2006年第1期；童德华："违法性认识在犯罪构成中的地位——两种意义的必要说和必要说的对话"，载《山东警察学院学报》2012年第1期。

有社会危害性，而是因为具有社会危害性才违法。从这个意义上说，违法性是由社会危害性所决定的，社会危害性是第一性的，违法性是第二性的，两者是内容与形式的关系。形式体现内容、取决于内容，但内容也只有通过形式才能表现于外。但有些时候，社会危害性认识与违法性认识并不是完全统一的，如实施了"大义灭亲"行为的人或者某些邪教极端分子，其虽然认为自己的行为是在为民除害或完成某种神圣使命因而没有社会危害性，但其内心深处却知道杀人行为与刑法规定是相悖的。正如德国学者罗克辛教授所指出的："违法性的意识所针对的并非道德、宗教或意识形态的规范秩序，而是基于自身举止的不法。因而，若谁知道自己的举止在现刑法上是受禁止的，即便他以伦理、政治或其他世界观上的理由谴责这个规定，并相信应当违反该规定而行事，也仍然不应认定其成立禁止错误"；[1] 又如，某个与军嫂同居的男子，其认识到这是破坏别人家庭的不道德行为，其对自己行为的社会危害性是心知肚明的，但他以为就是一般的通奸行为，因此并没有破坏军婚罪的违法性认识（当然，这种情形下的违法性认识问题，如果采用推定方法是可以解决的）；再如，由于刑法的滞后性及不完备性，某类行为虽然有非常严重的社会危害性，但没有被规定为犯罪，行为人也意识到严重的社会危害性，但我们无论如何也不能将其定罪。以上例子和学说，足以说明社会危害性与刑事违法性有时候是脱节的，社会危害性认识与刑事违法性认识也不是完全吻合的。因此，我们认为，在认定犯罪故意时需考察违法性认识而无需特别考察社会危害性。

第二，违法性认识必要说是贯彻和实现罪刑法定原则、主客观相统一原则、刑法谦抑精神及自由保障机能的必然要求。犯罪的本质是对规范的反抗，规范是赋予国家成员以义务的法律规定。既然行为人确信自己的行为不被规范所禁止，就不存在对规范的反抗和对规范中的义务的违反。故意的认识内容的核心，不是事实的认识本身，而是违法的认识，才能够期待行为人形成不实施犯罪行为的反对动机，正是因为行为人存在违法的认识却违背了法规范的期待实施了行为，才能够对行为人进行法律上的非难。对没有认识到自己的行

---

[1] 参见[德]克劳斯·罗克辛：《德国最高法院判例：刑法总论》，何庆仁等译，中国人民大学出版社2012年版，第98～99页。

为在法律上是不被允许的人进行非难,是不当的和苛酷的,无益于行为人规范意识的觉醒。① 我国学者冯军教授针对反对观点发出了这样的诘问:"没有违法性认识的行为,即使违反了规范,能够看成是人对规范的违反吗? 当行为人没有意识到规范的存在时,规范能对行为人发挥其作为规范的功能吗?"② 此外,有些学者经常拿常习犯、激情犯、确信犯等不具备违法性认识或违法性认识程度很低或难以证明的情形来批评违法性认识必要说,对此日本学者大塚仁提出的反论是很有见地的,其认为常习犯虽然意识迟钝,但还是有违法性认识或违法性意识的;而确信犯在实施行为时,也通常是能意识到其行为的违法性的。今日的社会,作为居住在其中的人们共同生活的场所,是由多数人共通的观念来支撑、维持的,因而,不能允许一个人无视多数人而采取任意行动。不满现状的人,可以通过言论说服别人来改革社会,在得到多数的赞同者之后去行动,而不允许突然采取犯罪行为去实现自己的确信,这与民主主义相悖,是应受非难谴责的。因此,采取违法性认识必要说不会对处罚确信犯造成障碍。对于激情犯而言,我们认为,其瞬间行为并非没有意识的行为,只要有意识存在,就有违法性认识及其可能性存在的前提和基础。同时,大塚仁指出,由于违法性认识不要说强调事实性故意的观念认为行为人既然表象了犯罪事实而实施了行为,因此把他作为故意犯的犯人来对待的见解,应该说是过于简单、失当的。为了能够说明行为人采取了积极地违反刑法规范的人格态度,就需要行为人明知其行为是违法的、是刑法所不允许的而实施了行为,进一步说,也需要在能够知道其行为是违法的情况下而实施了行为,仅仅根据以犯罪事实的表象为要素的事实性故意来肯定故意犯的成立是不妥当的。③ 美国学者弗莱彻则认为,某些违法性认识错误有着绝对排除责任的效果。④

---

① 转引自李海东主编:《日本刑法学者(上)》,法律出版社、日本成文堂1998年联合出版,第155页。
② 参见冯军:《刑事责任论》,法律出版社1996年版,第223页。
③ 参见[日]大塚仁:《犯罪论的基本问题》,冯军译,中国政法大学出版社1993年版,第189~275页。
④ 进一步阅读[美]乔治·弗莱彻:《反思刑法》,邓子滨译,华夏出版社2008年版,第505~518页。

第三，持违法性认识必要说不会因此使犯罪分子逃避处罚。因为根据我们的主张，如果采取推定规则，大部分情形均可推定行为人具有违法性认识，剩下的少部分，如果行为人举证不力，也还是要被认定为具有违法性认识的。只要行为人举证证明了自己在事前为避免故意犯罪的确作了真挚而充分的努力，才可以认定其缺乏违法性认识。因此，持该学说并不会因此使犯罪分子更容易逃避处罚，更不可能使法盲或故意不理会法律规定的奸猾之徒轻松逃脱法律制裁。不过，我们的观点与违法性认识可能性说是有区别的，虽然两者在结果上或程序要求上有类似之处，也都是要求行为人对避免故意犯罪作最大限度的努力，但在方法论上仍有较大区别，我们认为，因证明了行为人对故意犯罪的违法性有认识"可能性"就认为其有故意，无论如何也不符合刑法中的故意认定原理，这就意味着可以把某些法律认识上的过失直接认定为犯罪故意了，这在逻辑上是难以自洽的，尽管违法性认识上的过失与犯罪过失并不能等同。

同时，我们认为，在犯罪故意中，事实性要素包括违法性认识及其可能性与期待可能性。而违法性认识的可能性与期待可能性既有联系又有区别。违法性认识的可能性是指行为人对行为的违法性质能够认识的情形之前提，而期待可能性则是指行为人在已具备违法性认识的基础上，能否期待行为人放弃违法行为转而实施合法行为的问题。违法性认识的可能性是判断期待可能性的前提条件，如果没有这个前提存在，则无必要继续考察期待可能性。反之，违法性认识可能性或违法性认识的存在，并不必然得出期待可能性的存在。

总之，违法性认识应是犯罪故意的必备要素。在任何场合，只要涉及犯罪故意成立与否的认定，就必须考察行为人是否具备违法性认识。只有在违法性认识支配下实施的违反规范的行为，才能看成行为人对规范的违反。只有在能看成行为人对规范的违反时，才能对行为人的人格态度进行道义上的谴责和非难，才能追究行为人真正意义上的刑事责任，这才是刑事责任的根本宗旨。犯罪，在本质上当然是具有严重社会危害性的行为，考察社会危害性当然是立法、司法的指导观念，但是，在司法实践中，如果直接根据社会危害性处理案件，则有破坏法治的危险。因为，社会危害性是抽象的，违法性才是具体而现实的。判断行为社会危害性的客观标准只能是违法性认识，只有以违法性认识这一规范要素作为故意的内容，犯罪故意的认定才能实现公正、合理的价值追求，刑法的法益保护机能及人权保障机能才能得到有机的统一和完美的结合。①

三、误把犯罪行为当一般行政违法行为予以实施的情形能否阻却犯罪故意的成立？②

我们认为，常见的走私犯罪的法律认识错误③有以下三种情形：

第一种情形，将走私犯罪行为当作合法行为。

如A公司倒卖保税料件案。④2000年，经营单位A公司与加工单位B厂谈妥进料加工一批涤纶短纤事宜，并办完手续后，从某海关进口500吨涤纶短纤。B厂厂长王某在加工过程中觉得如将涤纶短纤买下来更加有利可图，遂请其好友A公司报关员李某促成此事。李某在得了一定的好处费后，向A公司总经理张某力促倒卖涤纶短纤，并告诉张某进料加工保税货物为法律所许可，张某信以为真，遂将加工剩余的涤纶短纤倒卖给了B厂。

针对将走私犯罪行为当作合法行为的情形，我们认为，应以行为人的各

---

① 参见田宏杰：《违法性认识研究》，中国政法大学出版社1998年版，第23～63页。

② 在德国，这类错误被称之为"归类错误"。罗克辛教授认为，在归类错误的情形下，不能因行为人缺乏对一般违法性和刑事违法性进行区分的能力而否定行为人具有违法性认识。参见[德]克劳斯·罗克辛：《德国刑法学总论（第1卷）》，王世洲译，法律出版社2005年版，第613页。但也有不同意见，如有德国学者认为，违法性认识应该以对于违反刑法规定与违反秩序的认识为限，认为应当区分可制裁的与可纠正的认识。行为人民法与行政法方面的违法性认识，是可纠正的认识，行为仅因为发生民法上的或行政法上要求更正的效果，而刑法与违反秩序法性质的错误认识则是可以惩罚的，因为行为的后果是刑罚制裁。对于仅发生更正效果规范的错误认识，不会引起刑法上的谴责，因而不属于禁止错误的内容。转引自王莹："论法律认识错误——德国禁止错误理论的变迁及其对我国犯罪构成理论改造的启示"，载《刑事法评论》（第24卷）。

③ 事实认识错误与法律认识错误有时候是交杂在一起的，甚至有时难以区别。我们认为，事实认识错误与法律认识错误的主要区别在于：行为人只要对犯罪事实本身发生了错误认识，不管是否会导致行为人对行为的法律性质及法律评价的错误认识，都应归属于事实认识错误的范畴；而若行为人对犯罪事实本身并未发生错误认识，只是对行为的违法性认识不正确，才能作为法律认识错误对待。参见田宏杰：《违法性认识研究》，中国政法大学出版社1998年版，第79页。本书主要从这一意义上来探讨法律认识错误。

④ 参见郭海蓉："与走私犯罪相关的若干法律问题探讨（一）"，载海关总署政策法规司："海关法专家论坛"。

种主客观情况为标准而不是以一般人标准来综合考察，如果得出这种违法性认识错误是难以避免的结论，那么行为人就不构成犯罪。如果行为人为避免违法性认识错误没有作过任何努力或努力未达到真挚而充分的程度的情形下，仍可推定行为人有违法性认识。该案中，A 公司总经理张某听从 A 公司报关员李某的意见能否阻却犯罪故意呢？我们认为，首先该案不属于无违法性认识可能性的情形，由于李某本身就是 A 公司员工，其身份并不具有客观中立性或相对中立性，而且报关员的专业性仍不够强，在该行为确实可以构成犯罪的前提下，我们认为，应认定张某具有违法性认识，但由于其为避免故意犯罪作过一定努力，应考虑对 A 公司及张某从轻处罚。

第二种情形，将走私犯罪行为当作一般行政违法行为。

如本案，被告人蒋某某此前两次走私化妆品、电子产品及日用品均被海关行政处罚，所携物品均被没收了。因此，蒋某某明知自己再做类似行为肯定构成走私行政违法，但其供述自己不知道 1 年内有 3 次走私是要负刑事责任的。因此，本案就属于将走私犯罪行为当作一般行政违法行为来实施的情形。

针对将走私犯罪行为当作一般行政违法行为的情形，处理原则与上一种情形类似。本案中，考虑到蒋某某本身为无业人员，平时经常充当"水客"，收入及文化层次、智识水平均较低，希望其专门去向海关咨询 1 年内几次走私可以入罪恐怕要求太高，期待其花一笔钱去咨询专业的海关事务律师也不太现实，因此，我们认为，如果其事前为此等事项专门咨询过其他资深"水客"之后仍合乎逻辑地发生了违法性认识错误，那么就可以认定其对此没有犯罪故意，应作为一般行政违法处理，此时就不能因其仍具有走私行政违法故意而当然地得出其必然有走私犯罪故意的结论，除非海关可以直接证明其的确有犯罪故意，如海关在前几次行政处罚时曾经在笔录中告知蒋某某刑法中有 1 年内 3 次走私即可入罪的规定。日本学者山口厚教授也持刑事违法性认识必要说的观点，其认为："在欠缺'形成守法动机的可能性'的场合不能非难、不能科处作为非难的刑罚，违法性意识，就是为了使科处刑罚形成非难得以可能而要求的要件，因此，违法性意识不是单纯地对行为为法律所禁止这一点的认识，而是对行为为刑法所禁止的这一点的认识。"[1] 我们认为，故意违反行政法规定，

---

[1] 参见[日]山口厚：《刑法总论》，付立庆译，中国人民大学出版社 2011 年版，第 251 页。

并不必然得出行为人就有犯罪故意。比如某人明知违反行政法规定但为了图方便还是要故意穿拖鞋开车，导致最后踩刹车没踩稳发生事故致人死亡，我们显然不能说因为他有违反行政法的故意，因此后面的交通肇事致人死亡就当然地构成故意杀人罪或以危险方法危害公共安全罪（因为"故意"不符合交通肇事罪主观方面的要求），故意超速驾驶造成事故也是如此。① 由此看来，《关于办理走私刑事案件适用法律若干问题的意见》第5条第2款第6项规定将"曾因同一种走私行为受过行政处罚的"情形一概认定为有"明知"是值得商榷的。不过在本案中，没有证据显示蒋某某有曾咨询过的事实，同时考虑到其经常充当"水客"的事实，因此可以推定其具有违法性认识，本案是可以成立走私犯罪的。

此外，如果是因为事实认识错误的原因导致发生法律认识错误，从而误将犯罪当一般违法的情形，则有可能可以阻却犯罪故意。如沈某某盗窃案。② 该案裁判要旨指出，沈某某顺手拿走了顾客的手表（实际价值人民币12万余元）的行为，主观上虽有非法占有他人财物的目的，但被告人确实没有认识到（包括概括的认识）其所盗手表的实际价值（沈某某供述称自己以为该手表价值也就几百元）。"被告人对事实的认识有严重的错误，其行为虽构成盗窃罪，但根据主客观相一致的原则，不能让其对行为所不能认识到的财物数额承担犯罪的责任。"最终，法院对沈某某认定为有罪，但免予刑事处罚。我们认为，这其实也就是打了折扣的"无罪判决"，事实上，沈某某以为所盗手表的价值连"数额较大"都够不上，这看起来仅仅是事实认识错误，进一步分析，沈某某其实认为自己最多是一般违法而已，而不可能是犯罪，又由于是瞬间的激情犯罪，也不可能要求其向其他人咨询或查询，因此，根据被告人沈某某的主客观情况来看，可以排除其犯罪故意的成立。同类案件还有2003年的"天

---

① 不同见解认为"如果犯罪分子在犯罪时误以为其行为最多算是违规，而不是犯罪，这种认识错误作为事由来讲也是没有分量的"。进一步阅读 [匈] 珀尔特·彼得：《匈牙利新〈刑法典〉述评》（第1~2卷），郭晓晶等译，上海社会科学院出版社2014年版，第106~108页。

② 参见中华人民共和国最高人民法院刑事审判第一庭、第二庭编：《刑事审判参考》2004年第5集（总第40集），法律出版社2005年版。

价葡萄案"。① 在该案中，4 名进城务工人员以为自己所偷葡萄仅仅是正常价值的葡萄，他们的观念中这些葡萄的价值连"数额较大"都够不上，很难说他们有犯罪故意。最后，检察机关以情节显著轻微为由，决定不予起诉。正如张明楷教授所指出的，"行为人明知所盗财物价值微薄，与行为人明知所盗财物数额较大，明显反映出其可谴责性不同；前者的可谴责性小，后者的可谴责性大。因为后者明知是犯罪而实施，前者是明知违反治安管理而实施。因此，如果将明知所盗财物价值微薄而客观上盗窃了数额较大财物的行为，与明知所盗财物数额较大而客观上盗窃了数额较大财物的行为相提并论，就有违反刑法公平正义之嫌。"② 这主要是站在罪刑相适原则的角度出发来研究的，是很有道理的。我们认为，这一问题也未必要完全站在事实认识错误中去研究，如果站在法律认识错误的角度去考察，也可以得出几位务工者是缺乏刑事违法性认识的，因而不成立犯罪故意。同样，以为自己带的是外币，但实际上却是毒品，如果这个事实认识错误确定无疑，那么从违法性认识错误的角度来考察，则可以认为行为人仅仅具有一般走私行政违法的故意，而没有走私犯罪的故意。

第三种情形，将较重的走私犯罪行为当作较轻的走私犯罪行为。

这种情形比较复杂，还可细分为三种类别：第一种，跨越罪名的认识错误，即将重罪名的走私犯罪当作轻罪名的走私犯罪来实施。如虽然明知是国家明令禁止进口的来自某疫区的冻品，但经过自己一番分析之后，认为自己触犯的是走私普通货物罪，而非走私国家禁止进出口的货物罪。第二种，跨越量刑档次的认识错误，即将同一罪名中的较重档次刑事责任的走私犯罪当作较轻档次的刑事责任的走私犯罪来实施。如以为刑法规定单个人走私偷逃税额人民币60万元的走私普通货物罪在一般情节下将最多被判处 3 年以下有期徒刑。第三种，量刑认识错误，即将同一罪名中同一量刑档次中的较重刑事责任的走私犯罪当作较轻刑事责任的走私犯罪来实施。如某人走私偷逃税额为人民币 30万元，假如一般该情形是判 1 年至 1 年半有期徒刑，但他误以为会判 2 年有期

---

① 参见牟治伟："不知者真的无罪吗"，载《人民法院报》2021 年 8 月 27 日第 06 版，最后访问时间：2022 年 10 月 9 日。

② 参见张明楷："论盗窃故意的认识内容"，载《法学》2004 年第 11 期。

徒刑。

　　针对上述三种将较重的走私犯罪行为当作较轻的走私犯罪行为来实施的情形，我们认为，针对第一种情形，一般不影响对违法性认识的认定，但如果是法律规定存在极大漏洞致使一般人甚至专业人士都会产生误解、咨询过海关当局或司法机关但得到了不准确的信息或解释及相关判例明显导致误解等情形可例外，但此时其对轻罪名的故意也还是存在的。我国学者李海东教授曾言："在公民有了解法律规定义务的同时，公民也有权要求国家承担相应的义务，尤其是成熟与逻辑的立法、稳定的法制、透明的立法过程、学者准确的解释与论述、公开的判决与判例资料化及信息的畅通化等"；[①] 针对第二种及第三种情形，我们认为，应不影响对违法性认识的认定。

四、司法实践中走私犯罪的法律认识错误对定罪量刑的影响

　　考察我国司法实践可知，目前司法机关针对走私犯罪中法律认识错误总体上呈现较为严格的态度。在定罪方面，几乎所有判例均不认可法律认识错误能够影响犯罪故意的成立，当然，由事实认识错误引发的法律认识错误例外。在量刑方面，多数判例认为法律认识错误不影响量刑，不构成从宽情节，只有少数判例认为在法律认识错误的情形下可酌情从宽处罚。如本案，法院即对被告人蒋某某的辩解全部予以采纳，并综合了全案犯罪事实、情节，最终给予了蒋某某从轻处罚。又如本书第 169 个案例即文某走私普通货物（美容针剂等）案。[②] 在该案中，被告人文某将高价值的美容针剂误认为低价值的护肤品，虽然表面上看仅仅是事实认识错误且未影响犯罪故意的成立，但深究起来也隐含着法律认识错误，也即存在前述我们探讨的量刑认识错误：将同一罪名中同一量刑档次中的较重刑事责任的走私犯罪当作较轻刑事责任的走私犯罪来实施，但法院也把这一因素纳入了考量范围，最终对文某给予了酌情从轻处罚，只是该案中的法律认识错误是由事实认识错误所导致的。当然，相关法院之所以对上述两案从轻处罚，我们揣度可能更多是源于该两案均系情节比较轻微的小额走私犯罪且被告人均属身处底层的弱势群体等原因吧。

　　实务界对以上判例中法律认识错误情形的处理哲学表明，绝对的知法推

[①] 参见李海东：《刑法原理入门》，法律出版社 1998 年版，第 119 页。
[②] 广东省深圳市中级人民法院（2014）深中法刑二初字第 242 号刑事判决书。

定仍然支配着司法人员的思维，不知法的风险基本完全由被告人来承担，即使偶有例外，也是全凭法官个人的司法良知及法学素养酌情考虑的结果，缺乏此类情形应从宽处罚的实定法依据、裁量性规则及程序性审查机制。

综上，我们的基本立场是违法性认识必要说，且其中的"法"特指刑法。如前所述，我们认为，特定情形下的法律认识错误既可能影响犯罪故意的成立，也可能影响量刑情节的认定。

19. 未有效消除怀疑的"惑知"仍属"明知"

案件名称

蒋某某走私文物（青铜器）案[①]

裁判要点

蒋某某未采取有效措施阻止货物报关出口，逃避海关监管，违反国家有关禁止文物出口之禁止性规定的行为，构成走私文物罪。

案情简介

被告人蒋某某任呈某公司法定代表人期间，于1999年至2001年收购斑铜工艺品欲出口欧美，并从昆明市一旧货市场购得48件青铜器文物。2001年上半年，被告人蒋某某赴美国经营农场。同年9月，被告人蒋某某电话通知呈某公司临时负责人刘某某将收购的斑铜工艺品发往美国。同年10月，刘某某组织呈某公司员工在呈某公司仓库对斑铜工艺品进行包装装箱时，发现了上述48件文物，司机许某某将该文物夹藏于一件斑铜工艺品腹中一起装箱。同月30日，夹藏有文物的工艺品通过铁路从昆明发往连云港。在货物抵达连云港前，蒋某某打电话到呈某公司，许某某告知其已将文物随同工艺品一起发运。被告人蒋某某既没有安排公司人员如实向海关申报，亦没有采取有效措施阻止货物出口。同年11月14日，受委托的报关单位以一般贸易方式为呈某公司申报出口该批斑铜工艺品，连云港海关在例行查验中发现该批货物中夹藏文物。经鉴定，48件文物是战国至两汉时期的青铜器，其中属国家三级文物的4件，一般文物44件；三级文物分别为铜斧2件、戈1件、矛1件。

一审法院依照《刑法》第151条第2款、第5款、第64条以及《关于审理走私刑事案件具体应用法律若干问题的解释》第3条第2款、第10条第1

[①] 江苏省高级人民法院（2010）苏刑二终字第0016号刑事裁定书。

款的规定，以走私文物罪判处蒋某某有期徒刑5年，并处罚金人民币1万元；扣押的48件青铜器文物予以追缴，上缴国库。

二审法院根据《刑事诉讼法》第189条第1、2项、《刑法》第151条第2款、第5款、第37条之规定，判决如下：一、维持一审判决的第2项，即扣押在案的48件青铜器文物予以追缴，上缴国库；二、撤销一审判决第1项对上诉人蒋某某的定罪量刑部分；三、上诉人（原审被告人）蒋某某犯走私文物罪，免予刑事处罚。

⚖ 裁判理由

上诉人蒋某某身为呈某公司直接负责的主管人员，在明知呈某公司走私国家禁止出口的文物的情况下，未采取有效措施阻止货物报关出口，逃避海关监管，违反国家有关禁止文物出口的禁止性规定，侵犯了国家对外贸易管理秩序和对文物的特殊保护政策，其行为已构成走私文物罪。原判认定事实清楚，证据确实、充分，定性准确，审判程序合法。鉴于尚无证据证实涉案文物系上诉人蒋某某指使夹带，且其在知悉夹带时不在国内，案发时涉案文物尚未出境等具体情节，上诉人蒋某某的主观恶性较轻，犯罪情节轻微，犯罪后果尚不严重，故对上诉人蒋某某依法不需要判处刑罚。原判量刑不当，应予纠正，出庭检察员当庭发表的出庭意见法院决定予以采纳。

评析与辩点

根据本案案情可知，2001年9月，身处美国的被告人蒋某某电话通知呈某公司临时负责人刘某某将收购的斑铜工艺品发往美国。同年10月，刘某某组织员工对斑铜工艺品进行包装，并夹藏了涉案的48件青铜器在一件斑铜工艺品的腹中一起装箱。10月30日，夹藏有文物的工艺品通过铁路从昆明发往连云港。货物从铁路发出后第二天，且在货物抵达连云港前，仍在美国的蒋某某欲阻止发运青铜器，因此打电话给许某某，被告知均已发运，蒋某某便作罢未再说什么。虽然没有证据证明蒋某某有事先指示其他人夹藏并运送文物去连云港报关出口至美国，但由于其打电话的时间节点刚好在文物运输至连云港之前，也即尚未报关时，所以蒋某某在应该阻止且有条件阻止报关的时候并未采取任何措施，可以认定其具有走私文物的主观故意。但事情其实并没有那么简单明了，因为被告人蒋某某身在美国，其对国内的事情并非了如指掌，虽然客观上其打电话的时间节点是在报关前，但根据证据来看，其并不知道货物是否已经报关，也不知道何时从昆明发的货，因此，要认定其一定有故意甚至有直接故意尚需斟酌。但是否可以据此认定其并没有故意呢？我们认为，简单认定其有确定的故意、直接故意或者简单否定其有故意都是不准确的。因为，蒋某某打电话得知已发货时，就没有继续追问了。探求一下其为何要打这个电话的心理，我们认为其肯定是因为心有疑虑，害怕这批文物也被误发出去了，但当他得知文物已一并发货后，并没有再追问具体细节——包括该批文物在内的货物是尚在铁路运输途中还是已到报关地连云港，如果货物已到连云港，是尚未报关还是正在报关还是报关完毕已离港。由上可知，蒋某某对于货物已进入申报环节且报关完毕的时间是否出现于其打电话之前始终持不确定的疑惑状态，其始终没有问清楚细节。据此，没有证据显示其已凭借科学合理的根据来排除自己的心中疑惑，没有证据显示其作出了真挚而充分的努力来防止最终行为及危害结果的发生，亦没有证据证明其是在货物报关后才知悉文物被夹带的事实。因此，我们认为，被告人蒋某某对于事态发展始终持"惑知"的认知状态，其对于走私文物持一种放任的主观心态，构成间接故意。故，我们认为，本案判决是妥当的。

第2章
走私犯罪及形态的认定

20. 寄售在现有法律条件下难以构成走私犯罪

案件名称

甲公司等走私普通货物（水果）案

裁判要点

寄售行为在现有法律条件下难以构成走私犯罪。

案情简介

2012年1月至2015年3月，广东佛山甲公司接受外商同案人叶某某、林某某委托，通过本公司自理报关（其中一部分）及通过乙公司等委托昌某某报关行报关（另一部分）等两种方式，对寄售进口水果（售前货物所有权归属于外商）实施通关，共计进口水果202柜，其中第一次起诉涉税额为4,291,792.76元，后期补充起诉部分涉税额为1,695,000.25元。其中甲公司不负责销售，仅负责清关交货，按固定比例赚取佣金，将销售款扣除其他税、费后的余款汇给外商。货物以一般贸易方式按"海关风险价"（规范名应为"价格风险参数"）向海关申报，后海关认为甲公司伪报了价格和贸易关系，产生了偷逃税。案发时官方报道该事件所涉货值6亿元，由2个关联案组成，本案系其中第1起。其后案值有所扣减，最终法院在审理阶段将该案涉税数额确定为约人民币599万元。

最终法院对该案全部被告均认定为从犯且均获减轻处罚，其中对甲公司仅处罚金300万元，而该公司法定代表人彭某某等自然人均获缓刑，其他判项略。

裁判理由

法院经审理认为，被告甲公司及其他自然人被告在走私环节中并非主要获利者，系从犯，依法可从轻或减轻处罚。鉴于被告单位和各被告人均能如实供述涉案犯罪事实，在庭审过程中均表示认罪认罚，且签署悔罪具结书，认罪态度较好，悔罪表现明显，决定对被告单位和自然人依法减轻处罚，并适用缓刑。

评析与辩点

全案主体部分其实涉及三个争点问题。第一个争点问题：在现有法律条件下，进口时尚无真实成交价的寄售是否构成犯罪；第二个争点问题：对于价格明确且已取到境内销售证据的货物，能不能委托价格中心鉴定价格；第三个争点问题：对于进口后经境内销售并对外付汇因而形成了最终真实成交价的寄售货物，能否采用倒扣法确定计税价。

关于第一个争点问题，我们认为，在当时的法律条件下，进口时尚无真实成交价的寄售难以构成犯罪。主要原因在于没有法律依据，而《海关法》第32条所称寄售则是专门规范保税货物的，与本案情况不同。同时，2014年年底开始的上海海关关于水果寄售试点的政策和做法存在二次申报，颇值借鉴，故本案应参照上海海关的规定和做法来看待寄售问题。也即，采取寄售代销贸易方式进口货物必须依照法定程序履行两次申报并纳税义务，一是进口时申报报关价格并纳税，二是销售后申报增值价格并纳税。但本案中被告单位、各被告人为何未实施二次申报程序和纳税义务呢？这完全是因为案发当时除上海海关外，全国海关均无关于水果寄售进口试点的二次申报及纳税之规定和实践（据了解，目前上海也暂停了该试点，海关现已要求企业由寄售代销报关模式调整回以前的一般贸易报关模式）。因此，我们认为，由于法律法规的滞后和不完善所导致的不利益是无法归咎于当事企业和相对人的。所以，在当时的法律条件下，进口时尚无真实成交价的寄售是难以构成犯罪的。

关于第二个争点问题，我们认为，对于价格明确的标的，是不得委托价格中心鉴定价格的。《扣押、追缴、没收物品估价管理办法》第2条规定，人民法院、人民检察院、公安机关各自管辖的刑事案件，对于价格不明或者价格难以确定的扣押、追缴、没收物品需要估价的，应当委托指定的估价机构估价。本案水果属于经海关正常通关进口的商品，而且事后在大型批发市场上也都是正常销售的，对外付汇也是清楚的，最终成交价可以核算，因此必然是清楚的。故不属价格不明或价格难以确定的物品范围，价格中心的鉴定行为属越权行为，该证据应予排除。还有一种说法是说销售价是销赃价，因此不能使用。我们认为，价格鉴定中所使用的行情表中就已经包含了当事公司的销售价在内，为何在案证据又能使用呢？由此，这种说法也是值得商榷的。

关于第三个争点问题，我们认为，对于可核算真实成交价格的商品，计税部门不得采用倒扣法确定计税价。若某种货物能核算真实成交价格的，应率先使用真实成交价作为计税价。如果不能，则应考虑使用相同价、类似价，而不应率先使用倒扣价。还有一种说法认为，走私犯罪的计税价格确定方法和税款核定方法与正常进口货物完全不同，故不应类比。我们认为，该说法值得商榷。同时，用鉴定价去证明伪报价格更是难以成立，何况鉴定价中虽有高于申报价的，但也有相当多品类是低于申报价的。

正如针对寄售进口水果的调研报告所言，"进口商为了能够提高自己的通关时效，只能采取变通方法按照'一般贸易'进行通关，海关的通关环节无法体现水果'寄售贸易'的贸易实质。因此要求海关创新监管方法，适应特殊商品的贸易实际，做到既能将这些特殊贸易纳入海关实际监管，又能保证进口企业的正常运行"。由此，海关系统对水果大都用寄售方式进口是完全掌握的，而且国务院关税税则委员会及海关总署对外公布的海关《监管方式代码表》中就规定了寄售代销这种贸易模式（"1616"），但海关系统关于寄售的落地规范和程序一直未及时跟上，我们认为，因立法和操作程序不完善的原因而导致的问题不宜归咎于企业。

21. 走私人未归案的情形无法认定被告人构成准走私犯罪

案件名称

王某甲走私普通货物（汽车）案[①]

裁判要点

因走私人"梁先生"未归案且该走私人"梁先生"的基本身份信息全无，故认定被告人王某构成准走私犯罪（走私普通货物罪）的证据不足。

案情简介

2008年，同案人王某乙平因欲为其所在单位购买走私车，经人介绍认识了被告人王某甲，遂委托王某甲代为找车购买。王某甲随后联系到可提供走私车的"梁先生"，根据王某乙平所需车型，谈定价格和交易细节。王某甲在向"梁先生"取车、验车后，将车辆交付王某乙平，并通过现金、"做账"等方式收取车款。2009年至2013年，王某甲在明知所购车辆是走私车的情况下，仍然按照王某乙平的需求，先后为其购买了丰某甲、丰田××、日产××等品牌的汽车18辆。经核定，涉案汽车价值人民币845.21万元，应缴税额共计381.22万元。

由于走私人"梁先生"未归案且该走私人"梁先生"的基本身份信息全无，故认定被告人王某甲直接向走私人购买涉案车辆从而构成准走私犯罪（走私普通货物罪）的证据不足，王某甲行为并不符合《刑法》第155条第1款的规定。最终法院决定改变罪名，进而依照《刑法》第312条、第52条、第53条、第64条、第67条第3款、《关于审理掩饰、隐瞒犯罪所得、犯罪所得收益刑事案件适用法律若干问题的解释》第3条之规定，判决认定被告人王某甲犯掩饰、隐瞒犯罪所得罪，判处有期徒刑3年，并处罚金30万元。

裁判理由

法院认为，定性的关键在于，能否确认"梁先生"是"走私人"。根据本

[①] 广东省广州市中级人民法院（2015）穗中法刑二初字第80号刑事判决书。

案现有证据，"梁先生"的基本身份信息全无，真假尚且存疑，遑论其是如何将涉案车辆走私入境；即使证人陈某乙称王某甲曾去香港看车，所看的车型包括涉案的丰某甲，仍然无法得出王某甲所看车辆由"梁先生"直接走私入境的结论。因此，认定王某甲直接向走私人购买涉案车辆的证据不足，并不符合《刑法》第155条第1款的规定。故法院决定改变罪名进而判决认定被告人王某甲构成掩饰、隐瞒犯罪所得罪，裁判理由略。

评析与辩点

《刑法》第155条第1项规定除收购禁止类商品外，其描述的是"直接向走私人非法收购走私进口的其他货物、物品"。据此，若是收购限制类或普通应税货物的话，就应是已经"走私进口的其他货物、物品"，也即不仅已经构成走私而且达成既遂的货物、物品。正如有学者所言，间接走私是前期走私活动的一种延续，在其之前，直接的走私罪活动已经发生。[1]

据此，要适用上述条款，须一并考虑以下要点：第一，要有充分证据证明"梁先生"就是这里所说的直接走私人，也即"梁先生"的直接走私活动必须达到证据确实、充分，排除合理怀疑的程度。虽然不一定要求司法机关先行对"梁先生"的行为已经定罪处罚，但最起码"梁先生"应当是已经归案且有充分的主客观证据证明其从事了直接走私的事实。第二，本案被告人王某甲作为准走私行为人必须是"第一手交易"。如果不是直接向走私分子"梁先生"收购走私进境的货物、物品，而是经过第二手、第三手甚至更多的收购环节后收购的，也即"梁先生"本身就不是直接走私人，其仅是走私货物第一手甚至第二手、第三手的收购者。该情形下，即使收购人王某甲明知是其收购的货物系走私货物，也不能以准走私犯罪即走私普通货物罪论处。第三，如果有充分证据证明王某甲在直接走私人"梁先生"实施直接走私之前就已有通谋，则王某甲不是构成准走私犯罪，而是构成典型的走私犯罪了。

综上，以目前在案证据而言，公诉机关关于王某甲构成准走私犯罪即走私普通货物罪的认定是无法成立的。

---

[1] 参见梁争：《走私罪研究》，法律出版社2013年版，第78页。

22. 未查清当事人参与走私具体数量的不应对其定罪处罚

案件名称

李某生等走私普通货物（汽车轮胎）案[①]

裁判要点

未查清当事人参与走私具体数量的情形属基本事实不清，故不应当对其定罪处罚。

案情简介

陈某德于2008年前后结识李某生，在得知李某生有办法将汽车轮胎走私入境后，二人经商议，决定从香港经深圳皇岗口岸走私轮胎入境。具体流程如下：陈某德从香港订购甲、乙、丙等品牌的小汽车轮胎后，由李某生联系施某富（另案处理）将陈某德订购的轮胎汇集到香港新田文天祥公园附近一处拆胎点。施某富安排黄某莆等拆胎工将新胎装上粤港两地牌小车，由李某川、张某丹、冼某晓、蔡某生等分别驾驶粤z×××6港、粤z×××7港、粤zf××6港、粤z×××0港等两地牌小车从皇岗口岸入境，并开到深圳市福田区福民新村附近福港湾汽车美容店的一处拆胎点。上述装有新轮胎的车辆入境到该拆胎点卸下新胎，又换装上旧轮胎返回香港，之后再次到香港拆胎点装上新胎采取上述方式走私入境，如此往复。待拆下的走私轮胎汇总后，李某生、林某婵便安排谢某亮（另案处理）等人驾驶粤bu×××b、粤bw×××p等货车将走私轮胎运至深圳市A货运有限公司、深圳市B物流有限公司，由B物流公司将轮胎发货至广州A公司、B公司仓库。陈某德随后派人前往提货，然后以其广州市某轮胎店名义将走私轮胎销售至国内各地。2011年4月至2012年6月20日，李某有、陈某妹出面租用前述拆胎点场地并安排拆胎人员进行走私轮胎的拆装。黄某莆于2010年8月起参与本案走私犯罪，冼某晓于2011年3月1日至29日、

[①] 广东省高级人民法院（2015）粤高法刑二终字第197号刑事判决书，来源于中国裁判文书网，最后访问时间：2022年10月9日。

2011年10月5日至案发参与本案走私犯罪，蔡某生于2011年10月开始参与本案走私犯罪，张某丹于2012年3月1日起参与本案走私犯罪，李某川于2012年5月3日起参与本案走私犯罪。

在原公诉机关指控的犯罪事实中，在案证据足以证明上诉人及原审被告人以上述方式实施的走私犯罪有三部分：2010年1月13日至6月8日走私轮胎11,345条，偷逃税款人民币2,477,763.74元；2012年2月10日至6月30日走私轮胎730条，偷逃税款数额人民币183,811.91元；2012年7月26日至27日在拆胎点现场查获的35条有具体规格和品牌型号的轮胎，偷逃税款人民币9,084.15元。前述走私轮胎共计12,110条，偷逃税款共计人民币2,670,659.80元。其中，李某生、林某婵参与走私轮胎数量为12,110条，偷逃税款共计人民币2,670,659.80元；陈某德参与走私轮胎数量为12,075条，偷逃税款共计人民币2,661,875.65元；李某有、陈某妹参与走私轮胎数量为710条，偷逃税款人民币178,907.68元；黄某莆参与走私轮胎数量为765条，偷逃税款共计人民币192,896.06元；在冼某晓、蔡某生参与期间，本案共同犯罪共走私轮胎765条，偷逃税款共计人民币192,896.06元；在张某丹参与期间，本案共同犯罪共走私轮胎数量为671条、偷逃税款数额人民币170,775.92元；在李某川参与期间，本案共同犯罪共走私轮胎数量为277条，偷逃税款数额人民币72,060.64元。

法院最终对李某生、陈某德、林某婵、李某有、陈某妹、黄某莆等6人维持了原判（一审对上述6人分别判处有期徒刑10年、10年、3年、2年10个月、2年10个月缓刑3年、2年8个月缓刑3年及相应罚金若干），同时基于参与走私的数量无法查清之原因，将李某川、张某丹、冼某晓、蔡某生等其余4名原审被告人依法改判为无罪。

⚖ 裁判理由

本案事实表明，原审被告人冼某晓、蔡某生、张某丹、李某川均分别受施某富的指使走私轮胎入境，没有参与本案共同犯罪中的其他环节，彼此之间也没有共谋和配合。本案现有证据只能证明此4人参与本案走私犯罪的期间，并不能证明各自走私偷逃税款的具体数额。其中，在原审被告人李某川参与期间，全案共同犯罪走私偷逃税款数额尚达不到《关于办理走私刑事案件适用法律若干问题的解释》第16条第1款规定的走私普通货物、物品"偷逃应缴税额较大"的标准，李某川依法不构成犯罪。由于现有证据无法证实原审被告人冼某晓、张某丹、蔡某生走私偷逃税款数额，原审判决认定该3人构成走私普通货物罪证据不足。综上，原审判决认定事实存在不当之处，广东高级人民法院决定依法予以纠正。

评析与辩点

分析该案可知，上述冼某晓、蔡某生、张某丹、李某川等4人被改判无罪的原审被告人具有以下共同点：第一，均有证据证明他们利用驾驶粤港直通车的方式参与了走私轮胎，且他们的口供对此客观行为及走私主观故意也都予以承认。但我们必须看到，如果没有共同参与人及上下家交接人员的口供予以印证，仅凭当事人或个别人的有罪口供是难以定案的。第二，他们均收取了报酬，且部分有对账单等客观证据为证。我们认为，收取的报酬记录也只是一种必须与主观方面结合才能发挥作用的间接证据，且存在合理佣金与非法报酬的界限问题。若是没有超出正常标准、合理标准范围的佣金，也即不存在超额利润，则其是否属于非法报酬就值得商榷。第三，他们均对指挥其走私的老板及其他协同人员、涉案车辆、相关地点等进行了辨认。但这种证据对定案其实仅起到辅助作用。第四，该4人均没有参与该案共同犯罪中的其他环节，且他们互相之间都没有共谋和配合。也正因为他们互相之间都没有共谋和配合，所以案件在证明他们存在共同行为上力度很弱。退一万步讲，即便在案证据确实能充分证明某一行为人确有走私行为和主观故意，但由于其参与的具体次数或时间段无法查清，那么其参与的走私数量也就相应无法确定下来，在这种情形下，也是无法对其定罪处罚的。本案恰恰属于这种情况。

在部分其他走私案中，以上述这样的证据尺度和标准很多却也被定罪处罚了。如深圳中院的沈某松走私琥珀案。[①] 该案判决认定的涉案货物偷逃税额为358万元，也仅仅是利用运费标准反推出来的。我们认为，存在并非一定合理，若以本案的证据尺度和衡量标准来看沈某松案，则该判决是值得商榷的。

---

① 广东省深圳市中级人民法院（2019）粤03刑初635号刑事判决书。

本案法院对侦控机关所提供的各项证据持的是严格审查态度，这无疑是值得肯定和赞赏的。

与本案类似从严掌握证据标准的走私案例也有，如吴某某涉嫌走私案。[①] 该案检察院认为："吴某某将以'4139'贸易代码申报进口的台湾花王纸尿裤，通过租用他人身份证或使用员工身份证运出大嶝对台交易市场的行为已经涉嫌走私普通货物犯罪，但现有证据关于其涉嫌走私普通货物犯罪的数额尚未查清，认定其涉嫌走私普通货物罪的事实不清、证据不足，不符合起诉条件"，遂决定对吴某某存疑不起诉。

---

① 广东省深圳市中级人民法院（2019）粤 03 刑初 635 号刑事判决书。

23. 无法完全证明"邮箱单证价格"系真实成交价格的不能定罪处罚

案件名称

柯某尔公司等走私普通货物（汽车贴膜）案[①]

裁判要点

无法完全证明"邮箱单证价格"系真实成交价格的不能定罪处罚。

案情简介

经法院查明的无争议事实为：柯某尔公司主要经营汽车保护膜等汽车装具的批发兼零售和货物进出口业务。冯某系柯某尔公司实际负责人，史某系国际货运代理从业人员。冯某与台湾居民卜某君（别名"表姐"、未在案）系商业伙伴关系，柯某尔公司与卜某君合作销售汽车贴膜。通过冯某介绍，卜某君与史某相识。

2014年7月至8月，卜某君使用柯某尔公司作为经营单位和收货单位，通过被告人冯某委托某航祥运公司代理报关，向天津机场海关申报进口原产自美国的汽车玻璃保护膜、透明保护膜等货物共计4票。某航祥运公司安排员工，即被告人史某具体负责该业务。卜某君通过电子邮件将进口货物成交价格单证发送给史某，史某又联系某玮报关行办理报关业务。

2014年8月至2015年8月，卜某君委托被告人史某办理进口货物通关手续，史某以个人名义承揽该业务。经史某联系，卜某君使用某某源公司或某祥公司作为经营单位和收货单位，向天津机场海关申报进口原产自美国、英国、日本等地的汽车玻璃保护膜、多用途彩色膜等货物。史某收到卜某君通过电子邮件发送的进口货物成交价格单证后，转委托某玮报关行等公司具体办理报关业务，帮助卜某君申报进口货物共计14票。其中2票货物（第5票、第13票货物，报关单号分别为0207201410××××××××、

[①] 天津市第二中级人民法院（2017）津02刑初11号刑事判决书。

02072014××××××××××），史某在收到卜某君发送的货物成交价格单证后，为达到少缴税款的目的，改低了部分货物的成交价格，并制作了虚假合同、发票等商业单证用以办理通关手续。经核算，史某通过低报价格的方式通关，上述2票货物偷逃应缴税款共计人民币7,708.37元。

天津市人民检察院第二分院的指控事实为：2014年7月至2015年8月，柯某尔公司在从美国、日本、英国等地进口汽车玻璃保护膜、透明保护膜等货物过程中，冯某作为公司总经理，在明知货物真实成交价格的情况下，为了少缴进口税款谋取非法利润，与卜某君（另案处理）商议采取低报价格方式向天津机场海关申报进口以上货物18票，并委托被告人史某代理报关，在通关过程中，史某按照冯某和卜某君的指令制作了部分低价格虚假报关单据，并在明知柯某尔公司低报价格进口的情况下，为其走私进口办理向海关申报的相关手续。经海关关税部门计核，柯某尔公司偷逃税款共计人民币2,636,628.10元。

根据庭审中双方举证、质证情况，控辩双方的争议焦点为以下三点：一、关于涉案货物实际进口商的认定问题；二、关于涉案进口货物实际成交价格的确定问题；三、关于被告单位柯某尔公司以及冯某、史某是否具有低报价格走私涉案货物主观故意的问题。

最终该案法院以事实不清、证据不足及史某上述2票货物所涉偷逃税额未达起刑点等为由判决如下：一、被告单位柯某尔公司无罪；二、被告人冯某无罪；三、被告人史某无罪。

裁判理由

第一，在案证据无法完全证明"邮箱单证价格"系真实成交价格，该"邮箱单证价格"反映出柯某尔公司与卜某君交易及合作关系复杂，无法得出唯一性和排他性的结论。第二，"邮箱单证价格"除货物价款外，还包含佣金等其他费用项目，因此难以确认和区分其中哪一部分应计入完税价格或计税价格。第三，涉案货物资金流向不清。第四，现场查获的有关单证所载信息与查获物的实际情况具有较大差异。

🔔 评析与辩点

一、如何判断本案中"出口销售"标准及柯某尔公司与卜某君的国际贸易交易身份和关系

根据《海关审定进出口货物完税价格办法》第 51 条的规定,"向中华人民共和国境内销售",是指将进口货物实际运入中华人民共和国境内,货物的所有权和风险由卖方转移给买方,买方为此向卖方支付价款的行为。

（一）进口货物实际运入中华人民共和国境内

确定销售行为的标准是引发各类估价问题的关键,在国际海关估价领域对于销售标准存在两类定义：(1) 以实际向海关申报的时间为标准,即以货物从物理空间上跨越一国关境,并向海关提起申报的时间为尺度,此时对应的交易行为就是海关估价的标的物。(2) 以确定向进口国的第一次销售为标准。[①]为此,WTO 估价技术委员会的解释性说明指出：(1) 货物向进口国海关申报的事实就表明符合"出口"的条件；(2) "出口销售"是指为了向进口国出口的销售；(3) 符合成交价格定义的"出口销售"并不要求一定是实际跨越关境的销售；(4) "出口销售"必须导致货物实际跨境转移。

从上述解释性说明可以看出,WTO 认为,只要某一次交易可以导致被估货物直接运往进口国,则海关就应以该次交易作为成交价格的基础,而并不要求该次销售一定是对应进口报关的那次销售。只有在前述销售不符合"导致被估货物直接运往进口国"的条件,海关才应以实际跨越关境的最后一次销售（进口报关对应的那次销售）作为估价的基础。

以上述标准来衡量,如果境外厂家对卜某君的销售也即卜某君的此次境外采购确定是为了向中国出口的销售,那么此次交易价格就可以作为估价的基础。根据本案案情来看,无法排除这种可能性。

（二）货物的所有权和风险由卖方转移给买方

在交易时,货物的所有权及风险是否由卖方转移给买方是判断销售是否存在的一个重要依据。如果在进口时,货物的所有权和风险并没有从卖方

---

① 参见世界海关组织：《海关估价纲要》,海关总署关税征管司编译,中国海关出版社 2019 年版,第 108 页。

转移给进口申报的企业,则根据买方的确定与否,可以认定存在以下两种情况:(1)进口时不存在销售行为,海关不能使用成交价格方法估价;(2)进口时存在销售行为,但销售没有发生在卖方与进口申报企业之间,而是发生在卖方与实际购买人之间,此时海关应以卖方与实际购买人之间的价格作为成交价格的基础。

以上情形如"同一人可将货物由一国运往另一国,并且无须变更货物的所有关系"。又如寄售,其不属于销售关系。因为交运的货物始终都是出口商的财产。而佣金代理商的职责仅是替代出口商出售货物,有时甚至还以出口商的名义在进口国进行销售。货物的海外移动是出口商自己为自己进行货运,这里只不过是其代理人代他而为。由代理人所进行的销售是一项在进口国进行的国内销售,而不是出口销售,也没有输往进口国,因而,这里出现了不具备出口销售关系,进而不存在成交价格的情况。[1] 这一观点在美国一项有关同意采用成交价格的裁决案例中得到了佐证。[2]

以此为衡量标准,本案无法排除柯某尔公司与卜某君之间不存在"出口销售关系"之可能性。

(三)涉案货物实际进口商

本案公诉机关指控被告单位柯某尔公司是涉案货物实际进口商。冯某承认柯某尔公司接到史某通知去提取涉案货物的事实,但辩称涉案货物的实际进口商是卜某君,其中第1至4票货物系卜某君使用柯某尔公司作为窗口单位申报进口,柯某尔公司接收的货物是卜某君自行进口后转卖给柯某尔公司的。经法院查明,涉案18票货物系被告人史某在卜某君的指示下,按照卜某君提供的单据制作报关单证并代理通关,货物通关后,均由史某通知冯某提货,其中第1至4票货物的申报进口单位是柯某尔公司,进口关税和提货费用系由柯某尔公司支付;第5至18票货物的申报进口单位是史某代卜某君申报通关的窗口单位,即某某源公司或某祥公司,进口关税和提货费用先由史某在办理通

---

[1] 参见[美]肖·L.舍曼、[德]辛里奇·哥拉肖夫:《海关估价——〈关税及贸易总协定海关估价守则〉评注》,白树强、李文阳译,中国社会科学出版社1993年版,第216~217页。

[2] 参见[美]肖·L.舍曼、[德]辛里奇·哥拉肖夫:《海关估价——〈关税及贸易总协定海关估价守则〉评注》,白树强、李文阳译,中国社会科学出版社1993年版,第121页。

关时垫付，货物通关后，卜某君让史某向冯某收取上述代垫费用。

在以低报价格方式走私货物的犯罪中，涉案货物的提货人、申报进口的窗口单位并非一定就是涉案货物的实际进口商。本案现有证据显示，涉案货物的委托进口报关、提供报关单证、结算关税等进口费用、通知提货、支付货款等进口关键环节，均系由卜某君操纵，卜某君对货物具有实际控制权，不能排除涉案货物系卜某君个人以单位名义进口后与柯某尔公司或冯某合作在国内开展销售加工业务的可能性。以《联合国国际货物销售合同公约》为标准来观察，卜某君的行为亦不完全符合应向及已向柯某尔公司履行进口货物交付、单据移交及所有权和风险转移等卖方法定义务的特征。[①] 在进口货物的买卖过程中，所有权的转移也就是卖方将对货物的占有、使用、处分、收益的权利全部移交给买方。在所有权转移的过程中，如果买方只是占有货物，或者仅有权使用、利用货物来获得收益，或者只是拥有货物处分权，都不能认为其拥有了货物完整的所有权。就严格意义而言，如果交易中货物的所有权没有完整转移，则不属于销售，而是租赁、借用或其他性质的行为。在国际贸易中，只有卖方将货物所有权完整转移给了买方，买方为获得完整所有权而支付价款，这样形成的交易价格才能作为海关估价意义上的成交价格。[②]

本案"邮箱单证"的价格虽可认定为被告单位柯某尔公司与卜某君之间交易涉案货物的真实价格，但在案证据不能排除该交易实质上属于内贸性质的可能性，也即，无法排除该交易关系不是"出口销售关系"之可能性。如前所述，关于卜某君的涉案交易身份，同时存在是涉案货物的境外卖方、境外卖方的业务代表、自境外购货后以他人名义进口到境内销售的境内卖方等多种可能性。

二、涉案进口货物实际成交价格的确定

本案中，卜某君会不定期给柯某尔公司发送电子邮件。邮件的标题多为与"结账"相关的内容，如"8月结账Ⅰ""8月结账Ⅱ"等。邮件的内容是简要介绍每一票货物账单的构成要素和其他备注信息，其中部分邮件的货物账单记载有结账总额中扣除冯某垫付的关税和提货费的内容，还有的邮件提到了价

---

① 参见[日]潮见佳男、中田邦博、松冈久和主编：《〈联合国国际货物销售合同公约〉精解》，韩世远等译，人民法院出版社2021年版，第14页。

② 参见李骏：《海关估价理论研究与实务解析》，厦门大学出版社2017年版，第32页。

款是否包含利润的问题。

相关邮件的附件,即"邮箱单证"上的内容主要分为两部分:第一部分记载有货物的品名、规格、数量、单价、总价等基本信息,但除了部分货物的数量外,其余信息与报关单证记载的并不一致。第二部分记载有"天津关税""天津提货"、佣金、运费、包装费、"已付款""未付款"等费用以及"算清了,还没结账"等内容。21张"邮箱单证"中,有7张记载有"佣金"的费用;有8张记载有"天津关税、提货费"的内容,其中有4张在核算总价款时明确将天津关税税费、提货费扣除;还有的"邮箱单证"中记载了"Peter到郑州机票"以及"退货"等其他内容。

冯某称其在收货后,按卜某君的要求,先替卜某君将关税等进口费用支付给史某,然后在柯某尔公司应支付给卜某君的货款中予以扣除。其支付给卜某君的货款中还包含有相关货物在国内加工销售的利润等其他费用。支付货款的方式:一是卜某君不定期到柯某尔公司收取人民币现金;二是按照卜某君的要求,不定期将人民币汇款至户名为"高某"的国内银行账户。冯某称其不清楚涉案货物在国外的采购价格,也不清楚报关价格。

综上可知,"邮箱单证"上的价格除包含货物价款外,还包括佣金、运费、天津关税、提货费用以及卜某君一方的利润、差旅费等。根据《海关法》《海关审定进出口货物完税价格办法》等相关规定,进口货物完税价格不应包括买方负担的购货佣金、卖方的利润分成、差旅费,更不应该包括关税、提货费用。现有证据不能证明"邮箱单证"中记载的"佣金"是境内买方负担的购货佣金还是其他佣金。被告人冯某与卜某君的微信聊天记录还证明,冯某曾与卜某君讨论过汽车贴膜施工的技术问题,冯某还向卜某君报告过汽车贴膜的销售情况。故难以排除"邮箱单证"系柯某尔公司与卜某君之间进行内贸性质商业合作的"对账单"的可能性。

三、柯某尔公司以及冯某、史某是否具有低报价格走私涉案货物的主观故意

如前所述,由于公诉机关提供的证据不能证明涉案货物的进口实际成交价格。故除被告人史某自认的涉案第5票、第13票货物有证据证明系史某按照卜某君的要求低报了价格外,证明其余16票货物在通关时低报价格的证据不足。

因为本案公诉机关据以指控冯某与卜某君共谋低报价格申报进口货物的关键证据是冯某与卜某君的微信聊天记录。该微信聊天记录证明，2014 年 8 月 4 日、8 月 13 日，冯某曾与卜某君聊过与"低报"有关的内容，但并没有提到"低报"的是否就是本案货物。也即，两人微信聊过的内容与涉案货物之间并未建立起必然的关联性。基于微信聊天对低报标的物指向不清晰，故难以证实柯某尔公司及冯某对涉案货物有低报走私的主观故意。此外，该聊天记录还证明，冯某建议卜某君不要与史某合作。但此次聊天之后，卜某君并未听从冯某的建议，仍委托史某代理报关，反而不再使用冯某实际控制的柯某尔公司作为窗口单位。该聊天记录不足以证明冯某与卜某君共谋低报价格申报进口涉案货物，反而显示出卜某君对冯某有较强的不信任和防备之心。对照国内其他走私判例来看，部分法院面对类似本案这种证据规格，很多都轻易认定了当事人具有主观故意。据此可以看出，本案法官还是非常严谨和专业的。

此外，也没有在案证据证明冯某明知涉案全部货物的境外实际成交价格以及境内报关价格。

24. 未查扣的象牙因无法鉴定及难以查明事实故无法定罪

案件名称
周某等走私珍贵动物制品（象牙等）案[①]

裁判要点
未查扣的象牙因无法鉴定及难以查明事实，故该事实应认定为无罪。

案情简介
2013年10月，邝某辛、陈某海、周某经商量后，由被告人邝某辛、周某出资，然后由陈某海联系津巴布韦的客户，通过邮寄方式将费用汇给境外客户，同时将邝某辛联系的收货人张某明（另案处理）的深圳地址和联系电话提供给境外客户，由客户按上述地址将60多只象牙手镯邮寄到广东省深圳市。张某明在深圳市收货后送到广东省台山市交给邝某辛。随后，邝某辛将象牙手镯交给周某加工后销售，周某将该批象牙手镯销售后得款人民币8万元。经查，涉案象牙手镯是《濒危野生动植物种国际贸易公约》附录中野生动物的制品。但该60多只象牙手镯均未查扣。仅在审理阶段的退回补充侦查中由邝某辛的家属上交了一只象牙手镯，亦未经鉴定。其他版块的事实略（周某不涉及其他版块的事实，笔者注）。

一审法院认定周某无罪，其他被告人邝某辛、陈某海的该部分事实亦不能成立。有关其他板块事实的判项略。检察机关对此提出了抗诉。二审法院经开庭审理，认为抗诉理由不能成立，遂裁定驳回抗诉，维持原判。

裁判理由
（1）涉案60多只象牙手镯均未查扣且均未经鉴定。（2）后期收集的1只象牙手镯亦未经鉴定，且无法确定系60多只象牙手镯中的一只。（3）关于该

[①] 广东省高级人民法院（2016）粤刑终870号刑事裁定书，来源于中国裁判文书网，最后访问时间：2022年10月9日。

只象牙手镯的供述及陈述互相矛盾。(4)无法排除该只象牙手镯系其他来源。

📢 评析与辩点

我们认为,法院不予认定上述事实,对周某作出无罪裁判是妥当的。

第一,涉案 60 多只象牙手镯未经查扣、鉴定,就无法查明其属性是否为《濒危野生动植物种国际贸易公约》的规制对象,也即无法查明其是源于现代象牙这种公约保护对象,还是源于猛犸象牙、古菱齿象牙或剑齿象牙等非公约保护对象。

第二,后期收集的一只象牙手镯未经鉴定,且无法确定系 60 多只象牙手镯中的一只。更关键的是,其并非案发现场扣押的对象,因此其来源是可疑的,其证据资格和证明力均无从保证。

第三,仅凭不占证据优势的一方证据不能定案。关于该只象牙手镯的来源和属性,仅邝某辛通过辨认,指认该只手镯就是该批走私手镯的其中一只。但陈某海称没有见过这只手镯,认为该手镯与走私的手镯不符。周某亦称其没有见过该手镯,该手镯与其加工的手镯有区别,不能确认该只手镯就是该批手镯中的一只。而邝某辛的家属称,邝某辛的朋友雷某昌说这只手镯是邝某辛以前给他的,但不能证实这只手镯是邝某辛等人走私入境的。由于侦查机关没有找到雷某昌作证及辨认,因此该传闻证据无法采信。至此,上述邝某辛的辨认及邝某辛家属的说法均难以采信。正如二审裁定中指出的,不排除邝某辛的家人为帮助认定邝某辛立功而找来一只真象牙手镯的可能性,故该手镯的来源存疑的意见,有一定合理成分。在只有邝某辛一人供认的情况下,虽然在案手镯确实是现代象象牙制品,但不能得出该手镯就是指控为走私入境的一批手镯中的其中一只的唯一结论,故认定该手镯是 3 原审被告人共同走私入境的证据不足。

第四,主要凭借口供不能定案,特别是针对珍贵动物制品类或毒品类的走私案。由上可知,既然无法确认后期收集的一只手镯系 60 多只涉案手镯中的一只。那么关于证明发生过 60 多只象牙手镯走私的事实所主要凭借的就只剩下口供了。虽然该案中邝某辛、陈某海及周某 3 位主要当事人均供认走私过 60 多只象牙手镯,仍然是无法定案的。

25. 尚未进入报关环节、尚未向海关申报的行为不宜认定为犯罪未遂

案件名称

彭某某走私普通货物（面粉）案 [1]

裁判要点

已实施完毕伪报出口货物品名向海关虚假申报等一系列走私犯罪行为是犯罪既遂；而尚未报关的部分为犯罪未遂。

案情简介

2008年7月22日至8月5日，被告人彭某某以将实际货物面粉品名伪报为石制品品名的方式共为许某某等人走私出口30票77柜共1,631,031千克国产面粉，经厦门海关关税部门核定，偷逃应缴税款人民币887,856.26元。上述面粉共分为两部分：第一部分：22票54柜面粉已成功出口；第二部分：2008年8月5日海关查验人员在厦门象屿码头查验货物过程中，当场查获伪报品名报关的8票23柜492,681千克面粉（偷逃应缴税款人民币266,890.26元）。除上述30票77柜货物之外，根据彭某某的供述，海关查验人员又在厦门象屿码头查获其已以石制品品名订舱、将继续以伪报品名方式出口但尚未向海关申报的7票19柜面粉，经核定，该19柜408,220千克面粉偷逃应缴税款人民币224,587.51元。以上37票96柜伪报品名面粉偷逃应缴税款共计人民币1,112,443.77元。法院判决被告人彭某某犯走私普通货物罪，判处有期徒刑10年6个月，附加刑略。

裁判理由

关于被告人彭某某及其辩护人提出被当场查获的已报关未出口的8票23柜面粉及被查扣的已订舱但尚未报关的7票19柜面粉均应认定为犯罪未遂的辩解、辩护意见。经查，被海关查验人员当场查获的8票23柜面粉，彭某某

---

[1] 福建省厦门市中级人民法院（2009）厦刑初字第25号刑事判决书。

已实施完毕伪报出口货物品名向海关虚假申报的一系列走私犯罪行为，是犯罪既遂；而尚未报关的 7 票 19 柜面粉，虽然彭某某已经实施以石制品的虚假品名进行订舱的行为，但尚未实施伪报货物品名向海关做虚假申报的具体走私行为时即案发被查扣，结合其主观犯意，属已经着手实施犯罪，但因彭某某意志以外的原因而未能得逞的犯罪形态，是犯罪未遂。针对其他事项的裁判理由略。

📣 评析与辩点

我们可以先通过两个案例来探讨一下该问题。第一个是黄某抢劫案。[①] 该案中，黄某以抢劫为目的搭乘出租车且行驶了相当长的时间，由于司机夫妇警觉，而未能开始实施抢劫行为，后因司机夫妇报警而被抓。第二个是白某某等绑架案。[②] 该案中，行为人设骗局与被害人电话联系意图让被害人陈某某"自动地"来到其车辆上，在陈某某已经相信其骗局并出家门等候准备上行为人的车时白某某等发生认识错误，误以为陈某某已产生怀疑，所以就逃离了现场。对照本案，上述两个案例其实更接近着手或更接近法益被侵犯的现实化，但这两个案件最终均被法院认定为犯罪预备。

走私犯罪通关案件犯罪形态的认定标准也不应与上述案件存在根本性的区别。我们认为，通关走私的实质是采用伪报、瞒报等欺骗性手段，致使走私货物、物品越过海关，从而达到行为人偷逃应缴税款或逃避禁限管理的目的。走私行为人在海关进行虚假申报或瞒报时，这才标志着对我国的外贸管理制度以及海关的监管秩序侵害已经实际实施，此时就应当被认定为走私犯罪开始着手实施。如果只是根据申报之前的行为则不科学，因为此时还难以确定行为人后面是否会将走私行为付诸实施，而且其对外贸管理制度以及海关监管秩序的侵害还尚未开始，因此这种情况只能算作走私犯罪的预备行为。由于不管是通关走私出境还是入境，走私货物、物品都要经过海关出入关境，都必须经过海关申报这一环节，因此，对这两种情形下的走私犯罪均应当以行为人在海关已

[①] 参见中华人民共和国最高人民法院刑事审判第一庭、第二庭编：《刑事审判参考》2001 年第 11 辑（总第 22 辑），法律出版社 2001 年版。

[②] 参见中华人民共和国最高人民法院刑事审判第一、二、三、四、五庭主办：《刑事审判参考》2009 年第 4 集（总第 69 集），法律出版社 2009 年版。

经开始实施虚假申报或瞒报作为认定"着手"的标志。[1]

回到本案,当事人彭某某尚未报关的 7 票 19 柜面粉,尚处于申报准备阶段,由于彭某某就该部分货物尚未与海关发生真实的申报关系,因此根本谈不上逃避海关监管、欺瞒海关的问题,哪怕其已经订舱或做了其他充分的准备工作。综上,我们认为,该行为应属犯罪预备,而非犯罪未遂或犯罪既遂。[2] 我们认为,行为人为了走私成功,准备虚假的报关材料、委托报关企业等行为只能被认定为是为了犯罪而准备工具、制造条件,此时,行为人尚未着手实施走私犯罪。据此,这一阶段应被认定为犯罪预备阶段,若发现或者查获走私分子已经为走私活动制造条件(如造假单据、签假合同等),但因意志以外原因尚未实施报关活动的,也只能认定为走私犯罪预备。[3]

紧接着我们再看一个疑难案例,借此便可看出将本案情形认定为未遂或既遂确有不合理之处。某年某月,甲某乘坐某航空公司航班从非洲某国抵达北京首都国际机场,甲某的托运行李在机场的先期机检时,被发现有疑似象牙制品,该行李遂被列为重点监控对象。甲某在提取托运行李处提取了该行李后,在尚未经过海关申报通道时,先前往了附近的卫生间。海关人员跟随甲某进入卫生间,在卫生间内将其抓获,并从其提取的行李中发现疑似象牙制品十余件,后经鉴定,该十余件物品确系象牙制品。本案中,是否能认定甲某的行为构成走私珍贵动物制品罪,一个很关键的问题就是其是否具有"逃避海关监管"的行为和故意,其是否知道行李中有象牙制品并意图向海关部门进行申报。现有证据显示,甲某被侦查人员查获时,尚未经过海关申报通道,且甲某坚称其对象牙制品是否可以带回国内并不清楚,自己是准备向海关人员咨询的。因此,由于甲某还未经过海关申报通道,其仍存在申报的可能性,所以不足以证明其具有"逃避海关监管"的行为和故意,不能认定其构成走私珍贵动物制品

---

[1] 参见赵永林:"走私犯罪研究",西南政法大学 2012 年博士学位论文。

[2] 事实上,并非只有彭某某案中的公诉机关认为其尚未报关的部分构成犯罪既遂,最高法主流观点也持相同见解,更详细阐述请参阅最高人民法院刑事审判第二庭编著:《〈最高人民法院、最高人民检察院关于办理走私刑事案件适用法律若干问题的解释〉理解与适用》,中国法制出版社 2015 年版,第 359 页。我们认为,这种观点过于严苛,既不符合刑法原理和实际情况,也不利于鼓励行为人中止犯罪。

[3] 参见晏山嵘:《走私犯罪案例精解》,中国法制出版社 2014 年版,第 113 页。

罪。① 这种情形下，就是要认定为犯罪预备都很困难。由此可见，研究通关行为是否已进入申报环节这一问题将对准确判断罪与非罪及具体的犯罪形态产生重要的实践意义及界分价值。

【余论】

余论部分我们探讨一下利用不知情的第三人走私的"着手"该如何认定的问题。利用不知情的第三人实施犯罪，即刑法理论中的间接正犯。我们认为，在行为人利用不知情的第三人走私的情形下，如果行为人将走私物品藏匿在第三人的人身或物品中时，走私物品还未发生现实或迫切侵犯国家的外贸管理制度的危险，则此时不能认定为走私行为的着手。如果行为人将走私物品藏匿在第三人的人身或物品中，第三人携带该物品进入申报环节，就可以认定为走私行为的着手。但如果第三人在出发前发现其随身携带的物品中藏有走私物品从而未将该物品带往通关口岸，或者第三人因故取消了通关过境的行程，则行为人此前藏匿走私物品的行为只能成立走私犯罪的预备。

---

① 参见刘梦甦："走私罪在立法中存在的问题及完善对策"，中国社会科学院2014年硕士学位论文。

26. 行为人因其他原因被刑拘后，其他共犯仍按原计划实施走私，行为人未继续实施的，是否能认定为犯罪中止？

案件名称

陈某某等走私普通货物（石材）案[①]

裁判要点

行为人因其他原因被刑拘后，其他共犯仍按原计划实施走私，行为人虽未继续参与，但因其已参与前期共谋和前期工作，而被刑拘后其并未阻止原计划继续实施，故应当把刑拘后的这部分数额也计入其走私犯罪数额。

案情简介

1. 陈某某与王某麟共同走私部分

2004年以来，被告人陈某某与台湾人王某麟合伙在厦门市经营进口石材的生意，由王某麟在境外组织货源、发货，陈某某负责在厦门市收货、委托报关及结算各种费用。货物通关后，由王某麟及陈某某组织人员在境内进行销售。其间，被告人陈某某伙同王某麟以少报多进的方式，先后委托翰某公司、中某公司、千某公司代理，向海关申报进口印度产的"英国棕""红棕"花岗岩荒料石共计7票。经海关关税部门核定，上述花岗岩荒料石共计偷逃应缴税额373,128.31元。具体事实如下：

（1）2004年10月13日，王某麟委托翰某公司以一般贸易方式向海关申报进口花岗岩荒料石"英国棕"一批，申报进口数量为71.633立方米，实际进口数量为139.64立方米，偷逃应缴税额67,317.72元。

（2）2005年5月23日，王某麟委托翰某公司以一般贸易方式向海关申报进口花岗岩荒料石"英国棕"一批，申报进口数量为30.271立方米，实际进口数量为60.542立方米，偷逃应缴税额25,112.94元。

[①] 福建省厦门市中级人民法院（2008）厦刑初字第68号刑事判决书。

（3）2005年5月23日，王某麟委托翰某公司以一般贸易方式向海关申报进口花岗岩荒料石"红棕"一批，申报进口数量为35.208立方米，实际进口数量为70.416立方米，偷逃应缴税额29,208.46元。

（4）2005年11月25日，王某麟委托翰某公司以一般贸易方式向海关申报进口花岗岩荒料石"英国棕"一批，申报进口数量为30.187立方米，实际进口数量为60.374立方米，偷逃应缴税额25,817.21元。

（5）2006年1月11日，被告人陈某某委托中某公司以一般贸易方式向海关申报进口花岗岩荒料石"英国棕"一批，申报进口数量为40.344立方米，经海关查验并理货，实际进口数量为146.4138立方米，偷逃应缴税额90,524.98元。

（6）2006年2月24日，被告人陈某某委托千某公司以一般贸易方式向海关申报进口花岗岩荒料石"红棕"一批，申报进口数量为68.18立方米，经海关查验并理货，实际进口数量为145.995立方米，偷逃应缴税额66,381.36元。

（7）2006年2月24日，被告人陈某某委托千某公司以一般贸易方式向海关申报进口花岗岩荒料石"红棕"一批，申报进口数量为80.61立方米，实际进口数量为161.22立方米，偷逃应缴税额68,765.64元。

2.陈某某、李某某、程某共同走私部分

2005年7月始，被告人陈某某、李某某、程某合谋共同出资、合伙经营进口石材业务。为牟取非法利益，三被告人商定以少报多进的方式走私进口石材，由李某某负责联系境外（香港）代理商代理对外付汇；程某负责与吴某湖一起到印度订购石材，组织货源、发货等事宜；陈某某负责在厦门收货、委托报关、组织销售并结算各种费用。期间，被告人陈某某、李某某、程某以少报多进的方式，先后委托翰某公司、中某公司、贝某某公司、普某公司代理，向海关申报进口印度产"黑金沙"花岗岩荒料石共计13票。经海关关税部门核定，上述荒料石共计偷逃应缴税额为407,152.18元。具体事实如下：

（1）2005年8月23日，被告人陈某某委托翰某公司以一般贸易方式向海关申报进口花岗岩荒料石"黑金沙"一批，申报进口数量为20.945立方米，实际进口数量为41.89立方米，偷逃应缴税额31,592.72元。

（2）2005年8月23日，被告人陈某某委托翰某公司以一般贸易方式向海关申报进口花岗岩荒料石"黑金沙"一批，申报进口数量为18.88立方米，实际进口数量为37.76立方米，偷逃应缴税额28,477.84元。

（3）2005年8月23日，被告人陈某某委托翰某公司以一般贸易方式向海关申报进口花岗岩荒料石"黑金沙"一批，申报进口数量为20.12立方米，实际进口数量为40.24立方米，偷逃应缴税额30,348.26元。

（4）2005年8月23日，被告人陈某某委托翰某公司以一般贸易方式向海关申报进口花岗岩荒料石"黑金沙"一批，申报进口数量为23.114立方米，实际进口数量为46.228立方米，偷逃应缴税额34,864.41元。

（5）2005年8月23日，被告人陈某某委托翰某公司以一般贸易方式向海关申报进口花岗岩荒料石"黑金沙"一批，申报进口数量为26.886立方米，实际进口数量为50.122立方米，偷逃应缴税额35,047.60元。

（6）2005年8月23日，被告人陈某某委托翰某公司以一般贸易方式向海关申报进口花岗岩荒料石"黑金沙"一批，申报进口数量为23.005立方米，实际进口数量为46.01立方米，偷逃应缴税额34,775.38元。

（7）2005年9月20日，被告人陈某某委托翰某公司以一般贸易方式向海关申报进口花岗岩荒料石"黑金沙"一批，申报进口数量为12.622立方米，实际进口数量为25.244立方米，偷逃应缴税额18,633.15元。

（8）2005年9月21日，被告人陈某某委托翰某公司以一般贸易方式向海关申报进口花岗岩荒料石"黑金沙"一批，申报进口数量为10.423立方米，实际进口数量为20.846立方米，偷逃应缴税额15,079.1元。

（9）2005年9月21日，被告人陈某某委托翰某公司以一般贸易方式向海关申报进口花岗岩荒料石"黑金沙"一批，申报进口数量为17.011立方米，实际进口数量为34.022立方米，偷逃应缴税额25,112.39元。

（10）（即起诉指控第12票）2005年11月17日，被告人陈某某委托翰某公司以一般贸易方式向海关申报进口花岗岩荒料石"黑金沙"一批，申报进口数量为15.911立方米，实际进口数量为31.822立方米，偷逃应缴税额23,461.65元。

（11）（即起诉指控第14票）2006年1月4日，被告人程某委托中某公司以一般贸易方式向海关申报进口花岗岩荒料石"黑金沙"一批，申报进口数量为 7.016 立方米，实际进口数量为 14.032 立方米，偷逃应缴税额 10,840.04 元。

（12）（即起诉指控第 16、17 票）2006 年 2 月至 3 月，陈某某委托其丈夫吴某湖与程某一起到印度采购荒料石。在陈某某被刑事拘留后，李某某、程某仍继续将采购的荒料石分两票以少报多进的方式报关进口。其中：2006 年 4 月 20 日，程某委托贝某某公司，以一般贸易方式向海关申报进口花岗岩荒料石"黑金沙"一批，申报进口数量为 14.536 立方米，经海关查验，实际进口数量为 51.064 立方米，偷逃应缴税额 56,190.89 元。同月 21 日，程某委托普新公司，以一般贸易方式向海关申报进口花岗岩荒料石"黑沙金"一批，申报进口数量为 10.607 立方米，经海关查验，实际进口数量为 51.385 立方米，偷逃应缴税额 62,728.75 元。

依照《刑法》第 153 条第 1 款第 1 项、第 3 款、第 25 条第 1 款、第 67 条第 1 款、第 64 条之规定，法院判决如下：一、被告人陈某某犯走私普通货物罪，判处有期徒刑 10 年，并处罚金人民币 55 万元；二、被告人李某某犯走私普通货物罪，判处有期徒刑 7 年，并处罚金人民币 15 万元；三、被告人程某犯走私普通货物罪，判处有期徒刑 5 年，并处罚金人民币 15 万元。附加刑等内容略。

⚖ 裁判理由

关于陈某某的辩护人提出陈某某在起诉指控第二部分的第 16、17 票货物入境报关前已被刑事拘留，没有实施具体走私行为，不应对该两票走私犯罪承担刑事责任的辩护意见。经查，首先，陈某某与李某某、程某已形成共同出资、合伙经营并以少报多进的方式走私进口石材的共同犯意。其次，该两票货物系由陈某某等 3 人共同出资经营的，陈某某并指派吴某湖参与该两票货物的境外采购事宜，具有共同走私行为。最后，在陈某某被刑拘后，李某某、程某按其 3 人原来商定的方式继续实施走私活动，并未违背陈某某的主观意志，3 人合作意向没有变化，利益分配方式也没有变化。故陈某某的辩护人的此节辩护意见理由不足，不予采纳。针对其他事项的裁判理由略。

评析与辩点

一、陈某某被刑拘后仍需对最后两票货物的走私行为负责

犯罪行为是一个整体的过程,并非只有最后的实行阶段行为或结果阶段行为才叫犯罪行为,它包括预谋、组织、实行、帮助、结果发生等一系列的动作或行为(当然,部分犯罪不要求具体危害结果的发生)。只不过根据犯罪最后呈现出不同的停止状态划分不同的犯罪形态而已。

本案中,虽然陈某某自身并没有参与最后实行阶段或结果阶段的行为,但由于其与李某某、程某事先已共谋并达成共同犯意,这属于造意者;同时,陈某某与李某某、程某又共同出资购买货物,这属于出资者;其后,又安排了吴某湖参与该两票货物的境外采购事宜,这属于组织者或实行者,吴某湖的行为就代表了陈某某的意志,其行为可视为陈某某亲身行为的延伸;最后,陈某某也参与了利润分配环节,这属于获利者。由此可见,陈某某虽然最后因为被刑拘没能亲身参与最后环节,但并不妨碍其对最后两票货物的走私行为负责。

二、陈某某被刑拘后的消极不作为难以认定为犯罪中止

从犯罪中止的一般成立条件来看,陈某某被刑拘后针对最后两票走私的消极不作为仅符合中止的时间性特征,并不符合中止的自动性、客观性及有效性等特征。[1]首先,陈某某并不是基于悔悟等原因而自觉放弃继续实施走私或试图去阻止其他共犯继续实施走私行为或阻止犯罪结果的发生。其之所以不再有所动作仅是因为被刑拘,人身自由、通信自由等受到了限制而已,因此,无论是从限定的主观说、主观说还是客观说的角度出发,都无法得出其具有中止的自动性特征。其次,陈某某并没有实施客观的中止行为。即便是其内心有所悔悟,但如果没有要求其他共犯停止实施走私、要求其代表吴某湖停止相应行

---

[1] 有观点认为,亲手犯如强奸罪、脱逃罪只需要自己中止实施犯行即可成立中止,而不需以制止其他共犯为必要。参见陈兴良:《共同犯罪论》,中国人民大学出版社2006年版,第372~373页。不同见解认为,妇女帮助男子实施对其他女性的暴力、胁迫等行为,亦可与该男子一起构成强奸罪的共同正犯。参见[日]大塚仁:《刑法概说(总论)》(第3版),冯军译,中国人民大学出版社2003年版,第284页。我们倾向于认同前一种观点,因为认为该情形下妇女可以作为强奸罪的共同正犯来处理的话,那么顺此逻辑就可以继续推出该妇女与该男子可以构成轮奸的怪异结论,难以为国民所接受。不过,本案走私犯罪并不属于亲手犯的情形。

为等客观行为来表达也是无法承认其客观性的。即便认为成立中止并不必然要求其阻止结果的发生，但由于本案中陈某某也没有切断自己的加功行为与最终犯罪结果之间的因果联系，故照此观点来看，也无法成立中止。最后，陈某某并没有有效地阻止犯罪结果的发生。即便本案中最后结果真的没有发生也不能算到陈某某身上，因为陈某某并没有在其能力范围内作出相应真挚、足够、恰当、有效的客观动作和努力。综上，本案陈某某无法构成犯罪中止，最终该两票走私停留在什么犯罪形态，陈某某也就自动归属于这一形态。

我们认为，陈某某如果要构成犯罪中止，唯一正确的做法就是通过某种方式让最后两票走私不要再继续实施，如向侦查机关如实陈述，通过侦查机关来阻止尚未实施完毕的走私行为。而且，如果陈某某实施了中止行为后，即便由于其他原因导致危害后果发生了，如果该结果不能归属于陈某某最初的一系列共谋等行为的，在此情况下，陈某某仍有可能成立犯罪中止。[①]

[①] 参见周光权：《刑法总论》（第3版），中国人民大学出版社2016年版，第309页。

27. 货运通关走私在海关监管现场被查获的情形不宜一概认定为犯罪既遂

案件名称

赵某甲走私普通货物（硅铁）案[①]

裁判要点

以虚假申报方式走私，申报行为已实施完毕，货物在海关监管现场被查获的，应认定为犯罪既遂。

案情简介

2014年上半年，被告人赵某甲欲将出售给他人的硅铁出口运至韩国釜山港。经人介绍，其与正在唐山市京唐港从事货物代理业务的被告人陈某相识，经协商并约定，被告人赵某甲负责将货物发至京唐港，被告人陈某负责报关。为逃避出口硅铁25%的关税，被告人赵某甲提供制作虚假报关手续所需的部分数据，被告人陈某制作了虚假的合同、发票、质检单等报关材料，将出口货物硅铁虚构为硅块和硅粉，通过唐山丰南华盛物资经销处申报并出口。被告人赵某甲通过被告人陈某共申报合计100吨硅铁。其中，2014年9月18日将第1票40吨硅铁申报为硅块已出口；2014年11月6日将第2票40吨硅铁和第3票20吨硅铁申报为硅块和硅粉。2014年12月13日唐山海关缉私分局将该未出口货物60吨查扣。经检验，该查扣货物均系硅铁。经唐山海关计核，涉案100吨硅铁偷逃税款共计人民币153,693元。

裁判理由

被告人赵某甲以虚假申报方式走私，申报行为已实施完毕，货物在海关监管现场被查获，根据《关于办理走私刑事案件适用法律若干问题的解释》第

[①] 河北省唐山市中级人民法院（2015）唐刑初字第73号刑事判决书，来源于中国裁判文书网，最后访问时间：2022年10月9日。

23 条之规定，应认定为犯罪既遂，偷逃税款应计入犯罪数额。针对其他事项的裁判理由略。

评析与辩点

我们认为，货运通关走私犯罪的既遂界定，应以通过查验及征税环节作为界定标准。递送报关单是接受海关监管的开始，海关放行（但出口还须办理结关手续）是结束海关监管的标志。一般而言，海关通关办事程序主要有以下几个步骤：第一，企业电子申报。货物的发货人或其代理人根据《海关进出口货物报关单填制规范》和海关监管、征税、统计等要求录入电子报关数据并通过网络传输方式向海关传输电子数据，进行电子申报。第二，电子审单。电子数据报关单不能通过规范性、逻辑性审核的，海关不接受申报并退回电子数据报关单，通关管理系统自动对外发布"不接受申报"通知，允许申报人修改后重新申报；通过审核的，海关接受申报，经电子审单完成审核后，分别按预先设定的通道判别参数转往下一作业环节，并自动对外发送相关通知。第三，专业审单。专业审单是指对通关管理系统根据需要转至专业审单环节的电子数据报关单进行人工审核，以确定报关单填报内容是否规范、是否符合统计等要求、是否需要适用贸易管制措施、审核价格、归类、原产地等信息并完成税费计征。如果需要人工审核的报关单数据，计算机将按设定的派单条件，将报关单数据派入专业审单的人工审单岗位，同时向申报人员发出"等待处理"的回执或通知，待人工审核结束后，将审核结果（审核通过、人工退单、挂起等）通知申报人，符合记分管理的要进行记分。此阶段还可下达向现场接单审核部门或查验或放行环节下达即决式布控指令。审单通过后，申报人到现场海关接单窗口或派单窗口（一些业务量较大的现场）递交书面单证。第四，现场接单关员接单审核单证。该环节的工作内容有验核申报人的报关资格、报关单填报内容及附随单证是否齐全、规范、有效、是否符合统计等要求、是否需要适用贸易管制措施、审核价格、归类、原产地等信息、对纸质单证进行人工核注、实施有纸通关的接单作业及完成税费计征。根据审核结果分别作出撤销报关单、要求申报人修改报关单或补充申报、转回专业审单处理或申请复审、执行系统预设或其他部门的布控指令、执行本单位或部门下达布控指令。但如果经过专业审单已经审核过的内容如无异议可不必重复审核。第五，现场通关查验。对象为专业审单等部门指令查验的报关单及本单位或部门认为需要查验的货物。查验的主要内容是指实际核对与检查货物、物品的品名、规格、型号、数量、重量、价值和原产地等项目是否与报关单申报的内容相符、审核归类是否正确及查验运输工具是否有改装、夹藏等不符合海关监管要求的情形。企业在查验中享有依法定情形损坏赔偿、申请复验、申请免验及申请担保放行等权利。查验结束后的后续处理除正常到下一步的情形外还包括有涉嫌走私、违规或侵犯海关保护的知识产权的会移交相关部门处理、估价处理、补税处理、补证处理、退运处理、删单重报处理、改单处理及中止放行货物等。第六，填发税单实际缴纳税费。确定好商品归类及货物原产地、审定好完税价格并依照税率、汇率计算出应缴税款并制发税款专用缴款书，由企业在法定的期限内及时缴纳税款。第七，放行（该环节也可能实施查验，在这种情形下，就是先实际征税再进行查验的）。放行环节海关可以应企业申请办理报关单证明联的签发等项工作，企业在此环节可以提取货物，但出口货物还涉及货物实际离境之后还需要办理一个结关手续。

归纳上述申报过程，我们认为其可分为如下几个阶段：一是申报准备阶段。这包括申报单据的准备以及申报人的准备（如报关人资质及委托报关企业的相关手续等）两方面。二是申报人申报阶段。这包括申报人所进行的电子申报与书面申报过程。在这一阶段，申报人以作为的方式主动地引起海关监管程序，并积极地配合海关监管，按要求递交相关手续，并在必要与允许时进行修改。三是海关审核、查验、征税阶段。在这一阶段中，海关处于主导地位，其可根据需要决定对货物的查验以及按照相关的税则决定征税数额，而对于进出口货物的收发货人或其代理人而言，其所能做的只能是按照海关的要求被动地配合。当然，对符合法定情形的，申报人可以申请撤销或修改报关单或补充申报。但海关已经决定布控、查验以及涉嫌走私或者违反海关监管规定的进出口货物，在办结相关手续前不得修改或者撤销报关单及其电子数据。四是放行阶段。海关对符合海关监管规定的货物依法放行。

显然，在申报准备阶段，由于行为人尚未与海关发生真实的申报关系，因此，根本谈不上逃避海关监管、欺瞒海关的问题。行为人为了走私成功，准备虚假的报关材料、委托报关企业等行为只能被认定为是为了犯罪而准备工具、制造条件，此时，行为人尚未着手实施走私犯罪。据此，第一阶段应被认定为犯罪预备阶段。若发现或者查获走私分子已经为走私活动制造条件（如造假单据、签假合同、搞假核销等），但因意志以外原因尚未实施报关活动的，应认定为走私预备。从第二阶段（申报人申报阶段）开始，行为人与海关间的申报与监管关系方正式建立起来，因此，申报人主动地向海关进行电子申报或书面申报（在没有电子申报条件的地区）应被视为走私行为之"着手"，走私行为进入了实施阶段。对于划归于行为犯的部分走私犯罪而言，在实施完这一阶段的申报行为之后，其行为即应被视为既遂，因为此时行为人对其申报的数据与材料已不能更改，易言之，他属于犯罪构成要件的行为已经实施结束，不论危害结果最终是否发生，均不影响其犯罪的定性。据此，对于划归行为犯的走私犯罪而言，若在其申报过程中被海关发现其有伪报、瞒报等行为，而致使其申报活动未能结束的，应认定为未遂，反之，只要行为人完成了申报、查验的程序，不论该货物最终能否如其所愿地获得海关放行，都应认定为走私既遂。对于划归于结果犯的部分走私犯罪而言，由于其须待结果之发生方可认定为既遂，因此，纳税完毕才是其得逞的标志。尽管在第三阶段中，行为人对海关的决定已无力改变而只能被动地服从，但只要其还没有按照海关所核税款纳税，就无法认定其偷逃税款的结果发生，也就无法认定其犯罪既遂了。这是法律规定的必然要求。① 在海关查验、征税放行后，当事人的货物就可以离关，其中查验和征税是关键环节，如果查验并征税（或者说征税并查验，因为有的查验是出现在征税之后的放行环节）了，哪怕还没有放行，也可以认定走私犯罪已经既遂了（不涉税的货物则以通过查验为标志）。当然，海关对于货物有一个抽查率，如果当事人的货物属于海关决定不需要查验的，那么其走私犯罪行为通过查验环节、获知不需要查验的信息并已经纳税之时就已经达到既遂了。

我们既不赞同将走私犯罪认定为行为犯且行为犯不存在未遂可能的观点，② 也不赞同在海关监管现场被查获或虚假申报行为实施完毕即可认定为犯

---

① 参见蒋苏淮等："试论走私犯罪的未完成形态"，载《贵州警官职业学院学报》2006年第3期。
② 更详细阐述请参阅晏山嵘：《走私犯罪案例精解》，中国法制出版社2014年版，第106~109页。

罪既遂的观点。关于既未遂的判断标准，说到底还是一个是否着手的问题，关于如何认定着手，目前有主观说、客观说及折中说三类学说，主观说已被普遍摒弃；而客观说又可区分为形式的客观说与实质的客观说，前者也是我国刑法学界的通说，而后者则是一种有力的学说。实质的客观说又分为实质的行为说和实质的结果说两种。以邮寄毒药欲毒杀收件人为例：主观说会认为以毒杀他人的意思买了毒药或者假毒药（实际为红糖）就都可以算着手，而形式的客观说则认为买好了毒药去邮局填单即可认定着手，实质的行为说则认为寄出去了就可认定为着手，实质的结果说则认为只有等到收件人收到毒药了才能认为紧迫的客观危险已经产生，此时才叫着手。折中说可分为主观的客观说及个别的客观说两种观点，前者不以客观标准来定，而以个别的行为计划来定，后者则主张以客观标准为基础，但仍应首先考虑个别的计划。如用枪抵住他人胸口，手指也已经扣在扳机上，一般人均认为这已经属于紧迫性危险，但如果其只是开个玩笑，根本没有犯意，那么根据个别的客观说就不能算是着手。[①]我们认为一般情况下应以折中说中的个别的客观说为标准，因为任何行为如果按照主观说或客观说都很难准确认定着手。主观说容易造成主观归罪自不待言，而客观说完全脱离行为人的主观意思仅以第三者的角度纯客观地确定着手容易导致客观归罪的错误。例如，甲拔出枪瞄准乙，如果不考虑甲的主观想法则无法判断其着手时刻。如甲有杀人的故意，则为故意杀人罪的着手；如仅有开玩笑的意思，则不属于着手。也就是说甲拔枪瞄准的行为究竟是杀人行为、伤害行为、胁迫行为还是开玩笑的行为，如果不考察行为人的主观方面是无法判断的。我们认为，着手是指行为人基于既遂的故意开始实施刑法分则规范中具体犯罪构成要件中的实行行为。[②]只有启动了着手，才可能进一步探讨是未遂还是既遂、中止的问题，否则就至多只能停留在预备的阶段里探讨是预备还是中止的问题。

回到《关于办理走私刑事案件适用法律若干问题的解释》，在海关监管现场被查获的，由于还存在查验等程序尚未开启或尚未完结，我们认为走私所侵害关税、海关代征税或禁止性管理的法益并未呈现出得逞状态，而且此时一概确定为既遂也不利于鼓励行为人中止犯罪，该标准使得既遂过于提前，科学性

---

① 参见[日]大谷实：《刑法总论》，黎宏译，法律出版社2003年版，第276页。
② 参见张永江：《未遂犯研究》，法律出版社2008年版，第87～99页。

值得商榷。同时，将虚假申报方式实施完毕认定为既遂也存在上述问题，而且这一标准使得既遂比起监管现场查获即既遂的标准来说可能更为提前，我们认为是不太合理的。就好比我们不能说保险诈骗罪只要行为人一经虚假理赔申报完毕就是既遂，也不能说敲诈勒索罪只要行为人一把恐吓的话说完就是既遂一样。向海关申报完毕之后，海关可能接受也可能不接受其申报内容，不接受的话有可能会进入质疑磋商程序或者查验程序或者移交缉私部门的程序，海关对其申报内容并非只能消极被动地全盘接受，而是依法拥有充分的主导权和控制权。而且，走私犯罪不属危险犯，因此不可能一申报完毕就构成既遂。

当然，海关执法也有其难处和特殊性，需要作进一步研究。来自实务部门主要有两种说法阐述了作上述规定之原因：第一，从海关的执法实践来看，行为人在海关申报后，海关通常情况下只对其中约5%的货品进行抽检，行为人如采取伪报、瞒报等方式进行虚假申报，申报完成时就意味着行为人在法律上已实施完毕了逃避海关监管的行为，应当认定为犯罪既遂。[1] 第二，目前，就海关执法而言，查获到私货或者价款的走私犯罪案件所占比例为70%以上，若此类案件均以走私未遂认定，势必造成对走私犯罪活动处刑偏轻，惩治不力的不良后果。[2] 我们认为，上述情况是客观存在的，加大打私力度也是有必要的，这些问题可以考虑通过其他办法予以解决，如通过制定司法解释对走私犯罪的未遂犯在从宽幅度内按照中上限量刑或者提高附加刑比例等方式，但不宜以否定正常犯罪的既遂、未遂之一般认定标准为代价，这不仅会造成刑法理论及刑法规范在逻辑上的不自洽及体系上的不协调，还会造成司法人员的认知困惑及实践紊乱。

回到本案，当事人赵某甲以虚假申报方式走私，申报行为虽已实施完毕，货物也已经在海关监管现场被查获，但由于尚未进入查验及征税环节，也未获取海关传递给其可以免除征税及免除查验的信息，因此，我们认为赵某甲的行为应属犯罪未遂。

---

[1] 参见韩耀元等：“《关于办理走私刑事案件适用法律若干问题的解释》理解与适用"，载《人民检察》2014年第20期。

[2] 参见徐秋跃等：“走私罪认定与处理中若干疑难问题研究"，载姜伟主编：《刑事司法指南》2001年第1辑（总第5辑），法律出版社2001年版。

28. 尚未提取、销售且尚未申请核销加工贸易保税货物的情形构成未遂

案件名称

浙江 XQ 公司走私普通货物（皮料）案[①]

裁判要点

尚未提取、销售且尚未申请核销的加工贸易保税皮料，构成犯罪未遂，对该部分事实依法可以减轻处罚。

案情简介

2010年3月至2013年3月，俞某等46人通过境外经纪公司，自己本人或委托他人赴丹麦、芬兰等地的国际毛皮拍卖会参与竞拍生水貂皮、生狐狸皮，在桐乡 HQ 公司的加工贸易登记手册项下进口。桐乡 HQ 公司将生皮硝制成熟皮后，通过手册深加工结转至浙江 XQ 公司手册项下，浙江 XQ 公司采用高报单耗以及通过购买国内成品冲抵、将他人的一般贸易货物在手册项下出口等虚假出口的方式向海关骗取手册核销。被告单位浙江 XQ 公司、桐乡 HQ 公司共在加工贸易手册项下为俞某等46人伪报贸易性质走私进口生水貂皮719,309张（未遂18,581张）、生狐狸皮196,841张（未遂9,857张）。经海关核定共计偷逃税款131,376,937.42元（未遂7,267,511.41元）。上述括号内所提示的皮料，尚未提取、销售且尚未申请核销。

法院判决被告单位浙江 XQ 公司犯走私普通货物罪，判处罚金30万元；被告单位桐乡 HQ 公司犯走私普通货物罪，判处罚金10万元；被告人郑某甲犯走私普通货物罪，判处有期徒刑3年；被告人徐某甲犯走私普通货物罪，判处有期徒刑3年，缓刑4年；被告人郑某乙犯走私普通货物罪，判处有期徒刑3年，缓刑3年6个月；扣押在案的违法所得32,898,780.03元予以追缴，上缴

[①] 浙江省嘉兴市中级人民法院（2014）浙嘉刑初字第24号刑事判决书，来源于中国裁判文书网，最后访问时间：2022年10月9日。

国库，其中 23,638,774.03 元由海关缉私分局上缴国库，9,260,006 元由检察院上缴国库。其余违法所得继续追缴。

⚖️ 裁判理由

被告单位浙江 XQ 公司、桐乡 HQ 公司将一般贸易货物伪报成加工贸易保税货物进口，偷逃应缴税额特别巨大，其行为均已构成走私普通货物罪。被告人郑某甲作为被告单位浙江 XQ 公司直接负责的主管人员，被告人徐某甲作为被告单位浙江 XQ 公司其他直接责任人员，被告人郑某乙作为被告单位桐乡 HQ 公司直接负责的主管人员，其行为均已构成走私普通货物罪。

关于被告人郑某甲、郑某乙的辩护人提出，本案部分皮草因案发未提取、被扣、被拍卖应认定为未遂的问题，经查，本案案发后，涉案的部分皮草尚未在境内销售或者申请核销，根据相关司法解释，应认定为未遂，该部分依法可以减轻处罚。针对其他事项的裁判理由略。

评析与辩点

根据《刑法》第 154 条的规定，后续走私客观上需满足三个条件：一是未经海关的许可；二是未补缴应缴税款；三是擅自在境内销售牟利。未经海关的许可和未补缴应缴税款是前提，擅自在境内销售牟利是核心。关于后续走私的犯罪既遂认定不能一概而论，而应当具体情况具体分析，具体可分为以下三种情况：一是"先销售，后骗核销"的情形。企业为了偷逃国家应缴税款，自国外进口保税货物，在国内将进口保税货物销售牟利后，为了掩盖后续走私犯罪行为，又采取欺骗手法骗取海关核销。在这种情况下，并不是以骗取核销作为既遂的标志，而应当以有偿交付的完成作为既遂的认定标准。根据《民法典》第 224 条的规定，动产物权的设立和转让，自交付时发生效力，但是法律另有规定的除外。有偿交付的完成，可以认定为货物已经脱离海关监管，其中对"有偿"的理解只要认为走私犯罪行为人主观上具备有偿的要约并收到对方承诺即可，也就是说对于销售款仅达成了协议但还没有给付也都不影响既遂的成立。二是"直接销售，不核销"的情形。企业为了偷逃国家应缴税款，直接将自国外进口的保税货物在国内进行销售牟利，事后也不到海关核销的情形，在这种情况下，也是以有偿交付的完成作为既遂的认定标准。三是"先骗核销，后销售"的情形。企业为了偷逃国家应缴税款，自国外进口保税货物后，为了在国内销售牟利并且不被海关发现，一般先采取多报少出或者涂改进出口手册等手法骗取海关核销；海关核销后，再将所进口的保税货物在国内销售牟利。从理论上来讲，行为人向海关进行虚假申报，骗取核销行为的完成，就可以作为既遂的认定标准，并不需要等待擅自销售牟利行为的完成。因为骗取了海关的核销，就意味着保税货物已经成功脱离了海关监管。《海关行政处罚实施条例》第7条第4项的规定[1]也确认了这种行为可以构成走私。由于走私犯罪属行政犯，刑法本身对走私犯罪并没有下定义，因此在论证有关问题证明走私犯罪时必须援引海关行政法的有关规范。

回到本案，本案情形下的已骗取核销行为确应认定为既遂，而另一部分尚未提取、销售且尚未申请核销的则应认定为未遂。

《关于办理走私刑事案件适用法律若干问题的解释》第23条第3项规定，以保税货物或者特定减税、免税进口的货物、物品为对象走私，在境内销售的，或者申请核销行为实施完毕的，应当认定为犯罪既遂。应当说，本案判决与该规定并无矛盾冲突，这是因为本案判决中所涉及的两种行为系更为典型的既遂和未遂，恰好不属争议范围之内的行为样态。尽管如此，我们仍认为该规定值得商榷，如前所述，我们认为针对保税货物的"先销售，后骗核销"及"直接销售，不核销"两种情形均应以保税货物有偿交付的完成作为既遂认定标准（但主流观点认为在销售现场查获的，不管货物是否完成交付、货款是否实际支付，均应认定为犯罪既遂，[2]我们认为值得商榷）；而"先骗核销，后销售"的情形则应以骗取核销行为的完成作为既遂认定标准，而不是申请虚假核销行为的实施完毕。同时，我们也注意到，实务部门还有学者提出：针对先核销再销售的情形，如果在假核销完成但尚未销售之时查获应为走私犯罪预备。[3]

---

[1] 《海关行政处罚实施条例》第7条规定："违反海关法及其他有关法律、行政法规，逃避海关监管、偷逃应纳税款、逃避国家有关进出境的禁止性或者限制性管理，有下列情形之一的，是走私行为：……（四）使用伪造、变造的手册、单证、印章、账册、电子数据或者以伪报加工贸易制成品单位耗料量等方式，致使海关监管货物、物品脱离监管的；……"

[2] 参见最高人民法院刑事审判第二庭编著：《〈最高人民法院、最高人民检察院关于办理走私刑事案件适用法律若干问题的解释〉理解与适用》，中国法制出版社2015年版，第363页。

[3] 参见李文健："当前海关缉私工作面临的几个研究课题（上）"，载《海关执法研究》2002年第2期。

29. 海上绕关走私犯罪应以货物跨越关境并过驳作为既遂认定标准

案件名称

张某甲走私普通货物（柴油）案[①]

裁判要点

海上绕关走私犯罪只要在海面上被当场查获，即构成犯罪既遂。

案情简介

2012年9月，被告人黄某某向浙江省某县的林某财销售走私柴油。由此，被告人张某甲等多次驾驶油船前往台湾海峡走私柴油入境并运至三门海域过驳给林某财。黄某某指使被告人李某丁及李某某（另案处理）使用郑某某（另案处理）的银行账户从林某财处收取油款，总金额累计人民币18,077,600元。经核定，共计偷逃税款人民币4,834,369.6元。2012年10月，被告人黄某某、张某乙合谋走私柴油。黄某某负责组织走私柴油入境，张某乙提供装卸柴油的场地和油罐。为此，黄某某安排了4艘油船轮流前往台湾海峡走私柴油运至温州海域，再安排2艘小油船前往该海域接驳走私柴油，运回瑞安码头，卸至前来购买走私柴油的油罐车以及张某乙等人的油库内。黄某某还雇佣了被告人李某乙、张某丙、李某丁、邱某甲来瑞安参与走私柴油，李某乙负责给前来购买柴油的油罐车过磅及记录柴油数量、价格和销售工作；张某丙负责调度接油的2条油船及油船上的船员雇佣；李某丁负责拉油管卸油；邱某甲负责给黄某某开车，并给前来购油的油罐车带路。张某乙雇佣了被告人薛某某、张某丁、陈某某、肖某甲参与走私柴油，并谈好将其所占部分股份分给薛某某、张某丁、陈某某3人。薛某某负责在码头拉油管卸油，并接送福建船员及工资发放；张某丁负责望风及走私柴油出入库的记账和走私款的往来；陈某某负责在码头拉油管卸油及押送油罐车运送柴油；肖某甲负责在码头拉油管卸油。自2012

[①] 浙江省温州市中级人民法院（2014）浙温刑初字第32号刑事判决书。

年10月至同年12月底，黄某某、张某乙、李某乙、张某丙、薛某某、张某丁、陈某某、李某丁、邱某甲、肖某甲等10人采取上述分工方式，共17次从台湾海峡走私柴油3,992.7吨运至浙江省瑞安市，累计销售成交金额人民币27,197,020元。经核定，合计偷逃税款人民币9,018,402元。2012年12月底，被告人黄某某、张某乙因浙江省瑞安市装卸走私柴油的码头油库太小，遂决定将走私柴油地点转移至浙江省乐清市。为此，张某乙找到被告人李某甲，商定由黄某某、张某乙、李某甲3人合伙走私柴油，股份3人均分，走私方式与瑞安时相同，黄某某将其雇佣的李某乙、张某丙、李某丁、邱某甲转至浙江省乐清市参与走私柴油，各自职责不变；黄某某还找到被告人高某帮忙拉油管，并商定若事发则由高某替黄某某等人顶罪，高某和李某甲签订了油库租赁协议以掩饰走私犯罪事实；张某丙还从福建雇佣了被告人李某甲，李某甲则介绍被告人翁某甲、翁某乙共同参与驾驶黄某某安排的2艘小油船前往乐清湾海域接油，再运至浙江省乐清市避风塘码头卸油。张某乙雇佣的薛某某、张某丁、陈某某、肖某甲也转至乐清参与走私柴油，各自职责不变。李某甲雇佣被告人李某乙、李某丙一起负责管理避风塘油库，拉油管卸油，同时李某乙还提供账号给李某甲用于走私柴油油款的资金往来。2012年12月底至2013年3月，黄某某、张某乙、李某甲、李某乙、张某丙、薛某某、张某丁、陈某某、高某、李某丁、邱某甲、李某A、李某B、李某丙、翁某甲、翁某乙及肖某甲等17人9次共走私2411.4吨柴油运至浙江省乐清市，累计销售成交金额人民币16,749,630元。经核定，合计偷逃税款人民币5,256,328.37元。2013年3月28日，被告人黄某某、张某乙、李某甲、李某乙、张某丙等人以同样的方式在乐清湾走私柴油245.33吨，价值人民币2,016,613元。经核定，偷逃税款人民币486,771.15元。2013年3月29日，被告人黄某某、张某乙、李某甲、李某乙、张某丙、薛某某、张某丁、陈某某、高某、李某丁、邱某甲、李某A、李某B、李某丙、翁某甲、翁某乙、肖某甲以同样方式在乐清湾走私柴油时被温州海关当场查获，现场抓获正在过驳走私柴油的3艘油船及已以同样方式5次驾船前往台湾海峡走私柴油入境的被告人张某甲，查获无合法证明的走私柴油262.8吨，价值人民币2,160,216元。经核定，偷逃税款人民币521,434.18元。

法院依照《刑法》第153条第1款第3项、第3款、第25条第1款、第

26条第1款、第27条、第67条第3款、第72条、第64条之规定判决被告人张某甲犯走私普通货物罪，判处有期徒刑5年6个月，并处罚金人民币8万元，其他被告人的判决内容略。

裁判理由

张某甲从我国境外运输262.8吨柴油入境并于2013年3月29日被当场查获。从境外运输柴油入境即喻示走私犯罪行为已经全部实施完毕，属于犯罪既遂。张某甲的辩护人提出此节属于犯罪未遂于法无据，不予采纳。针对其他事项的裁判理由略。

评析与辩点

绕关走私在主观上具有明显的逃避海关监管意图，在客观上实施了逃避海关监管的行为。由于非设关地不存在海关监管场所，理论上当货物、物品跨越关境线时即构成刑法意义上的走私行为既遂。具体而言，如果采取绕关方式走私违禁物品，跨越关境线则构成走私犯罪既遂。如果采取绕关方式走私普通货物、物品前行为人进行运输工具申报进境的，则货物、物品过驳上岸（海路）、着陆（空运）、跨越关境（陆路非海关监管区）并偷逃应缴税款达到起刑点，即构成走私犯罪既遂。采取绕关方式走私普通货物、物品前行为人未作运输工具进境申报或货物、物品进出口申报的，货物、物品跨越关境线并偷逃应缴税款达到一定数额，即构成走私犯罪既遂。这种情况下不必考虑海路、空运及陆路不同因素，因为未申报案件中具体卸货地点只影响是否采取绕关走私问题，而不属于走私犯罪既遂研究范畴。

不过，也有些特殊情形值得关注。比如，我国与朝鲜以鸭绿江为界河，双方共有水域，只要不上岸就不算越境。那么对于走私出境的行为人来讲，只要其走私货物没有运到朝鲜岸上，就不能认定为走私既遂，甚至于不能认定为走私。因此有观点认为对于此类绕关走私，应以装货码头为临界点，即只要将走私货物在非设关地装船了，即为走私既遂。[①]该观点是否合理，值得进一步

---

① 参见潘巍：“论走私罪在立法、司法上存在的问题及完善对策”，大连海事大学2012年硕士学位论文。

研究。但从有利于当事人的原则出发,该观点似乎过于严苛,而且这样操作将更难区分正常运输及走私行为的界限。

由于海上一般不存在海关监管场所,理论上当货物、物品跨越关境线时即构成刑法意义上的走私行为既遂。具体而言,如果采取绕关方式走私违禁物品,则跨越关境线就构成走私犯罪既遂,但如果采取绕关方式走私普通货物、物品前行为人进行运输工具申报进境的,则货物必须上岸过驳并偷逃应缴税款超起刑点,才能构成走私犯罪既遂,因为此时尚无法判断行为最终样态,行为人尚存于海上自动中止犯罪而驶往设关码头或向海关自动报案之可能性。本案现场查获的张某甲等人从境外运输入境的262.8吨柴油,由于还没来得及上岸卸油,基于前述理由,我们认为该部分应当认定为犯罪未遂。

主流观点认为,只要在有权执法的海域查获走私犯罪的,就应当理解为在海关监管现场被查获,因此可按照《关于办理走私刑事案件适用法律若干问题的解释》第23条第1项规定,认定为犯罪既遂。[①] 如前所述,我们认为,将海关监管现场被查获的情形一概认定为既遂之观点值得商榷。而且,上述观点对海关监管现场的解读也已经超越了对实定法进行法律解释的可能边界,将造成几乎任何地点查获的走私均构成既遂的结果,此观点无形当中已将走私未遂之情形"消灭"殆尽。

---

① 参见最高人民法院刑事审判第二庭编著:《〈最高人民法院、最高人民检察院关于办理走私刑事案件适用法律若干问题的解释〉理解与适用》,中国法制出版社2015年版,第353页。

30. 走私犯罪既遂部分与未遂部分偷逃税款数额不宜一概简单相加作为案件涉税数额

案件名称

蔡某某走私普通货物（柴油）案[①]

裁判要点

多次走私未经处理的，应将每次走私的偷逃税款数额累加作为全案涉税数额。

案情简介

1997年年初，被告人蔡某某在卢某涛（已故）串招下，一起与黄某（另案处理）密谋合作从香港走私柴油到陆丰碣石港偷卸，同年3月至8月，由被告人蔡某某和卢某涛负责租用圣文森特籍"成功"号油轮从香港走私柴油入境，由黄某负责买通公边D4×××缉私艇护送到碣石湾码头并指使徐某某（已判刑）上艇与"成功"号油轮接头，与艇上人员共同护送到碣石港偷卸，先后7次走私0#柴油重量共计6,952.33吨。同年8月12日，被告人蔡某某及黄某、卢某涛又雇请"成功"号油轮，从香港运载走私0#柴油入境，在公边D4×××缉私艇的护送下到达碣石湾时被公安机关查获，当场查扣无任何合法证明的走私0#柴油918吨。综上，被告人蔡某某走私0#柴油重量共计7,870.33吨，经关税部门计核，偷逃应缴税额共计人民币3,590,531.15元。一审法院判决被告人蔡某某犯走私普通物品罪，判处有期徒刑10年，并处罚金人民币50万元。二审法院依照《刑法》第153条第1款第3项、第26条第1款、第67条第3款、第52条、第53条及《刑事诉讼法》第225条第1款第1项的规定，对此予以了维持。

裁判理由

有辩护人提出现场查获一票应属犯罪未遂，但两级法院均未采纳这一观

[①] 广东省高级人民法院（2014）粤高法刑二终字第116号刑事判决书。

点。两级法院遂将多次未经处理的走私（含现场查获一票）之偷逃税款数额累加作为全案涉税数额。针对其他事项的裁判理由略。

评析与辩点

如上一个案例所研究的，我们认为本案中现场查获的一票应属犯罪未遂，而此前的多票则属犯罪既遂。接下来我们继续探讨在同一个案件中既有既遂部分又有未遂部分的情况下该如何确定全案偷逃税款数额，以便准确定罪量刑。

关于上述情形下应如何认定犯罪数额，相关司法解释均未明确规定。实践中主要有以下六种观点：

第一，累计既遂说。该说认为既遂数额与未遂数额应一并累计，即将所有的涉案数额简单相加，且全案认定既遂，以累计的数额定罪处罚。

第二，单独既遂说。该说认为既遂数额与未遂数额应分别累计，两者不再相加，且全案认定既遂，以累计的既遂数额定罪处罚。

第三，从重处罚说。该说认为既遂数额与未遂数额不能简单累计，且不应全案认定为既遂，既不能以既遂、未遂的累计数额进行处罚，也不能一味以累计的既遂数额对走私分子进行处罚，而是应当分别确定既遂部分和未遂部分对应的法定刑幅度，并根据较重的法定刑幅度进行处罚；如既遂部分和未遂部分对应的法定刑幅度是同一的，则应在幅度内酌情从重处罚。[1]

第四，同种数罪并罚说。该说认为为减少走私罪死刑的适用，除《刑法》第151条明文规定累计计算数额外，多次走私的，数额不应累计计算，而应采

---

[1] 参见上海市人民检察院第三分院课题组："走私犯罪案件法律适用问题探析"，载《检察风云》2016年第2期。该第三种观点有相关司法文件作参照，如《关于办理侵犯知识产权刑事案件适用法律若干问题的意见》第8条规定："……销售明知是假冒注册商标的商品，具有下列情形之一的，依照刑法第二百一十四条的规定，以销售假冒注册商标的商品罪（未遂）定罪处罚：（一）假冒注册商标的商品尚未销售，货值金额在十五万元以上的；（二）假冒注册商标的商品部分销售，已销售金额不满五万元，但与尚未销售的假冒注册商标的商品的货值金额合计在十五万元以上的。假冒注册商标的商品尚未销售，货值金额分别达到十五万元以上不满二十五万元、二十五万元以上的，分别依照刑法第二百一十四条规定的各法定刑幅度定罪处罚。销售金额和未销售货值金额分别达到不同的法定刑幅度或者均达到同一法定刑幅度的，在处罚较重的法定刑或者同一法定刑幅度内酌情从重处罚。"又如，最高人民法院、最高人民检察院《关于办理诈骗刑事案件具体应用法律若干问题的解释》（法释〔2011〕7号）第6条规定："诈骗既有既遂，又有未遂，分别达到不同量刑幅度的，依照处罚较重的规定处罚；达到同一量刑幅度的，以诈骗罪既遂处罚。"

取同种数罪并罚的方式处理。①

第五，个别化说。该说认为"应分以下情况作不同的处理：（1）如果多次走私中，既遂走私的累计偷逃应缴税额在5万元以上，而未遂的累计数额不满5万元的，全案应当认定为既遂，未遂数额不应累计在犯罪数额中，但应作为从重处罚情节加以考虑；（2）如果多次走私中，未遂走私的累计数额在5万元以上，既遂数额不足5万元，全案应当认定为未遂，既遂数额不能累计在犯罪数额中，但可以作为从重处罚情节加以考虑；（3）如果多次走私中，既遂累计数额、未遂累计数额均在5万元以上，原则上全案应认定为既遂，未遂数额作为从重处罚的情节考虑；但是如果既遂的累计数额虽达到法定入罪标准，但与未遂的累计数额相差悬殊，如前者为5万元，后者为100万元，考虑到既遂与未遂累计数额相加才达到入罪标准，全案应认定为未遂；（4）如果多次走私中，既遂的累计数额和未遂的累计数额均不满5万元，但二者相加在5万元以上，则应将二者相加累计，但全案应认定为犯罪未遂。"②

第六，定罪与处罚统一衡量说。该说认为："对于《刑法》第153条第3款规定的理解，首先是按照累积性数额来认定是否构成走私罪，累积性数额没有达到数额较大的，不考虑未遂问题。只有达到数额较大的，再考虑既遂未遂的问题；其次，对于定罪而言，不能对既遂和未遂分别计算数额，然后按照既遂的数额定罪处罚，而应累积既遂和未遂的数额定罪处罚。有观点认为，如果走私分子在多次走私中，既遂数额与未遂数额均不是很大，但是对其按累计数额处罚可能会使法定刑上升一个档次，从而造成不当加重走私分子的刑罚，因此主张分别计算。这种观点是错误的，错误在于混淆了定罪和处罚；再次，根据笔者重罪存在未遂的分析，偷逃税额较大，即参照目前偷逃应缴税额5万元以上15万元以下的，由于判处3年以下有期徒刑或拘役，属轻罪，因此在累积数额中不用细分数次中既遂和未遂次数，直接以既遂判处；最后，对于累积偷逃税额巨大，应判处3年以上的重罪，一般也不用具体区分既遂和未遂的次

---

① 参见陈洪兵等："走私罪的适用及立法缺陷探微"，载《四川省政法干部管理学院学报》2005年第3期。

② 参见赵铁英："走私普通货物、物品罪既遂未遂如何认定"，载《检察日报》2007年11月6日第3版。该观点的论述中的5万元标准目前已调整为10万元（自然人），请读者注意鉴别，下同。

数，但在处罚时将未遂的偷逃税额作为量刑情节考虑。对于极端情况，如未遂偷逃税额100万元，而既遂偷逃税额5万元的情形，可以全案认定为未遂来定罪处罚。"①

我们认为，上述第一种观点将不是既遂的情形作为既遂处理，违背了客观实际，明显不妥；第二种观点不区分情形完全不理会未遂数额，遗漏评价了有关事实，故不妥当；第三种观点较有道理，但可惜区分的情形还不够精细；第四种观点由于目前走私普通货物、物品罪已取消死刑，故其担心的前提已不存在，而且该情形下适用同种数罪并罚的方式来处理也的确缺乏实定法根据及法理依据；第五种观点较为全面，但其将特定情形下的既遂评价为未遂，也有不合理之处；第六种观点将定罪与处罚放在一起综合衡量，较有道理，只是其可操作性并非特别明晰。

我们提出"仅影响量刑说"，该说认为同一案件中如果既有既遂又有未遂，仅影响量刑而不应影响定罪及形态认定。我们认为，在既遂与未遂累加与否将对构罪与否或法定刑升格与否产生重大影响的情形下，均应将其数额累加起来，然后再去对照起刑点或升格点决定其是否应构罪或是否应升格。在裁判文书中评价各部分既遂或未遂的问题上，可据实分别表述，唯针对单独自身未达到起刑点的部分可表述为"未遂"或"既遂"，而非"犯罪未遂"或"犯罪既遂"。接下来在量刑的问题上，不妨参照标准化量刑指导意见的精神，在以既遂及未遂的累加总数额确定基准刑的基础上，用未遂部分在总数额中所占比例来决定量刑该从宽多少比例，但综合其他因素或情节调节后的刑罚不得低于其法定刑最低幅度，当然确定适用减轻情节的除外。假如某量刑标准规范规定涉案这类走私犯罪的未遂从轻幅度范围为减少基准刑幅度20%至30%，进而如果最终确定减少基准刑的比例为20%，而未遂部分的偷逃税款数额占全案偷逃税款总数额的40%，则应以40%×20%得出8%，也即该案在不考虑其他因素及情节的情形下就应在基准刑的基础上减少8%得出其拟宣告刑。回到本案，我们认为也不妨参照上述观点及量刑方法来定罪处罚。

---

① 参见陈晖："走私犯罪未遂形态研究"，载《上海海关学院学报》2013年第6期。

31. 未进入申报环节之时被迫扔掉弹药的情形宜认定为犯罪预备

案件名称
吕某某走私弹药（气枪子弹）案[①]

裁判要点
在未进入申报环节之时被迫扔掉弹药的情形应认定为犯罪未遂。

案情简介
2014年9月19日，上诉人吕某某、刘某和被告人吴某某、许某某由黑龙江省黑河口岸赴俄罗斯布拉戈维申斯克市（以下简称"俄布市"）。在俄布市期间，吕某某购买了15盒共计3,757枚气枪子弹准备带回中国进行销售。同年9月23日，吕某某请求吴某某帮助其携带3盒共计757枚气枪子弹回国，请求许某某帮助其携带4盒共计1,000枚气枪子弹回国，吴某某、许某某表示同意。许某某将帮助吕某某携带4盒气枪子弹的事告诉了刘某。次日，吴某某、许某某、刘某乘坐同一班船由黑河口岸进境，吕某某乘坐另一班船进境。到达黑河口岸下船时，许某某让刘某帮其携带装有气枪子弹的双肩包过关，刘某明知许某某的背包内携带有气枪子弹，同意携带许某某的背包过关。吴某某、许某某、刘某未向黑河海关申报入境携带了7盒气枪子弹。许某某、刘某先行通关，吴某某被海关查获携带3盒共计757枚气枪子弹过境。吴某某被查获后，将此情况通过短信告诉正在过境客船上的吕某某，吕某某出于继续携带将会被查到的畏惧心理，将其准备携带入境的8盒气枪子弹扔到船尾的垃圾桶内。许某某、刘某携带通关的4盒气枪子弹被来接吴某某的齐某某要走并上缴黑河市合作区公安局。经鉴定，涉案的15盒气枪子弹为制式弹药。综上，上诉人吕某某走私气枪子弹3,757发，被告人吴某某走私气枪子弹757发，被告人许某

[①] 黑龙江省黑河市中级人民法院（2015）黑中刑二初字第5号刑事判决书、黑龙江省高级人民法院（2016）黑刑二终字第65号刑事裁定书，来源于中国裁判文书网，最后访问时间：2022年10月9日。

某、刘某走私气枪子弹1,000发。

一审法院依照《刑法》第151条第1款、第19条、第23条、第25条第1款、第26条第1款、第27条、第52条、第53条、第65条第1款、第67条第1款和第3款、第72条、第73条第3款、《关于办理走私刑事案件适用法律若干问题的解释》第1条、《刑事诉讼法》第234条第3款、第4款之规定，认定被告人吕某某犯走私弹药罪，判处有期徒刑6年，并处罚金人民币50,000元；被告人吴某某犯走私弹药罪，判处有期徒刑2年，缓刑2年，并处罚金人民币20,000元；被告人许某某犯走私弹药罪，判处有期徒刑1年，缓刑2年，并处罚金人民币20,000元；被告人刘某犯走私弹药罪，判处有期徒刑1年，缓刑1年，并处罚金人民币20,000元；本案扣押物品由扣押机关依法处理。二审法院对此予以了维持。

裁判理由

吕某某在入境客船上将携带的8盒气枪子弹扔掉，是由于得知吴某某被中国海关查获，其行为符合犯罪未遂的法定条件，吕某某上诉提出其在回国客船上丢弃8盒气枪子弹的行为应认定为犯罪中止的上诉理由，不能成立。针对其他事项的裁判理由略。

评析与辩点

一、何谓犯罪预备？

《刑法》第22条第1款规定，为了犯罪，准备工具、制造条件的，是犯罪预备。但这一规定并不是犯罪预备的完整意涵。一般认为，犯罪预备，是指为了实行犯罪，准备工具，制造条件，但由于行为人意志以外的原因而未能着手实行犯罪的特殊形态。[1]犯罪预备作为一种停止形态，只能在着手以前才可能成立，而且只能是出于被迫的原因才停止，否则将成立预备阶段的犯罪中止；如果在着手之后未完成之前才停止的话，就只能构成犯罪未遂、犯罪中止了。由此看来，如何界定"着手"便成了区别犯罪预备与犯罪未遂的问题之关键所在。

如前所述，关于如何认定着手，目前有主观说、客观说及折中说三类学

---

[1] 参见张明楷：《刑法学》（第5版），法律出版社2016年版，第332～334页。

说。①我们赞同折中说中的个别的客观说,因为任何行为如果按照主观说或客观说都很难准确认定着手。主观说容易造成主观归罪自不待言,而客观说完全脱离行为人的主观意思仅以第三者的角度纯客观地确定着手容易导致客观归罪的错误。如甲拔出枪瞄准乙,如果不考虑甲的主观想法则无法判断其着手时刻,若甲有杀人的故意,则为故意杀人罪的着手,若仅是开玩笑,则不属于着手。也就是说甲拔枪瞄准的行为究竟是杀人行为、伤害行为、胁迫行为还是开玩笑的行为,如果不考察行为人的主观方面是无法判断的。我们认为,着手,是指行为人基于既遂的故意开始实施刑法分则规范中具体犯罪构成要件中的实行行为。②只有启动了着手,才可能进一步探讨是未遂、既遂还是中止的问题,否则就至多只能停留在预备的阶段里探讨是预备还是中止的问题。

二、如何判断本案中吕某某丢弃弹药时其是否已经着手?

我们认为,通关走私的实质是采用伪报、瞒报等欺骗性手段,致使走私货物、物品越过海关,从而达到行为人偷逃应缴税款或逃避禁限管理的目的。走私行为人在海关进行虚假申报或瞒报时,这才标志着对我国的外贸管理制度以及海关的监管秩序侵害已经实际实施,则此时就应当被认定为走私犯罪开始着手实施。如果只是根据申报之前的行为则不科学,因为此时还难以确定行为人后面是否会将走私行为付诸实施,而且其对外贸管理制度以及海关监管秩序的侵害还尚未开始,因此这种情况只能算作走私犯罪的预备行为。由于不管是通关走私出境还是入境,走私货物、物品都要经过海关出入关境,都必须经过海关申报这一环节,因此,对这两种情形下的走私犯罪均应当以行为人在海关已经开始实施虚假申报或瞒报作为认定"着手"的标志。

不过本案仍有一些特殊之处需进一步研究,由于吕某某乘坐的是国际客运轮船,那么,在这方面是否有要求提前申报的规范呢?《海关对国际航行船舶和所载物监管办法》与本案相关联的规定主要有以下两条:第7条第1款规定,船舶进口的时候,船长应当向海关送交船舶进口报告书一份和下列文件:(1)进口载货清单一份;(2)进境旅客清单一份(包括通运旅客,没有进境旅客的免交);(3)船员自用和船舶备用物品、货币、金银清单一份;(4)船员

---

① 参见[日]大谷实:《刑法总论》,黎宏译,法律出版社2003年版,第276页。
② 参见张永江:《未遂犯研究》,法律出版社2008年版,第87~99页。

清单一份；(5)海关需要的其他单据证件。第20条第1款规定，进口货物的所有人或者他的代理人，应当在货物运到港口的时候或者以前，把进口许可证件连同提货单、发票送交海关。《海关对进出境国际航行船舶及所载货物、物品监管办法》与前述规定类似，而《海关进出境运输工具监管办法》与本案关联性不太强。上述3个规定中，均没有关于旅客携带物品需提前申报的要求。据此可知，与其他通关案件对比，本案并无特殊之处。

　　回到本案，被告人吕某某在通过俄罗斯海关后坐上了国际客运轮船，船还未开时收到其他同伴在经过中国海关时被查获的短信，于是出于畏惧心理（而非自动放弃）丢弃了自己所携带的弹药。通关走私的着手，必须要等到进入中国海关申报环节，开始虚假申报或瞒报才算正式启动。本案中吕某某在其所乘船舶处于待发状态时即已将所携带弹药全部丢弃，其实施该动作时距离进入中国海关申报环节还很遥远，同时法律上又缺乏提前申报的规范要求，故其行为应属尚未着手，该丢弃部分弹药的事实至多只能认定为犯罪预备。因此，我们认为，本案判决对此认定为犯罪未遂是值得商榷的。

第3章
单位走私犯罪的认定及处罚

32. 提供批文的单位及责任人如无特殊情节应认定为从犯

案件名称

徐某某等走私废物（废塑料）案

裁判要点

提供批文的单位及责任人如无特殊情节，应认定为从犯。

案情简介

本案国内货主为王某某、A公司等，揽货单位分别为B公司、C公司以及丁公司等，报关单位为E公司，同时其还负责调配使用批文，经营单位为F公司，其同时还兼具控制及提供批文，提供批文的单位为G公司。

被告单位F公司负责人、被告人黄某某与E公司被告人杨某某商议，在明知废塑料进口批文不可买卖或借用的情况下，仍同意E公司、G公司等5家公司的废塑料进口批文，在某口岸为国内客户包税包证走私进口废塑料，E公司以每吨80~120元不等的价格向F公司收取批文补贴。经查，2015年1月至2016年12月，以被告单位F公司为经营单位、H公司（王某某）、I公司等5家公司为收货单位，被告单位E公司为报关单位，在某口岸走私废塑料共计1507柜、30,647.52吨。

被告单位G公司由副总经理、被告人徐某某与被告人黄某某商议，在明知被告单位G公司无需进口废塑料的情况下，同意被告人黄某某将被告单位G公司废塑料进口批文提供给通关团伙为他人包税包证进口废塑料。为掩盖利用废塑料进口批文进口的废塑料没有运抵被告单位G公司加工生产，被告人徐某某伪造已报关废塑料入厂的过磅单、入仓单等单据。经查，2016年8月至12月，以被告单位F为经营单位、被告单位G公司为收货单位，被告单位E公司为报关单位，在某口岸走私废塑料共计67柜、1,393吨。

根据起诉书及公诉人当庭陈述，公诉机关认定被告人徐某某及被告单位G公司均为本案主犯。

法院最终将被告人徐某某由指控的主犯身份重新调整为从犯，判处其有期徒刑 2 年 9 个月，罚金 20 万元。

⚖ 裁判理由

一审法院认为徐某某作为 G 公司申请进口批文的直接负责的主管人员，将公司的批文提供给他人非法使用，在整个走私链条过程中提供了帮助，起次要作用，被告单位 G 公司、被告人徐某某可认定为从犯，依法对 G 公司可从轻处罚，对徐某某可减轻处罚。

📢 评析与辩点

一、徐某某是否存在主观故意及走私事实存疑

（一）案件关于"商议"的说法存疑

因在案证据无证言、口供、邮件、聊天记录能证明徐某某与黄某某商议过乱用批文帮别人进货，因此案件关于"商议"的说法存疑。因为 F 公司是载入了 G 公司批文上的法定经营单位，因此 G 公司必须通过 F 公司正常代理才能进口废塑料，但 G 公司及徐某某对于 F 公司如何使用批文、如何代理自己进口废塑料是很难每一步都监督到位的，如果通关过程中有其他主体（如报关单位 E 公司）有意冒用批文或混用批文，徐某某的确较难发现，这已超出徐某某的主观认知范围及把控能力，对此情形徐某某可能是存在过失的，但如果要证明其有故意还需要更多证据。

（二）案件关于徐某某明知 G 公司不需进口废塑料的说法存疑

公司提供的大量原始生产记录及销量记录可证明 G 公司确实需要进口和使用废塑料。而且，环保部门的核查公文都证明 G 公司是正常使用了进口废塑料。因此，G 公司不需要进口废塑料的说法是存疑的。此外，E 公司也没有说批文项下的货物就一定没进批文单位，该司员工曾某某笔录也是称该节事实"不能确定"。既然是不确定，也就不能排除进口的可能性及合理怀疑。

（三）案件称徐某某允许他人"私刻公章"或允许他人使用该印章一事存疑

在案证据中有 5 份由鉴定机构出具的鉴定意见，系针对加盖 G 公司印章的代理进口协议所进行的鉴定。但我们认为这些鉴定意见的合法性和有效性是

值得商榷的。

首先，不管是司法部《印章印文鉴定技术规范》（GB/T 37231—2018），还是公安部《法庭科学 印章印文检验技术规程》（GA/T 1449—2017），均要求印文鉴定应制作印文特征对比表，以便能对检材印文与样本印文反映出的印文特征的异同情况、变化范围、程度、形成原因等逐一进行全面的对比分析。但本案鉴定意见只对检验过程作文字性描述，没有相应的检材与样本特征对比表，无法证实该检验过程是基于科学的技术方法完成，存在鉴定人随意鉴定、主观鉴定与形式鉴定的可能性，违反全面鉴定及客观鉴定原则，不应采信。

其次，鉴定意见与待证事实关联性不强。即使检材的印文与样本印文不是出于同一枚印章盖印，《鉴定意见书》也无法证实检材的印文是假印文，而样本的印文是真印文。目前鉴定机构无法证实检材的印文或样本的印文与 G 公司的印章是否具有同一性，因为鉴定机构根本就未对 G 公司的原始印章进行过扣押和鉴定，现在仅仅是针对两类纸质文本（检材文本及样本文本）在鉴定而已，且样本文本缺乏手续来源不清。

最后，徐某某在庭上陈述其只能确定其亲自去加盖过的协议上的印章肯定是真实的（因 9 份协议中仅有 5 份出具了鉴定意见，说明未出具鉴定意见的剩余 4 份协议所加盖印章是没有问题的），但其无法保证别人擅自加盖的印章是否为真实。从取证角度上看漏洞很大。

二、从法律定性来看，对徐某某不宜作为犯罪处理

我们认为，在没有发生伪报、瞒报其他应申报项目或藏匿其他货物的场合，仅单纯利用他人许可证进口限制类废物的这类行为应认定为申报不实的违规行为或擅自进口固体废物的违法行为。《关于办理走私刑事案件适用法律若干问题的解释》第 21 条第 3 款规定："租用、借用或者使用购买的他人许可证，进出口国家限制进出口的货物、物品的，适用本条第一款的规定定罪处罚。"但该条款将上述情形规定为走私废物罪未必合理，因为废物的国内监管主要由环保部门负责，现在由海关通过打击"借用、租用他人许可证"等行为来达到打击国内非法倒卖废物的行为，这等于说在让海关处理废物的国内监管问题，实在有点勉为其难，很难有效地解决问题。实际上，对于非法倒卖进出口废物的现象并非难以遏制。只要环保部门切实履行监管职责，对于一般的非法倒卖进口废物行为予以行政处罚，情节严重的移送司法机关以非法经营罪追究刑事责任，同时加强对废物加工利用企业的监管，堵塞管理漏洞，就可以在不影响经济发展的前提下有效减少非法倒卖进口废物现象的发生。

退一步而言，即便批文使用方构成犯罪，我们认为，从本案事实及法律定性上来讲，作为批文被使用方的 G 公司及徐某某也无法构成犯罪。理由如下：

（一）从案件实情来看，本案不符合走私废物罪的罪状表述

无证企业租用、借用或者使用购买的他人许可证进口限制类货物构成走私废物罪。但我们应当看到，本案没有任何证据证明黄某某与徐某某之间有租用或借用批文的关系，更没有证据证明黄某某向徐某某购买过批文。

（二）从刑法规定特点及相关案例来看，对徐某某不宜定走私废物罪

假设其他案件中某企业曾出借过批文，也不能认定为犯罪。因为刑法特别条款可分为注意性规定和拟制性规定两类，注意性规定如《刑法》第 156 条协助走私的条款，注意性规定意思是即使没有这个条文，协助走私的也能按刑法总则中关于共同犯罪的规定来定罪，刑法即便缺乏第 156 条，也不会影响法官判案。

但拟制性规定就不同了，它是一个全新的创设性规定，也就是说在出台这个规定之前，这类行为是不被认定为犯罪的。比如，《刑法》第 155 条规定，直接向走私人非法收购走私物品的，以走私犯罪论处，就是一种拟制性规定。因为在境内非法收购早已走私既遂了的东西，原本是不构成走私的，但刑法为了加大打击力度将其特别拟制为走私。如果刑法缺乏第 155 条，则司法人员不宜将直接购私的行为认定为走私犯罪。

《关于办理走私刑事案件适用法律若干问题的解释》第 21 条第 3 款恰恰就是一种拟制性规定，它仅拟制了或创设了无证企业租用、借用或者使用购买他人许可证进货可定走私废物罪。也即借用方、租用方、买证方可定罪，但反过来说就不能成立，持证企业作为出借方或无偿赠送方，就不构成走私废物罪，因为法律没有特别拟制或创设这种反向行为，也就是说最高人民法院考虑到出借或无偿赠送批文的企业社会危害性较小，在出台司法解释时就特别将这种情形没规定进去，这是一种有意的制度安排，而不是立法疏漏。刑法具有谦抑性，并不是所有行为都要纳入犯罪圈，刑事法网并非越密越好，还是要宽严

相济。很多行为可以使用行政手段予以规范。某些看似可以构成共犯的协助行为，在刑法特别拟制之前，都是不宜作为犯罪处理的。

即便要定罪，徐某某仅系 G 公司负责申请进口批文的副总，如前所述，被人使用批文的单位最多应当认定为次要主体，因此徐某某至多也只能算作次要主体中的次要责任人员，宜认定为从犯并给予较轻处罚。

33. 对声称仅形式审核申报资料的单位不宜宣告无罪

案件名称
南某船代公司等走私普通货物（废钢铁）案[①]

裁判要点
仅形式审核的单位，可认定为无罪。

案情简介
2017年3月至6月期间，李某1（在逃）将其在国内采购的废钢铁以每柜（净重26吨左右）包税价人民币12,000元的价格委托被告人梁某报关出口至境外。被告人梁某在明知该包税价存在低报出口的情形下，仍接受委托，并以每柜不超过11,000元的价格再委托济某公司（不起诉）代理出口，以赚取差价。

济某公司的老板黄某（不起诉）随后找到被告单位南某船代公司主管报关报检业务的商务部副经理被告人郭某军代理报关，被告人郭某军在明知废钢铁的国内大致采购价的情形下，仍然以明显低于正常价格的800~1,100元不等的FOB价向海关申报出口，并制作发票、装箱单等报关所需单证，以被告单位南某船代公司作为申报单位、以运某公司等公司作为发货人，向海关申报出口。

经统计，2017年3月至6月期间，被告人梁某、被告单位南某船代公司、被告人郭某军采用上述手法，共走私出口废钢铁8,999.75吨，经海关关税部门计核，共计偷逃税款人民币1,806,230.8元。

另外，在2017年5月至8月期间，陈某1（另案处理）接受科某公司报关负责人吕某（另案处理）的委托，以明显低于正常价格的包税价申报出口。陈某1接受委托后，再委托被告单位南某船代公司副经理被告人郭某军报关出口，

[①] 广东省佛山市中级人民法院（2019）粤06刑初42号刑事判决书。

被告人郭某军在明知废钢铁的国内采购价为 800～1,050 元的情形下，仍然以明显低于正常价格的 1,000～1,100 元不等的 FOB 价申报出口，并制作发票、装箱单等报关所需单证，以同样手法从佛山市南海区三某港走私出口废钢铁 6,344.57 吨，经海关关税部门计核，共计偷逃税款人民币 858,068.45 元。

该案法院判决宣告南某船代公司无罪；郭某军则构成走私普通货物罪，判处有期徒刑 4 年，并处罚金人民币 20 万元。关于其他被告的判项及相关内容略。

裁判理由

法院认定南某船代公司无罪的主要理由：第一，被告人郭某军只是南某船代公司商务部副经理，其所作决定不能代表公司。郭某军以现有价格申报属于超越职权行为，其行为与公司规章制度的要求相悖。第二，郭某军获利比公司获利更多。其他内容略。

评析与辩点

我们认为，该案将南某船代公司认定及宣告为无罪的结论值得商榷。主要有以下几点理由：

第一，任何独立的法律主体都不允许在正常业务行为中通过某种制度设计来主张自己可以完全免除刑事责任。

因南某船代公司是一个独立的法律主体，郭某军系该公司的部门副经理，郭某军的行为属于职务行为，这一点在案证据是无法否认的。据此，南某船代公司与郭某军是无法分别当作两个相互独立的主体来对待的，不然就不会说郭某军提供资料给南某船代公司审核，而且正确及客观的表述应为郭某军提供资料给南某船代公司某某领导审核。因为，无论有没有人审核及具体谁来审核，都不能改变涉案行为是南某船代公司的单位行为的本质。与此对比，依附性主体有时则可以形式性审核为由来主张自己缺乏主观故意，如某公司总经理或副总经理仅对某资料作了形式审查，尽管如此，这个单位内部最终还得至少有一个具体责任人同单位一道来承担实质性审核的单位犯罪责任。

第二，认定郭某军构成个人犯罪的观点值得商榷。

该案始终未认定郭某军行为系盗用单位名义的个人行为，也即该案实际认为郭某军行为系单位职务行为，但最终却是将郭某军当作自然人被告来定罪处罚。这是矛盾的。既然郭某军行为系单位职务行为，那么单位必定是主体，且郭某军应以单位责任人的身份来承担单位犯罪中应有的刑事责任。此外，单位当然应宣告构成单位犯罪及需要承担相应刑事责任。

第三，认定郭某军行为属超越职权的观点值得商榷。

南某船代公司提供的报关报检管理制度与工作流程以及出口报关业务绩效考核实施方案虽然可以证实南某船代公司有要求员工在办理申报业务时严格按照委托单位所提供的真实的数据和完整、有效的单证准确、清晰地填制有关申报单，但同时该司又同意业务员"可以采用高于公司最低限价同客户达成协议，可以自主同客户签约然后交公司备案"，紧接着该司又规定业务员"与客户签约不能触犯国家相关法律法规和行业规范，不能向客户承诺超出代理报关业务双方的权利和义务"。我们认为，上述规定恰恰可以证明郭某军的职务行为没有违背公司规章制度的要求，因为郭某军的笔录称"由于我了解到的三山港其他公司向海关申报废钢的价格是 0.8 元人民币每千克（FOB），如果低于这个价海关会核价，就要提供发票等相关证明价格的资料，我建议她申报单价比 0.8 元人民币每千克（FOB）稍高点。黄某同意了，我司就按照 800 多元人民币每吨（FOB）向海关申报"。对照上述规章制度，既然当时最低限价是 800 元/吨，那么郭某军代表公司以 800 多元/吨申报不就正符合上述"可以采用高于公司最低限价同客户达成协议"的规定吗？因此，认定郭某军行为属超越职权的观点是难以成立的，我们认为郭某军的行为是代表公司的职务行为。而且上述规章制度是自相矛盾的，该司难逃既想多赚打擦边球的钱又想达到规避法律制裁的目的之嫌。因为按照海关法的规定，申报货物价格必须如实申报，而不是"可以采用高于公司最低限价同客户达成协议"，公司这么规定明显违法。

第四，仅以获利多少来判断是构成个人行为还是单位行为的观点值得商榷。

该案认为郭某军获利比南某船代公司更多，并以此作为南某船代公司无罪的理由之一。我们认为，该观点值得商榷。因为该"公司为每个业务员设立独立统计账户，每票出口业务按照公司实际收入统计业务员月度营业收入金额，根据业务员当月的营收金额设立三个档次奖励"。按此标准核算，郭某军的获利高于其交给公司的代理费并不违背公司的意志。这恰恰是该公司为激励员工多拉业务、多创收而出台的一种业务提成制度和奖励制度。好比一家二手房中介企业，该企业规定每销售一套二手房向买家和卖家共收取佣金2%，其中负责销售的这个业务员可以提走1.5%，剩余0.5%归企业所有。该企业现有一业务员卖了一套100万元的二手房，总共收取2万元佣金，按照公司分配制度，业务员得了1.5万元提成，剩余0.5万元归企业所有。如果照该案逻辑，因该业务员获利比企业高，所以这肯定就不是单位行为！再进一步从本质上分析，其实上述2万元佣金都应算是企业收入，其后发生的1.5万元及0.5万元归属于谁则是企业内部收益再分配的问题。据此，也还是企业收入比员工所得更高，所以同理，该案中也根本谈不上大部分获利都归了郭某军一说。当然，如果能给出充分的证据和理由来证明郭某军的获利不是依据公司的分配制度正常所得，而是背着公司在私自获利，那又是另外一回事了。

34. 以单位名义实施犯罪后主要违法所得无法查清去向的，应根据有利于被告人的原则认定为单位犯罪

案件名称

王某某等走私普通货物（通讯设备）案[①]

裁判要点

以单位名义实施犯罪后主要违法所得无法查清去向的，应根据有利于被告人的原则认定为单位犯罪。

案情简介

湖南省甲公司和香港乙公司于1993年5月10日共同成立了湖南丙公司。同月15日，湖南省人民政府发给丙公司《中华人民共和国外商投资企业批准证书》。1994年10月31日，湖南省工商行政管理局为丙公司办理了《企业法人营业执照》，唐某某任董事长，被告人王某某任总经理，经营期限自1993年5月19日至2008年5月18日，注册资本为60万美元。此后，该公司主要从事电视机、显示器的生产和经营某某保龄球馆等活动。

1995年7月至1998年1月，被告人王某某先后安排丙公司与长沙市烟草专卖局、湖南省移动通信局（以下简称湖南移动局）、重庆市电信局等单位签订代理进口合同6份，自己或通过他人采用伪报、瞒报等手段，将上述单位购买的设备走私进口，共偷逃国家税款人民币1.6639923369亿元。案发后，海关追缴税款共计人民币9,438.008万元。

裁判理由

以单位名义实施走私犯罪，没有证据证实违法所得被实施犯罪的个人占有或者私分的，应当根据有利于被告人的原则，认定为单位走私犯罪。

[①] 参见中华人民共和国最高人民法院刑事审判第一庭、第二庭编：《刑事审判参考》2005年第2集（总第43集），法律出版社2005年版。

评析与辩点

该案例为最高人民法院公布的参考性案例。该案裁判摘要指出：以单位名义实施走私犯罪，现有证据只能证实少量违法所得用于单位的经营活动，绝大部分违法所得的去向无法查清的，应当根据有利于被告人的原则，认定为单位走私犯罪，而非个人犯罪。相关人员应承担单位犯罪中直接负责的主管人员和其他直接责任人员的刑事责任。

犯罪所得收益最终是归了单位还是归了个人，类似这样的事实的举证责任统统应由公诉机关来举证。这一裁判规则和举证责任分配的基本原理在其他走私案中得到大量体现和贯彻。如郑某军走私案。[①] 该案法院指出，公诉机关没有提供证据证实恒某公司是专门为犯罪活动而成立的单位，也没有证据证实郑某军利用单位名义为个人谋利益，依照上述证据裁判和疑点有利于被告人的原则，应定单位犯罪。

同类判例又如孙某洲走私案。[②] 该案法院认为，公诉机关关于对孙某洲系个人犯罪的指控，因侦查机关暂未获取孙某洲经营的四家公司手册项下进口木材走私犯罪事实的直接证据，无法确定所进口木材的用途，且公诉机关未提交否定上述公司有生产经营行为的证据，以及孙某洲系为进行违法犯罪活动而设立公司、公司设立后以实施犯罪为主要活动、企业收入动向等证据，故根据有利于被告的原则，不宜认定孙某洲系个人犯罪。

遗憾的是，有些案件在有合法经营活动的证据和线索的情况下也不去核实，如吴某某走私案。[③] 该案也是以单位名义在走私，但侦控机关不查明和不举证整个公司存续期间的合法经营活动（合法进口其他货物、机器设备的报关单证、纳税凭证等），仅收集和列举走私活动的证据。但这样选择性的侦查和举证怎能证明走私活动或营业额在整个公司经营活动或营业额中占更大比例呢？

---

① 广西防城港市中级人民法院（2018）桂 06 刑初 16 号刑事判决书。
② 黑龙江省牡丹江市中级人民法院（2018）黑 10 刑初 44 号刑事判决书。
③ 广东省珠海市中级人民法院（2020）粤 04 刑初 39 号刑事判决书。

35. 单位部门负责人履行职责的行为宜认定为单位走私犯罪

案件名称

吕某某等走私制毒物品（麻黄浸膏粉）案①

裁判要点

被告人吕某某、崔某某违反国家对制毒物品的规定，以隐瞒事实和逃避海关监管的手段，非法将制毒物品运输出境，构成走私制毒物品罪，且系个人犯罪而非单位犯罪。

案情简介

第一部分，走私制毒物品罪。被告人吕某某、崔某某伙同范某某于2007年1月至3月间，违反《易制毒化学品管理条例》和《海关法》等规定，在办理赤峰AK公司向他国出口含有麻黄浸膏粉的混合物的业务中，隐瞒该混合物含有易制毒化学品的事实，以"绿茶减肥冲剂"等品名，逃避海关监管，将该公司生产的含有麻黄浸膏粉的混合物共计1,000余千克（含麻黄浸膏粉共计500余千克）向首都机场海关申报出境，并办结通关手续。

第二部分，职务侵占罪。被告人吕某某、崔某某经预谋，于2007年2月至3月间，利用其分别担任赤峰AK公司国际销售部经理、业务员，主管或者从事该公司国际销售工作的职务便利，采用向该公司有关人员低报货物出口价格的手段，将该公司出口销售所得货款共计人民币18.6万元据为己有。其中，被告人吕某某分得人民币7.8万元，被告人崔某某分得人民币10.8万元。

二审法院依照《刑事诉讼法》第189条第1、2项，《刑法》第350条第1款、第271条第1款、第25条第1款、第26条第1款、第4款、第69条、第52条、第53条、第64条及最高人民法院《关于审理毒品案件定罪量刑标

---

① 北京市高级人民法院（2008）高刑终字第459号刑事判决书。参见最高人民法院中国应用法学研究所编：《人民法院案例选》（2009年第4辑，总第70辑），人民法院出版社2010年版，第58～65页。

准有关问题的解释》第 4 条、最高人民法院《关于处理自首和立功具体应用法律若干问题的解释》第 2 条、第 3 条之规定，判决如下：一、驳回崔某某的上诉，维持一审判决主文第 2 项、第 3 项、第 4 项、第 5 项，即崔某某犯走私制毒物品罪，判处有期徒刑 2 年，并处罚金人民币 4,000 元；犯职务侵占罪，判处有期徒刑 5 年；决定执行有期徒刑 6 年，并处罚金人民币 4,000 元。继续追缴被告人崔某某的违法所得人民币 21,000 元发还赤峰 AK 公司。随案移送的人民币 13 万元及冻结吕某某的人民币 35,000 元、电脑主机两台发还赤峰 AK 公司，身份证两张发还二被告人。随案移送的银行存折两张、牡丹卡一张、手机两部予以没收。二、撤销一审判决主文第 1 项，即吕某某犯走私制毒物品罪，判处有期徒刑 2 年，并处罚金人民币 4,000 元；犯职务侵占罪，判处有期徒刑 6 年；决定执行有期徒刑 7 年，并处罚金人民币 4,000 元。三、上诉人（原审被告人）吕某某犯走私制毒物品罪，判处有期徒刑 2 年，并处罚金人民币 4,000 元；犯职务侵占罪，判处有期徒刑 5 年；决定执行有期徒刑 6 年，并处罚金人民币 4,000 元。

裁判理由

上诉人吕某某等违反国家对制毒物品的管理制度，逃避海关监管，非法运输制毒物品出境，二上诉人的行为均已构成走私制毒物品罪，依法应予惩处；二上诉人还利用职务上的便利，将属于本单位的财物非法据为己有，二上诉人的行为又构成职务侵占罪，且侵占数额巨大，亦应依法惩处；对二上诉人所犯走私制毒物品罪和职务侵占罪，依法应实行数罪并罚。辩护人提出吕某某依法不构成个人走私而是单位走私的意见不能成立。针对其他事项的裁判理由略。

评析与辩点

对于单位犯罪的认定，国内理论界和司法实践中存在两种倾向：一种是认为成立单位犯罪必须体现单位的意志，且要求必须具有公司的法定代表人决策或者领导层决策，如果没有就不认定为单位犯罪。另一种就是如果事先没有单位的认可，但单位工作人员实施的犯罪行为得到了单位的事后追认，也可以认为是单位犯罪。我们认为这两种倾向都不妥当，前者将单位犯罪理解得过于严格，而后者则理解得宽了，实践中还有将公司员工与工作有一点点联系的行为均认定为单位犯罪的观点，这就更是太过宽泛了。将单位犯罪仅限定于单位领导层的意志，不恰当地缩小了单位意志的成立。从民商法上来讲，一个单位里的领导人或一般工作人员只要在其职责范围内实施的行为就是职务行为，这个职务行为产生的收益归属单位，责任同样也归属单位。从行政法上来讲，也大抵如此。职务行为本身就跟其个人行为区分开来了，这也是成立单位犯罪的根本原因。一般的正常行为甚至构成侵权时我们认为是职务行为，责任应当归属于单位，构成犯罪时也应遵循这一原则。如果不这样认定就可能会产生一种悖论，在民商法上，单位的中层领导或者一般职员基于职务所进行的一般的侵权行为产生的责任是由单位承担；在行政法上，单位的中层领导或者一般职员基于职务所进行的行政侵权行为产生的责任也是由单位承担；而如果从事的是犯罪行为，由此产生的刑事责任却要完全由行为人个人承担，这显然是不公平的，也将导致整个法律领域出现体系性的矛盾和不协调。所以我们认为不能把单位的意志仅仅限制在单位领导人的意志或领导层的意志，单位意志也可以包括一般人员的意志。确定一般人员包括部门领导的意志是否为单位意志，关键就在于确定他的职责范围，只要符合其职责范围，其所从事的行为就应当认定为职务行为。

我们认为，判断单位职员行为是否属于其职责范围主要看以下三点：第一，看其行为是否列入了单位对其岗位所明文确定的工作职责或权限范围（含概括授权）；第二，虽然没有列入上述范围，还应该看其行为是否属于单位以书面或会议决议等形式特别授权或单独授权（含一事一授权的情形）的事权范围；第三，如果不属于前两种情形，还要看是否属于单位的操作惯例和传统做法，这一点可以列举以往的实际操作事例出来作为证明且以往的操作单位是明知的。因为在有些案件中，并不是所有的公司对各部门及职员的职责都有非常明确具体的分工及书面文件或会议纪要，对于这种情况就应当按照公司的惯例进行确定，而不应当单纯依靠案发后公司所出具的证明予以确认。因为事后单位为了撇清关系，一般都会表示行为人没有这方面的职责，或者说是行为人超越职权而从事的个人行为，因而只能认为行为人的行为是一种利用职务之便的行为而不是职务行为。事后取证认定行为人行为是否属于职务行为从而确认是否构成单位犯罪,这种取证方式往往证明是很不可靠的。

在单位犯罪中还有一个很重要的条件,即为了单位利益,我们认为它不是一个本质条件,尽管在大多数单位犯罪中都有这个现象。为了单位利益和为了个人利益并不是非此即彼的关系,两者之间并不矛盾,还存在着既为单位利益又为个人利益的情况,为了单位利益和为了个人利益可以并存,在同一个犯罪行为中可以同时有这两个目的(动机)。为了单位利益并不能绝对排斥也同时可以为了个人利益。关于本案,我们认为如果根据某公司的企业文化、宗旨、惯例或潜规则能够确定国际销售部经理吕某某有权力决定某一单交易申报什么品名、价格或者成交与否,这个案件就可以认定是单位犯罪。本案当中,虽然吕某某其所在公司可以宣称公司及决策层、领导层均不知情,但根据其他证据来看,吕某某的行为应属单位行为,吕某某及崔某某此前以公司名义向药品监督管理局申请办理"接受境外制药厂商委托加工药品备案"但未获批准,为逃避海关监管,所以才将货名先后定为"复方减肥冲剂""绿茶减肥冲剂",再以公司的名义向海关申报出口。本案的走私制毒物品罪也恰恰是因为这一原因才得以成立的,而不是因为其低报价格或侵吞货款等行为。因此,应重点考察其核心行为也即伪报品名的行为是否属于单位行为。根据在案证据可知,出口该产品是为了完成公司的产品销售和出口任务,此前该批货物的生产任务也是国际销售部向生产部门下达的,这肯定也是代表公司所为。综上,可以看出确定货物的申报品名以使货物得以出口应属吕某某的工作职责,应该在其权限范围之内,而且其之前也代表公司做过努力想申领获得许可证以便使用真实品名申报出口但未能如愿,所以"不得已"才伪报品名的,这些应该都是代表单位意志而为的动作。可以说,其低报价格及侵吞货款等行为只是其依附于单位行为这个主行为的附带行为,如前所述,在为了单位利益的同时也为了个人私利是可能并存的,与单位犯罪的成立也并不必然矛盾。

此外,如果将本案确定为个人走私犯罪,而吕某某等人侵吞部分货款的行为又已经被定性为职务侵占罪,我们认为这两个定性之间存在一定矛盾,后行为被认定为职务行为所以才被定性为职务侵占,而前行为即低报价格行为及伪报品名行为属原因行为,没有因何来果,不将其认定为职务行为或单位行为是难以说通的。因此,我们认为本案判决值得商榷。

36. 名义性承包或挂靠的情形宜认定为个人走私犯罪而非单位犯罪

案件名称
陈某走私普通货物（乳胶浆等）案①

裁判要点
人、财、物均由承包人或挂靠人自行管理和行使，承包人或挂靠人仅上缴固定管理费的情形，应认定为个人走私犯罪而非单位犯罪。

案情简介
2000年2月，被告人陈某与某市远某报关公司签订合同，约定由被告人陈某经营某海关辖下华山码头的报关业务，并每月向远某报关公司上缴业务基数人民币1万元，远某报关公司为陈某提供合法报关单证、办理业务盖章等手续。后被告人陈某以远某报关公司远山办事处、新海办事处名义开展报关业务。

2000年8月，被告人陈某得知方某（另案处理）欲以每吨人民币600元的价格购买乳胶浆保税进口指标后，遂向黄某（已判刑）联系购买其所在的鸿某公司加工贸易合同项下的乳胶浆指标，同年10月10日、12日，方某（另案处理）等人利用陈某联系购买的上述合同登记手册，委托陈某所在的远山办事处，利用鸿某公司的保税指标，伪报走私进口了乳胶浆50,400千克。致使上述货物脱离海关监管，偷逃应缴税额人民币32.4万元。

2000年8月，被告人陈某应方某的要求，以每吨人民币600元的价格向英某公司报关员陈甲（已判刑）联系购买保某工艺品厂的树脂、油漆等货物的进口指标。2000年10月和2001年2月，陈甲分别以人民币200元及260元的价格先后向保某工艺品厂报关员陈乙（已判刑）等购得该厂正在执行的2本《加工装配和中小型补偿贸易进出口货物登记手册》项下的波丽树脂和油漆

---

① 参见陈田正：《加工贸易走私犯罪解析》，中国检察出版社2005年版，第218~221页。

指标并交给被告人陈某，2000年10月至2001年5月，方某利用上述登记手册，并通过陈某所在的办事处，伪报走私进口了波丽树脂167,580千克和油漆8,000千克，致使上述货物脱离海关监管，偷逃应缴税额人民币47.9万元。一审法院判决认定陈某构成走私普通货物罪，判处有期徒刑4年，并处罚金20万元。二审法院对一审判决予以了维持。

⚖ 裁判理由

陈某自办的远山办事处、新海办事处挂靠于远某报关公司，双方签有《报关员目标责任制协议》，协议约定报关员的各项责任及陈某每月上缴责任制目标金额人民币1万元，除报关员是由公司派出并由公司负责发放工资外，其余的人、财、物均由陈某自己管理和行使，是完全独立的，陈某这个报关点不具备报关经营资格，同时也没有进行过登记。可见，陈某所经营的远山办事处、新海办事处虽与远某报关公司有挂靠关系，但其既不属于远某报关公司的分支机构，也不属于公司内设机构，该办事处在人事、财物上均独立。被告人陈某亦供述其是办事处老板，故陈某所经营的远山办事处、新海办事处不符合单位犯罪主体的构成要件，实属个人开办性质，因此，对该行为不应认定为单位犯罪，而应认定为陈某个人犯罪。针对其他事项的裁判理由略。

📢 评析与辩点

我们认为，承包经营制具体划分为"经营性承包"与"名义性承包"（也可以称之为"挂靠"）两种方式，这两种承包方式在经营模式、手段、利润分配上均有不同，如果再进一步分析就可得出，前者实际代表或影响了公司的决策，其行为可谓真正代表了单位的意志；而后者很难说能代表或影响公司的决策，只是允许其打着公司的名号去做一些公司实际不用负担什么成本及经营性风险（法律风险等除外）的活动，故也就无法代表单位意志了。因此，对于在承包经营制的承包期间的承包人的走私犯罪主体的认定问题，应该区分具体情况进行具体分析：

第一，经营性承包的情形。对于经营性承包中的承包人，若其在承包期间以公司名义实施走私犯罪活动，并且将走私犯罪活动所得的全部财物或大部分财物未入公司财务账而直接私自据为己有的，很有可能属于个人走私犯罪

（当然具体还要考察其他条件）；而如果将走私犯罪活动所得的全部财物或大部分财物入了公司账，哪怕分配之后公司所得相对少一些的，也应认定为单位走私犯罪，并且在此情况下还应追究承包人的刑事责任，因为这等于说承包人实际参与了公司的经营管理和利润分配，与公司一道成为风险共担的共同体。①

第二，名义性承包或挂靠的情形。对于名义性承包或挂靠，根据上述该类承包经营制的特征来看，其并没有实际参与公司的经营管理和利润分配，无法影响公司的决策活动，其行为实际代表的是个人意志，很难说是代表了单位意志，因此在这种情形下承包人或挂靠人以公司名义实施犯罪的，不宜以单位走私犯罪论处。当然，如果有证据证明公司对其走私犯罪活动具有明知的话，也应一并追究公司的刑事责任。至于被挂靠公司出让名义收取挂靠费或管理费的情形是否构成其他性质的违法犯罪，可以另行研究。

成立单位犯罪应符合以下三个特征：（1）以单位的名义实施犯罪；（2）由单位的决策机构研究决定，或者单位的负责人、授权的主管人员决定；（3）违法所得全部或者大部分归单位所有。从本案的具体情况来看：首先，陈某在进口乳胶浆等货物时，是以远某报关公司名义进行的，符合上述第一个特征；其次，陈某在进口上述货物并非远某报关公司的决策机构决定，至于其实施报关进口活动是否基于公司的普遍授权或概括授权行为倒可以进一步研究，但由于陈某并非公司员工，公司对其的实际控制力非常微弱，因此赋予公司对其履行过高的监督管理义务不太现实也不太合理，因此我们倾向于认为不符合单位犯罪的第二个特征；最后，陈某进口上述货物的最终获利也并非归远某报关公司所有，公司仅仅收取固定数额的管理费而已，哪怕陈某的业绩再好又或者压根没有任何业绩，也就收这么多管理费，因此也不符合单位犯罪的第三个特征。

综上，我们认为，无论是从法理上来分析，还是从刑法通说观点及司法解释的规定来分析，陈某在名义性承包或挂靠情形下所实施的走私行为宜认定为个人走私犯罪，而非单位犯罪。

---

① 参见黄益民等：“单位走私罪适用法律问题探讨”，载《人民司法》2002年第3期。

37. 单位意志系构成单位走私犯罪的唯一本质特征

案件名称

李某某等走私普通货物（化工原料）案[①]

裁判要点

虽然因案发获利去向不明，但从李某某的行为中可认定代表其公司的意志，因此可认定为单位犯罪。

案情简介

被告人潘某某（私营上海GY公司法定代表人）和李某某（上海东方CG公司辖下分公司经理）于某年4月商量合作一般贸易的苯乙烯生意，经叶某某（现在）承诺，通过被告人吕某某从中转告可以搞来料加工或进料加工报关手续，经协商确定，由李某某所在单位出资，潘某某负责租罐、销售，叶某某负责报关，为应付报关，经叶某强策划，通过吕某某传递，由叶某某虚构浙江泰顺县HD公司、上海ZG公司物资经营部分别与上海浦东JS公司、上海东方CG公司辖下分公司签订了形式上的代理进口协议和内贸合同，由王某某所在的上海浦东JS公司与香港WL公司签订了形式上的转让合同，王又受叶指派，以香港WL公司名义与上海LS公司签订了来料加工合同。5月19日，叶某某把原为一般贸易、总价额870万余元的1,300吨苯乙烯，以来料加工名义报关，从中偷逃关税人民币264万余元。通关后，潘、李在国内销售时，被海关发现查扣，叶某某和3被告人密谋串供，制造假转让合同和储运协议，企图进一步欺骗海关，逃避监管。本案中的被告人李某某系上海东方CG公司辖下分公司的经理，作为单位的主管，在经营业务活动中代表本单位并有决策公司业务的权力，在走私中与潘某某、吕某某、叶某某密谋，为走私犯提供资金，走私通关后积极销售，都是以单位之名，虽然因案发获利去向不明，但从其行为中可认

[①] 参见娄国良："浅析单位走私与个人走私犯罪的认定"，载《法学天地》1996年第6期。

定代表其公司的意志；而同案的吕某某虽为上海市 HX 总厂的业务员，但他的行为不代表 HX 总厂，也不是以其业务员的身份行使的，而是以个人身份，所谓帮助朋友在潘某某、李某某和叶某某之间进行联络，传递叶某某的某种意图，完全是其个人意思的表示。法院判决认定被告人潘某某为个人走私，被告人李某某所在单位上海东方 CG 有限公司石化运储公司为单位走私，被告人吕某某为个人走私，各自所判具体刑罚略。

⚖ 裁判理由

单位犯罪是单位意志的体现。单位犯罪由单位的全体成员决定，或者单位决策机构集体决定，或者有权代表单位的个人所作出的决定，从而形成单位意志，以单位的名义实施的走私行为，单位应对自己的不法行为产生的法律后果承担责任，直至追究刑事责任。针对其他事项的裁判理由略。

评析与辩点

一、单位意志的意涵及特征

什么是单位意志？单位犯罪是在单位整体意志支配下实施的，这种意志不是单位内部某个成员的意志，也不是所有成员意志的简单相加，而是单位内部成员在相互联系、相互作用的条件下经一定程序形成的整体意志。从形式上说，这种整体意志是由单位的决策机构按照单位的决策程序形成的；从法律上说，这种整体意志就是单位整体的罪过。[1] 正如有学者所言：是否体现单位意志才是区分单位犯罪与个人犯罪的最重要区别。[2]

二、为何说单位意志是单位犯罪的唯一本质特征？

我们认为，单位意志是单位走私犯罪乃至所有单位犯罪的唯一本质特征。任何犯罪都是在主观意志支配下的行为，是主客观的统一，单位犯罪也不例外，其是在单位自身意志支配下实施的严重危害社会的行为。单位作为法律拟制的组织体，其意志和行为均具体来源于作为单位组成人员的自然人。但单位意志具有不同于自然人的特性：首先，单位意志具有整体性，代表的是整

---

[1] 参见贺卫等：“单位走私犯罪法律适用若干问题探讨”，载《政治与法律》2009 年第 4 期。
[2] 参见李翔：《单位犯罪司法实证研究》，上海人民出版社 2016 年版，第 37 页。

个单位的意志和利益,超越了单位组成人员的意志;其次,单位意志具有独立性,不仅独立于单位组成人员的意志,同时又独立于其他单位和个人的意志;最后,单位意志具有程序性,单位意志的形成必须经过特定的程序,未经过特定程序不可能产生单位的意志,具体表现为单位必须经过特定的议事程序、规则、制度等而作出决策,主要包括单位决策机关和负责人决定两种基本模式。单位犯罪和自然人犯罪在刑法理论上是两种不同性质的犯罪,其根本区别就在于:单位犯罪和自然人犯罪尽管都是由自然人实施的,是自然人的同一行为造成了对法益的严重侵害而依法构成了犯罪,但自然人行为体现的意志不同决定了行为是单位犯罪性质还是自然人犯罪性质。也即根据《刑法》的规定,如果自然人的行为体现的是单位意志,那么自然人的行为就被认为是在单位意志支配下实施的单位犯罪;如果自然人行为不符合单位的意志或者与单位意志无关,则认为自然人是在其个人意志支配下实施的自然人犯罪。所以,单位意志来源于自然人意志又不同于自然人意志的特性,决定了单位犯罪具有不同于自然人犯罪的特质。所以,犯罪是行为,行为表现意志。反过来说,任何行为都是一定意志支配下的行为,意志对于行为性质的认定具有根本性的判定作用。对于同是一定自然人实施的行为,一旦确定"单位意志"的存在,就说明自然人的行为属于单位行为,如果构成犯罪就是单位犯罪;反之,如果不能确定"单位意志"的存在或者排除了"单位意志"的存在,那么自然人的行为只能是自己的个人行为,如果构成犯罪需要追究刑事责任也只能由其个人承担而不能罚及无辜。正如有观点所指出的,即便是单位法定代表人或负责人的行为也要看其是否代表了单位意志,而不是简单看其是否为了单位利益或违法所得是否归单位所有。[①]

所以,"单位意志"是判定单位犯罪的最终指标。"单位意志"在单位犯罪中处于核心地位。所谓的"以单位名义""违法所得归单位所有""为了单位利益""单位的业务范围""由单位决策机关或者负责人决定"都是"单位意志"的外在表现形式,是判断"单位意志"的辅助标志和参考因素。"单位意志"与"以单位名义""违法所得归单位所有""为了单位利益""单位的业务范围""由

[①] 参见黎宏:《单位刑事责任论》,清华大学出版社2001年版,第247页。

单位决策机关或者负责人决定"之间是本质与现象、整体与局部的关系。①

三、"单位意志"以外的因素仅能作为判断单位犯罪能否成立的参考因素之具体分析

首先,"为了单位利益"能否作为区分自然人行为与单位行为的标准值得怀疑。因为,"为了单位利益"是一种行为动机,而动机作为行为人实施具体行为的原因,深藏于行为人的内心,比较隐蔽和抽象,难以准确认定,只能依据行为人的口供来判断,因此,以动机作为判断行为性质的标准,具有较大的不确定性,也难以操作。例如,在某企业负责人新官上任之后,为了显示自己的魄力和能力,没有和其他人商量,擅自做主,从出纳处拿出200万元去行贿银行,为单位获取贷款,但不久之后就被举报,200万元的公款有去无回。很难说该企业负责人在实施该行为时到底是为了自己的利益还是为了单位的利益。同时,正如自然人为了第三人的利益而实施诈骗的情形仍然构成诈骗罪一样,单位为了第三人的利益而实施集资诈骗犯罪的情形,也是完全可以存在的。有实务部门也持这种观点,如曹某某金融凭证诈骗案,②该案裁判要旨指出,即使用于公益事业,只要是以个人名义实施,也是为个人谋名、谋利,应属个人犯罪。我们认为,用于公益事业其实也可以说是为了第三人利益,但仍然不一定构成单位犯罪。因此,以"为了单位利益"为准来区分单位犯罪与自然人犯罪,是不合适的。因此,当年立法机关在最后通过现行刑法时将有关"为本单位谋取利益"的相关内容予以删除是明智的。

其次,犯罪所得的归属去向并不能完全反映出行为人的主观意图到底是为公还是为私。如某一管理部门的职员甲,为了引起领导的重视和注意,以便日后得到提拔,便盗用单位的旗号与境外不法分子乙勾结,走私进来一批香烟,倒卖之后,将犯罪所得全都"捐献"给了其所在单位。在这样的事例中,行为人的行为尽管是以单位的名义,客观上也是为了单位的利益而实施的,但是其主观意图难说是为了单位利益或体现了单位意志。③因此,

---

① 参见杨国章:"单位犯罪刑事责任及实务问题研究",华东政法大学2011年博士学位论文。
② 参见中华人民共和国最高人民法院刑事审判第一庭:《刑事审判参考》1999年第1辑(总第1辑),法律出版社1999年版。
③ 参见黎宏:"单位犯罪的若干问题新探",载《法商研究》2003年第4期。

将"违法所得大部分归单位所有"作为区分单位犯罪与自然人犯罪的标准也未必准确。

再次,以"单位集体决定或者负责人决定"作为区分单位犯罪与自然人犯罪的标准的说法也值得进一步探讨。因为,其既不符合现代社会中单位犯罪的实际情况,也没有概括出我国刑法分则中所规定的单位犯罪的所有情况。具体如下:第一,无法解释和杜绝"单位领导将单位作为道具而实施的个人犯罪"的现象。我们认为,如果作为单位代表机关成员的自然人的意志完全和单位自身的结构、业务范围、成立宗旨、政策等人格特征无关的话,则不能将该自然人的意志看作单位自身的意志,而只能将该意志视为单位代表机关成员个人的意志。[1]第二,有扩大或缩小单位刑事责任之虞。按照上述理解,单位的集体决定或单位领导的决定就是单位自身的意思,因此,只要是按照单位负责人或单位全体成员的决定而实施的违法行为,即便该行为完全背离单位自身的宗旨或业务范围或违反单位的有关防止违反行为的政策,也要追究单位的刑事责任,这属于不当扩大的情形;另外,在业务目标设置过高,以正常手段根本无法实现,只能采用有风险的手段的单位中,当单位的一般从业人员按照单位的既有目标、规则、程序展开业务活动,引起了严重结果时,只要没有证据表明该犯罪行为和单位负责人或单位机关成员的具体决定有关,就不能构成单位犯罪,单位可以不承担任何刑事责任,这属于不当缩小的情形;第三,无法适用于规模较大的现代企业。规模较大的现代企业通常拥有复杂的政策决定程序,业务责任分散,单位领导往往并不直接干预具体业务,而是授权给各个职能部门,由他们具体操作,由此带来的问题是,即便自然人在单位业务活动过程中造成了危害,也常常会因为难以认定该危害和单位领导之间有什么关系而难以被作为单位犯罪。相反地,在一些中小企业中,单位领导的权限比较集中,常常参与单位的具体业务活动的策划和实施,因此,在其中的自然人造成了危害的场合,由于该危害和单位领导之间的关系比较容易确定,所以,容易被认定为单位犯罪。这样一来,规模大的企业即便犯罪也不容易被处罚,而规模小的企业则往往容易被罚。这就直接违反了《刑法》第4条平等适用刑法的原则。[2]

---

[1] 参见黎宏:"论单位犯罪的主观要件",载《法商研究》2001年第4期。
[2] 参见黎宏:"单位犯罪中单位意思的界定",载《法学》2013年第12期。

实践中也有支持上述观点的判例，如常某等走私汽车案。①在该案中，市政府并没有集体研究决定，因而市政府不能成为走私罪的犯罪主体，常某作为该市市长对其下属单位的走私行为进行组织和协调，只是利用自己的职权参与了这些单位的走私活动，应属个人行为。因此并非单位负责人的所有行为均代表了单位意志或均应认定为单位行为。

最后，"以单位名义"只是单位意志的外在表现，它无法起到从本质上判断单位意志或单位犯罪的作用，否则就无法解释冒用或盗用单位名义为何不成立单位犯罪的现象了。有学者也明确指出，单位犯罪的成立是否以单位名义并不重要，关键在于判断是否系单位意志支配且由单位行为实施。②陈兴良教授也指出，对"以单位名义"的认定不能满足于形式上的判断，而应当进行实质判断。③因此我们认为，"以单位名义"只能作为判断单位犯罪能否成立的依附性因素，而不能作为独立性因素或本质性因素来对待。

四、形成单位意志的通常程序及方式

在这种单位犯罪意志形成的形式中，单位犯罪意志的形成存在着从自然人犯罪意志向单位犯罪意志转化又从单位犯罪意志向自然人犯罪意志转化的过程。第一环节，从自然人犯罪意志向单位犯罪意志的转化：当单位成员关于单位犯罪的提议按照单位的规章制度、议事规则、意志形成习惯等由单位决策机构或者单位负责人确认并作出犯罪的决定之后，有关单位犯罪的提议就由单位成员个人的意志上升为单位意志，也就意味着单位犯罪意志的形成。此后单位犯罪就在单位犯罪意志支配下变成了单位的自觉行为，由此产生的收益和后果(包括刑事责任)就应当由单位承担。第二环节，从单位犯罪意志向自然人犯罪意志的转化：单位犯罪意志形成之后，单位的活动就围绕着单位犯罪意志展开，但是由于单位的所有行为又必须通过它的工作人员实施，因此，为了实现单位犯罪的目标，单位犯罪意志又必须向参与单位犯罪的单位成员传达和贯彻，以使单位犯罪意志的实现能够作为单位成员职务行为的方向和目标。由

---

① 参见最高人民法院中国应用法学研究所编：《人民法院案例选·刑事卷》(1992~1996年合订本)，人民法院出版社1997年出版，第134页。
② 参见蒋熙辉：《单位犯罪刑事责任探究与认定》，人民法院出版社2005年版，第245页。
③ 参见陈兴良：《判例刑法学》(上)，中国人民大学出版社2009年版，第474页。

此，单位犯罪意志就实现了第二次转化，即从单位犯罪意志向单位成员个人犯罪意志的转化。当单位意志转化为执行者的意志时，单位成员的犯罪意志也同时是单位犯罪意志的表现形式，即此时单位成员的犯罪意志既有单位意志的属性，又有自然人意志的属性。

就多数情形而言，形成单位犯罪意志的机制可通过下图来理解：

单位成员的提议→单位决策机构或负责人确认并作出决定→单位犯罪意志形成→单位成员的犯罪意志→单位犯罪意志的实现

除上述常见情形之外，其实也还有事后默认、事先默许等情形。因此，就自然人意志转化成单位整体意志的方式来说，我们认为主要可以分为以下四种：决定、批准、事后承认或追认（但仅能认定其对以后的行为有故意）、事先默许。①

五、本案判决之合理性分析

本案中的被告人李某某作为上海东方CG公司辖下分公司的负责人，在经营业务活动中具有代表本单位决策相关业务的权力，进口相关货物也属于其所在单位的业务范围，其一再代表本单位参与密谋走私并提供资金，走私通关后积极销售，也都是以单位之名，因此，我们认为现有证据足以认定其行为系代表单位意志的单位行为。法院最终也认为，虽然因案发获利去向不明，但从其行为中可认定代表其公司的意志。类似判例还有王某某等走私普通货物、虚开增值税专用发票案。②在该案中，王某某等以单位名义实施走私犯罪，但现有证据只能证实少量违法所得用于单位的经营活动，绝大部分违法所得的去向已无法查清，最后法院亦是从有利于被告人的原则出发，决定将王某某等认定为单位走私犯罪，而非个人犯罪。

关于本案法院是如何看待走私犯罪获利去向不明这一事实，我们认为不妨从两个面向去分析：第一，法院仍然认为获利归属问题是判断单位犯罪成立与否的构成要件之一或重要条件，但由于确实无法查清，因事实存疑也只能按照有利于被告人的原则出发，将李某某的行为认定为单位犯罪。第二，法院认

---

① 参见石磊："单位犯罪意志研究"，载《法商研究》2009年第2期。
② 参见中华人民共和国最高人民法院刑事审判第一庭、第二庭编：《刑事审判参考》2005年第2集（总第43集），法律出版社2005年版。

为获利归属问题仅仅是判断单位犯罪成立与否的参考因素或表现形式之一，并非本质特征或独立衡量因素，应当将单位意志作为唯一标准或根本性标准来判断单位犯罪能否成立。从法院的最终态度来看，我们更倾向于以第二个面向来解读其判决。

综上，我们倾向于将《关于办理走私刑事案件适用法律若干问题的意见》第18条第1款①所规定的两个特征仅理解为判断单位犯罪成立与否的重要参考因素。

---

① 《关于办理走私刑事案件适用法律若干问题的意见》第18条第1款规定，具备下列特征的，可以认定为单位走私犯罪：（1）以单位的名义实施走私犯罪，即由单位集体研究决定，或者由单位的负责人或者被授权的其他人员决定、同意；（2）为单位谋取不正当利益或者违法所得大部分归单位所有。

38. 公司设立后以实施犯罪为主要活动的情形应认定为个人犯罪

案件名称

陈某等走私普通货物（柴油）案①

裁判要点

公司设立后主要实施犯罪活动的，应认定为个人犯罪而非单位犯罪。

案情简介

2018年4月，海南LX实业有限公司（以下简称LX公司）法定代表人程某范（另案处理）聘请被告人陈某协助苏某礼（已判刑）为公司走私柴油转账、记账等财务工作，每月工资人民币3,500元和为其缴纳养老保险。按照苏某礼的安排，陈某使用其本人的工商银行账户、农业银行账户，以及苏某礼交给的孙某炳的工商银行账户、李某超的农业银行账户共四个银行账户对走私柴油购销款项进行收付并记录。具体工作内容如下：（1）在"×××1号"船出海接驳走私柴油前，受程某范等人指使，苏某礼将"大象"的收款账户告知陈某，安排陈某向"大象"的收款账户转账，并将转账的情况记录；（2）在"×××1号"船出海接驳柴油走私入境至海南后，在新埠岛新东大桥附近码头监督该船将走私的柴油卸驳至"××67号"船上，并对卸驳的柴油数量进行记录；（3）LX公司销售"×××1号"船从公海走私入境的柴油时，苏某礼与购油下家商谈价格等销售事宜后，通知陈某收取客户支付的购油款，主要是通过短信提示确认货款是否到账，将销售柴油的具体情况进行记录。在销售走私柴油过程中，陈某按照苏某礼的安排，在位于海口市海榆中线狮子岭附近的地磅点监督走私柴油的称重，将过磅单拍照发给苏某礼，并将过磅吨数进行记录。此外，陈某还对"×××1号"船在海上直接销售给其他船只的走私数量进行记录并收取油款；（4）按照苏某礼的安排，将"×××1号"船船员的工资及费

---

① 海南省三亚市中级人民法院（2020）琼02刑初36号刑事判决书，来源于中国裁判文书网，最后访问时间：2022年10月9日。

用转至郑某的账户，由郑某（另案处理）转付给船员。陈某还不定期与苏某礼核对转账记录，与郑某核对买卖油的记录，核对完毕后当即销毁账册。2018年4月至11月，被告人陈某以上述方式，参与走私柴油33船次，合计7,788吨，经海关计核，涉嫌偷逃应缴税款合计人民币19,347,984元。

法院依照《刑法》第153条第1款第3项、第3款、第25条第1款、第27条、第47条、第52条、第53条第1款、第61条、第64条、第67条第1款、最高人民法院、最高人民检察院《关于办理走私刑事案件适用法律若干问题的解释》第16条、最高人民法院、最高人民检察院、海关总署《关于办理走私刑事案件适用法律若干问题的意见》第22条、第24条、《刑事诉讼法》第15条、第201条之规定，判决如下：一、被告人陈某犯走私普通货物罪，判处有期徒刑4年6个月，并处罚金人民币15万元。二、追缴被告人陈某及同案犯违法所得人民币3,833.115万元，上缴国库。

裁判理由

被告人陈某的辩护人提出本案属于单位犯罪，在犯罪情节和罚金刑的判处上应有别于一般的个人犯罪，陈某最多是"其他直接责任人员"，建议对其处以3年以下有期徒刑，并适用缓刑，对其也不判处罚金的辩护意见，经查，根据最高人民法院《关于审理单位犯罪案件具体应用法律有关问题的解释》第2条的规定，个人为进行违法犯罪活动而设立的公司、企业、事业单位实施犯罪的，或者公司、企业、事业单位设立后，以实施犯罪为主要活动的，不以单位犯罪论处，故本案不属于单位犯罪，而属于自然人共同犯罪；辩护人提出的量刑建议也明显偏轻，不应采纳，故该辩护理由不能成立。

评析与辩点

《关于办理走私刑事案件适用法律若干问题的意见》第18条第2款规定，依照最高人民法院《关于审理单位犯罪案件具体应用法律有关问题的解释》第2条的规定，个人为进行违法犯罪活动而设立的公司、企业、事业单位实施犯罪的，或者个人设立公司、企业、事业单位后，以实施犯罪为主要活动的，不以单位犯罪论处。单位是否以实施犯罪为主要活动，应根据单位实施走私行为的次数、频度、持续时间、单位进行合法经营的状况等因素综合考虑认定。据此，本案判决认定陈某等为个人犯罪应无疑义。

除单位成立后一直从事走私犯罪活动的情形之外，我们认为还有些情形值得探讨，对于单位成立后一直进行合法经营，偶尔从事走私犯罪活动的，应认定为单位犯罪；单位成立后，进行过合法经营，但在一个相对确定的时期内停止了该种经营而主要从事走私活动，并且次数较多的，应以个人走私论处。[①] 但是，将为实施走私犯罪而成立单位这种情形一概认定为个人走私的观点是否合理呢？ 我们认为值得进一步研究。如果某人为了进行违法犯罪活动而专门设立了一家公司，在设立之初做了一小单走私犯罪（刚够起刑点）之后就幡然醒悟，其后几年来一直干的都是合法生意，如果要将这种情形认定为个人犯罪恐怕不太合理。我们认为，其实确立一个标准就可以了，即单位成立后以实施犯罪为主要活动的，不以单位犯罪论处。关于"主要活动"的判断标准，我们认为，只要走私活动涉及的营业额在进出口总营业额中金额比例过半就可认定为以实施走私犯罪为主要活动。

---

① 参见路红青："论走私普通货物、物品罪"，武汉大学 2010 年博士学位论文。

39. 特定情形下单位分支机构可被认定为单位犯罪主体

案件名称
中山 HJ 公司业务四部走私普通货物（牛皮）案

裁判要点
特定情形下单位分支机构可被认定为单位犯罪主体。

案情简介

2000 年前后，被告人何某某、方某某、杜某某、缪某某合股承包被告单位中山 HJ 公司业务四部（以下简称"HJ 四部"），其中何某某担任经理并主管全面工作，方某某负责报关业务。2008 年至 2012 年期间，HJ 四部在何某某的提议下，由方某某、杜某某、缪某某集体同意，决定不按实际成交价报关进口牛皮，进口方式包括自营、代理报关进口、代购等方式。在进口牛皮的过程中，何某某参照海关内部估价，指使陈某等人制作虚假的合同、发票、装箱单等单证资料，然后交由方某某以中山 HJ 公司的名义报关，杜某某负责从银行赎回原始单证及汇款，缪某某负责办理动植物检验检疫许可证，造成大量进口牛皮低于实际成交价通关入境，经海关核定，偷逃应缴税款共计人民币 51,635,120.29 元，其中陈某经手的货物偷逃应缴税款共计人民币 50,005,044.5 元。其间，金某某在明知被告单位 HJ 四部采取上述方式进口牛皮的情况下，为 HJ 四部联系 XY 公司、GX 公司等客户，参与偷逃应缴税款共计人民币 31,158,932.15 元。

一审法院依照《刑法》第 153 条第 2、3 款、第 30 条、第 31 条、第 26 条第 1、4 款、第 27 条、第 72 条、第 64 条之规定，判决如下：一、被告单位 HJ 四部犯走私普通货物罪，判处罚金人民币 5,200 万元；二、被告人何某某犯走私普通货物罪，判处有期徒刑 11 年；三、被告人方某某犯走私普通货物罪，判处有期徒刑 6 年；四、被告人金某某犯走私普通货物罪，判处有期徒刑 4 年 6 个月；五、被告人杜某某犯走私普通货物罪，判处有期徒刑 3 年；六、被告人缪某某犯走私普通货物罪，判处有期徒刑 3 年，缓刑 5 年；七、被告人陈某犯走私普通货物罪，判处有期徒刑 2 年 2 个月。附加刑略。二审法院对此予以了维持。

⚖ 裁判理由

本案证据证实何某某与中山 HJ 公司签订承包经营合同，承包经营 HJ 四部，HJ 四部独立核算，自负盈亏。何某某是 HJ 四部的经理并主管全面工作，组织、指挥 HJ 四部以低报价格方式申报进口货物，属于 HJ 四部单位走私犯罪直接负责的主管人员。综上，HJ 四部、何某某提出原判认定事实、适用法律错误意见不成立，不予采纳。其他内容略。

🦗 评析与辩点

一般来说，要成为一个单位应具备四个条件：第一，依法成立；第二，有自己的资产；第三，能够以自己的名义独立对外从事活动；第四，能够以自己的名义享受权利并承担法律责任。但认真加以研究，就会发现其中有些条件其实并非十分严格。如针对第一点，能否因为某公司（已成立）当年虚报注册资本就否认其为一个单位呢？我们认为，该公司的单位资格是不能这么轻易否认的。关于第二个条件也已受到冲击，2001 年最高人民法院公布的《全国法院审理金融犯罪案件工作座谈会纪要》强调，不能因为单位的分支机构或者内设机构、部门没有可供执行罚金的财产，就不将其认定为单位犯罪，而按照个人犯罪处理。由此可见，上述四个条件也只是作为判断一个主体是否为单位的通常标准而已，并非绝对标准。

单位的分支机构或者内设机构、部门实施走私犯罪，实践中情况比较复杂，需要运用单位犯罪主体资格的一般条件进行具体分析，不能一概而论。一般而言，可从两方面入手进行考察：首先，要从形式审查入手，看这些分支机构或者内设机构、部门是否依法成立、是否具有独立的决策权和一定范围内的财产处分权；其次，要注重实质审查。看是否以该分支机构或者内设机构、部门的名义实施犯罪行为，违法所得归分支机构或者内设机构、部门所有。

关于内设机构以自己的名义实施犯罪能否构成单位犯罪这一问题是有争议的，主要存在着两种观点：

第一种观点认为，应当追究内设机构所在单位的刑事责任。因为单位内设机构虽然以自己的名义实施了犯罪行为，但该内设机构并不具有法人资格，甚至也没有单独的营业执照，将内设机构认定为单位犯罪，不利于后续刑罚措施中罚金刑的实际执行。①

第二种观点认为，如果单位内设机构以自己名义实施了犯罪活动，并且犯罪收益主要归属于该内设机构，就应该以其作为犯罪主体追究刑事责任。理由主要有三：一是单位内设机构虽然不具有独立的法人资格，但是其具有相对独立性，能够从事一定的生产、经营活动，并且具有一定的资产，如果不将其实施的犯罪行为认定为单位走私犯罪，不仅不利于打击经济犯罪，还不利于规范和稳定社会经济秩序。二是根据刑法犯罪构成的有关原理，刑罚只能针对产生犯意的主体而产生。单位内设机构犯罪的犯意体现的是该内设机构本身的独立意志，并不是其所属的单位的意志，因此，对内设机构定罪处罚完全符合刑法的构成要件。三是单位内设机构的犯罪所得通常归于内设机构本身，如果处罚单位则不符合罪责刑相适应的刑法基本原则。

结合上述观点，我们在此将分支机构、内设机构和部门能否成为单位走私犯罪主体的问题分析总结如下：

第一，由于我国刑法规定的是"单位"而不是"法人"犯罪，因此那些虽不具备法人资格，但是能够独立承担法律责任的单位内设机构可以成为单位犯罪的主体。

第二，当内设机构和其所在单位（如分公司与总公司）共同实施犯罪行为时，应该具体问题具体分析：若总公司实施走私犯罪活动，而分公司自己决定以单位的名义参与其中，且参与违法犯罪所得分配的，应该认定为单位犯罪，构成总公司走私犯罪活动的共犯；若分公司实施的走私犯罪活动不是其自己决定的结果，而是由总公司决定的，并且分公司主要起到协助总公司的作用，并未与总公司一起参与违法犯罪所得分配的，对该分公司不以单位犯罪论处，但应对需要追究刑事责任的分公司中的有关责任人员，比照总公司走私犯罪中的有关其他直接责任人员的处罚处理。②

最高人民法院对此问题亦有明确，认为单位内设机构或内设部门是可以成为单位犯罪主体的，并将单位分支机构等成立单位犯罪的条件进一步简化为

---

① 类似见解参见王良顺：《单位犯罪论》，中国人民大学出版社2008年版，第145页。
② 参见赵永林："走私犯罪研究"，西南政法大学2012年博士学位论文。

名义标准及收益归属标准两个判断标准，也即不具备法人资格的单位的分支机构或者内设机构、部门，以该分支机构或者内设机构、部门的名义实施犯罪行为，违法所得归分支机构或者内设机构、部门所有的，可以单位犯罪追究其刑事责任。

回到本案，HJ四部系中山HJ公司的分支机构，而何某某与中山HJ公司签订承包经营合同，承包经营HJ四部，由何某某来担任HJ四部的负责人即经理，由HJ四部独立核算，自负盈亏。由此可见，HJ四部所进行的是一种拥有高度自主权和独立性的承包方式，也就是说HJ四部在公司里做事情完全可以自己说了算。因此，何某某决定要按照什么方式进口货物也是自己说了算，并且将自己的意志转化成为HJ四部的意志；其后何某某的一系列行为也已不是个人行为或代表中山HJ公司的行为，而是在HJ四部意志支配下的单位犯罪行为。其实说到底，还是要看行为体现了谁的意志，这才是判断犯罪主体的唯一本质特征，如果是体现了分支机构的意志，哪怕不是以分支机构的名义而是盗用公司的名义，也可能成立分支机构的单位犯罪。类似案例有G公司机电部走私普通货物案，在该案中，G公司机电部即假借了G公司的名义实施走私犯罪，但该机电部最终仍被法院认定为犯罪主体。[1] 同时，就犯罪所得的归属标准也不宜把握得太过。我们认为，该标准也仅仅是参考标准，最终仍然要以走私犯罪行为到底体现了谁的意志为准。有观点即指出，要注意避免以承包人从走私犯罪中间接获得了个人好处等为由将这类犯罪认定为个人犯罪。[2] 我们认为，这一观点是正确的。

---

[1] 参见最高人民法院刑事审判第二庭编著：《〈最高人民法院、最高人民检察院关于办理走私刑事案件适用法律若干问题的解释〉理解与适用》，中国法制出版社2015年版，第381～383页。

[2] 同上，第389页。

40. 特定条件下单位一般工作人员的意志可上升为单位意志

案件名称

上海某公司涉嫌走私普通货物（天然气发动机）案[①]

案情简介

2006年起，上海某公司在进口天然气发动机的过程中，公司负责人李某指使该公司负责进出口业务的员工樊某在进口报关时，将天然气发动机（关税税率18%）伪报成柴油发动机（关税税率5%）。樊某在报关过程中，除按李某的授意伪报品名外，还擅自低报货物价格。至案发，该公司通过伪报品名偷逃税额人民币382万余元，此外，樊某采用低报价格偷逃税额人民币42.5万元，李某对此并不知情。

评析与辩点

一、单位一般工作人员意志在何种情形下可上升为单位意志？

我们认为，单位一般工作人员在职权范围内为了单位利益决定实施单位犯罪是单位犯罪意志的形成形式之一。这是因为：

第一，单位一般工作人员在其职权范围内为了单位的利益所实施的行为是职务行为。单位赋予单位一般工作人员的职权其实就是单位对其一般工作人员的授权，当单位一般工作人员行使其职权时，其所作出的决定（包括犯罪的决定）当然应当视为单位意志的体现，其犯罪行为当然也应视为单位的行为。因此，当单位一般工作人员在其职权范围内为了单位的利益决定实施犯罪时，其实施犯罪的决定就是单位犯罪意志的形成形式。正如有的学者所言："在判断某一个人的行为是否为单位自身行为时，不能仅仅根据该行为是否经过单位负责人的同意或单位集体的同意，有时尽管没有经过单位负责人同意，但该行为符合单位业务活动的政策、规定或操作习惯时，也应将该行为视为单位自身

[①] 参见贺卫等："单位走私犯罪法律适用若干问题探讨"，载《政治与法律》2009年第4期。

的行为。"[1] 日本学者大谷实说得更为直接，其认为基层员工的行为是否可视为单位行为关键在于看其是否基于法人的意思而实施，而不要求其他条件。[2]

第二，单位犯罪意志的形成过程就是单位犯罪决策的过程。以决策的性质为标准，组织决策可以分为战略决策、管理决策与业务决策。对于规模较小、组织结构层次较少的单位来说，单位的决策机构或者负责人员可能会对带有管理决策或者业务决策、短期决策性质的单位犯罪作出决策，但是对于规模较大、组织结构层次复杂的大型公司、企业来说，单位的决策机构或者负责人的决策往往只是战略决策、高层决策和长期决策，至于管理决策或者业务决策、短期决策则由单位内部不属于单位决策机构或者单位负责人的部门或者工作人员作出。如果我们将单位犯罪意志的形成形式只限定为单位决策机构或者负责人决定这一种形式，那么就可能会缩小单位犯罪的范围。

第三，对于单位一般工作人员在职权范围内为了单位的利益决定实施犯罪的情形，要求事后经单位决策机关或者负责人所认可，无非是想让这种情形与单位的整体犯罪意志相联系。但是，正如对这种观点持反对意见者所言，即使单位决策机构或者负责人员对单位一般工作人员在职权范围内为了单位的利益决定实施犯罪的情形予以认可，那也只能是事后的认可，表明的是一种事后的主观心理态度，而这种事后的主观心理态度因为违反主客观相一致原则以及行为与责任同时存在原则，不能成为支配单位行为的单位故意，单位的犯罪意志绝不是一种事后的故意，因为此时单位一般工作人员履行其职责的行为，就是单位意志和单位行为的体现。况且，在司法实践中，在对犯罪行为追究刑事责任时，必须考虑单位认可与否、证言的真实性以及相关证言与单位的利害关系，因为从司法实践来看，有的单位为了推脱罪责总是极力证明行为人的行为超出了授权的范围。

综上所述，我们认为，单位一般工作人员在职权范围内为了单位利益决定实施犯罪是单位犯罪意志形成的形式之一。当然，在司法实践中，如何确定单位工作人员的职权范围则是另外一个问题，对此，应当根据单位的规章制度、组织结构、权力结构、权力的实际分配、运用和单位管理的惯例等进行综

---

[1] 参见黎宏："单位犯罪的若干问题新探"，载《法商研究》2003年第4期。
[2] 转引自黎宏：《单位刑事责任论》，清华大学出版社2001年版，第110页。

合考量。① 有学者还指出,"企业组织体责任论"认为,普通员工的行为,要求具有业务或职务上的关联性,哪怕其行为并非为了单位利益,但如果单位为了防止这类行为已经采取了具体措施时,则单位无过错,不负刑事责任。②

二、本案犯罪主体该如何认定?

本案的分歧主要在于樊某擅自决定以低报价格偷逃税款的行为应认定为单位犯罪还是个人犯罪,或者说樊某作为一般工作人员,其为了单位利益、以单位名义实施犯罪的行为是否代表单位意志。

第一种观点认为,低报的部分应认定为个人犯罪,樊某的行为不代表单位意志。其主要依据为:单位犯罪主观上的本质特征是单位意志的整体性,而单位的犯罪意志或通过单位领导集体决策形成或通过单位或部门负责人决策形成。一般工作人员以单位名义、为单位的利益进行的违法行为,需得到单位事后追认,否则只能认定为个人行为。樊某作为公司的一般工作人员,其低报的行为既非经公司集体决策,也未由单位负责人李某授意,事后也没有得到李某的追认,故其行为不能代表单位,无法体现单位的整体犯罪意志。

第二种观点认为,低报的部分可以认定为单位犯罪,理由主要有以下两点:(1)樊某的低报行为系以单位名义实施,目的是降低单位成本,违法利益也归属于单位,符合单位犯罪构成要件中以单位名义、为单位谋利的要求;(2)樊某在该公司主要负责进出口业务,其在进出口环节中以单位名义、为单位谋利益的行为可以代表单位的整体意志,应当认定为单位犯罪。

我们同意后一种观点。如前所述,对于单位一般工作人员在职权范围内为了单位的利益决定实施犯罪的情形,不需要事后经单位决策机关或者负责人追认,单位的犯罪意志绝不是一种事后的故意,因为此时单位一般工作人员樊某履行其职责的行为就是单位意志和单位行为的体现。虽然其在公司与李某地位不一样,但由于人手和层级有限,樊某负责的报关一块自己还是拥有极大的自主决策权的,无论是对合法、非法还是灰色地带擦边球式的决策而言,都是如此。当"职"与"权"统一的时候,有职必有权,用权须有职;但当"职"与"权"不统一的时候,有"职"者未必有"权",而无"职"者未必无"权"。

---

① 参见石磊:"单位犯罪意志研究",载《法商研究》2009 年第 2 期。
② 参见谢治东:《单位犯罪中的个人刑事责任研究》,法律出版社 2014 年版,第 102 页。

我们认为，当"职"与"权"不统一的时候，"权"比"职"更重要，更能体现单位的意志。① 正如有学者指出的："法人故意犯罪整体意志的形成，不局限于哪个层次、某个人员，只要是法人成员，在一定条件下，都可能成为法人的整体意志。"② 本案中，樊某虽然只是普通员工，但根据该公司的分工授权及操作惯例，樊某就某些领域的事项实实在在拥有了相当的决策权；而且也无证据显示该公司为反对或防止这类违法犯罪行为制定过相应规定并贯彻落实，事实上，该公司不但没有建立和完善法律风险防控机制，李某反而还在授意樊某操作伪报品名这种与伪报价格类似的违法犯罪行为。同时，从表现形式来看，樊某的申报活动也是以单位名义进行的，目的也是降低单位成本，而且其违法所得也是归属于单位的。因此，本案走私犯罪主体应认定为樊某所在公司。

---

① 参见贺卫等："单位走私犯罪法律适用若干问题探讨"，载《政治与法律》2009 年第 4 期。
② 参见左卫民等："析法人犯罪之构成"，载《人民检察》1996 年第 5 期。

41. 特定条件下（单位分支机构负责人超越职权协助他人走私）宜将分支机构认定为走私犯罪的协助主体

案件名称

吴某某等走私普通货物（皮料）案[①]

裁判要点

未经单位负责人批准、超越公司经营范围且单位未获利的情形，不应认定为单位走私犯罪。

案情简介

2013年三四月间，被告人吴某某为牟取个人非法利益，接受施某铺（另案处理）的请托，并征得其所在单位HG公司码头（非海关设关地）经理即被告人陈某甲的同意后，以每船每个40尺柜或2个20尺柜收取人民币4,000元费用的条件，在未向海关申报及未依法缴纳进口税款的情况下，先后多次擅自将施某铺偷运入境的集装箱货柜卸载于码头。被告人陈某甲明知上述卸载集装箱行为违反码头管理制度、经营范围和业务流程，且被告人吴某某收取的相关高额费用不符合行业规定，仍徇私情为被告人吴某某多次组织被告人许某等人从事上述违规卸货行为提供帮助。被告人许某明知集装箱卸载等业务违反码头上述规定和流程，仍接受被告人吴某某和陈某甲的安排，积极参与上述违规卸柜行为，并从被告人吴某某处获取个人非法利益。上述偷运入境的集装箱货柜从码头卸货后，由施某铺安排人员运至某物流公司等货场。被告人施某玉在明知上述货物来源于境外，且以非正常报关纳税方式走私进口的情况下，仍多次接受施某铺的安排，前往某物流公司等货场清点货物，联系车辆将涉案进口货物发送至各地交给货主，并负责将腾空的集装箱运往深圳及支付相关费用。

[①] 福建省厦门市中级人民法院（2014）厦刑初字第40号刑事判决书、福建省高级人民法院（2015）闽刑终字第88号刑事裁定书，来源于中国裁判文书网，最后访问时间：2022年10月9日。

上述期间，被告人陈某乙受他人委托拟以"包通关"方式从境外进口皮料292箱，遂将该业务居间介绍给此前认识的施某铺，商定由施某铺以"皮料通关费"每吨3万元的价格将货物从香港非法运输入境。同年4月2日，被告人陈某乙经与施某铺等人联系后，通知货主将292箱皮料送至指定的香港重柜场。同月14日，施某铺通过码头成功卸载装有99箱皮料及其他货物的集装箱货柜，并安排人员发送给货主。后施某铺又将装有103箱皮料及其他货物的集装箱货柜于同月4日以转口贸易方式由香港出口到台湾高雄港，并于同月15日申报从台湾高雄港转口贸易到菲律宾，但实际上将该批货柜运至码头。被告人吴某某、陈某甲按照上述模式，组织被告人许某等人将该批集装箱卸载上岸，后该批集装箱被施某铺安排人员运送至某物流公司的货场。被告人施某玉到场清点货物后，于同月17日安排货车司机将其中103箱走私进口皮料货物分运至厦门某仓库，并通知陈某乙接货。尔后，被告人陈某乙等人在某仓库接收该批货物时，被海关缉私局当场查获。经鉴定，查获在案的上述103箱皮料为美洲水貂皮13,932张和浣熊皮5,882张。经计核，上述皮料价值合计人民币11,801,680元，偷逃应缴税款人民币2,375,338.57元。

法院依照《刑法》第153条第1款第2项、第25条第1款、第27条、第67条第3款、第68条、第72条、第64条及《关于办理走私刑事案件适用法律若干问题的解释》第16条第1款之规定，判决如下：一、被告人吴某某犯走私普通货物罪，判处有期徒刑4年6个月，并处罚金人民币25万元。二、被告人施某玉犯走私普通货物罪，判处有期徒刑4年，并处罚金人民币15万元。三、被告人陈某乙犯走私普通货物罪，判处有期徒刑3年6个月，并处罚金人民币15万元。四、被告人陈某甲犯走私普通货物罪，判处有期徒刑3年，缓刑5年，并处罚金人民币10万元。五、被告人许某犯走私普通货物罪，判处有期徒刑3年，缓刑3年，并处罚金人民币3万元。附加刑内容略。

⚖ 裁判理由

首先，本案集装箱走私卸货行为虽系经码头经理陈某甲同意，但陈某甲并未就此事向所在单位总经理等上级领导汇报，而是徇私擅自作出决定。其次，涉案集装箱装卸业务已超越码头的经营范围，该码头及工作人员无法按照正常业务流程操作，陈某甲、吴某某、许某所实施的相关涉案行为或超越本身职权或违反正常职责。最后，被告人吴某某、陈某甲、许某参与本案走私的违法所得均由个人私分或占有，至案发时所在单位尚未获取任何利益，依法不能认定为单位犯罪。针对其他事项的裁判理由略。

评析与辩点

首先，我们认为，涉案走私行为不能归属于 HG 公司及码头公司。因为码头公司虽是独立法人（与 HG 公司均系 HN 公司的全资子公司），但陈某甲并非该码头公司的负责人，其仅仅是码头作业区负责人，仅负责调度、作业、安全等生产性工作，而人事、财务、合同等经营性管理工作及重大事项是由李某国（码头公司法定代表人及 HG 公司总经理，码头公司的人事、财务、合同等经营性管理与 HG 公司合署办公）及 HG 公司总经理办公会负责。但陈某甲从未向李某国及总经理办公会汇报过走私一事，而且在码头卸载国际货物集装箱也超越了陈某甲的职责范围及该码头的核准业务范围。因此，涉案行为没有代表 HG 公司及码头公司的意志，不能归属于它们。

其次，我们认为，作业区应具有分支机构的地位。当然，可能有人会提出，码头公司或码头本身就是被作为作业区进行管理的，并不存在下设的一个单独的作业区作为码头公司或 HG 公司的分支机构。但在公司运营中，作业区是实际存在的，而且作业区也并非码头公司的全部，同时，作业区具有相对独立性，陈某甲系作业区负责人，并具有较大的管理权和决策权，这也是码头工作人员都承认的事实，因此，我们认为该作业区可以作为码头公司或 HG 公司的分支机构来对待。

最后，我们认为，陈某甲的行为应被认定为作业区的单位行为而非个人行为，作业区应被认定为走私犯罪的协助主体，作业区与吴某某等人构成共同犯罪。理由主要有四：第一，一般来说，确定分支机构领导的意志是否为分支机构意志，关键就在于确定他的职责范围，只要符合其职责范围，其所从事的行为就应当认定为职务行为。但这话反过来推却未必成立，我们不能说，凡是超越职权或有徇私的行为都不是职务行为，正如管理单位资金虽然是单位领导的职权，而单位行贿罪的行贿行为肯定也属于超越单位领导职权范围的行为，但这并不妨碍单位行贿罪的成立。我们应当看到，陈某甲的行为是具有业务相关性的，因为从一般意义上来说，对水上运输货物的卸货行为是具有码头业务相关性的，因此，对待单位犯罪中的职务范围或业务范围不宜持太过绝对的观点。当然，如果是与业务毫无关联性的行为，一般不宜认定为单位行为。正如有观点指出的，业务关联性是法人犯罪的本质特征之一。日本的法人犯罪立法都强调法人成员行为的业务性，都有"在该法人及个人的业务上"或"因执行业务"的类似规定。如果法人成员的行为与其业务范围没有关联性，则不能视为法人犯罪。[1]第二，从各方面客观表现来看，陈某甲的行为也的确体现了其人事管理及生产管理等职权。从其向其他码头借吊具、组织作业区总调度许某提供协助、每次卸货都到现场进行指挥、默许作业区几个员工帮助卸货等来看，的确是运用了其管理职权，虽然有人表示知道这不是在帮公司做日常工作，但并没有表示这不是在帮作业区做事。而且，许某等人称自己为什么要为走私提供协助，主要是考虑到陈某甲系作业区及公司领导，所以才会这么干，主要因素并不是因为朋友义气或想得到个人好处等，这些也都是体现分支机构意志的因素。第三，从名义要素的角度来看。陈某甲无论是调配人员还是向别的码头借吊具或是表示要与港口管理局协调有关违规操作的事情，无一不是以公司领导或作业区领导的名义出现的，而不是以个人名义出现的。第四，从犯罪所得归属的角度来看。作业区总调度许某称，每次卸货后，吴某某会支付给其3,500元报酬。吴某某指出其中1,500元是给其个人的报酬，另外2,000元是码头费（码头吊机等机器开动运作的费用），但因上述集装箱靠泊并未按照规定记录，该费并不能入其司码头费账目，其便在第一次收款的次日就2,000元如何处理事宜问询陈某甲，陈某甲表示先放在其处，故该部分钱款至案发时还暂存于其处。我们分析，如果每次卸货后获得的2,000元费用陈某甲想要的话，是很容易办到的事情，正常他也会很快拿走，但其并未这么说，也没有拿走、没有做特殊交代，这就证明其并不是想获取个人好处。而且，如果是因为借了其他码头的吊具需要支付折旧费或劳务费的话，他也会有所安排的，但在案证据并没有这方面的体现，这就证明这笔费用不需要支付给其他码头。又因

---

[1] 参见谢治东："法人犯罪立法的国际经验及其中国的借鉴"，载《法治研究》2013年第8期。

为是违规操作，因此，该笔费用是不能入公司账目的，因此肯定也不是归属于码头公司或 HG 公司。综上，我们倾向于认为，该笔费用是归入作业区的"小金库"来实际管理和使用了，这应该也最符合陈某甲供述之本意和正常的经验逻辑。至于在其中，参与的员工单独得了一些酬劳，我们认为这并不能影响单位犯罪的成立。[①]因此，我们认为，本案判决值得商榷。

[①] 类似见解，参见最高人民法院刑事审判第二庭编著：《〈最高人民法院、最高人民检察院关于办理走私刑事案件适用法律若干问题的解释〉理解与适用》，中国法制出版社2015年版，第389页。

42. 单位与个人共同走私已超过个人起刑点但未达到单位起刑点的情形应如何处理？

案件名称

TZX 公司与黄某共同走私普通货物（汽车）案[①]

案情简介

2005 年 10 月，TZX 公司办理进口 1 辆某牌汽车业务，总经理彭某在明知进口车辆真实成交价格的情况下，出资委托黄某（社会人员）以冒充外商自带车、低报成交价格方式办理进口手续。犯罪嫌疑人黄某为 TZX 公司非法购买外商进境自带汽车申请表，委托某货运代理公司以外商自带车的形式办理进口手续。该辆汽车真实成交价格为 96,900 美元，海关估价后以 51,566.5 美元征税，低报价格 45,333.5 美元，偷逃税款人民币 21 万元，黄某从中获利人民币 3 万元。此案无法认定是单位还是个人起主要作用。处理结果不详。

评析与辩点

关于此案该如何处理共有四种观点，具体如下：

第一种观点认为，不应区分主从犯，应分别认定，仅追究个人的刑事责任。根据《关于办理走私刑事案件适用法律若干问题的意见》第 20 条的规定，[②] 分别按个人犯罪和单位犯罪标准处理则会出现如下结果：单位走私行为未达到起刑点（偷逃应缴税额 20 万元），彭某作为单位直接负责的主管人员则无需承

[①] 参见路红青："论走私普通货物、物品罪"，武汉大学 2010 年博士学位论文。

[②] 《关于办理走私刑事案件适用法律若干问题的意见》第 20 条规定，单位和个人（不包括单位直接负责的主管人员和其他直接责任人员）共同走私的，单位和个人均应对共同走私所偷逃应缴税额负责。对单位和个人共同走私偷逃应缴税额为 5 万元以上不满 25 万元的，应当根据其在案件中所起的作用，区分不同情况做出处理。单位起主要作用的，对单位和个人均不追究刑事责任，由海关予以行政处理；个人起主要作用的，对个人依照刑法有关规定追究刑事责任，对单位由海关予以行政处理。无法认定单位或个人起主要作用的，对个人和单位分别按个人犯罪和单位犯罪的标准处理。单位和个人共同走私偷逃应缴税额超过 25 万元且能区分主、从犯的，应当按照刑法关于主、从犯的有关规定，对从犯从轻、减轻处罚或者免除处罚。

担刑事责任，而黄某按个人犯走私普通货物、物品罪的规定承担相应的刑事责任。[①]

第二种观点认为，应统一认定为主犯，但仅追究个人的刑事责任。该观点是对《关于办理走私刑事案件适用法律若干问题的意见》处理方式的一种解读。该观点认为前述意见处理方式暗含着一个逻辑前提，就是不能区分主从犯即意味着单位和个人在共同犯罪中均起着重要作用，单位和个人均为主犯，本着从严打击主犯的政策要求，有必要对个人追究刑事责任。[②]

第三种观点认为，特定条件下应分别认定，仅追究个人的刑事责任。在单位与个人共同实行犯罪难以区分主次地位的情形下，如单位与个人共同出资、共同实行走私普通货物犯罪并按比例分成，此时作为共犯的个人再没有理由适用单位犯罪的法定刑受到宽宥处罚；作为共犯的单位也不能适用自然人犯罪的刑罚，因而只能各自适用相应的法定刑。[③]

第四种观点认为，单位及个人均不构成犯罪，均不应承担刑事责任。主要根据举证责任分配原则及事实存疑有利于被告人的原则。

上述第一种观点为实务部门的观点，如果适用这种观点，那么黄某按照《刑法》第153条第2款，很有可能被判处3年以上10年以下有期徒刑，而TZX公司却不构成犯罪，这种结果显然是有失公平的。当然，导致这种结果的原因是司法解释对单位犯罪和个人犯罪的起刑点规定不同，这充分说明单位和个人犯走私普通货物、物品罪起刑点不同是不合理性的；第二种观点将无法区分主从犯的所有情形一律认定为主犯，这是不符合客观实际的；第三种观点认为只要单位及个人双方都出资、实施实行行为且分成了，即使仍无法区分主从犯，对双方该如何认定及处理就不应该有事实上、证据上及法律上的困难和障碍了，这也是不符合客观实际的。因此，我们认为，上述观点均不合理。

我们赞同最后一种观点。我们认为，即使依照现行的司法解释，在案件

[①] 注意：该案件发生于2005年，此观点是建立在旧司法解释基础上的。根据《关于办理走私刑事案件适用法律若干问题的解释》的规定，个人走私起刑点已变更为10万元、单位走私起刑点已变更为20万元。

[②] 参见最高人民法院刑事审判第二庭编著：《〈最高人民法院、最高人民检察院关于办理走私刑事案件适用法律若干问题的解释〉理解与适用》，中国法制出版社2015年版，第425页。

[③] 参见邢冰：《单位走私犯罪若干问题研究》，中国人民大学2005年硕士学位论文。

处理上，依照现有证据对"无法认定单位或个人起主要作用"的，应坚持有利于被告人的原则，直接按单位行为认定为宜。因为对于犯罪人有罪、罪重的证据应是由公诉机关举证的，如果不能证明被告人有罪、罪重，那么就应对被告人认定为无罪或罪轻，而不能由被告人承担举证不利的后果。现行司法解释对于单位犯走私普通货物、物品罪的起刑点及刑罚都是轻于个人犯罪的，因此，如果公诉机关不能举证证明是个人犯走私普通货物、物品罪的，就应以单位行为认定，但由于尚未达到单位犯罪的起刑点，因此单位及个人均不构成犯罪。[1]

---

[1] 参见路红青："论走私普通货物、物品罪"，武汉大学 2010 年博士学位论文。

43. 单位走私犯罪共犯之间宜区分主从犯

案件名称

汇某公司、锦某公司等走私普通货物（皮料）案[①]

裁判要点

在共同犯罪中，被告单位汇某公司、锦某公司均非从犯，应当按照其在共同犯罪中所起的实际作用处罚。

案情简介

被告单位汇某公司成立于2010年10月27日，经营范围包括木材、仪器仪表等产品的批发、零售，法定代表人梁某，实际负责人朱某雄（另案处理），被告人周某系该公司的业务经理，负责联系公司代理进口事务。被告单位锦某公司成立于2010年5月20日，经营范围包括箱包、皮包等皮件制品的加工销售，法定代表人曹某，被告人高某甲系该公司的实际负责人。

2013年1月，通过朋友介绍，被告人高某甲认识了被告人周某后，二人在明知以"包税费"（包括香港商检费、装卸费、海运费、报关进口缴纳的全部税额等费用）的方式不足以支付进口盐湿牛皮相关税费的情况下，仍商定由被告单位汇某公司代理进口被告单位锦某公司在境外购买的盐湿牛皮，具体是：以一个20尺货柜（20吨为基准重量）为标准，由被告单位汇某公司以每个货柜人民币64,000元的价格"包税费"代理进口，如果货物总重量超过20吨，则按照超出的重量加收超重费。

2013年1月至2013年12月间，被告单位锦某公司先后从国外供应商处采购了86个货柜的盐湿牛皮（共重1,770,608.5千克），将其中自用于加工生产的12个货柜（共重249,953千克）的盐湿牛皮以上述"包税费"的方式委托被告单位汇某公司代理进口。被告人周某则与阮某（另案处理）联系，二人

[①] 广东省珠海市中级人民法院（2015）珠中法刑二初字第47号刑事判决书，来源于中国裁判文书网，最后访问时间：2022年10月9日。

商定以每个货柜人民币 62,000 元并加收超重费的"包税费"价格将上述 12 个货柜的盐湿牛皮转包给阮某代理进口。被告单位汇某公司从每个货柜中赚取人民币 2,000 元的差价。被告单位锦某公司采购的其余 74 个货柜的盐湿牛皮系代理香港 GX 公司订购，香港 GX 公司则通过朱某雄交由被告单位汇某公司代理进口。

上述 86 个货柜的盐湿牛皮采购完成后，被告人高某甲即安排其女儿高某乙通过电子邮箱将国外供货商提供的上述 86 个货柜的盐湿牛皮的原始发票、装箱单、提单等真实单据转发到被告单位汇某公司的电子邮箱，由该公司的童某接收并转发给朱某雄，朱某雄在香港接收上述货物后，转交给阮某指定的香港合某公司在香港对货物进行过磅、转柜，再由茂名 HYT 公司（另案处理）制作虚假单证，采取一般贸易低报价格的方式经广东省茂名市水东口岸将货物走私进境并送至鹤山 JXL 公司（另案处理）的仓库和被告单位汇某公司租用的位于广东省佛山市南海区罗村的公仓，由被告单位汇某公司通知货主提货，并向货主和阮某结算代理费用。

2013 年 9 月至 2014 年 1 月，经被告人周某与 JXL 公司法人代表关某甲（另案处理）商谈并负责跟进，由被告单位汇某公司以每个货柜约人民币 40,000 元"包税费"的价格代理 JXL 公司进口盐湿猪皮，上述货物的国外采购原始发票、装箱单等真实资料均由嘉某隆公司电子邮箱发至汇某公司电子邮箱，被告单位汇某公司再以每个货柜人民币 39,000 元的价格转包给阮某，为 JXL 公司代理进口 8 个货柜的盐湿猪皮共重 144,000 千克。

综上，被告单位汇某公司走私盐湿牛皮共重 1,770,608.5 千克、盐湿猪皮共重 144,000 千克。经海关关税处计核，上述货物完税价格为 35,171,923.46 元，偷逃应缴税额为 6,589,530.99 元（其中，被告单位锦某公司 12 个货柜的盐湿牛皮共重 249,953 千克，完税价格 3,268,154.17 元，偷逃应缴税额人民币 609,510.77 元；JXL 公司 8 个货柜的盐湿猪皮共重 144,000 千克，偷逃应缴税额人民币 153,614.98 元）。

法院根据《刑法》第 153 条第 1 款、第 2 款，第 30 条、第 31 条、第 25 条第 1 款、第 26 条第 1 款、第 4 款、第 67 条第 1 款、第 3 款、第 64 条、第 61 条、第 62 条、第 72 条、第 73 第 2 款、第 3 款，《关于办理走私刑事案件具体适用法律若干问题的解释》第24条第2款的规定，判决如下：一、被告单位汇某公司犯走私普通货物罪，判处罚金人民币230万元；二、被告人周某犯走私普通货物罪，判处有期徒刑1年，缓刑1年；三、被告单位锦某公司犯走私普通货物罪，判处罚金人民币30万元；四、被告人高某甲犯走私普通货物罪，判处有期徒刑1年6个月，缓刑1年6个月；其他附加刑内容略。

⚖ 裁判理由

在走私被告单位锦某公司12个货柜的盐湿牛皮的犯罪中，被告单位汇某公司由其业务经理被告人周某并经其实际负责人朱某某决定，与被告单位锦某公司的实际负责人被告人高某甲联系后，共同决定以"包税费"的方式走私12个货柜的盐湿牛皮进境，获取的非法利益分别归二被告单位所有，根据上述法律规定，该宗犯罪应当认定为单位犯罪。被告单位锦某公司是该部分走私货物的货主，被告单位汇某公司接受被告单位锦某公司的委托后，在香港接收货物，并直接转包给阮某以"包税费"的方式代理进口，从中赚取差价，被告单位汇某公司、锦某公司在共同犯罪中分工明确，相互配合，二被告单位分别实施的行为是整个走私犯罪活动中不可或缺的环节，所起作用均非次要或辅助，不宜区分主从，应当按照其在共同犯罪中所起的实际作用处罚。被告人高某甲是对单位犯罪直接负责的主管人员，应以走私普通货物罪定罪处罚。

在走私JXL公司8个货柜的盐湿猪皮的活动中，被告单位汇某公司经其业务经营被告人周某联系，接受JXL公司的委托，直接转包给阮某以"包税费"的方式代理进口，从中赚取差价，被告单位汇某公司的行为是整个走私犯罪活动中不可或缺的环节，所起作用并非次要或辅助，其实施的行为是整个走私犯罪活动中不可或缺的环节，所起作用并非次要或辅助，不宜区分主从，应当按照其在共同犯罪中所起的实际作用处罚。

被告人周某系被告单位汇某公司的业务经理，是单位犯罪的其他直接责任人员，应当对上述12个货柜的盐湿牛皮和8个货柜的盐湿猪皮的走私犯罪后果承担刑事责任。

在走私香港GX公司74个货柜的盐湿牛皮的犯罪中，被告单位汇某公司接受香港 GX 公司的委托，直接转包给阮某以"包税费"的方式代理进口，从中赚取差价，被告单位汇某公司的行为是整个走私犯罪活动中不可或缺的环节，所起作用并非次要或辅助，其实施的行为是整个走私犯罪活动中不可或缺的环节，所起作用并非次要或辅助，不宜区分主从犯，应当按照其在共同犯罪中所起的实际作用处罚。针对其他事项的裁判理由略。

评析与辩点

实践当中，关于单位走私犯罪各单位共犯中是否要区分主从犯的问题，主要存在以下三种做法：

第一种做法，区分主从犯来认定。如上海倍某公司等走私普通货物案。[1] 在该案中，法院判决被告单位上海倍某公司、江苏久某公司均起主要作用，均是主犯，应当按照其所参与的全部犯罪处罚；被告单位上海祥某公司、上海 G 公司、被告人尹某甲、李某乙起次要作用，是从犯。

第二种做法，一概认定为主犯。如鑫某某公司等走私普通货物案。[2] 在该案中，两级法院裁判均认定鑫某某公司与 XD 公司之间及鑫某某公司与生某公司之间分别都构成主犯。

第三种做法，不区分主从犯，而根据各自实际情况来判刑。如本案中，法院判决即认定汇某公司、锦某公司均非从犯，应当按照其在共同犯罪中所起的实际作用处罚。

我们认为，上述问题应区分两类情形加以探讨：第一类情形，如果没有足以导致难以区分各共犯之间作用大小的案件事实疑问时，则应当根据案件实际情况区分主从犯来认定或者均认定为主犯；第二类情形，如果确实发生上述疑问时，则应当坚持事实存疑时有利于当事人的原则，均认定为从犯处理。在司法实践中，亦有类似判例以资借鉴，如某故意杀人案。[3] 该案中，甲、乙共同杀害了丙，但由于二人互相推卸责任导致该二人作用大小难以查清，公诉机关将该二人均列为主犯起诉，但法院判决最终将甲、乙均认定为从犯。如此判

---

[1] 江苏省南通市中级人民法院（2014）通中刑二初字第 00011 号刑事判决书。
[2] 福建省高级人民法院（2010）闽刑终字第 22 号刑事裁定书。
[3] 参见段启俊：《疑罪研究》，中国人民公安大学出版社 2008 年版，第 50 页、第 99 页。

决无疑是符合疑罪从宽的司法原则的。虽然该案既非走私犯罪,也非单位共同犯罪,但其法理与我们所要探讨的情形完全是相通的。

本案并不存在事实存疑的情况,因此,我们认为,本案宜根据实际情况来区分主从犯;而如果共犯各方作用大小相当的话,则均应认定为主犯。

44. 单位走私犯罪共犯之间应如何区分主从犯？

案件名称

上海倍某公司等走私普通货物（木料）案①

裁判要点

在共同犯罪中，被告单位上海倍某公司、江苏久某公司均起主要作用，均是主犯，应当按照其所参与的全部犯罪处罚；被告单位上海祥某公司、上海G公司、被告人尹某甲、李某乙起次要作用，是从犯，应当减轻处罚。

案情简介

2009年左右，为达到偷逃税款的目的，被告人顾某、丁某经商议决定，由被告单位上海倍某公司、江苏久某公司分别与香港万某公司签订虚假的来料加工合同，并在上海海关、南通海关骗领了来料加工贸易手册用于出口。2009年7月至2013年6月，被告人丁某安排被告人李某甲操作，使用骗领的来料加工贸易手册，将一般贸易方式的实木地板伪报成来料加工贸易方式出口，以偷逃应缴税款。为平衡来料加工贸易手册进出口额度，被告人顾某、丁某安排被告人商某、李某甲先后联系上海甲公司、上海A公司的被告人尹某甲、被告单位上海祥某公司的被告人周某甲、苏某及被告人李某乙作为实际使用人，用上述来料加工贸易手册，以上海倍某公司、江苏久某公司的名义进口栎木板材。被告单位上海G公司及被告人顾某、商某明知上海倍某公司、江苏久某公司、上海甲公司、上海A公司系走私普通货物，仍然以付汇、抵付货款方式帮助上述4家公司收取货款，偷逃应缴税款。经海关核定，上海倍某公司参与走私116单，共计偷逃应缴税款人民币3,239,948.5元；江苏久某公司参与走私46单，共计偷逃应缴税款人民币783,978.52元；上海G公司参与走私107单，共计偷逃应缴税款3,417,695.71元；被告人尹某甲参与走私26单，共计偷逃

---

① 江苏省南通市中级人民法院（2014）通中刑二初字第00011号刑事判决书，来源于中国裁判文书网，最后访问时间：2022年10月9日。

应缴税款人民币1,269,774.52元；上海祥某公司参与走私55单，共计偷逃应缴税款人民币606,231.31元；被告人李某乙参与走私15单，共计偷逃应缴税款人民币171,280.73元。具体如下：

1.被告人顾某、丁某于2009年左右决定将被告单位上海倍某公司一般贸易方式的实木地板出口贸易伪报成来料加工贸易方式出口，并指令上海倍某公司销售部经理被告人李某甲制作以香港万某公司为外方的虚假来料加工合同，向上海松江海关先后骗领了编号为"B2221932023×、B2221932035×、B2221032043×、B2221135018×、B2221135019×、B2221135051×"等6本来料加工贸易手册。后被告单位上海倍某公司从国内市场采购栎木实木地板坯料进行加工生产，通过该6本手册以来料加工贸易方式出口至法国、英国等地。被告单位上海G公司及被告人顾某明知该来料加工业务虚假，仍决定通过指令付汇、抵付货款等方式帮助上海倍某公司收取货款。经海关核定，被告单位上海倍某公司、上海G公司及被告人顾某、丁某、李某甲于2009年7月至2012年7月走私出口实木地板65单，共计偷逃应缴税款人民币1,679,976.61元。

2.被告人顾某、丁某于2012年决定被告单位江苏久某公司按照上海倍某公司模式，将一般贸易方式的实木地板出口贸易伪报成来料加工方式出口，并由被告人李某甲负责制作了以香港万某公司为外方的虚假来料加工合同，向南通海关骗领了编号为"B2329235007×"的来料加工贸易手册。后被告单位江苏久某公司即从国内市场采购栎木实木地板坯料进行加工生产，并通过该手册以来料加工贸易方式出口至法国、英国等地。被告单位上海G公司及被告人顾某明知该来料加工业务虚假，仍然通过指令付汇、抵付货款等方式积极帮助江苏久某公司收取货款。经海关核定，被告单位江苏久某公司、上海G公司及被告人顾某、丁某、李某甲于2012年10月至2013年6月走私出口实木地板16单，共计偷逃应缴税款人民币346,151.37元。

3.为平衡上海倍某公司来料加工贸易手册进出口额度，被告人顾某、丁某安排被告人李某甲通过上海G公司职工被告人商某联系上海甲公司实际经营人被告人尹某甲作为进口板材的实际使用人。上海甲公司及被告人尹某甲于2009年7月至2011年8月分别使用上海倍某公司骗领的编号为"B2221932023×、B2221932035×、B2221032043×、B2221135019×、B2221135051×"等5本来料加工贸易手册走私进口柞木板材24单,并在国内市场销售。被告人顾某、商某明知来料加工业务虚假,仍决定及帮助上海甲公司代收、代付走私进口板材国外货款。经海关核定,上海甲公司及被告人尹某甲、被告单位上海倍某公司、江苏G公司及被告人顾某、丁某、李某甲、商某走私上述地板板材共计偷逃应缴税款人民币1,269,774.52元。

4. 2011年5月,被告人尹某甲成立上海金某贸易有限公司,被告人尹某甲与被告单位上海G公司及被告人商某商定上海A公司仍然按照上海甲公司模式走私进口柞木板材。后上海A公司及被告人尹某甲于2013年2月至3月使用江苏久某公司骗领的B2329235007×号来料加工贸易手册走私进口柞木板材2单,并在国内市场销售。经海关核定,被告单位江苏久某公司、上海G公司及被告人顾某、丁某、李某甲、商某走私上述地板板材共计偷逃应缴税款人民币121,793.21元。

5. 为平衡来料加工贸易手册进出口额度,被告人丁某联系被告单位上海祥某公司的周某甲使用来料加工贸易手册的进口额度。被告人周某甲安排公司职工被告人苏某在黑龙江省绥芬河市联系手册实际使用人,后被告人苏某联系被告人李某乙及王某丙、王某丁、王某乙等人具体使用来料加工贸易手册进口柞木板材,并收取每车5,000元手册使用费。2011年6月至2013年1月,被告人李某乙及王某丙、王某丁、王某乙等人分别使用上海祥某公司提供的以上海倍某公司名义骗领的编号为"B2221135018×""B2221135051×"和以江苏久某公司名义骗领的编号为"B2329235007×"的3本来料加工贸易手册走私进口柞木板材55单,进口后部分板材被上海祥某公司收购,其余由李某乙、王某丙等人在国内市场销售。其中,被告人李某乙使用编号为"B2221135051×""B2329235007×"等2本来料加工贸易手册走私进口柞木板材15单。经海关核定,被告单位上海祥某公司及被告人周某甲、苏某,被告单位上海倍某公司及被告人顾某、丁某、李某甲走私上述地板板材共计偷逃应缴税款人民币290,197.37元;被告单位上海祥某公司及被告人周某甲、苏某,被告单位江苏久某公司及被告人顾某、丁某、李某甲走私上述地板板材共计偷逃应缴税款人民币316,033.94元;被告人李某乙参与走私上述地板板材共计偷逃应缴税款人民币171,280.73元。

根据《刑法》第153条第1款第1、2项、第25条第1款、第26条第1、4款、第27条、第30条、第31条、第64条、第67条、第72条第1款、第72条第2、3款、《关于办理走私刑事案件适用法律若干问题的解释》第24条、最高人民法院《关于处理自首和立功具体应用法律若干问题的解释》第1条之规定，判决如下：被告单位上海倍某公司犯走私普通货物罪，判处罚金人民币330万元；被告单位江苏久某公司犯走私普通货物罪，判处罚金人民币80万元；被告单位上海G公司犯走私普通货物罪，判处罚金人民币100万元；被告单位上海祥某公司犯走私普通货物罪，判处罚金人民币40万元。判决其他内容略。

裁判理由

被告单位上海倍某公司、江苏久某公司与香港万某公司签订虚假的来料加工合同，骗领来料加工手册，将一般贸易伪报成来料加工进出口板材。在此过程中，为了平衡来料加工手册贸易进出口额度，遂提出让上海甲公司、上海A公司负责人尹某甲、上海祥某公司负责人周某甲使用其进口额度，以可以免缴进口关税加以利诱，促使上海甲公司、上海A公司负责人尹某甲、上海祥某公司的周某甲、苏某产生了共同走私犯意，故被告单位上海倍某公司、江苏久某公司属犯意提起者，在申报进出口货物过程中两被告单位亦始终作为申报主体实施走私行为，在共同犯罪中起主要作用，系主犯，应当按照其所参与的全部犯罪处罚。被告人尹某甲、周某甲、苏某、李某乙及被告单位上海祥某公司尽管从中实际使用了来料加工手册进口货物，且从中获取了利益，但其犯罪行为属为上海倍某公司、江苏久某公司利诱所致，且为了上海倍某公司、江苏久某公司平衡来料加工贸易手册进口额度，故作为上海甲公司、上海A公司直接主管人员尹某甲、被告单位上海祥某公司及其负责人员周某甲、苏某、作为与被告单位共同犯罪的个人李某乙均起次要作用，系从犯，应当从轻、减轻处罚。被告单位祥某公司诉讼代表人及辩护人、被告人李某乙的辩护人所提上海祥某公司、被告人李某乙在共同犯罪中所起作用较小的意见成立，法院予以采纳。被告人顾某的辩护人所提被告人顾某在共同犯罪中属作用较小的主犯的辩护意见，因顾某作为上海倍某公司、江苏久某公司的法定代表人，两被告单位的走私行为均由被告人顾某决定,故辩护人所提被告人顾某属作用较小的主犯的辩护意见不能成立,法院不予采纳。被告单位上海G公司在共同犯罪中仅帮助上海倍某公司、江苏久某公司付汇、收取、抵付货款,亦起次要作用,系从犯,应从轻或减轻处罚。公诉机关认定被告单位上海G公司系从犯的指控成立,法院亦予采纳。针对其他事项的裁判理由略。

评析与辩点

一、判断主从犯的一般标准[①]

我们认为,一般情况下,以下六类人可以认定为主犯:一是造意者。共同犯罪中的犯意发起者或主导者往往是主犯,一般也具有很强的号召力或煽动力。二是组织者。组织者不仅起到居中牵线汇集各方力量的作用,而且在各方合作不畅时也能够发挥自己的特长去协调理顺关系,因此,组织者地位较为重要。三是指挥者。指挥者也就是决策者,合作中如有各种重大、疑难、复杂问题及方向性、前瞻性问题时往往需要指挥者来拍板,应当列为主犯。四是主要实行者。这些人虽然不像首犯那样在共同犯罪中起到组织、指挥、策划的作用,但却是共同犯罪的积极参加者,或者是犯罪结果的主要责任者,应当认定为主犯。五是主要出资人。这类人也就是主要的股东,没有主要股东的资助各方合作很难进行下去,因此应列为主犯。六是主要获利者。这类人不一定干了很多活或者也不一定是积极地在干,但其却是犯罪活动的主要受益人,也应列为主犯。总之,在共同犯罪中,从主客观两方面来看,对共同故意的形成或者共同犯罪行为的实施、共同犯罪结果的发生及共同犯罪结果的完成起主要作用的,就是主犯。具体说来,共同犯罪过程的主要作用者、共同犯罪因果流程的主要控制者、造成共同犯罪社会危害的主要原因者或共同犯罪的主要获利者一般可认定为主犯。[②] 此外,需特别注意的是共犯竞合的情形,如某起走私共同犯罪中的某丁既是教唆犯,又是实行犯,还是帮助犯,虽然每个角色单独看均起到次要作用,但综合起来评价,某丁在共同犯罪中起到的是主要作用,此时

[①] 参见贾宇:"主从犯认定中的若干问题",载姜伟主编:《刑事司法指南》2016年第1集(总第65集),法律出版社2016年版。

[②] 参见刘斯凡:《共犯界限论》,中国人民公安大学出版社2011年版,第168~173页;吴光侠:《主犯论》,中国人民公安大学出版社2007年版,第188~212页。

也应将其认定为主犯。

我们认为,从犯主要有以下七类人:一是犯意的附和者;二是起次要作用的教唆犯;三是次要实行者;①四是次要出资者;五是次要获利者;六是帮助犯;七是胁从犯。

我们认为,在认定主从犯的时候应注意考量以下五个原则:一是以划分主从犯为原则,以不划分为例外。二是主从犯的认定要综合把握、灵活对待。对于相同的行为在不同的案件中作用不一定相同。如同样是用摩托车运送犯罪人到目的地,这属于从犯中的帮助犯;但如果是在飞车抢夺案中,这样的行为则可能要被认定为主犯。②三是要根据整体作用大小而不是简单根据参与次数多少来认定主从犯。③四是不能简单地认为如果没有某个环节整个犯罪就无法进行,实行该环节者就是主犯。五是如果某人身上呈现出以上属于从犯当中的多重不同角色的情形,也可能经综合评判被认定为主犯。

二、走私犯罪中主从犯的认定标准

第一,货主或出资人应如何认定主从犯? 司法实践中一直都把共同走私中的货主列为主犯之一,并且作为打击的重点。但是,实践中存在多名货主共同出资的情形,各人出资的比例可能不同。如果多名出资人出资比例悬殊,对那些占有股份很少的出资人来说,虽然也参与密谋,但在决策、实施犯罪时影响力也较小,认定其在组织犯中起次要作用是符合实际情况的;也有法院以"未伪造单证、未直接实施通关、主观恶性较小"为由认定货主为从犯的;还有的司法机关提出"对于受专门的揽货人或主要从事运输环节的犯罪分子引诱,偷逃税额较小或者情节较轻的,不能因为其是货主就一律认定为主犯"。④

第二,受雇走私者应如何认定主从犯? 一般情况下这些受雇主安排为雇主走私货物的受雇者都应当认定为从犯。当前在深圳、珠海等地的口岸附近充

---

① 我们认为,次要实行犯具有三个特点:一是犯意形成中的被动性;二是行为的被支配性;三是行为造成的危害结果的较小性。
② 参见董邦俊:"刑法中的主犯研究",载《现代法学》2003年第5期。
③ 参见项谷等:"共同犯罪中主从犯的认定问题",载《犯罪研究》2009年第2期。
④ 参见吕友臣主编:《海关法律热点问题研究》,海天出版社2016年版,第87页。

当"水客",采取"蚂蚁搬家"的方式不断重复着小额走私的基本上属于这种情形。即使是职业水客、屡教不改,也不能因此否定其从属的地位。如果行为人受雇后为了更快、更有效地完成雇佣事项、获得较高报酬、减少自己的风险,另行纠集人员,或者积极筹集资金、联系货源的,其行为已经表现出较为明显的主动性、积极性,也具备了组织犯的特征,对造成走私的后果"贡献"较大,甚至有相对独立的作用,对其所组织的走私行为应当认定为主犯。如被告人甲受内地货主雇请到香港联系购买手表后,雇请被告人乙、丙等人将购得的手表偷带入境。乙、丙各利用自己的门路请了几十名"水客"频繁地往返香港与内地,先后共将数万只名表偷带到内地。该案中甲、乙、丙3人虽然都是受雇而实施走私犯罪,但从其受雇后所实施的行为看,又有继续组织他人参与犯罪的特征,显然就不应由于他们受雇实施犯罪而认定其属于从犯。正如广东省高级人民法院在有关指导意见中指出的,如果受雇后积极招募人员、联系交货、指挥航向或运输路线,或者负责报关、报检等事项的,不能因为其不是货主只是雇佣人员就一概认定为从犯。

第三,倒卖单证或手册指标应如何认定主从犯?倒卖单证、手册的人一般不参与他人走私的密谋组织,更没有参与其进口、申报的过程,他们在整个走私链条中的地位应当如何确定呢?倒卖单证、手册及指标与实施进口环节并虚假申报的行为人相比,在促使走私得逞方面的作用还是相对较小的,不宜认定为主要的实行犯,应认定为从犯为宜。

第四,对包税案件应如何认定主从犯?实践中,有法院将积极性很高的组织者或获利大的包税者认定为主犯,也有法院以"不直接从事通关,只赚取差价,获利较小"等为由认定为从犯,甚至还有没有列为当事人的情形。

第五,对揽货者应如何认定主从犯?实践中,有判例之裁判要旨认为,对单纯揽货者,或者既是揽货者又是部分货主的,只要没有参与制作虚假报关单据、拆柜拼柜藏匿、伪报低报通关的,按照其在共同犯罪中的作用和地位,也可以认定为从犯。[①]

以上各类走私案件,需要具体情况具体分析,需要结合各种因素综合考

---

① 参见中华人民共和国最高人民法院刑事审判第一、二、三、四、五庭主办:《刑事审判参考》2013年第4集(总第93集),法律出版社2014年版。

量,正如广东省高级人民法院在有关会议纪要中明确指出的,"鉴于走私犯罪形式多样,在办理具体案件时应根据案件所涉及共同走私行为的不同特点,准确认定共同犯罪中的主从犯,以体现罪责刑相适应的原则,确保罚当其罪"。

回到本案,我们认为,上海倍某公司、江苏久某公司既是货主又是犯意发起者、主要行为者(申报主体)及获利者,认定为主犯应无疑义;而上海G公司在共同犯罪中仅帮助上海倍某公司、江苏久某公司付汇、收取、抵付货款,起的是次要作用,认定为从犯也没有问题。上海祥某公司虽然一开始是被动参与进去的,但该行为一直持续了很多年,很难说其后这么多年的行为没有主动性或积极性,而且也有一些获利,同时,如前所述,次要实行犯的后两个特征分别是行为的被支配性及造成的危害结果较小,从目前其与涉案各方多年来的默契配合及造成的税款损失来看,应当说较难完全符合上述考量标准。综上,我们认为,如果从司法实务部门的一般性观点来看,上海祥某公司倒卖手册指标与实施进口申报环节的上海倍某公司、江苏久某公司相比,在促使走私得逞方面的作用相对较小,因此应当被认定为从犯。但如果从判断主从犯的一般法理的角度出发,也并非完全没有探讨空间。

45. 单位主从犯与直接责任人员主从犯关系应保持相对一致性

案件名称

鑫某某公司等走私普通货物（硅锰合金）案[①]

裁判要点

走私犯罪共犯中的单位主从犯与直接责任人员主从犯关系应保持相对一致性。

案情简介

2007年年底，时任生某公司中国办事处负责人的被告人翁某某通过被告人庄某居间联系，决定以交纳明显低于货物正常出口应缴税额及报关、海运费用的"包通关"方式，委托被告单位鑫某某公司以将应税货物伪报为非税货物的方式从厦门出口硅锰合金到印度尼西亚。出口具体事宜主要由庄某代翁某某与作为鑫某某公司法定代表人的被告人郑某某联系，庄某在收取生某公司中国办事处支付的每柜人民币1.8万元至2.3万元的通关费用后，向鑫某某公司支付每柜1.5万元至1.8万元的通关费，其间差价由庄某个人获得。自2008年1月至5月间，鑫某某公司将庄某委托其出口的13票合计35柜硅锰合金伪报成小荒料石出口。2008年5月14日，鑫某某公司为生某公司出口的最后1票5柜货物，因涉嫌走私被海关查扣。经关税部门核定，上述硅锰合金合计825.778吨，偷逃税款人民币1,705,440.80元（其中被查扣部分应缴税额为人民币257,666.40元）。

2008年3月左右，XD公司在得知翁某某系通过鑫某某公司以伪报品名方式"包通关"出口硅锰合金后，即由时任该公司福清办事处负责人的被告人王某某联系郑某某，商定以同样方式"包通关"出口硅锰合金。之后，自2008年3月至5月间，鑫某某公司收取每柜2.3万元通关费的价格，以伪报为小荒

[①] 福建省高级人民法院（2010）闽刑终字第22号刑事裁定书。

料石的方式为 XD 公司出口硅锰合金共 8 票 25 柜。2008 年 5 月 14 日，鑫某某公司为 XD 公司出口的最后 1 票 2 柜货物，因涉嫌走私被海关查扣。经关税部门核定，上述硅锰合金合计 600.04 吨，偷逃税款人民币 1,329,355.90 元。（其中被查扣部分应缴税额为人民币 84,854.70 元）。

原判认为，被告单位鑫某某公司、被告人郑某某、庄某、翁某某、王某某为牟取非法利益，故意违反海关法规、逃避海关监管，采用伪报品名的方式走私出口应税货物，偷逃应缴关税。其中，被告单位鑫某某公司参与了 17 票 51 柜硅锰合金的走私行为，偷逃税款人民币 2,665,270.70 元，数额特别巨大；生某公司参与了 13 票 35 柜硅锰合金的走私行为，偷逃税款人民币 1,705,440.80 元，XD 公司参与 8 票 25 柜硅锰合金的走私行为，偷逃税款人民币 1,329,355.90 元，均属数额巨大。被告人郑某某作为鑫某某公司走私犯罪的直接负责的主管人员、被告人翁某某作为生某公司走私犯罪的直接负责的主管人员、被告人王某某作为 XD 公司走私犯罪的直接负责的主管人员，均应承担本单位走私犯罪罪责，被告单位鑫某某公司、被告人郑某某、翁某某、王某某的行为均构成走私普通货物罪。被告人庄某参与走私硅锰合金 13 票 35 柜，偷逃税款人民币 1,705,440.80 元，数额特别巨大，其行为已构成走私普通货物罪。公诉机关对偷逃税款的计算有误，予以纠正。本案系共同犯罪。在被告单位鑫某某公司、被告人庄某及生某公司的共同犯罪中，生某公司提起犯意并以支付通关费的方式直接获取偷逃关税的非法利益，鑫某某公司直接实施走私行为牟利，均起主要作用，均系主犯；被告人庄某在上述两个单位的共同犯罪中，居间介绍、转达并从中牟利，起帮助作用，系从犯，对被告人庄某依法可减轻处罚。在被告单位鑫某某公司与 XD 公司的共同犯罪中，XD 公司提起犯意并直接获取偷逃关税的非法利益，鑫某某公司直接实施走私行为，均系主犯。鉴于被告人翁某某归案后能如实供述自己的犯罪事实且积极退缴绝大部分已偷逃税款；被告人王某某归案后能如实供述自己的犯罪事实且主动退缴全部已偷逃税款；被告人庄某归案后能供述自己的犯罪事实并主动退缴非法所得，有较好的认罪悔罪表现，且因鑫某某公司走私犯罪给国家造成的税款损失已大部分挽回，对被告单位及各被告人均可酌情从轻处罚并对被告人翁某某、王某某宣告缓刑。据此，作出如下判决：一、被告单位厦门市鑫某某公司犯走私普通货物罪，判处罚金人民币 100 万元；二、被告人郑某某犯走私普通货物罪，判处有期徒刑 10 年；三、被告人庄某犯走私普通货物罪，判处有期徒刑 4 年，并处罚金人民币 30 万元；四、被告人翁某某犯走私普通货物罪，判处有期徒刑 3 年，缓刑 5 年；五、被告人王某某犯走私普通货物罪，判处有期徒刑 3 年，缓刑 4 年；其他附加刑等内容略。二审法院除对走私数额有所微调外，对一审判决其他内容均予以维持。

裁判理由

上诉人郑某某及其辩护人关于鑫某某公司在共同走私犯罪中系从犯，上诉人作为单位犯罪直接负责的主管人员，也应负从犯的刑事责任的诉辩意见。经查，鑫某某公司在本案中以"包通关"的方式具体实施了伪报品名逃避海关监管的行为，在全案中起主要作用，原判认定其为主犯正确。郑某某及其辩护人的此部分诉辩理由不能成立，不予采纳。其他内容略。

评析与辩点

关于走私犯罪共犯中的单位主从犯与直接责任人员主从犯关系是否应当保持相对一致性主要有以下两种观点：

第一种观点认为，原则上应保持一致，但特殊情形下可以例外。如广州顺某汽车配件贸易有限公司等走私普通货物案。[1] 该案裁判要旨认为，对单位主要责任人员原则上应比照所在单位在共同犯罪中的地位和作用追究相关责任。具体来说，即认为如果所在单位被认定为从犯，但直接责任人员在共同犯罪中地位较高或者所起实际作用较大的，也可以按照主犯追究刑事责任；如果所在单位被认定为主犯，但直接责任人员在共同犯罪中地位较低或者所起实际作用较小的，也可以按照从犯追究刑事责任。

第二种观点认为，应保持相对一致性。如果单位是从犯，由于认定单位系从犯主要是根据其直接责任人员的地位、作用，故其直接责任人员均应认定为从犯；如果单位是主犯，由于单位内部直接责任人员的地位、作用尚有进一

---

[1] 参见中华人民共和国最高人民法院刑事审判第一、二、三、四、五庭主办：《刑事审判参考》2013 年第 4 集（总第 93 集），法律出版社 2014 年版。

步区分之可能，故其直接责任人员并不一概都是主犯，而且也不排除对直接责任人员的主从犯不作区分认定。①

我们原则上赞同第二种观点。第一种观点的问题在于：因为单位犯罪中单位才是独立的犯罪主体，而单位内部的直接责任人员仅是依附性受罚对象而已，就像从合同附着于主合同或者从行政行为依附于主行政行为一样，依附性对象具有派生性、从属性的特征，故其地位不应高于独立主体。因此，我们认为，如果所在单位被认定为从犯，那么其中的直接责任人员也只能被认定为从犯；反之，情形则会更复杂一些，如果所在单位被认定为主犯的，那么其中的直接责任人员如果只是一个人的话，只能被认定为主犯，如果是两个或两个人以上的话，按照现行规定，司法机关既可以选择在其中区分出主从犯，也可以选择不区分主从犯，而根据各自实际情况予以量刑。② 由此可见，第一种观点中的最后一句话也无法成立。而第一种观点中所述"如果所在单位被认定为从犯，但个人在共同犯罪中地位较高或者所起实际作用较大的，也可以按照主犯追究刑事责任"的情形，我们认为这其实是一个伪命题，如果真的发生直接责任人员在共同犯罪中地位高到或所起作用大到应当按照主犯追究刑事责任的情形，那么其所在单位就不属于从犯了，而应认定为主犯。正如有观点所指出的，"从犯单位中的自然人不能例外地认定为主犯，因该种例外对被告人是不利的，客观上也与事实和逻辑不符，故这种例外应当在明确禁止之列"。③

回到本案，郑某某及其辩护人提出鑫某某公司在共同走私犯罪中系从犯，而郑某某作为单位犯罪直接负责的主管人员，也应负从犯的刑事责任的辩护意见。我们认为，如果其主张的前提得以成立，那么其推理结论就完全正确，不

---

① 参见最高人民法院刑事审判第二庭编著：《〈最高人民法院、最高人民检察院关于办理走私刑事案件适用法律若干问题的解释〉理解与适用》，中国法制出版社2015年版，第431页。

② 其依据为2000年最高人民法院《关于审理单位犯罪案件对其直接负责的主管人员和其他直接责任人员是否区分主犯、从犯问题的批复》，该批复规定，在审理单位故意犯罪案件时，对其直接负责的主管人员和其他直接责任人员，可不区分主犯、从犯，按照其在单位犯罪中所起的作用判处刑罚。随后，2001年最高人民法院《全国法院审理金融犯罪案件工作座谈会纪要》也持类似观点。但我们倾向于认为原则上应区分主从犯或均认定为主犯，只有在有关事实存疑时方可例外。

③ 参见黄祥青："单位共同犯罪司法认定与处罚若干问题探讨"，载《人民司法》2003年第12期。

过,最终二审法院否认了其主张的前提。同时,两级法院裁判之逻辑思路还在于:鑫某某公司在共同走私犯罪中系主犯,郑某某作为其所在单位中唯一应当被追究刑事责任之直接负责的主管人员,也应将其认定为主犯。我们认为,这一裁判及理由是妥当的。

第4章
走私犯罪自首的认定

46. 单位自首的效果一般可自动及于直接责任人员

案件名称
冯某某等走私普通货物（海鲜）案[①]

裁判要点
单位走私犯罪中单位自首的效果一般可自动及于直接责任人员。

案情简介
被告单位 XD 水产公司成立于 2002 年 5 月，被告人罗某某系该单位法定代表人兼副总经理，被告人冯某某任副总经理并主管进出口部，被告人朱某是进出口部经理。XD 水产公司自 2008 年 1 月至 2011 年 8 月间，为谋取单位的非法利益，由罗某某、冯某某决策，朱某具体实施，在为黄沙水产市场的"金某 A 海产""金某 B 海产""锋某海产""宏某海产""鸿某海产""金某 C 海产"等货主包税代理进口龙虾、尿虾、蟹、黄鳝、鲍鱼等货物的过程中，制作报关用的虚假合同、发票等单证，以 XD 水产公司及借用深圳 XCR 公司为经营单位和收货单位，交由广州 KA 报关公司以低报价格等手法从广州白云机场口岸报关进口上述货物共 1,513 票。经海关关税部门核定，被告单位偷逃应缴税款共 9,982,152.96 元。法院认为，被告单位 XD 水产公司逃避海关监管，采用低报成交价格和重量等手段走私普通货物入境，偷逃应缴税额特别巨大，其行为构成走私普通货物罪。被告人罗某某、冯某某在被告单位走私犯罪中起着决策和指挥的作用，是犯罪单位直接负责的主管人员，被告人朱某是被告单位进口部的经理，具体参与单位的前述走私活动，是单位的其他直接责任人员，其行为已构成走私普通货物罪，且情节特别严重。被告人罗某某、冯某某在共同犯罪中是主犯，依法应按照其参与的全部犯罪处罚。被告人朱某在共同犯罪中是从犯，依法减轻处罚。鉴于被告单位 XD 水产公司、被告人罗某某、冯某某、朱

[①] 广东省广州市中级人民法院（2012）穗中法刑二初字第 268 号刑事判决书。

某均有自首情节，依法均对其减轻处罚。依照《刑法》第153条第2款、第67条第1款、第26条第4款、第27条、第53条、第64条之规定，法院判决如下：一、被告单位XD水产公司犯走私普通货物罪，判处罚金人民币500万元；二、被告人罗某某犯走私普通货物罪，判处有期徒刑5年；三、被告人冯某某犯走私普通货物罪，判处有期徒刑5年；四、被告人朱某犯走私普通货物罪，判处有期徒刑2年6个月。附加刑内容略。

裁判理由

公诉机关提供的证据材料显示，被告人罗某某于2011年11月30日到某海关缉私分局投案自首，并退缴赃款150万元。庭审时，该被告人认罪，具有法定的投案自首情节。由于其是被告单位的法定代表人，因此被告单位XD水产公司亦具有自首情节。被告人冯某某、朱某此前先被侦查机关抓获，归案后均如实供述犯罪行为。《关于办理走私刑事案件适用法律若干问题的意见》第21条规定，认定单位自首后，如实交代主要犯罪事实的单位负责的其他主管人员和其他直接责任人员，可视为自首。因此，依照上述规定，可以认定被告人冯某某、朱某具有视为自首的情节。针对其他事项的裁判理由略。

评析与辩点

一、成立单位自首的常见情形

我们认为，要认定自首系属单位行为的本质要件是要确认该行为的确代表了单位意志。至于是否以单位名义自首并不重要，关键是看自首人能否代表单位自首，其自首行为与单位自首行为是否有着内在的一致性。如果是犯罪单位的直接负责的主管人员自首，则其行为一般应认定为代表了单位的意志，是否以单位的名义不是认定单位自首的必备条件；如果是犯罪单位的其他直接责任人员自首或授权委托其他人代首，其自首行为得到单位认可的，则也可视为代表了单位的意志。在上述两种场合，无论行为人是否以单位的名义自首，其行为的实质都是代表单位自首。成立单位自首的常见情形具体如下：

第一，单位犯罪以后，其直接负责的主管人员或者经授权的其他直接责任人员自动投案、如实供述单位犯罪事实的，应当认定为单位自首，其他实施单位犯罪的人员如实供述所犯罪行的，也成立自首。如果单位犯罪中有的自然人拒不到案或到案后不如实交代罪行的，对其不予认定自首。此外，我们认为，对有权代表单位代首的范围不宜限制过严。经单位集体研究决定自首的，既可以是单位全体人员投案，也可以是单位委托的单位成员或非单位成员如律师代为投案；经单位的负责人单独决定自首的，该负责人或该负责人委托的其他人也都可以代表单位自动投案。①

第二，单位犯罪中的其他直接责任人员先行投案，直接负责的主管人员或负责人到案后亦能如实交代罪行的，可以单位自首论。如果直接负责的主管人员或负责人拒不到案，或者到案后不如实交代罪行，则只能认定自动投案的其他直接责任人员成立自首。

第三，单位犯罪中的直接负责的主管人员或负责人先行投案，其他直接责任人员拒不到案或到案后拒不如实交代的，单位成立自首，投案的主管人员或负责人也应认定为自首，但其他直接责任人员不能认定为自首。

第四，单位犯罪中的直接负责的主管人员和其他直接责任人员主动投案，且在侦查、起诉阶段如实供述，但在庭审阶段均翻供的，单位不成立自首，自然人也不应认定为自首；如果仅直接负责的主管人员翻供，但其他直接责任人员不翻供的，单位和直接负责的主管人员不成立自首，但其他直接责任人员仍可视为自首；如果仅仅是其他直接责任人员翻供的，不影响对单位自首和直接负责的主管人员自首的认定。

第五，如果直接责任人员在单位法定代表人或负责人不知情的情况下实施单位犯罪，该直接责任人员自动投案且如实交代的，单位成立自首，其个人也应认定为自首；如果后来翻供，其个人不能认定为自首，但是单位法定代表人或负责人积极配合司法机关的，不影响对单位自首的认定。②

我们认为，对于犯数罪的单位，在认定自首时，应与自然人犯有数罪情况下认定自首的原则相一致，即犯数罪的单位自首时，仅对如实供述的犯罪行为认定为自首，而对没有自首的其他罪行，不成立自首。此种做法可以消除犯罪人逃避惩罚的侥幸心理，从而使犯罪人清醒地认识到，隐瞒犯罪事实只能受到更

---

① 参见刘凌梅："单位犯罪的理性研究"，载《河南社会科学》2003年第4期。
② 参见沈新康等："单位自首的认定——华东纺织联合公司走私普通货物案"，载《中国刑事法杂志》2004年第6期。

为严厉的处罚，促使犯罪人犯罪后主动及时投案，如实供述全部罪行。

单位共同犯罪包括单位与单位之间的共同犯罪以及单位与自然人之间的共同犯罪两种基本形式。最高人民法院《关于处理自首和立功具体应用法律若干问题的解释》第1条规定，共同犯罪案件中的犯罪嫌疑人，除如实供述自己的罪行，还应供述所知的同案犯，主犯则应当供述所知其他同案的共同犯罪事实，才能认定为自首。依据该规定，如果自首的单位在单位共同犯罪中属从犯的，能够代表犯罪单位投案的法定代表人或负责人、直接负责的主管人员，或者是经该单位决策机构或决策者授权委托的其他人，除如实供述本单位犯罪事实外，还应当如实供述参与共同犯罪的其他单位或自然人；如果自首的单位在单位共同犯罪中处于主犯地位的，能够代表犯罪单位投案的相关人员除如实供述本单位犯罪事实外，还应如实供述所知的其他参与共同犯罪的单位和自然人的共同犯罪事实，才能认定为单位自首。①

二、本案认定冯某某及朱某成立个人自首是否妥当？

《关于办理走私刑事案件适用法律若干问题的意见》第21条规定，认定单位自首后，如实交代主要犯罪事实的单位负责的其他主管人员和其他直接责任人员，可视为自首。本案中，罗某某作为XD水产公司的法定代表人及负责人，其自首行为的确是代表了该公司的真实意志，因此可以认定为单位自首；而冯某某作为该公司的另一名直接负责的主管人员、朱某作为该公司的其他直接责任人员在到案后也的确如实交代了主要犯罪事实，因此，单位自首的效力可自动及于冯某某及朱某身上，该二人可视为具有个人自首情节。同时，至于该二人是早于还是晚于单位自首的成立时间被抓获，均不影响该二人个人自首情节的获得。也即，如本案情形，单位自首成立的法律效力具有追溯力，可追溯此前被抓获的其他主管人员和其他直接责任人员。因此，从贯彻上述规定的层面来看，本案判决是妥当的。

---

① 参见晏山嵘：《走私犯罪案例精解》，中国法制出版社2014年版，第271~273页。

47. 单位自首并不意味着直接责任人员必然成立自首

案件名称

安某等走私普通货物（开关）案①

裁判要点

单位自首并不意味着直接责任人员必然成立自首。

案情简介

亦某公司（已判决）与君某公司（已判决）均为有限责任公司，被告人叶某系亦某公司的法定代表人。2005年6月，被告人叶某安排亦某公司的总经理黄某（已判决）负责代理厚某公司进口AREVR（中文译音为"阿海珐"）隔离开关的业务。被告人叶某联系了香港永某公司开出信用证付款，安排以君某公司的名义代理进口。其后，同案人黄某经过商谈与厚某公司签订了代理进口协议，并与厚某公司和AREVR公司签订了三方合作协议。具体业务环节是先由君某公司代理进口货物AREVR牌隔离开关，再以国内贸易形式卖给亦某公司，亦某公司再转卖给厚某公司。因为进口环节多，造成费用增加，为能在与厚某公司约定的代理费中盈利，同案人黄某安排被告人安某等人先后以君某公司、亦某公司的名义，用虚假制作的低于实际货价的发票、装箱单等单证向海关申报进口隔离开关。2005年9月，因海关对申报价格提出质疑扣留了亦某公司以君某公司代理进口的第二批货物，同案人黄某将海关提出质疑以及须交纳保证金以便海关放行货物的情况向被告人叶某进行汇报，被告人叶某许可了低报价格申报进口的做法并同意交保证金和私刻厚某公司的公章制作假单证欺骗海关查验。从2005年9月至2006年3月，亦某公司以君某公司的名义和本公司的名义先后低报价格进口AREVR隔离开关，偷逃应缴税款共计1,810,534.6元。

法院认为，亦某公司分别以君某公司的名义和本公司名义，采用低报价

---

① 广东省广州市中级人民法院（2007）穗中法刑二初字第194号刑事判决书。

格的方式进口普通货物，逃避海关监管，共计偷逃税款 1,810,534.6 元，被告人叶某是亦某公司的主要负责人，被告人安某是亦某公司的直接责任人员，二被告人的行为均已构成走私普通货物罪。公诉机关指控被告人叶某、安某犯走私普通货物罪的事实清楚，证据确实、充分，罪名成立，法院予以支持。被告人叶某在单位犯罪中起主要作用，是主犯；被告人安某受他人指使参与犯罪，在单位犯罪中起次要、辅助作用，是从犯，依法应当从轻或者减轻处罚。被告人叶某在未被采取强制措施的情况下，主动至司法机关投案并如实供述了主要犯罪事实，在法院开庭期间亦如实供述了主要犯罪事实，是自首，依法可以从轻或者减轻处罚。犯罪单位已退清赃款，对二被告人可以酌情从轻处罚。法院根据二被告人的参与犯罪的具体情节以及认罪态度，决定对被告人叶某从轻处罚，对被告人安某减轻处罚。根据被告人叶某、安某的犯罪情节和悔罪表现，适用缓刑确实不致再危害社会，依法对二被告人宣告缓刑。依照《刑法》153 条第 2 款、第 26 条第 1 款及第 4 款、第 27 条、第 67 条第 1 款、第 72 条第 1 款、第 73 条第 2 款及第 3 款，《关于审理走私刑事案件具体应用法律若干问题的解释》第 10 条第 2 款的规定，判决如下：一、被告人叶某犯走私普通货物罪，判处有期徒刑 3 年，缓刑 5 年；二、被告人安某犯走私普通货物罪，判处有期徒刑 2 年，缓刑 3 年。

⚖ 裁判理由

公安机关出具的抓获经过和情况说明以及被告人安某的供述证实其在 2006 年 3 月单位案发后，海关对其进行询问时，其未供述参与单位走私的犯罪事实，后其离开亦某公司，长期在外地躲避，于 2007 年 2 月 18 日乘坐列车时被查出是网上追逃人员而被抓获归案。虽然被告人安某归案后至庭审均能积极配合调查，认罪态度较好，但其并非主动投案，其行为不符合自首的法律规定。针对其他事项的裁判理由略。

评析与辩点

一、单位自首的例外情形

根据最高人民法院《关于处理自首和立功具体应用法律若干问题的解释》第 1 条的规定，犯罪嫌疑人自动投案后又逃跑的，不能认定为自首；犯罪嫌疑人自动投案并如实供述自己的罪行后又翻供的，不能认定为自首，但在一审判决前又能如实供述的，应当认定为自首。据此，我们可以对单位犯罪的例外情形作如下理解：

第一，犯罪单位法定代表人或负责人等直接负责的主管人员拒不到案、拒捕、逃跑或翻供的，不能认定单位自首和直接负责的主管人员个人自首，但不影响同案的其他直接责任人员个人自首成立与否的认定。

第二，如果是同案的其他直接责任人员拒不到案、拒捕、逃跑或翻供的，对这些其他直接责任人员不能认定为个人自首，但既不影响本已成立的单位犯罪自首的继续认定，也不影响直接负责的主管人员个人自首的认定。

第三，对其中翻供的，如直接负责的主管人员在一审判决前又能如实供述的，应当认定为单位自首，同时能够供认自己的全部犯罪事实的，应认定为个人自首，对其中有其他同案犯的，还应当供述其他同案犯所参与实施的全部罪行的才予认定个人自首。

第四，其他直接责任人员在一审判决前又能如实供述的，只能认定其个人自首，不影响对单位和其他人员自首的认定。

第五，除单位法定代表人或负责人等直接负责的主管人员以外的其他直接责任人员决定并实施单位犯罪行为，如果直接责任人员拒不到案、拒捕、逃跑或翻供的，不能认定单位自首和直接责任人员个人自首。

第六，对存在同案犯的，如果直接责任人员中主犯拒不到案、拒捕、逃跑或翻供，不能认定单位自首和主犯个人自首，但不影响从犯个人自首成立与否的认定。对其中翻供的，如直接责任人员在一审判决前又能如实供述的，应当认定为单位自首，同时能够供认自己的全部犯罪事实的，应认定为个人自首，对其中有其他直接责任人员的，还应当供述其他直接责任人员所参与实施的全部罪行的才予认定个人自首。需要说明的是，单位的法定代表人或负责人等直接负责的主管人员或其他直接责任人员，基于对事实和法律的认识错误，将本不构成犯罪的行为当作犯罪行为而向有关机关或个人投案并供述所谓的犯罪事实的，由于缺乏犯罪这一基本前提，当然也不能认定为单位自首或个人自首。[①]

二、本案安某不应被认定为自首

由于安某系亦某公司的其他直接责任人员，而单位犯罪中的有关责任人

[①] 参见晏山嵘：《走私犯罪案例精解》，中国法制出版社2014年版，第273～275页。

员对单位而言居于从属地位，系依附性受罚对象，故单位自首一旦成立，一般其效果或效力应自动及于安某，但这只是以单位意志与个人意志相一致为基础所作出的司法推定，我们知道，单位中的有关责任人员又具有相对独立的意志自由，当其个人意志与单位意志不一致时，上述推定也就不能成立了。[①]

我们认为，自首是国家与犯罪人在犯罪后所造成的相互对抗的局面中发生的利益博弈而相互妥协的结果，它以实现刑罚目的为最高标准，其实现的是一种公平与效率并重的妥协的正义。具体而言，自首的本质要义就是自愿如实地将相关法律事实及行为人人身纳入国家司法体系及法律运行轨道内予以掌控和处置。

《关于办理走私刑事案件适用法律若干问题的意见》第21条规定，认定单位自首后，如实交代主要犯罪事实的单位负责的其他主管人员和其他直接责任人员，可视为自首，但对拒不交代主要犯罪事实或逃避法律追究的人员，不以自首论。根据上述原理来考察该司法文件，我们认为，其设置的例外条款是恰当的。该规定关于有关责任人员个人自首的成立条件与《刑法》第67条第1款规定的一般自首成立条件之区别主要在于：前者设置条件更宽松一些，如某犯罪嫌疑人既没有逃跑也没有拒捕等情节，而是直接被侦查机关抓获了，此时，如果按照前一个标准在如实供述的前提下是可以成立个人自首的，但如果按照《刑法》第67条第1款规定的标准来看，就不符合一般自首的成立条件了。

回到本案，安某虽然在2006年3月被通知去海关接受过询问，但彼时其没有如实供述，因此那一次是不能成立自首的。其后，安某在明知其所在的亦某公司正被海关调查的前提下，离开公司到外地躲避，最终因其属于网上通缉人员而被抓获归案，且相关事实已被办案机关所掌握，不属于自愿如实地将相关法律事实纳入国家司法体系及法律运行轨道内予以处置的情形，虽然其被抓获归案后如实交代了犯罪事实，但由于其属于上述139号文规定的"逃避法律追究"的情形，因此，"不以自首论"。又假设本案是另一种场景，该场景中安某并无逃跑或拒不到案、拒捕等情节，而是直接被侦查机关抓获，到案后又如实供述的，如前所述，无疑可认定为自首。

[①] 参见最高人民法院刑事审判第二庭编著：《〈最高人民法院、最高人民检察院关于办理走私刑事案件适用法律若干问题的解释〉理解与适用》，中国法制出版社2015年版，第437页。

48. 走私犯罪中特别自首的成立

案件名称

田某某等走私普通货物（镁砂等）案[①]

案情简介

2008年1月至7月，被告人田某某为给被告单位牟取非法利益，明知出口镁砂需要出口许可证并缴纳关税，在未提供任何通关单据的情况下，以明显低于正常通关所需费用的价格委托刘某出口镁砂，刘某继而委托被告人杨某某办理出口通关手续；被告人杨某某接受委托后，指使他人购买、制作虚假通关单据，以伪报品名出口镁砂。通过上述方式，被告单位、被告人田某某、杨某某、于某走私出口镁砂9,849余吨，偷逃应缴税额人民币3,588,295元。2008年6月至7月间，被告人杨某某经刘某介绍，伙同某贸易有限公司总经理张某某（已判刑），以上述同样方式将该公司出口的硅铁伪报为铺路石通关出口，偷逃应缴税额人民币132万元。综上，被告单位、被告人田某某、于某共偷逃应缴税额人民币358万余元，被告人杨某某偷逃应缴税额人民币490万余元。案发后，甲海关缉私部门根据掌握的田某某涉嫌其他走私案件的线索，到乙海关对田某某进行了讯问，但该线索经查被否定了。之后，乙海关对田某某进行一般性排查时，田某某主动交代了上述犯罪事实。

评析与辩点

对本案被告人田某某在甲海关缉私部门掌握线索针对的犯罪事实不成立，向乙海关如实供述甲海关所掌握线索范围以外的同种罪行，是否构成自首，有两种不同意见：

第一种意见认为，被告人田某某的行为不构成自首。最高人民法院《关于处理自首和立功具体应用法律若干问题的解释》第4条规定，被采取强制措施

[①] 参见朱玉光编著：《自首、立功、坦白认定指南：100个刑事疑难案例梳理剖析》，法律出版社2016年版，第110~112页。

的犯罪嫌疑人、被告人和已宣判的罪犯，如实供述司法机关尚未掌握的罪行，与司法机关已掌握的或者判决确定的罪行属同种罪行的，可以酌情从轻处罚；如实供述的同种罪行较重的，一般应当从轻处罚。本案中，被告人田某某已被甲海关讯问，且甲海关讯问的犯罪事实与其向乙海关主动交代的犯罪事实属于同种罪行，故不能认定为自首。

第二种意见认为，本案被告人田某某的行为符合自首的条件，可以认定为自首。根据最高人民法院《关于处理自首和立功若干具体问题的意见》第1条的规定，在司法机关未确定犯罪嫌疑人，尚在一般性排查询问时主动交代自己罪行的，应当视为自动投案。田某某虽因其他走私案件被甲海关缉私部门讯问，但嫌疑已经被排除，而被告人在乙海关未确定其是本案犯罪嫌疑人的情况下即主动交代了自己的罪行，应当认定为自首。

我们赞同后一种意见。除上述理由之外，还有五点理由值得关注：第一，从执法主体的同一性来看，第一次讯问的刑事侦查主体是甲海关，而第二次实施的一般性排查询问的执法主体则是乙海关，执法主体完全不一样，因此不能混在一起来看这个问题。第二，从执法时间的重合性来看，到乙海关实施一般性排查询问的执法举措开始之前，由甲海关主导的讯问早已结束，因此可以不需要考虑第一次讯问的情况。而且，即使是同一个执法主体实施的，前一个执法事项已经结束，因此不可能说在办理前一次事项中采取的控制措施之效果或效力能永远持续下去，除非前一个执法事项与后一个执法事项在立项或时间上有全部或部分的重合交叉。第三，从执法事项的关联性来看，前一个执法事项与后一个执法事项所调查的"走私犯罪"在事实层面并无关联性或牵连性，因此分属两个性质完全不同的事项。第四，从最高人民法院《关于处理自首和立功具体应用法律若干问题的解释》的规定来看，该规定第1条第1项明确规定，罪行尚未被司法机关发觉，仅因形迹可疑被有关组织或者司法机关盘问、教育后，主动交代自己的罪行的，属于自首。本案中田某某的犯罪行为尚未暴露，只是在接受一般性排查询问而已，因此，最多只能算形迹可疑，此时其主动交代应属自首。第五，参照《关于办理职务犯罪案件认定自首、立功等量刑情节若干问题的意见》的规定来看，该规定第1条第4款明确规定，办案机关所掌握线索针对的犯罪事实不成立，在此范围外犯罪分子交代同种罪行的，以自首论。据此，即便不承认上述几个理由的正当性，也应当将田某某的情形认定为自首。

49. 投案自首取保候审期间又犯新罪，因其他一般性违法接受调查时又主动交代该新罪的，应认定为自首

案件名称

乙公司走私普通货物（生物试剂）案[①]

案情简介

乙公司法定代表人张某采用伪报品名的方式走私进口生物试剂3票，偷逃应缴税额人民币75万余元。某日，张某接到海关缉私局侦查处电话通知后，于当日自动到缉私局交代了走私犯罪的事实。张某被取保候审期间，某国际机场公安分局通知缉私局张某还涉嫌一起调包生物试剂案，也涉嫌走私犯罪。缉私局遂对张某进行传讯，张某交代了除调包行为外，还在取保候审期间以伪报方式走私进口生物试剂4票，偷逃应缴税额人民币80余万元。缉私局遂将张某由取保候审变更强制措施为逮捕。经查明，张某伙同他人的调包行为仅为一般行政违法行为，取保候审期间走私4票生物试剂的行为构成走私犯罪。

评析与辩点

关于张某前3票之自首是否要被推翻以及后4票走私行为能否被认定为自首这两个问题，主要有三种观点：

第一种观点认为，前行为是自首，而后行为不是。该观点认为前行为系张某接到海关缉私部门电话后自动到案并如实交代，依法应认定为具有自首情节，且不因后面的行为所推翻，因为其并没有逃跑等逃避审查、裁判等行为。后4票行为发生在张某被采取强制措施期间，依据《刑法》第67条第3款及《关于处理自首和立功具体应用法律若干问题的解释》第4条的规定，被告人张某虽不属于自首，但可予以从轻处罚。

第二种观点认为，前行为不是自首，而后行为是。该观点认为前行为虽

[①] 参见朱玉光编著：《自首、立功、坦白认定指南：100个刑事疑难案例梳理剖析》，法律出版社2016年版，第140～142页。

然在一开始已经构成自首，但后来因被告人张某在取保候审期间又犯新罪，所以先前的投案自首不能认定，应予推翻；而其后张某因涉嫌其他行政违法到案，主动供述侦查机关尚未掌握的走私犯罪事实，依法可认定为自首。

第三种观点认为，前后两行为均不构成自首和坦白。理由是设定自首是为了给予那些能主动归服法律、改恶向善、节约司法成本的犯罪嫌疑人以从轻或者减轻处罚的机会。本案中被告人张某第一次到案交代前3票走私犯罪，确属自动投案并如实供述，依照法律规定符合认定自首的条件，但其在取保候审期间心存侥幸继续故意犯罪，表明其主观恶性大，因此不应认定为自首。根据《关于处理自首和立功具体应用法律若干问题的解释》的规定，被采取强制措施的犯罪嫌疑人如实供述司法机关尚未掌握的同种较重的罪行的，应理解为犯罪事实是发生在犯罪嫌疑人被采取强制措施前实施的犯罪，而不是被采取强制措施之后再度实施新的犯罪事实。即便要用准自首的其他条件来衡量，张某的行为也是不符合的，因为张某在取保候审期间因违法被传唤，已严重违反了取保候审期间应遵守的法定义务，而且其第二次供述的罪行与第一次供述的同为走私犯罪，故不属于准自首。同时，被告人张某在取保候审期间再犯新罪，表明其自首的动机不纯正，对社会的危害性不减，甚至比自首后翻供还要恶劣。

对于上述三种观点，我们均不赞同。主要理由如下：

第一，我们认为，自首的本质可以从两个面向来看。首先，从犯罪嫌疑人的面向来看，自首就是指其基于自由意愿自己直接投案或在不违背自己意愿的前提下通过亲友、他人的协助而投案并如实供述，自觉将自己的人身及涉案行为置于国家有关主管部门或司法机关的掌控之下，并纳入其法律评价体系之中的一种行为。其次，从国家机关的面向来看，自首就是指国家为了节约司法资源实现司法目标，通过给予犯罪嫌疑人、被告人、罪犯一定程度的从宽处罚以换取其将自己的人身、涉案行为自愿上交，这是一个国家与特定公民之间的博弈、妥协或交易。因此，我们认为，从第一个面向来看自首的本质可以被提炼为"交付掌控评价说"（而非"交付追诉说"，因为很可能评价之后有司决定不立案、撤案、不起诉或无罪），而从第二个面向来看自首的本质可以被提炼为"提高司法效能说"，自首应是同时体现上述两种思想的产物。深刻理解了这一点，我们就应尽可能多地使用这一原理来研究考察和指导解决实践中的难题。如本案中的后行为，如果张某不主动供述，海关缉私局势必还要另起炉灶对其再行侦查取证，而且也很有可能根本就发现不了其犯罪行为。因此，从自首的原理来看，张某的后行为应当构成自首。

第二，如何理解《刑法》第67条第2款规定的"被采取强制措施的犯罪嫌疑人、被告人和正在服刑的罪犯，如实供述司法机关还未掌握的本人其他罪行"中的"强制措施"？我们认为，应当从实质意义上来理解其含义，此处的"强制措施"应是指实际控制、高度控制的意思，而不完全是指刑事诉讼法中规定的5种刑事强制措施的意思。如"庄某金抢劫案"，[①] 在该案中，抢劫案发后，侦查人员在排查嫌疑人过程中，根据收集的线索认为庄某金有重大嫌疑，遂对其传唤，被告人供述犯罪事实，但庄某金最终并没有被认定为自首。我们都知道，传唤并不属于刑事强制措施，如果把《刑法》第67条第2款规定中的"强制措施"理解为刑事诉讼法中规定的5种刑事强制措施的意思的话，就应认为该案中庄某金构成自首。取保候审虽然属于刑事诉讼法中规定的5种刑事强制措施之一，但其不符合上述《刑法》第67条第2款规定中"强制措施"应有的高度控制之特征，因在取保候审状态下有关部门对犯罪嫌疑人的控制力已变松弛，犯罪嫌疑人此时拥有很高程度的自由度和自主性，因此，在该情形下，当事人完全有条件成立典型自首而不是准自首。但我们并不完全认同上述庄某金案中关于自首问题的观点（不过如果是在传唤后立即采取强制措施再讯问的情形又另当别论），我们认为，如果对当事人不利时，就应将《刑法》第67条第2款规定中的"强制措施"理解为刑事诉讼法中规定的5种刑事强制措施；而如果对当事人有利时，则应当允许采取扩张解释[②]，转而从实质意义上来理解"强制措施"的含义。

第三，取保候审期间也是完全可能成立自首的。对于否定论者提出的被"取保候审"或者"监视居住"的人逃跑后又自动归案的行为是在履行其"在

---

① 参见中华人民共和国最高人民法院刑事审判第一庭：《刑事审判参考》2000年第3辑（总第8辑），法律出版社2000年版。

② 类似见解，参见高憬宏等主编：《基层人民法院法官培训教材（实务卷·刑事审判篇）》，人民法院出版社2005年版，第55～56页。

传讯的时候及时到案"的刑事义务，只是"报到归案"而不能视为投案。我们认为该观点过于片面。在实践中对这种情况多数时候采取了有利于犯罪嫌疑人的解释，如严某开等抢劫案。①在该案中，犯罪嫌疑人严某开在1999年实施抢劫后自动投案，在执行取保候审期间依法传唤拒不到案，到2010年再次向公安机关投案。该案的审理法院认为："犯罪嫌疑人第二次投案行为具有双重属性既是在履行其法定义务同样也符合自动投案的构成要件，应当认定为自首。"②虽然严某开案与本案情形并不完全相同，但针对之前的罪行都可以重新认可其自首的成立，那么举重以明轻，针对取保候审期间发生的新罪就更有理由认可其自首的成立了。同时，我们还应看到，本案张某既然违反了取保候审的义务，那么完全可以依法对其采取变更强制措施等法定惩罚方式，事实上，本案海关也的确这么做了。因而完全没有必要由此推翻其前行为的自首，除非其实施了逃跑等逃避审查、裁判等行为，只要张某仍自觉将自己的人身及涉案行为置于司法机关的掌控之下且纳入其法律评价体系之中，就应继续认可其构成自首。上述严某开案中，因其潜逃更是严重违反了取保候审期间应遵守的义务，既然我们承认严某开案在其严重违反上述义务的情形下都可以成立自首，那么本案也是违反取保候审期间应遵守的义务，而且违反程度不能说比严某开更重，没理由本案就要推翻前行为的自首。此外，从降低司法成本、更好地达成司法目标的角度出发，也应当承认本案的前后行为均构成自首。

第四，取保候审期间自动投案交代的新罪与司法机关采取强制措施的罪行系同种罪行的，也可认定为自首。根据《关于处理自首和立功具体应用法律若干问题的解释》第2条、第4条的规定，《刑法》第67条第2款规定的"其他罪行"被限定为"不同种罪行"，被采取强制措施的犯罪嫌疑人如实供述司法机关还未掌握的本人的其他同种罪行的，不应以自首论处。该解释虽未明确"其他罪行"所指为余罪还是新罪，但司法实践一致理解为"其他罪行"是指归案之前实施的余罪，包括《关于办理职务犯罪案件认定自首、立功等量刑情

---

① 参见最高人民法院刑事审判第一庭编著：《最高人民法院自首、立功司法解释案例指导与理解适用》，法律出版社2012年版，第91～95页。

② 同上，第95页。

节若干问题的意见》《关于处理自首和立功若干具体问题的意见》等,均强调余罪自首[①]如何认定的问题。对于重新犯罪而言,如果对其采取强制措施的侦查、起诉部门没有发现,无论同种、异种罪行,都回归到上述解释界定"自动投案"前所处的第一种状态,即"司法机关尚未发觉",这种情形下主动、自愿投案的,当然成立自动投案。犯罪嫌疑人张某取保候审期间再犯被取保候审的同种罪行,未被缉私局察觉,在机场公安调查调包案时主动向侦查人员交代重新走私犯罪的,属于新的罪行未被有关部门、司法机关发觉,仅因形迹可疑被盘问、教育后,主动交代了犯罪事实,应当认定为自首。即便其再犯罪行与前罪是同种罪行,也不应影响对其投案的主动性和自愿性的认可。[②]至于在认定自首后,如何对犯罪嫌疑人在取保候审期间重新犯罪的行为进行评价,我们认为,由于其行为在一定程度上反映出认罪、悔罪还不彻底,具有反复性,人身危险性并未显著降低,因此,在量刑时可以考虑减少从轻处罚的幅度。

综上,我们认为,本案被告人张某的前行为及后行为均构成自首。

[①] 有观点认为,最高法关于"余罪自首"的解释有悖于刑法规定。因其违背了《刑法》第67条第1款所规定的自首的实质要件,将"其他罪行"解释为"与司法机关已掌握的或者判决确定的罪行属不同种罪行"不符合限制解释的基本原则,有违立法原意,同时也给司法实践带来不必要的困惑。参见利子平等:"刑法司法解释瑕疵探析",载赵秉志主编:《刑事法判解研究》2004年第4辑(总第9辑),人民法院出版社2004年版。笔者赞同这一见解。

[②] 参见朱峰等:"走私普通货物案件自首认定的两个疑难问题",载《上海海关学院学报》2012年第4期。

50. 海关价格例行调查时如实供述且主动提供定罪书证的应认定为自首

案件名称

甲公司走私普通货物（纸尿裤）案[①]

案情简介

2010年6月，某海关价格信息处经数据比对，发现甲公司申报进口的纸尿裤价格偏低，即赶赴该公司办公地开展价格调查（行政调查），甲公司总经理陈某当即承认存在低报价格的情况，并打开电子邮件提供了进口纸尿裤的实际成交发票等材料。海关工作人员经预估发现该公司涉税金额已超过刑事立案标准，遂将此线索移交海关缉私局立案侦查，陈某向侦查人员亦作了如实供述。经查，甲公司偷逃应缴税额共计人民币250余万元。

评析与辩点

本案中，对于陈某及甲公司是否构成自首存在以下两种意见：

第一种意见认为，本案属于海关行政调查部门依职权查获的犯罪事实。陈某虽在被采取强制措施前如实交代了自己的罪行，并提供了定罪书证，但没有实施自动投案的行为，不能成立典型自首；海关价格信息处经数据比对发现甲公司申报价格偏低，继而到甲公司进行价格调查，此时陈某及甲公司已存在犯罪嫌疑，不符合仅因形迹可疑被有关组织查询而作如实供述的规定，也不成立"形迹可疑"型自首。故陈某及甲公司均不能认定为自首，只能以坦白罪行论，可以从轻处罚，侦查部门持这种意见。

第二种意见认为，海关价格信息处通过数据比对发现甲公司申报价格偏低仅属于"形迹可疑"，而非"犯罪嫌疑"；同时，陈某在行政调查阶段即承认甲公司存在低报事实并主动提供定罪书证的行为也不应认定为海关依职权查

[①] 参见朱峰等："走私普通货物案件自首认定的两个疑难问题"，载《上海海关学院学报》2012年第4期。

获犯罪事实，而应视为仅因形迹可疑被有关组织查询即作如实供述。最高人民法院《关于处理自首和立功具体应用法律若干问题的解释》第1条第1项规定，罪行尚未被司法机关发觉，仅因形迹可疑被有关组织或司法机关盘问、教育后，主动交代自己罪行的，应当视为自动投案。故陈某及甲公司应当成立形迹可疑型自首，可以从轻或减轻处罚，检法机关倾向于这种意见。

我们同意第二种意见，即认为甲公司及陈某均可构成自首。主要理由如下：

第一，本案中某海关价格信息处的怀疑是建立在一般正常进口纸尿裤的申报价格基础上的推断，因为此时海关仅是作了一些横向或纵向的价格数据比对分析而已，并无客观可信赖且直接证实甲公司走私的证据。我们知道，海关要认定伪报价格或低瞒报价格一般需要建立在掌握全部或相当一部分核心证据的基础上。该类核心证据主要是指：一是实际到货的品名或数量等足以影响价格的要素与申报不符且货物已被海关现场扣留；二是真假两套发票、合同、单证等；三是以真实价格完整或拆分后对外付汇或付款的证据；四是载有谋划、决定如何伪报价格的邮件、会议纪要、录音录像等证据；五是载有伪报价格的时间、地点、人物、货物数量、金额等详细信息并经过一定核实的举报信等证据。本案海关并没有掌握这些证据。

第二，海关价格信息处在针对甲公司价格调查的过程中，需要尽力去推翻甲公司可能会进行的一些说明解释，如果这种说明解释能自圆其说，海关要么将接受其说法，要么也会感觉比较难当场推翻其主张。因为，海关估价的基本原则之一就是尊重贸易实际，而发生价格偏低的原因有很多，其中有的是违法的，有的是合法的或正常的，后者如正常的数量折扣或因品质下降、规格不符等原因而导致的补偿折扣（且进口商未向卖方单独索赔）。如果真实情况确实就是存在合法原因导致价格偏低，又或者虽然没有上述原因，但该笔交易反映出来的国际贸易实际就是价格偏低，而如果海关既没有其他证据直接证实企业有故意低报价格行为，又没有证据推翻上述这些合法贸易之可能性，则走私犯罪嫌疑也就难以成立了。

第三，海关价格信息处仅属于海关行政调查部门，并无直接的查缉走私职能。因此，本案无论如何也不能算是其"依职权查获的"。而且，"依职权查获"之前提是必须自己早已掌握全部或相当一部分核心证据才行，像本案这样，直接证实走私犯罪的核心证据完全是由甲公司及陈某提供的，因此不属于海关"依职权查获"。

第四，本案未进入讯问或采取强制措施阶段，因为海关价格信息处无权进行讯问或采取强制措施，仅仅有权采取一般性的调查及询问，因此即便认为海关已有所发觉，但在一般性的价格例行调查阶段，甲公司及陈某就已向海关主动提供了定罪核心证据，我们认为，该情形也是完全可以算自动投案且如实供述自己罪行的。

综上，甲公司与陈某在海关行政调查期间，主动提供真实发票等关键性定罪证据并如实交代犯罪事实，应当认定为自动投案。

51. 旅检例行检查查获未申报应税物品，在海关关员调查时即如实供述自己罪行的，能否认定为"形迹可疑"型自动投案？

案件名称

童某走私普通货物（化妆品等）案[①]

案情简介

童某与张某等共同入境，童某选走无申报通道，未向海关申报任何物品，在例行 X 光机机检时被发现行李箱内有大量疑似化妆品的瓶状物体及疑似手提包影像，经开箱查验，被查获大量应税物品，偷逃税款数额已超过起刑点。在海关关员询问时，童某作了如实陈述。在至海关缉私局接受第一次讯问时，亦供认不讳。

评析与辩点

对于童某是否成立自首，有两种不同意见：一种意见认为，童某系在开箱查验后才如实供述自己的罪行，故不构成自首。另一种意见认为，本案案发虽然系因旅检人员对童某行为进行 X 光机检查后发现大量应税物品所致，但在海关关员询问时，童某即如实交代了其走私的犯罪行为，且在侦查人员第一次讯问时，亦如实供述，应认定为自首。

我们认为，准确认定本案是否构成自首，其实也就是准确认识"形迹可疑"与"犯罪嫌疑"的区别问题，如果是前者就属于自动投案，如果是后者则不属于。最高人民法院《关于处理自首和立功具体应用法律若干问题的解释》第 1 条第 1 项规定，罪行尚未被司法机关发觉，仅因形迹可疑被有关组织或司法机关盘问、教育后，主动交代自己罪行的，应当视为自动投案。最高人民法院《关于处理自首和立功若干具体问题的意见》第 1 条第 2 款规定，罪行未被有关部门、司法机关发觉，仅因形迹可疑被盘问、教育后，主动交代了犯罪事

[①] 参见项谷：《走私普通货物、物品案件自首的认定及适用——以实证研究为切入》，载《政治与法律》2015 年第 4 期。

实的，应当视为自动投案，但有关部门、司法机关在其身上、随身携带的物品、驾乘的交通工具等处发现与犯罪有关的物品的，不能认定为自动投案。

但我们认为，对上述意见的理解也不宜太过绝对，如果在行为人如实供述罪行之前，海关查找到的有关物品已经与具体个案或某类案件建立起了直接、具体、明确、紧密的联系，且这种联系具有相当合理的根据时，就属于"犯罪嫌疑"；反之，如果仅凭经验、直觉、主观推断认为行为人有作案可能，甚至说已经查找到了某些物品或证据线索，但未能与具体个案或某类案件建立起直接、具体、明确、紧密的联系的，也只能认定为"形迹可疑"。如李某抢劫案，[①] 在该案中，李某虽然被巡警在一般性盘问时发现身上带有别人的身份证及其他物品，李某解释不清遂被带回公安机关接受继续盘问，其后李某如实交代了其抢劫事实。但由于无人报案也无其他作案信息，仅凭其持有他人物品较难跟具体个案或某类案件（是盗窃、抢劫、抢夺、销赃还是合法保管行为并不明确）联系起来，甚至有无违法犯罪都很难说，因此最终李某被认定为属于形迹可疑型自首。又比如，海关在某人住宅内偶然发现一批来自疫区的冻品，但并没有掌握其他证据，这就很难说与走私犯罪建立起直接、具体、明确、紧密的联系，因为持有大量疫区冻品的行为很可能是销赃违法犯罪行为的结果，也可能其是不知情的购买者，因为持有的行为与进出境现场通关环节或绕关环节的联系已经非常间接、松弛甚至难以证明有必然联系了，在此情形下，其主动如实供述其走私犯罪事实的，理应认定为形迹可疑型自首。但如果被发现持有的是毒品就另当别论了，因为除非有证据证明被蒙骗或确属不知情，一般都能认定为犯罪，至少也是非法持有毒品罪。这种情形就属于强联系证据，但对于重罪来说其又可能呈弱联系状态。综上，我们认为，如果有关部门掌握的是强联系证据或物品的，则很难成立形迹可疑型自首；如果有关部门掌握的是弱联系证据或物品的，则仍有成立形迹可疑型自首的空间。

回到本案，在夹带瞒报类案件中，行为人在行李箱内夹带大量免税物品，入境时选走无申报通道，未向海关申报任何物品，过 X 光机例行检查时，被发现行李箱内有大量疑似走私物品的，因 X 光机显示的仅为物品的影像，在

[①] 参见邓晓霞：《自首制度的理论与实践反思》，中国政法大学出版社 2016 年版，第 164 页。

开箱查验前，海关旅检人员无法从影像判断确认物品是新是旧，容器内是否有填充物及装的是什么物品，凭工作经验仅能发现有走私疑点，因此行为人在开箱查验前或者伴随着开箱的动作同时主动承认或交代有走私物品的事实的，应认定为形迹可疑型自动投案。

反之，在开箱查验后，海关关员已经从行为人随身携带的物品中当场查获了能证实走私行为存在的直接证据，已经要求行为人取出物品或者由海关关员自行取出相关物品并确认物品基本属性之后，行为人再如实交代走私事实的，就不能再认定为自首了。当然，如果开箱查验后，走私物品未达到定罪数额，仅能作行政处罚，此时行为人又交代了之前的其他夹带瞒报走私事实的，应当认定为自动投案。[1]

---

[1] 参见项谷：" 走私普通货物、物品案件自首的认定及适用——以实证研究为切入"，载《政治与法律》2015 年第 4 期。

52. 例行安检时，携带毒品的罪行未被公安机关发现，仅因形迹可疑被盘问，主动交代犯罪事实的，应认定为自动投案

案件名称

杨某某等走私毒品案[1]

裁判要点

例行安检时，携带毒品的罪行未被公安机关发现，仅因形迹可疑被盘问，主动交代犯罪事实的，应视为自动投案。

案情简介

1998年12月30日，被告人杨某某、陈某某在缅甸勐古被毒贩雇用运送海洛因到中国境内。同月31日清晨，杨某某、陈某某分别将毒贩交给的海洛因吞匿于腹内，然后进入中国境内，与毒贩安排带路的李某某（同案被告人，已判刑）等一起从云南省畹町乘车至芒市机场。在机场安检时，杨某某、陈某某被我公安人员盘查，即交代体内藏毒的事实。后公安人员分别从杨某某体内查获海洛因486克，从陈某某体内查获海洛因441克。

依照《刑事诉讼法》第199条和《刑法》第347条第2款第1项和《关于处理自首和立功具体应用法律若干问题的解释》第1条第1项的规定，法院判决如下：一、撤销二审刑事裁定和一审判决中对被告人杨某某、陈某某的量刑部分。二、被告人杨某某犯走私毒品罪，判处死刑，缓期2年执行，并处没收个人全部财产；被告人陈某某犯走私毒品罪，判处死刑，缓期2年执行，剥夺政治权利终身，并处没收个人全部财产。

裁判理由

最高人民法院认为，一审判决、二审裁定认定被告人杨某某、陈某某

---

[1] 参见中华人民共和国最高人民法院刑事审判第一、第二庭：《刑事审判参考》2001年第1辑（总第12辑），法律出版社2001年版。

走私毒品的犯罪事实清楚，证据确实、充分，定罪准确，审判程序合法。但杨某某、陈某某因形迹可疑被公安人员盘查后，即如实供述自己走私毒品的犯罪事实，应认定为自首，对杨某某、陈某某判处死刑，可不立即执行。其他内容略。

评析与辩点

准确认定本案的关键在于判断本案杨某某系属"形迹可疑"还是"犯罪嫌疑"？我们认为，不论犯罪事实暴露程度如何，行为人主动接触司法机关都属自动投案；相反，司法机关主动接触行为人并不完全排斥自动投案的成立。如果仅仅是形迹可疑在盘问、教育之下交代的仍然构成自首。如果是有直接、具体、明确、紧密的强联系证据证明有犯罪嫌疑的话则应排除自动投案的成立。形迹可疑是指行为人的行为举止、言谈、衣着、神态等令人生疑，盘问的人并不掌握任何犯罪证据或者掌握弱证据，主要凭的是工作经验、主观推断、职业敏感。盘查的方式有日常的治安检查、刑事案件调查时的摸底排查等。[①] 我们认为，以上无必然联系或弱联系的盘问、排查、巡查、调查主要分为以下三类：一是随机抽查或例行检查，在没有任何怀疑的情形下的例行抽查或机器检查；二是凭经验在例行检查过程中作出有一定怀疑的重点抽查；三是以已经发现或立案的特定案件为目标来以案找人，但仍属于较大范围的排查阶段，凭经验作出有一定怀疑的排查。我们认为，在上述三类情形下，是有成立形迹可疑型自首的空间的。

我们认为，行为人虽随身携带有某类违禁物品，但藏匿得较为隐蔽，司法机关或有关组织在对其进行检查前尚未发现其携带有这些物品的，那么就仍然应当认为行为人是"形迹可疑"人。如果他在司法机关或有关组织对其身体和所携带的物品进行搜查、检查前即能供述其所犯罪行的，就仍应认定其成立形迹可疑型自首。

本案中，被告人杨某某以体内藏毒的方式走私毒品，在机场安检的时候，因为形迹可疑受到盘问，还没有去医院接受体内检查即如实交代罪行。最高人

[①] 参见徐安住："自首制度疑难问题的司法认定——基于《刑事审判参考》28个示范案例的实证分析"，载《湖南大学学报（社会科学版）》2012年第1期。

民法院在复核时认为被告人接受的是例行安全检查,携带毒品的罪行并未被公安机关发现,仅仅是形迹可疑被盘问,交代犯罪事实应当视为自动投案。

在另一起刘某故意杀人案[①]中,则情况与此案有所不同。在该案中,公安机关经过调查及现场勘查后怀疑刘某有作案嫌疑,尚未有客观证据确定为嫌疑人,遂派人到其家里查看有没有作案证据,在洗衣机里发现与证人陈述一致的嫌疑人式样颜色的衣服,并且衣服上带有血迹。办案人员就此质问,被告人供述作案经过。法院认为被告人是在面对有力客观证据而无法提供合理解释的情况下被迫供认,并非形迹可疑,属于犯罪嫌疑,其行为不构成自动投案。对此认定,我们认为是妥当的,因为血衣属于强联系证据,且该案属于以案找人的情形。我们要看到,强联系证据与弱联系证据的区别有时候非常微妙,比如某甲拥有被害人(系其女友)的一件衣服,如果是带有被害人血迹的血衣,则属于强联系证据;如果是正常的衣服,则不一定属于强联系证据。而且,同样一个证据,如果是在以案找人的场合,其涉案联系程度就更强;而如果是在以人找案的场合,则其涉案联系程度就更弱。再如王某故意杀人案,[②]在该案中,王某在被害人苏某的死亡现场遗留了自己平时穿的水靴,公安机关于是将王某列为重点犯罪嫌疑人,后找到王某询问,其如实供述了故意杀人的犯罪事实。因为,该案属于以案找人,又掌握了一定证据,于是公安机关锁定王某为重点犯罪嫌疑人,我们认为,该水靴应属强联系证据,因此王某不构成形迹可疑型自首。

虽然强联系证据与弱联系证据具有较强的区分度和实践价值,但我们在具体判断时仍需避免两种认识误区:一是认为凡是以人找案的场合只要如实供述了都必然成立形迹可疑型自首。因为,如果行为人是在强联系证据被查获之后再如实供述的,不构成自首。二是认为凡是在以案找人的场合即便如实供述了也必然不构成形迹可疑型自首。因为,如前所述,在以案找人的场合中有关部门掌握的证据也很可能仅仅是弱联系证据,此时如果行为人如实供述,是完全可以成立自首的。而且,判断某人是否有"犯罪嫌疑"应从实质意义上去考察,而不能单单看其笔录名称是否为"讯问笔录"。

---

① 参见中华人民共和国最高人民法院刑事审判第一、二、三、四、五庭主办:《刑事审判参考》2007年第6集(总第59集),法律出版社2008年版。

② 参见傅强等:"非典型自首研究",载《人民司法》1999年第3期。

53. 自动投案后虽然供述的犯罪数额过半数，但未供述的部分足以影响案件定罪或加重刑罚的，不应认定为自首

案件名称

苏某某等走私普通货物（木料）案[①]

裁判要点

自动投案后虽然供述的犯罪数额过半数，但未供述的部分足以影响案件是否构罪的，不应认定为自首。

案情简介

2009年年初，被告单位张家港JD公司以每吨40,000元人民币的价格向香港HH公司购买了4个集装箱，总货款为人民币3,040,000元的卢氏黑黄檀。为牟取非法利益，公司法定代表人被告人苏某某采用制作虚假报关单据、低报实际成交价格等方式，将该批货物价格低报为每立方米1,410美元，总货款低报为95,175美元，于同年4月从上海口岸走私进口。经审核，该批货物偷逃应缴税款共计人民币274,940.43元。被告人苏某某供称其为了减轻责任，最初在海关接受询问时只承认了走私3个集装箱卢氏黑黄檀的事实（3票），3票货物的偷逃税款数额为人民币17万余元。

对被告单位张家港JD公司和被告人苏某某依照《刑法》第153条第1款第2项、第2款，第30条，第31条，第64条，第72条第1款以及最高人民法院《关于审理走私刑事案件具体应用法律若干问题的解释》第10条第2款之规定，判决如下：一、被告单位张家港JD公司犯走私普通货物罪，判处罚金人民币30万元；二、被告人苏某某犯走私普通货物罪，判处有期徒刑6个月，缓刑1年。

[①] 江苏省苏州市中级人民法院（2011）苏中刑二初字第0002号刑事判决书，来源于中国裁判文书网，最后访问时间：2022年10月9日。

⚖️ 裁判理由

关于被告人苏某某的辩护人认为苏某某构成自首的辩护意见，经查，被告人苏某某接到海关人员电话通知后，能自动到案接受询问，但其为了减轻罪责，故意隐瞒直接影响本案定罪处罚的重要犯罪事实，海关人员在调查取证，掌握了确凿证据后，被告人苏某某才如实供述了自己的罪行，故对被告人苏某某不能认定为自首，该辩护意见不能成立，法院不予采纳。针对其他事项的裁判理由略。

评析与辩点

我们认为，"如实供述自己的罪行"，是指"如实交代自己的主要犯罪事实"。其中的"主要犯罪事实"是指对犯罪嫌疑人行为的定性（罪与非罪；此罪与彼罪）有决定意义的事实、情节（基本构成要件事实）以及对量刑有重大影响的事实、情节（加重构成要件事实）；而所谓"对量刑有重大影响的事实、情节"或加重构成要件事实，则是指决定对犯罪嫌疑人应适用的法定刑档次是否升格的情节，且在总体危害程度上比其他部分事实、情节更大的事实、情节。

我们认为就涉及同一罪名的犯罪而言，上述"主要犯罪事实"体现在行为次数、情节、数量（数额）等方面。但其中的情节有些情况是有争议的，如累犯、前科如果没有如实供述，也可能对量刑甚至定罪有影响。比如《刑法修正案（八）》就有关于1年内3次走私入罪的规定，如果前科不供述清楚，就影响定罪了，如果某犯罪嫌疑人不如实说自己之前曾经因1年内2次走私被海关行政处罚，刚开始海关准备给他的第三次走私作行政处罚，但后来经查询才发现原来他因为1年内有2次前科导致本次行为涉嫌犯罪，此时其就不能构成如实供述了。也就是说，如果对于累犯身份及会影响到自己定罪与否、认定何罪及是否重罪的前科（并非所有类型的前科都会影响到法定的基本犯罪构成或加重犯罪构成，有的前科仅仅是酌定情节而已，对于仅是酌定情节的前科记录即使没说应当也不影响如实供述的成立），行为人没有说，就不构成如实供述。不过，如果从与涉案事实的关联性来说，其实这些事实与案件并没有本质上或直接的紧密联系，是否属于"主要犯罪事实"的范畴还有探讨空间。而且，前科或累犯这类事项的查询义务应由司法机关来承担比较合理，未必非得把这些义务都设置给行为人。但如果是因为行为人不讲真实姓名导致司法机关无法查询其有无累犯、前科记录，那么其不利后果应由行为人来承担，如果司法机关最终通过其他办法查明了其真实姓名且确有累犯记录的，即便行为人对除此之外的案件所有事实都如实说了，也应当否定其如实供述的成立。同时，也不能简单地以次数来衡量是否为"主要犯罪事实"，如抢劫3次，每次抢劫的金额都一样，但第3次抢劫导致了被害人死亡，如果行为人仅仅说了前2次，看起来2次的金额加起来比最后一次多，但隐瞒的第3次抢劫且致人死亡这一事实是具有决定作用的情节，未说部分的重要程度要高于已说部分，因此不能说其已如实供述了"主要犯罪事实"。如果案件涉及多个罪名的，则可以区分不同罪名在本罪名内使用上述标准来分别衡量是否具有自首情节，此罪名未如实供述"主要犯罪事实"并不影响彼罪名如实供述的成立。

此外，在共同犯罪中，衡量行为人是否如实交代自己的"主要犯罪事实"，主要看以下四点：一要看其是否如实供述在实施共同犯罪中的主犯、从犯或胁从犯作用；二要看其对自己所组织或参与共同犯罪事实已如实供述部分与未如实供述部分相比总体危害程度是否更大，且未如实供述的部分不影响对案件的定性及量刑的升格；三要看其对自己所参与的过限行为及其所知道的其他共犯的过限行为有无如实交代；四要看其对自己所知道的共犯及该共犯所组织或参与的共同犯罪事实有无如实交代。由此可见，最高人民法院《关于处理自首和立功具体应用法律若干问题的解释》第1条中关于共同犯罪案件中的犯罪嫌疑人，除如实供述自己的罪行外，还应当供述所知的同案犯，主犯则应当供述所知其他同案犯的共同犯罪事实，才能认定为自首的规定值得商榷，因为如果案件属无法区分主从犯的情形，那么每个行为人都不需要供述其所知的其他同案犯之共同犯罪事实，仍可构成自首，如此，共同犯罪的事实势必更难查清，因此说该规定是不合理的。

回到本案，被告人苏某某接到海关人员电话通知后，能自动到案接受询问，属于自动投案应无疑义。但其把4票货物的走私行为说成是3票（海关在调查取证掌握了确凿证据后，苏某某才如实供述了自己的全部事实），由于4票货物的偷逃税款数额是人民币27万余元，而3票货物的偷逃税款数额是人民币17万余元,根据当时的规定,偷逃税人民币25万元为单位犯走私普通货物罪的起刑点,本案属于单位行为,如果案件确实是或最终被认定为仅有17万元的偷逃税额,那么本案也就不构成犯罪了。因此,苏某某的不如实供述已经影响到案件事实的定性,已经影响到罪与非罪的确定,虽然表面上看其已供述部分数额大于未供述部分数额,但由于未供述部分已影响到基本的犯罪构成,故该部分事实就成了更具决定意义的事实,因此,苏某某并未如实供述"主要犯罪事实",本案判决认定苏某某不构成自首是妥当的。

第5章
走私犯罪的证据

54. 经海关查验的报关单及查验记录单之证据效力要高于侦查机关事后收集到的其他一般书证和口供

案件名称

刘某等走私废物（废人发）案[①]

裁判要点

经海关查验的报关单及查验记录单之证据效力要高于侦查机关事后收集到的其他一般书证和口供。在没有对实物进行鉴定的情况下，仅以部分证人证言及辨认照片推定之前被查验过的 30 票人发为固废证据不足。

案情简介

2013 年 7、8 月，被告单位荣某公司及被告人刘某通过他人联系到张某 1、白某 2 商议合作代理进口人发业务，并约定由白某 2 等人在巴基斯坦收购人发，经过简单分拣、清洗后，压缩装进编织袋发往国内，刘某负责货物的国际运输与报关进口，并收取每千克 40 元人民币的代理费用，货物清关后由张某 1、白某 1 向刘某支付相关费用。自 2013 年 9 月起，荣某公司委托西安某物流服务有限公司将进口货物转关至出口加工区 A 区，并在该区海关办理进口申报手续。经海关查证，自 2013 年 9 月至 2014 年 5 月，荣某公司共进口人发 31 票，共计 128.6595 吨，荣某公司及刘某共计获利 190 余万元。经深圳出入境检验检疫部门认定，荣某公司进口的人发为废人发。

针对上述指控，公诉机关随案移送了荣某公司工商资料、代理进口委托合同、进口货物报关单及随附凭证等书证、深圳出入境检验检疫局工业品检测技术中心再生原材料检验鉴定实验室出具的《进口物品固体废物属性鉴别报告》、证人张某 1 等人的证言、被告人刘某的供述和辩解等证据。

据此，公诉机关认为，被告单位荣某公司以伪报品名、税号形式逃避海

[①] 陕西省西安市中级人民法院（2017）陕 01 刑初 155 号刑事判决书。

关监管，走私进口废人发共计128.6595吨，被告人刘某作为荣某公司直接负责的主管人员，其行为均触犯了《刑法》第152条第2款之规定，构成走私废物罪，提请本院依法惩处。庭审中，被告单位荣某公司诉讼代表人对起诉书指控的犯罪事实不持异议。

被告人刘某辩称，其认为进口的人发符合海关的要求，没有伪报、瞒报，其行为不构成走私废物罪。

其辩护人辩称，刘某办理入关的前30票124.0335吨人发经海关依法检查放行，申报的品名与查验结果相符，没有以伪报品名、税号形式逃避海关监管；刘某主观上是疏忽大意的过失，且本案中只有最后一票人发不符合进口条件，属于废人发，不能以最后一票4.626吨货物为固体废物的证据就推定前30票的进口货物为固体废物，认定前30票的进口货物为废人发事实不清、证据不足；张某1、白某2与本案存在利害关系，其证言前后不一，极不稳定，且与其他证据存在矛盾，无法作出合理解释，不能作为认定本案事实的证据；李某1等8名证人的证言与其他证据存在矛盾，辨认程序违法，不具有证据效力；刘某基于查验结论的公某而连续进口人发，主观上不存在走私废物的犯罪故意；在侦查阶段刘某被取保候审，海关缉私局收取了150万元保证金，该保证金却被作为非法所得予以扣押，因此，刘某的行为不构成走私废物犯罪。

此前，该案已经被西安中院作出了一次有罪判决，被告不服提起上诉后，被陕西高院裁定撤销原判，发回重审。重审后法院最终判决如下：一、被告单位荣某公司无罪。二、被告人刘某无罪。三、涉案财物依法处置。

裁判理由

前30票人发均经西安海关查验后加盖"验讫"章后放行，这种验讫放行行为表明荣某公司及刘某所进口的人发符合海关申报的税则号列，且刘某根据张某1、白某2提供的人发样品和对人发样品的认知，在咨询了报关公司后确定了人发的归类，其已尽到了义务。而此前的30票人发均经海关查验后予以放行，人发均已销售。关键物证人发灭失，已无实物。不能以最后一票经检验确认为废人发的检验结论来推定之前进口的所有人发也是废人发。因此，该法院认为现有证据不能证实被告单位荣某公司及被告人刘某主观上明知所进口的人发是国家禁止进口的废人发，是固体废物。被告单位荣某公司及被告人刘某以伪报品名、税号形式逃避海关监管走私进口废人发的事实不清、证据不足。

❋ 评析与辩点

第一，经海关允许的进口行为构成犯罪阻却事由，当事企业及刘某的行为具有正当性和法律上应保护的信赖利益，无主观故意。

对进出口货物进行查验是《海关法》赋予海关的一项权力，是海关为确定进出口货物收发货人向海关申报内容是否与进出口货物的真实情况相符，或者为确定商品的归类、价格、原产地等，依法对进出口货物进行实际核查的执法行为。海关作为行政执法机关，其所作出的具体行政行为具有公定力、确定力、拘束力。西安荣某公司和刘某进口的前30票人发均经过西安海关查验后予以放行，就表明西安海关对上述30票人发合法性的认可。其中，有17票人发是经查验后加盖西安海关放行章后放行，有13票则是通过少则1包，多则3包的"开拆核对品名，未见异常"后予以放行。西安海关的这种验讫放行行为表明荣某公司及刘某所进口的人发符合海关申报的税则号列。荣某公司和刘某从2013年9月17日的第一票人发开始到2014年5月20日被查扣的最后一票，均申报为6703.0000"经梳理、人发制、无其他"，并未进行"伪报"或"瞒报"，所申报的货物品名与海关执法人员查验的品名一致并予以放行。海关8个月的查验放行行为使得荣某公司和刘某本人对所进口的人发与其申报的税则号列的"经梳理或其他方法加工"的人发产生了合理依赖，并据此始终认为其所进口的人发是已经过梳理、加工的人发而非废人发，故难以认定荣某公司和刘某具有走私的主观故意。

第二，经海关盖章确认的报关单特别是经海关查验过的报关单及查验记录单为海关公文文书，其证据效力要高于其他一般书证及口供。

经海关盖章确认的报关单特别是经海关查验过的报关单及查验记录单为海关公文文书，其证据效力要高于其他一般书证及口供。最高人民法院《关于行政诉讼证据若干问题的规定》第63条第1项规定，"国家机关以及其他职能部门依职权制作的公文文书优于其他书证"。最高人民法院通过海南儋州生某房地产开发有限公司案[1]、魏某建案[2]等行政诉讼案例反复确认了这一行政诉讼最佳证据规则的实效。虽然这只是行政诉讼证据规则，但在刑事案件中同样也可以适用。

如叶某文等生产、销售假药案。[3]该案法院认为，广州市海珠区食品药品监管部门依法定职权对涉案产品作出结论性意见的文书证据材料，具有以下属性：一是具有鉴定报告的属性。食品药品监管部门依职权发现而制作的涉案产品鉴定意见书，与公安机关的笔迹鉴定、物证鉴定有相似之处，都可以作为定案的证据材料。二是具有机关公文的属性。按照刑事诉讼证据认定的效力原则，国家机关以及其他职能部门依职权制作的公文文书优于其他书证。食品药品监管部门作为药品的法定认定部门，其依职权作出的具有公文性质的书证，证据效力应高于其他证据。而且，报关单特别是经查验的报关单反映的是一直处于海关监管状态下或履行了查验程序的即时实物，该报关单及查验记录为即时证据（与刑事诉讼法规定的"勘验笔录""检查笔录"效力相当），而与前 30 票货物有关的其他一般书证或口供反映的则是未形成有效证据链的灭失物，该类型证据为非现场笔录、非即时证据，两相比较，哪个更具优先性、权威性和公信力是不言而喻的。

类似判例如莫某川故意伤害案[4]及喻某乙故意伤害案[5]，上述两案法院均认为，在没有第一现场证据、仅有第二现场证据的情形下应疑罪从无，最终分别判决莫某川及喻某乙无罪。

---

[1] 最高人民法院（2020）最高法行申 1151 号行政裁定书。
[2] 最高人民法院（2019）最高法行申 8472 号行政裁定书。
[3] 广州市海珠区人民法院（2013）穗海法刑初字第 1246 号刑事判决书。
[4] 广西壮族自治区南丹县人民法院（2015）丹刑初字第 110 号刑事判决书。
[5] 湖北省巴东县人民法院（2014）鄂巴东刑初字第 00137 号刑事判决书。

55. 仅有收购人口供而无其他充分证据无法认定被告人构成准走私犯罪

案件名称
冯某甲走私普通货物（大米）案

处置要点
仅有收购人口供而无其他充分证据无法认定被告人构成准走私犯罪 / 走私普通货物罪。

案情简介
2015 年 3 月，犯罪嫌疑人冯某甲得知云南有低价越南产、缅甸产大米，为建立与云南供货上家的生意关系，进而牟利，冯某甲专程前往云南进行"市场考察"，结识部分云南供货人，了解大米价格情况。2015 年 5 月以来，冯某甲先后向舒某某（另案处理）购买走私入境的缅甸产大米、向冯某乙（另案处理）购买走私入境的越南产大米，共计偷逃税款人民币 1,889,829.08 元。

经两次退回补充侦查，仍然认为海关缉私局认定被不起诉人冯某甲走私普通货物的犯罪事实不清、证据不足。本案中，虽然冯某甲有向舒某某、冯某乙购买大米的行为，但冯某甲主观明知所购大米是走私入境的仅有其本人在侦查阶段的有罪供述，没有其他证据印证。故认定冯某甲走私普通货物的证据不足，本案不符合起诉条件。依照《刑事诉讼法》第 171 条第 4 款的规定，决定对冯某甲不起诉。

处置理由
冯某甲主观明知所购大米是走私入境的仅有其本人在侦查阶段的有罪供述，且没有其他证据印证。

评析与辩点
本案仅有冯某甲关于所购大米为走私入境的主观明知有罪供述，缺乏其他充分证据，如同案人舒某某及冯某乙如何直接走私的证据，以及舒某某、冯某乙分别与冯某甲如何商谈购销已走私入境并达成既遂的境外货物（大米）的证据，因此无法成案。根据《刑事诉讼法》的规定，仅有口供而无其他充分证据——仅凭孤证是无法对当事人定罪处罚的。即便本案货物经鉴定，其原产地确系缅甸及越南，但由于在案证据无法确定销售大米给冯某甲的境内供应商舒某某、冯某乙是否系直接走私人，因此仍然无法认定冯某甲构成准走私犯罪即走私普通货物罪，仍然无法排除该涉案交易系国内贸易甚至是完全合法的贸易之可能性。

当然，对本案这种依法可以确认涉案大米系原产地为境外的商品，但进口来源无法查清的情形，依法可以对当事人科处行政处罚。依照《云南省反走私综合治理规定》第14条第1款的规定，经营无合法来源的进口货物、物品，由查获地市场监管部门责令改正，应处2万元以上5万元以下罚款；拒不改正的，应处5万元以上10万元以下罚款。

仅有口供无法定罪的走私案例又如旦某某涉嫌走私国家禁止进出口的货物、物品案。该案检察院认为侦查机关认定"旦某某违反海关监管，具有走私行为的证据只有犯罪嫌疑人的供述与辩解，无其他客观证据予以佐证，犯罪构成要件缺乏必要证据，没有形成完整的证据链，无法排除檀香紫檀来源的合法性或有其犯罪嫌疑人的合理怀疑，不符合起诉条件。"遂决定对旦某某存疑不诉。

仅有口供无法定罪的其他典型案例如颜某灿销售假冒注册商标的商品案[①]。该案法院认为：公诉机关指控上诉人颜某灿的涉案金额包括两部分：一部分是已销售假烟的金额16万元左右，另一部分是现场缴获的尚未销售假烟的货值67,535元。公诉机关对上诉人颜某灿销售假烟16万元左右的指控，只有上诉人颜某灿的口供，且只供述了大概的金额，没有其他证据佐证已销售假烟的来源、去处、具体数量、价格等关键事实，该笔销售金额依法应不予认定。现场缴获的尚未销售假烟的货值，在没有标价或无法查清实际销售价格的情况下，采信价格鉴证部门按照被侵权产品的市场中间价格作出的意见，符合法律规定，应认定上诉人尚未销售假烟的货值为67,535元。根据《关

---

① 广东省深圳市中级人民法院（2018）粤03刑终974号刑事判决书。

于办理侵犯知识产权刑事案件适用法律若干问题的意见》第 8 条第 2 款第 1 项的规定，假冒注册商标的商品尚未销售，货值金额在 15 万元以上的，应以销售假冒注册商标的商品罪（未遂）定罪处罚。本案尚未销售的假烟货值仅为 67,535 元，未达到 15 万元以上的定罪量刑标准，故上诉人颜某灿不构成销售假冒注册商标的商品罪。法院遂撤销原有罪判决，改判上诉人颜某灿无罪。

56. 跨境电商走私案仅凭模糊证据难以定罪

案件名称

李某某等走私普通货物（跨电商品）案

处置要点

跨境电商走私案件必须查明涉案订单是否真实、是否存在恶意刷单或改单、是否造成了税款损失、当事人是否具有偷逃税款故意等主客观情节。否则，仅凭模糊证据难以定罪。

案情简介

2017年11月至2018年5月间，某国际货运代理公司法定代表人李某某经与上海某网络科技有限公司（以下简称"某网络科技公司"）法定代表人孙某某、上海某供应链管理有限公司（以下简称"某供应链管理公司"）法定代表人吴某某共同商议后，决定由某国际货运代理公司将外商提供的国内个人消费者通过各海外购买渠道购买境外货物的采购信息整理后，交由具有跨境电商资质的某网络科技公司，在某网络科技公司的跨境电子商务平台上生成虚假的订单信息、支付信息，再发某供应链管理公司生成物流信息后向海关以某网络科技公司的跨境电子商务直购进口商品名义申报。经海关计核，共计偷逃应缴税额人民币654,421.67元。据此，海关缉私局认为李某某的行为涉嫌走私普通货物罪。该案检察院以事实不清、证据不足为由作出存疑不诉。

处置理由

该案检察院经审查退回补充侦查，要求侦查机关查清是否存在虚假订单、涉案货物的真实购买途径、涉案单位是否有偷逃税款故意、是否实际造成国家税款损失以及损失数额等，但补侦未果。该案检察院认为，根据本案现有证据无法证实上述犯罪事实，且没有再次退回补充侦查必要，上海海关缉私局认定的李某某涉嫌走私普通货物罪的事实不清、证据不足，不符合起诉条件。

评析与辩点

一、关于本案是否存在虚假订单及涉案货物的真实购买途径和刷单问题

本案是一个比较典型的跨境电商走私案，侦查机关因侦查手段等原因，未能查清是否存在虚假订单及涉案货物的真实购买途径。跨境电商零售进口，是指境内消费者通过跨境电商第三方平台向境外电商企业购买商品，并通过"网购保税进口"或"直购进口"运递进境的消费行为。从最高人民检察院官网公布的研究文章来看，有两种不宜作为犯罪处理的善意刷单和"虚假订单"情形值得关注：一是境内消费者在电商平台下单后，平台因不愿意透露客户隐私，而未将客户信息提供给境外电商企业，电商企业为符合报关要求，遂将涉案货物以虚假身份信息报关入境。二是境外非电商企业从事针对境内消费者的跨境销售业务，其委托境内企业负责报关，境内企业为牟取利益，与电商平台合谋，将实际生成于电商平台外的交易生成虚假订单，以跨境电商形式报关入境后，将货物交付境内消费者。后一种情形表面上看是在生成"虚假订单"，但由于境内消费者在法定额度内本身就享有税收优惠资格，也即该情形实际上没有侵犯国家税款利益，故不应作为犯罪处理，前一种善意刷单不应定罪处罚的理由也与此基本相同。

还有一种刷单情形更值得研究：境内电商平台为节省物流时间，伪造消费者信息用于刷单，将电商企业的货物以跨境电商形式报关入境后，再向有需求的境内消费者销售。但这种刷单是否一概属于应当入刑的恶意刷单还应具体分析，若其中货物确实流向了不符合监管条件即不应享受税收优惠政策的消费者，该行为可评价为恶意刷单，其所涉税额超过起刑点是可以入刑的。但若其中货物确实流向了符合监管条件的消费者，则仍然不具有处罚必要性，可不作为犯罪处理，依然可以将其评价为善意刷单。正如有学者所指出的："一方面，跨境电商的监管制度确实存在周期较长的弊端，有的涉案人员出于缩短物流的动机刷单进口，主观恶性较小；另一方面，货物的流向'合规'能在一定程度上弥补对于海关监管秩序的侵犯，也与当下刑事政策、跨境电商制度的初衷相契合。"[①]

[①] 参见刘晓光等："如何界分跨境电商零售进口走私行为"，载《检察日报》2020年8月7日第3版。

同时，境内消费者与跨境电商企业之间的法律关系是委托进口关系还是买卖关系，还要看他们之间的合同是如何约定的。根据《关于为自由贸易试验区建设提供司法保障的意见》第7条的规定，合同约定消费者个人承担关税和邮寄风险的，可认定消费者和跨境电商企业之间成立委托合同关系。电商企业批量进口、分批销售，消费者主张其与电商企业之间成立买卖合同关系的，人民法院应予支持。据此，消费者个人在走私犯罪司法实践中是完全有可能被认定为实际进口商角色和主要犯罪主体的。

二、关于本案是否存在改单的问题

司法实践中，改单该如何认定是跨境电商走私案中的另一个模糊地带。常见的改单行为有以下几种：（1）修改品名；（2）修改品牌；（3）修改规格、型号；（4）修改数量、重量；（5）修改价格。

我们以奶粉为例来分别对照以上情形：（1）修改品名。如将奶粉修改为辅食。（2）修改品牌。如将"雅培"修改为"君乐宝"。（3）修改规格、型号。如将1段修改为3段。（4）修改数量、重量。如将6罐修改为3罐。（5）修改价格。如将400元/罐修改为180元/罐。以上均属明显违法的改单行为。

但有的情形例外，它看起来很像改单，但其实是在"规范化整理"商品申报要素。比如有的商品原始购物小票或清单上列明的品名、品牌和规格、型号比较简单、模糊或信息不全，如未标明婴幼儿奶粉的段位，那么制单员在制作申报单证或表格时将有关信息（如奶粉段位等）补齐，这就明显不属于违法改单。又如有小票的商品品名仅写明"保健品"或"营养补剂"，此时制单员据实修改为"深海鱼油""增肌粉"或"蛋白粉"，这也不属于违法改单。以上情形完全是为了达到中国海关规范申报的要求，工作人员据实对商品要素做的进一步核实、细化和整理工作，系"规范化整理"商品申报要素的合法行为。司法人员在办案时首先要把这种行为甄别和剔除出来。本案尚无证据证明当事人存在违法改单情形。

综上，由于本案未能查清是否存在虚假订单、涉案货物的真实购买途径、涉案单位是否存在恶意刷单及违法改单行为，涉案单位是否存在偷逃税款故意，因此该案是否实际造成国家税款损失以及损失数额等情节及后果相应也就无法查明。我们认为，该案检察院最终作出存疑不诉的决定是妥当的。

第6章
走私普通货物、物品罪

57. 无法证明有主观明知的夹藏普通货物难以认定为走私普通货物罪

🔨 案件名称

龙某华、郭某鹏走私普通货物（液晶玻璃等）案[①]

💡 裁判要点

无法证明有主观明知的夹藏普通货物难以认定为走私普通货物罪。

🎬 案情简介

2016年，郭某鹏与陈某2（另案处理）商定合作夹藏货物走私入境并以"废五金""废铝"名义申报进口，所得利润由二人平分。由于郭某鹏经营的田某五金厂无固体废物进口许可证，郭某鹏找到林某某，委托穗某公司（实际负责人为龙某华），冒用其他公司固体废物进口许可证报关进口。郭某鹏安排自己的员工周某负责接收陈某2团伙在香港装柜的货物清单及柜号并发给穗某公司员工林某某、余某华等人。余某华确认信息后，再联系肇庆某码头拖运开柜。穗某公司负责人龙某华及员工凌某秀负责具体报关、清关事宜。穗某公司员工郭某涛主要负责在田某五金厂卸货过磅并对开柜过程进行拍照，再将照片经由周某转发给穗某公司员工余某华。

2016年11月25日，侦查机关在肇庆新某码头查获5个货柜。其中3个货柜（柜号为HJZU88×××××、HJZU98×××××、KTTU88×××××）系陈某2联系郭某鹏通关进口，内有废弃光驱、废弃电脑、废弃液晶屏、废弃硬盘、废弃电子元器件等国家禁止进口固体废物36,689千克；普通货物全新硬盘、锂电池、火花塞、波箱、显示屏、IC、衣服、鞋子等货物，核定偷逃税款计人民币6,575,414.96元。另2个货柜（柜号为KKFU70×××××、KKFU7××××××）系"健某公司"（公司具体名称不明）委托穗某公司进口，内有废弃光驱等国

[①] 广东省深圳市中级人民法院（2018）粤03刑初68、374号刑事判决书、广东省高级人民法院（2019）粤刑终48、49号刑事裁定书、广东省高级人民法院（2019）粤刑终48、49号之一刑事裁定书，来源于中国裁判文书网，最后访问时间：2022年10月9日。

家禁止进口固体废物 5,700 千克；普通货物多晶硅 35,200 千克，鉴定价值计 4,681,600 元，核定偷逃税款计 842,254.22 元。另外查获两批普通货物（非海关监管现场查获的某某物流园区及其他海关缉私分局移交的 34 批液晶玻璃）核定偷逃税款 300 多万元。全案合计偷逃税款约 1,100 万元。以上涉及两个指控罪名，即走私普通货物罪及走私废物罪，其中指控走私普通货物罪的有关事实、证据系本案最重点的部分，也是控、辩、审争议最大的内容。

一审法院就走私普通货物罪部分仅认定了上家公司负责人郭某鹏构成该罪，而认为穗某公司龙某华等人不构成此罪。针对走私废物罪的部分略（量刑极轻）。二审法院对此予以维持。

⚖️ 裁判理由

一审法院认为根据在案证据来看，郭某鹏是否向包括龙某华在内的穗某公司 4 名被告人讲明实际夹藏的是普通货物存疑。同时龙某华等人关于杂质的辩解符合情理。而且，从龙某华及穗某公司收取的报酬来看，并未超出正常报关费用范畴，其缺乏走私普通货物的犯罪动机，不能认为其对普通货物明知或具有概括的故意，而应认为其对夹藏的普通货物不明知。根据主客观相统一的定罪原则，就夹藏的普通货物不应认定龙某华等 4 人构成走私犯罪。二审法院对此未表示有任何异议。

📢 评析与辩点

第一，如无证据证明龙某华有走私普通货物罪的主观故意，龙某华就难以构成此罪。

如果穗某公司负责人龙某华仅针对废物具有一般特定故意或明确的特定故意，而无包含其他类型货物（如普通货物）等走私对象在内的模糊概括故意或限定概括故意，那么龙某华就很难成立走私普通货物罪。也即，侦控机关要完成走私普通货物罪的证明任务，就需要有证据证明龙某华对货柜中夹藏的普通货物具有明知或推定的明知，而不是其根本没有意识到或很难觉察到其中有普通货物。

根据在案证据，龙某华从不知道货柜中有普通货物，从头到尾也未想过要走私普通货物。龙某华的所有笔录都未说过自己能够预料涉案 5 个货柜中有普通货物。这里需特别提出的是，虽然龙某华在 2016 年 11 月 25 日的笔录中说过里面有不是固体废物的东西，其后龙某华在 2017 年 4 月 13 日的笔录中进一步解释了上次笔录的意思，他说"线路板有些问题，有些是杂货，不是固体废物的货物"意思是国家有规定允许有 2% 的杂质。而且，针对这句话中的"货物"，海关也从未问过其是新货还是旧货，从取证角度来说，漏洞很大。综合所有材料来体系性地理解，龙某华的意思是不在许可证范围内的废物，是指超标、超量的废物，而绝不是指全新普通货物的意思，法庭上龙某华也坚称自己从不清楚有普通货物在其中的事实。同时，穗某公司员工凌某秀也称自己仅知道货柜里面都是旧硬盘、光驱、电源盒等，并称龙某华有跟他说过。而这个说法与龙某华的说法并不矛盾。即使龙某华公司的上一级通关人郭某鹏或再上一级通关人知道其中有普通货物，也不代表龙某华他们这一层级的通关人就必然知道，还是要具体分析及区别判断。同时，龙某华所代表的穗某公司仅拿固定数额佣金或固定比例佣金，超过 1 吨额外收 1000 元。我们认为，这属于正常佣金，不属于超额利润或不等值回报。因此，龙某华及穗某公司缺乏走私犯罪动机。

据此可知，龙某华确实不知道货柜中有普通货物，主观上没有走私普通货物的特定故意，也没有概括故意。我们认为，此类情形不宜客观归罪。类似案例很多，如最高人民法院公布的参考性案例——程某某等人走私废物案[①]。该案中，也是货柜中混放了废物及普通货物，但程某某等人确实不知货柜中有普通货物，法院认为其无走私普通货物的主观故意，最终未认定其构成走私普通货物罪。又如最高人民法院公布的公报案例——应某某等人走私废物案[②]。该案中法院也是这么认定的。

第二，推定明知需有法定用于推定的基础事实存在，而且不能与现有的其他客观事实出现明显矛盾。

根据《关于办理走私刑事案件适用法律若干问题的意见》第 5 条第 2 款第 4 项的规定，提供虚假的合同、发票、证明等商业单证委托他人办理通关

[①] 参见中华人民共和国最高人民法院刑事审判庭第一、二、三、四、五庭主办：《刑事审判参考》2012 年第 3 集（总第 86 集），法律出版社 2013 年版。

[②] 参见《最高人民法院公报》2014 年第 5 期。

手续的，除有证据证明确属被蒙骗的外，可推定当事人具有主观明知。但本案中并不存在提供虚假合同、发票、证明等商业单证委托报关的基础事实，同时也不存在写入其他规定中可用于推定明知的其他基础事实。

同时，根据在案证据，穗某公司的上家公司之负责人郭某鹏笔录称穗某公司不知其中有夹藏走私，原因在于怕其知道了会不帮自己进口货物；虽然后期笔录穗某公司的郭某鹏称本公司的员工林某富知道，但自始至终，郭某鹏及上家公司的员工周某、郭某涛等人的笔录从未说过龙某华对夹藏的事情知情。

综上，我们认为，两级法院认定穗某公司的龙某华等人对上述夹藏的普通货物均不具明知的观点非常正确。

58. "发错货"的说法如无其他充分的客观可信赖证据作支撑，较难成为否定走私犯罪主观故意的理由

案件名称

苍南 TH 公司等走私普通货物（杂货）案[①]

裁判要点

"发错货"的说法如无其他充分的客观可信赖证据作支撑，无法成为否定走私犯罪主观故意的理由。

案情简介

2011 年 10 月，被告人洪某某找到被告单位苍南 TH 公司法定代表人被告人肖某某，与其洽谈开展对台小额贸易事宜。经多次洽谈，被告人肖某某、王某乙、洪某某及洪某纯（另案处理）商定，由洪某某、洪某纯以个人名义与 TH 公司合作对台小额贸易业务，洪某某、洪某纯负责在我国台湾地区组织货源并运至苍南霞关及清关后的大陆内运输配送，TH 公司主要负责货物清关。为牟取非法利益，双方商定由 TH 公司采取少报多进的方式走私进口，赚取非法利润后双方分成。洪某某、洪某纯通过其所雇用的业务员将实际进口货物清单发给王某乙，王某乙指使 TH 公司业务员被告人胡某某及李某仙（另案处理）从中挑选低价值、不涉证货物制作虚假清单作为拟报关货物，通过洪某某所雇用业务员发至台湾，经台湾确认并在虚假货物清单上加盖公章后传真给 TH 公司报关。2012 年 3 月 19 日，TH 公司以上述方式将实际进口的 350 余吨铜碎料、电子产品、食品、化妆品等货物向海关申报成 70 余吨，被温州海关查获。经鉴定，走私货物价值人民币 8,465.37 万元，经核定偷逃税款人民币 1,581.12 万元。

依照《刑法》第 153 条第 1 款第 3 项和第 2 款、第 30 条、第 310 条第 1 款、第 25 条第 1 款、第 26 条、第 27 条、第 72 条、第 73 条之规定，法

[①] 浙江省温州市中级人民法院(2013)浙温刑初字第 86 号刑事判决书，来源于中国裁判文书网，最后访问时间：2022 年 10 月 9 日。

院判决如下：一、被告单位苍南TH公司犯走私普通货物罪，判处罚金人民币1,600万元；二、被告人肖某某犯走私普通货物罪，判处有期徒刑10年6个月；三、被告人洪某某犯走私普通货物罪，判处有期徒刑10年；四、被告人王某乙犯走私普通货物罪，判处有期徒刑10年；五、被告人胡某某犯走私普通货物罪，判处有期徒刑3年，缓刑4年。判决其他内容略。

⚖ 裁判理由

关于辩护人提出，所谓真实货物清单与扣押、检验认定的货物清单以及报关货物清单上的货物名称、数量等均严重不符，TH公司无法报关，应认定系台湾方面发错货的意见。经查，3份清单上的货物名称表述的确不完全相同，但真实货物清单上的名称是货主交货时申报的名称，往往是类别、概括名称，检验认定名称为货物经实物检验认证后在大陆的准确、规范名称，报关名称又是TH公司根据自己的通关意愿将一些货物进行归类后的申报名称，故名称不同有合理解释，不足以否定本案事实的认定。关于数量方面，由于计量单位不同以及少报多进等原因，致使3份清单上的货物数量不同，这由合理原因造成，故货物名称和数量均应以检验认定的数量为准。此外，根据王某乙、胡某某等人供述，结合真实货物清单和报关清单比对可以认定，TH公司为偷逃税款，从真实货物清单中挑选塑料类、铁类、布类等低价值货物进行申报，走私主观故意明确，与客观行为相符，明显不属于台湾发错货。因此，相关辩护意见，法院决定不予采纳。针对其他事项的裁判理由略。

📣 评析与辩点

在相关走私犯罪的判例中，相关当事人在被海关查获时，常常辩称是由于境外发货人发错货所致，但这一辩解几乎很少得到海关及检、法机关的采信，最主要还是因为其提交的证据站不住脚。此外，还有两点原因比较关键：第一，《海关法》第27条规定，进口货物的收货人经海关同意，可以在申报前查看货物或者提取货样。需要依法检疫的货物，应当在检疫合格后提取货样。当事人如果放弃了这一权利，一旦出现问题可能要承担相应的法律责任。第二，《海关进口货物直接退运管理办法》第5条第3款规定，对海关已经确定布控、查验或者认为有走私违规嫌疑的货物，不予办理直接退运。布控、查验或者案件处理完毕后，按照海关有关规定处理。如张某某走私普通货物案中，[①]张某某在得知自己的涉案货物中夹藏的化妆品、家电比以前多之后就给海关打电话，陈述理由说是韩国供货商发错货，想将这批货退运出境，海关答复说货物已经进入查验阶段。结果海关在查验过程中发现夹藏的大批化妆品等货物。此案中海关并未采信张某某所提出的理由，而张某某也的确没有提供确凿有力的可信证据来证明自己的主张。

  本案中，肖某某的辩护人提出，指控苍南TH公司走私普通货物，事实不清、证据不足。苍南TH公司只是代理报关，台湾方面提供的所谓真实货物清单与查获的货物严重不符，苍南TH公司是无法如实报关的，又有证据表明是台湾公司发错货，可以认定为发错货，因此应属行政违法，进而认为检察机关指控的走私犯罪不能成立。而且，之前案发时肖某某就已经跟公司所有员工通气要求统一口径向海关解释是台湾发错货所致。还让公司员工李某某、胡某某把没有申报货物列一份清单并跟福建方面联系，让福建方面从台湾把清单传真过来，称之为发错货清单。台湾方面也及时把清单传真过来，然后由公司员工王某乙转交海关。但法院并未采信这种说法及相关证据材料，法院认为，关于辩护人提出，所谓真实货物清单与扣押、检验认定的货物清单以及报关货物清单上的货物名称、数量等均严重不符，苍南TH公司无法报关，应认定系台湾方面发错货的意见。认为其解释虽有一定的合理成分，但仍不足以否定本案事实的认定。

  本案及其他类似案件辩方所举证据材料之所以缺乏可信度，是因为从普通人的角度出发即便在报关之前没有向海关申请提前看货，但在收到货之后发现货不对版，正常也应及时与境外发货人就退换货或赔偿等事宜进行紧急沟通（同样外方发现发错货也应该马上与境内收货人及时联系协商如何处理的），同时原来订货的合同、邮件亦可表明本来是想订什么货的；外方也应提供证据证明发错的货物原本是应该发往哪里的；境内企业正常还会及时向海关咨询或直接向海关申请办理退运货物；以前有无遇到外商发错货的情形，又是如何处理的。所有上述这些采购订货、洽谈沟通、处置过程当时都会留下通话记录、电子邮件，至少这些记录上面所显示的时间是不易伪造更改的，因此如果有这方

[①] 山东省日照市中级人民法院（2014）日刑初字第4号刑事判决书。

面的证据，其可信度无疑是较高的。相比之下，提供的书证其上面所署时间的真实性就很难保证了。即便书证内容包括所署时间在内全部信息都是真实的，该时间也很难通过书证自身或其他鉴定手段来证明。如深圳市某货运代理有限公司等走私废物案中，在邱某某签认的署名为"SMKINGOTPRODUCTSCO.LTD"的声明一份称声明内容是泰国公司自称发错货，要求退货。邱某某签认该声明是其书写后于 2008 年 11 月要求经理李某某打印，其为了尽快退运 4 个货柜，而伪造了泰国发货公司的声明。该案中的声明甚至是由自己制作的，其内容和签署时间的真实性由于没有经过居于客观中立地位的第三方机构的佐证或鉴定，因此可信度不高，事实上，该案中的海关及检、法机关对此证据材料均未予以采信。

59. 经验法则可用于对客观事实的推定

案件名称

朱某某走私普通货物（花生米）案[①]

裁判要点

经验法则可用于对客观事实的推定。

案情简介

2011年11月至2013年3月，被告人朱某某先后多次以河南省杞县ZS公司的名义通过李某某（另案处理）向印度MBM公司订购去壳花生米，并约定由印度MBM公司负责将花生米运至越南海防港。同时，朱某某为偷逃应缴税款，以每吨花生米支付600元至700元好处费的方式委托何某某、张某某（均另案处理）将花生米以边民互贸形式运进国内。何某某、张某某在越南海防港收货后先将货物运至广西壮族自治区凭祥市边贸区，然后雇佣当地边民采取伪报花生产地以及将货物化整为零申报的方式，将上述应当以一般贸易方式缴税进口的印度产花生米以边民互市贸易的名义免税运至国内，后交由朱某某在国内进行销售。朱某某通过上述方式共走私进口印度MBM公司花生米5,568吨，总货值48,878,894.26元，共计偷逃海关应缴税款14,639,228.96元。

一审法院依照《刑法》第153条第1款第3项、第52条、第53条和《关于办理走私刑事案件适用法律若干问题的解释》第16条第1款之规定，判决如下：被告人朱某某犯走私普通货物罪，判处有期徒刑12年，并处罚金人民币1,464万元。二审法院维持原判。

裁判理由

反观朱某某在庭审中辩称所购花生米大部分未运进国内进行销售的翻供

[①] 河南省郑州市中级人民法院（2014）郑刑一初字第4号刑事判决书、河南省高级人民法院（2015）豫法刑四终字第102号刑事裁定书，来源于中国裁判文书网，最后访问时间：2022年10月9日。

事由，不仅在其侦查阶段的供述中得不到丝毫的印证，而且其所称有退货的说法与供货方代理人李某某的证言以及相关银行交易记录明显矛盾；其辩称5,000多吨中仅有100多吨实现合同目的运进国内进行销售，而事实上其先后20余次与MBM公司签订花生米购销合同，依照一般的商业规律，如果前期合同目的大部分不能实现的话，其显然不可能再继续与MBM公司签署合同。综上，现有证据足以证明朱某某从MBM公司购入5,568吨花生米走私入境进行销售的事实。针对其他事项的裁判理由略。

评析与辩点

"经验法则是人们在长期生产、生活以及科学实验中对客观外界普遍现象与通常规律的一种理性认识，在观念上属于一种不证自明的公认范畴。司法审判上的经验法则是社会日常经验法则的一个必要而特殊的组成部分，其特殊性表现在法官常常根据自身的常识、亲身生活体验或被公众所普遍认识与接受的那些公理经验作为法律逻辑的一种推理方式。"[1] 我们认为，经验法则就是对事物属性及事物之间因果关系的反映，体现了一种事物之间的一般规律、必然联系或常态联系，具有"经验性"和"法则性"。[2]

在刑事司法实践中，运用经验法则进行推定客观事实比较常见，但必须考量以下六个方面：其一，是否为一种常态现象，是否在日常生活或司法实践中反复实践。其二，这种常态现象能否被社会普遍认识、感知和接受。其三，这种经验能否以具体方式还原为具体案情。其四，该经验法则随时可以清楚地用验证的方式加以描述，它既可以关于自然现象，又可以关于社会现象，其范围极其广泛。[3] 经验法则既可以用来验证，又可以用来证伪，因此，对经过反复验证并随时可以再次验证的经验法则一般来说是可以直接使用的，但也应当允许行为人提出反驳意见，允许其提出相反的证据来验证。其五，经验法则是一种高度盖然性，必须排除例外情形，才能作为定案证据。其六，经验法则还

---

[1] 参见毕玉谦："举证责任分配体系之构建"，载《法学研究》2009年第2期。
[2] 参见张云鹏：《刑事推定论》，法律出版社2011年版，第40页。
[3] 参见樊崇义主编：《证据法学》，法律出版社2012年版，第400页。

应当得到其他证据的验证，排除合理怀疑。①

违背了经验法则，则不能为一般人所接受。如一起强奸案中，被害人、被告人与其他几个刚认识的朋友一起吃饭，其间被害人如厕，被告人也跟进去了，在厕所内两人站着发生了性关系，然后一起回到饭桌吃饭，第二天被害人告发称自己被强奸。对此案，我们就可以根据人们的一般生活经验法则予以判断：第一，如果女方不配合，男方很难完成性行为；第二，性行为完成后，双方一起回来继续吃饭，如果真是强奸则很难想象会这样。②

回到本案，如果是前面的交易对方均未依照合同履行义务，正常人是不会继续签订新的合同并履行的，而且前面不是一次两次，朱某某称是20多次均未履行合同，这就违背了正常人都能接受的经验法则、一般交易规律及经济活动中的理性人假设。朱某某除了简单翻供之外，并没有提供什么有力的客观证据来印证其说法，而其翻供之前称对方确已履行合同的多份笔录与供货方代理人李某某的证言以及相关银行交易记录又是吻合的，因此，判决认为前期合同目的大都不能实现的话，后期合同不可能继续签订并履行。这一推定完全符合前述关于经验法则的适用条件，因而是妥当的。

考察多省司法实践可知，被告人在侦查、起诉阶段多次供述一致，庭审中翻供，如被告人不能合理说明翻供理由，也即其翻供理由不符合经验法则及逻辑规则，或者其辩解与全案证据不符，其庭前供述又能与其他证据相印证的，法院一般会选择采信其庭前供述。

---

① 参见樊崇义主编：《刑事证据规则研究》，中国人民公安大学出版社2014年版，第715～716页。

② 参见臧德胜：《法官如何思考：刑事审判思维与方法》，中国法制出版社2016年版，第134页。

60. 向境外供货商支付的"佣金"不应认定为不计入完税价格的购货佣金

案件名称

厦门甲公司等走私普通货物（啤酒）案[①]

裁判要点

向境外供货商支付的"佣金"应计入完税价格总额。

案情简介

被告人江某某于 2011 年 1 月 13 日成立甲公司，并担任该公司法定代表人，负责公司的经营管理。2014 年 9 月至 2015 年 2 月间，被告单位甲公司与周某某合作，向国外供货商黄某某从欧洲等地大量进口荷兰版及法国版"Heineken"啤酒。甲公司按照每箱人民币 2 元至 5 元不等的价格向黄某某支付佣金。在报关过程中，经甲公司法定代表人江某某决策，指使该公司员工采用低报啤酒价格的方式向海关申报进口"Heineken"啤酒共计 7 票，之后将上述啤酒在国内销售牟利。经海关关税部门核定，上述 7 票啤酒偷逃应缴税款共计人民币 301,087.08 元。

依照《刑法》第 153 条第 1 款第 1 项、第 2 款、第 3 款、第 67 条第 1 款及《关于办理走私刑事案件适用法律若干问题的解释》第 24 条第 2 款之规定，法院判决如下：一、被告单位厦门甲公司犯走私普通货物罪，判处罚金人民币 31 万元；二、被告人江某某犯走私普通货物罪，免予刑事处罚。

裁判理由

甲公司以每箱人民币 2 元至 5 元不等的价格向国外供货商黄某某支付佣金，并将佣金转账至黄某某指定的国内银行账户中，上述国外购货佣金系买方

[①] 福建省厦门市中级人民法院（2016）闽 02 刑初 85 号刑事判决书，来源于中国裁判文书网，最后访问时间：2022 年 10 月 9 日。

甲公司为进口货物而向境外卖方实际支付的成本，依照《进出口关税条例》第18条之规定，应当纳入完税价格总额进行审定。

评析与辩点

根据《进出口关税条例》第19条的规定，由买方负担的购货佣金以外的佣金和经纪费，应计入进口货物的完税价格。购货佣金，又称买方佣金，是买方的代理人在为买方寻找境外供应商，并在将买方要求通知卖方、收集样品等活动中因提供劳务而取得的相应酬劳，即买方向其采购代理人支付的佣金。世界海关组织估价技术委员会解释性说明2.1中就此作了详细说明，即购买代理人是为买方购买货物的人，在寻求供应商，将买方的意愿告知销售人，收集货样，检查货物；某些情况下，在安排货物的保险、运输、储存和交付方面提供服务。由此产生的费用，即为购货佣金或买方佣金，它与进口货物的销售行为及价格无关，因此完税价格中不应包括此项要素的费用。比如进口商亲自或指派员工出国洽谈该笔进口业务，发生的差旅费及员工工资就应计入买方的管理费用，而不应作为进口货物的间接支付计入购货价格。因此，对于从事相同工作的采购代理人，买方支付该笔费用也同样不需计入完税价格。究其本质，是因为该笔费用属于采购成本，而不是进口货物本身的成本，因此不能成为完税价格的一部分。至于买方代理人是否为独立的法人实体，是否为第三方或买方自己的分支机构，这些其实都是无关紧要的事情。

本案被告人厦门甲公司以"购货佣金"的名义支付的对象黄某某的身份却是国外供应商，而不是代表国内进口商甲公司利益的买方代理人，因此该佣金也就很难归入不应计入完税价格的购买佣金或买方佣金之范畴。因此，我们在判定某类佣金或其他费用是否应计入被估货物的完税价格时，不能简单地以合同名称或费用名称作为判定标准，而应以该笔费用的收取者在交易中发挥的实际作用为判定标准，看看其究竟是代表哪一方利益而进行活动的角色，还是实际系承担跨越关境的进口货物所有权及风险转移的一方或是独立居中同时为买卖双方提供服务的角色。因此，这就需要我们从实质意义上去考察贸易合同及交易实际，有的合同虽然名为代理合同，实际却是购销合同；有的合同虽然名为购销合同，实际却是代理合同。

由于黄某某并非境外制造商,因此,也可将其当作境外中间商来看待。判定中间商是否为买方代理,也取决于国内进口商在交易中是否对中间商实施了有效的控制,并在交易中起主导作用。中间商如果为买方代理,则在交易中不能有太大的自主权,中间商主要的职责应是事务性的(如寻找供应商、收集货样、检查货物以及安排运输和储存等)而非决策性的(如决定是否接受卖方的报价、是否进行交易以及确定支付方式)。因此,国内进口商对整个交易的了解、参与以及控制的程度是判定中间商角色的重要依据。如果国内进口商只是告知中间商需要采购何种商品,能接受什么样的价格,由中间商去寻找货源,而国内进口商在贸易过程中并不知道货物来源的渠道以及中间商购买货物的价格,那么中间商更可能是交易中的卖方。如果中间商主要依据国内进口商的指示作出与制造商的交易决定,中间商并没有实质上获得货物的所有权并承担相应的风险,则中间商更可能是买方代理。此外,还可以从交易中中间商获得的收益是否为固定数额、国内进口商是否不经过中间商也可以向制造商购买同一种商品、中间商是否同时独立经营同一种商品、中间商在交易中是否曾获得货物的所有权并承担货物残损的风险等多种因素来判断中间商所承担的角色。[1]本案中,既无证据表明厦门甲公司对供货商黄某某与境外制造商之间的洽商具有决策权,亦无证据表明厦门甲公司对黄某某与境外制造商之间的整个交易有高度地了解、参与及控制,而且厦门甲公司等对此也未提出任何主张及抗辩。因此,可以否认黄某某具有买方代理的地位或角色。

综上,我们认为本案判决是妥当的,厦门甲公司向黄某某支付的这笔"购货佣金"确应计入涉案货物的计税价格。

---

[1] 参见李骏:"论海关估价视角下间接代理及相关方的认定",载《海关与经贸研究》2014年第6期。

61. 拍卖费不宜一概计入计税价格

案件名称
甲进出口公司、乙运输公司等走私普通货物（艺术品）案

裁判要点
拍卖费应计入计税价格。

案情简介
被告人李某某于2008年1月至2012年3月间，在被告单位甲进出口公司、乙运输公司代理他人进口货物、物品的过程中，亲自或指使被告人申某某、肖某某、杨某某采取制作虚假发票低价报关、快件通关、客带货闯关等方式，走私艺术品、古董、家具等货物、物品110余票，经海关关税处核计，偷逃税款共计人民币1.23亿余元，其中申某某参与偷逃税款8,000万余元，肖某某参与偷逃税款2,800万余元，杨某某参与偷逃税款1,900万余元。

裁判理由
关于拍卖佣金是否计入完税价格的问题。辩护人认为，根据《进出口关税条例》的规定，应当计入完税价格的是购货佣金以外的佣金和经纪费，拍卖佣金不应计入完税价格。经查，拍卖行在拍卖过程中起中间人的作用，其向买方收取的费用应当认定为经纪费，应计入货物完税价格。针对其他事项的裁判理由略。

评析与辩点
经纪费是中间人（或居间人）向交易双方收取的费用。根据目前我国相关规范，交易的中介包括两种形式：一是代理，是指代理人在委托授权范围内，以自己的名义或代理人的名义代他人从事法律行为；二是居间，又称中间人，其根据委托人的指示，为委托人与第三人订立合同提供机会或进行介绍活动。居间人可以参加双方当事人对合同的商定，但不参加合同的订立。经纪费就是

中间人在从事居间行为时发生的费用。我们认为，如果是属于代理的情形，无论是直接委托还是间接委托（也即外贸代理，应属行纪行为），受托人所得报酬均属购货佣金，不需计入完税价格。

通说认为，由于居间人不是合同的当事人，也不是任何一方的代理人，而是居于当事人之间起媒介作用的中间人，起牵线搭桥的作用，因此，中间人（居间人）向买方收取的经纪费应全部计入进口货物的完税价格。通说认为在认定相关费用是否应计入完税价格时应考量以下三点：第一，如果代理人或中间人根据买方要求负责安排交易，则为其而发生的费用属于购货佣金或买方佣金，不计入进口货物完税价格。否则，应作为销售佣金计入完税价格。第二，如果中间人或代理人属于独立行事的，或者进口商无法证明中间人或代理人是根据其要求承担责任的，则发生的费用应作为经纪费计入完税价格。第三，如果表面上的代理人或中间人在交易过程中支付了货款、获得了货物所有权，并承担了货物的风险及收益，此时，其不再是海关估价意义上的代理人或中间人，其应为国际贸易中的卖方。

我们认为，在正常情形下，经纪费的确应当计入计税价格。但以下考察两方面的因素，这一观点在某些情形下应有例外：第一，要注意双方代理的情形。在双方代理中，第三人既收取了买方佣金又收取了卖方佣金，此时，仅需将其中的卖方佣金计入完税价格即可。[①] 如果本案中拍卖公司实行的是双方代理的做法而非纯粹的居间行为的话，则被告人甲进出口公司等所支付的经纪费也就相当于买方佣金或购货佣金，该部分费用也就无需计入计税价格（目前国际艺术品交易中，拍卖行收取双头佣已经成为惯例，即拍卖行在落槌价的基础上向委托方和买受人收取不同比率的佣金）；第二，部分判例的确也没有将买方为拍得货物而支付的经纪费计入计税价格。如浙江雪某皮草制品有限公司等走私普通货物案，[②] 在该案中，法院直接将拍卖价认定为计税价格，而没有指明应将拍卖佣金及支付给为被告人浙江雪某皮草制品有限公司等服务的ARISTOS公司（一家境外貂皮拍卖经纪公司）的经纪费计入。反观本案，这

---

① 参见钱俊龙等编著：《海关估价——WTO〈估价协议〉和我国海关估价制度》，中国统计出版社2003年版，第196页。

② 浙江省嘉兴市中级人民法院（2014）浙嘉刑初字第24号刑事判决书。

笔费用却要计入，似乎有违司法公平原则。

世界海关组织估价技术委员会解释性说明 2.1 也认为，从理论上讲，在"经纪人"及"经纪费"和"购货/销售代理商"及"佣金"之间存在一点区别。但实际上，两者之间并没有明显的区别……同时，即便是卖方应付的佣金和经纪费，如果不向买方收取，亦不需计入实付或应付价格中。可见，应从实质意义上去理解和适用《进出口关税条例》及《海关审定进出口货物完税价格办法》的相关规定。有观点指出，目前，我国立法、司法、行政在如何区分买方代理人、卖方代理人及经纪人的法律地位方面没有任何明确的认定标准，[1]因此亟待完善。

综上，我们认为，本案判决虽符合通行理论及观点，但仍有一定探讨空间。

---

[1] 参见何晓兵等编著：《关税理论政策与实务》（第3版），中国商务出版社2007年版，第361页。

62. 进口货物的维修费并非一概都不能计入计税价格

案件名称
杭州A公司等走私普通货物（旧胶印机）案①

裁判要点
货物进口之前在境外发生的维修费应计入计税价格。

案情简介
被告单位杭州A公司于2004年9月3日在杭州市工商行政管理局下城分局注册成立，被告人张某为法定代表人，占90%股份，股东朱某占10%股份。2009年8月，杭州A公司与北京昌平奔某印刷厂签约，以人民币250万元的价格为该厂进口一台旧SM102-4P/2001型海德堡速霸胶印机。之后，杭州A公司以价格19.5万欧元并运抵香港为条件，向马来西亚的Y.E.G公司购买上述品牌、型号的旧胶印机。旧胶印机运抵香港后，杭州A公司委托东莞万某公司将旧胶印机从香港运至东莞报关进口，并支付在香港的提货、驳船等中转费用共计人民币9.57万元。为逃避税款，张某决定低报价格，让东莞万某公司以14.5万欧元的价格报关进口。因海关对申报价格质疑，经与海关价格磋商，最终以人民币193.7万余元的价格报关进口。

2010年6月，被告单位杭州A公司与金华市曙某公司签约，以人民币380万元价格为该公司进口一台旧SM102-4P/2002型海德堡速霸胶印机。之后，杭州A公司以价格31万欧元并运抵香港为条件，向马来西亚的Y.E.G公司购买上述品牌、型号的旧胶印机。旧胶印机运抵香港后，杭州A公司委托东莞万某公司将旧胶印机从香港运至东莞报关进口，并支付在香港仓储、中转等费用共计人民币10.8万余元。为逃避税款，张某决定低报价格，让东莞某航公司以27.2万美元的价格报关进口。被告人张某将上述两台旧胶印机低报差

---

① 浙江省高级人民法院（2013）浙二刑终字第118号刑事裁定书，来源于中国裁判文书网，最后访问时间：2022年10月9日。

额部分货款通过私人账户汇给 Y.E.G 公司指定的境外账户。经海关核定，被告单位杭州 A 公司偷逃税款共计人民币 36.35 万余元。

原审根据上述事实及相关法律规定，以走私普通货物罪，分别判处被告单位杭州金某贸易有限公司罚金人民币 37 万元，判处被告人张某有期徒刑 1 年，缓刑 1 年 6 个月；附加刑内容略。二审法院对这一判决予以维持。

⚖ 裁判理由

涉案的两台旧胶印机，均系旧设备，杭州 A 公司与卖方 Y.E.G 公司合同中约定是对旧设备的翻新、维修，并将相关翻新、维修及配件等费用计入成交价格，且约定的交货地在香港，并非系设备进口后发生的建设、安装、装配、维修等费用，不符合《海关审定进出口货物完税价格办法》相关不计入货物的完税价格的情形，海关核定涉案的两台旧胶印机的进口完税价格及杭州 A 公司偷逃税款数额，符合法律规定。

📣 评析与辩点

根据国际海关估价的划分标准，可以将本案所涉翻新、维修及配件等费用区分为建造设备费及维修费两类，第一类建造设备费指向的是原材料费用，而第二类维修费指向的则是需要花费脑力、技术、人工去维护和修理某物的服务费。

在《WTO 估价协定》第 1 条注释中，有关"实付与应付价格"的注释专门规定，只要工厂、机械或设备等进口货物进口后发生的维修费可以与进口货物实付或应付价格相区别，就不应计入完税价格。由于《WTO 估价协定》没有对"维修费"的概念作出规定，故该术语只能按照普通含义解释。根据相关解释可知，"维修费"是指自始至终对货物，如对工业设施和设备的一种预防性保护，以确保这些设施和设备能够充分发挥其功能。

正是考虑到维修费用是因进口后的使用而发生的费用，与进口货物本身无关，是针对进口后的使用行为而发生的，因此，我国《海关审定进出口货物完税价格办法》第 15 条第 1 款规定，进口货物的价款中单独列明的下列税收、费用，不计入该货物的完税价格：(1) 厂房、机械或者设备等货物进口后发生的建设、安装、装配、维修或者技术援助费用，但是保修费用除外；……

一、如何理解上述规定中"进口后发生的"一语含义？

对于"进口后发生的"一语，不应单纯理解为时间上的先后关系。如进口货物在进口前有时需要做一些前期准备工作或基础性工作，如浇灌水泥、安装、调试机器设备的技术协助等。只要这类增值工作与进口货物有关，只要它业已完成且作为进口货物的最后交运、安装或使用的一部分而具有特别的意义，可以将其视为进口之后发生的工作，因此应包括在上述范围内。① 故"进口后发生的"包括了"在进口国内发生的"意思，因此对其应从时间和空间的结合上来理解方为准确。

二、本案维修费等是否应计入计税价格？

虽然本案进口货物的维修费等从名称上与《海关审定进出口货物完税价格办法》第15条第1款第1项规定的维修费等项目具有相似性，但由于其是在境外发生的，而且还是在进口之前发生的（当然，如前所述，如果进口前的维修费等系发生在境内，则有可能要计入计税价格），故应当计入计税价格。因此，我们认为，本案判决是妥当的。

---

① 参见[美]肖·L.舍曼、[德]辛里奇·哥拉肖夫：《海关估价——〈关税及贸易总协定海关估价守则〉评注》，白树强、李文阳译，中国社会科学出版社1993年版，第209~210页。

63. 伪报贸易方式并非一概构成走私犯罪

案件名称

上海日某公司等走私普通货物（干花工艺品成品等）案[①]

裁判要点

不存在实质性贸易关系的伪报贸易方式不构成走私犯罪。

案情简介

2007年6月至2014年7月期间，被告单位上海日某公司在从日本进口生产原料（含无偿提供部分）和退运维修过程中，该公司总经理杨某（已于2014年12月28日去世）和作为该公司财务兼关务的被告人陈某某经共谋，在明知实际成交价格的情况下，仍自行制作虚假报关单证向海关申报进口。经海关核定，上海日某公司采用上述方法共申报进口210票，偷逃应缴税额人民币7,906,064.15元。其中，退运返修货物部分所涉偷逃税款的数额为人民币1,116,673.33元。

依照《刑法》第12条、第30条、第31条、第153条第1款第2、3项、第2款、第3款、第25条第1款、第27条、第67条第1款、第52条、第53条、第72条第1款、第73条第2、3款，《关于办理走私刑事案件适用法律若干问题的解释》第24条第2款、《关于适用刑事司法解释时间效力问题的规定》第3条之规定，判决如下：一、被告单位上海日某公司犯走私普通货物罪，判处罚金人民币60万元；二、被告人陈某某犯走私普通货物罪，判处有期徒刑3年，缓刑3年。附加刑内容略。

裁判理由

《进出口关税条例》第43条第1款规定，因品质或者规格原因，出口货物

[①] 上海市第三中级人民法院（2016）沪03刑初61号刑事判决书，来源于中国裁判文书网，最后访问时间：2022年10月9日。

自出口之日起1年内原状复运进境的，不征收进口关税。在涉案货物退运返修报关进口过程中，上海日某公司与日本母公司之间不存在实质的需要给付对价的贸易关系，上海日某公司与杨某、陈某某采取的不如实报关行为虽属违法行为，但依《海关法》的有关规定，对退运返修并复运出境的货物，海关依法不应征收进口关税。因此，公诉机关指控的此节偷逃税款结果客观上不存在，上海日某公司此节行为不构成走私犯罪，该部分退运返修货物所涉偷逃税款的数额人民币1,116,673.33元应予扣除。针对其他事项的裁判理由略。

评析与辩点

本案的争点在于被告人上海日某公司等以一般贸易方式申报本应以退运货物方式申报进口干花工艺品成品等商品（其后还要复运出境）且低报价格的行为是否存在偷逃税的问题。

《进出口关税条例》第43条第1款规定，因品质或者规格原因，出口货物自出口之日起1年内原状复运进境的，不征收进口关税。《海关进出口货物征税管理办法》第55条规定，因品质或者规格原因，出口货物自出口放行之日起1年内原状退货复运进境的，纳税义务人在办理进口申报手续时，应当按照规定提交有关单证和证明文件。经海关确认后，对复运进境的原出口货物不予征收进口关税和进口环节海关代征税。

可见，因品质或者规格原因将干花工艺品成品等商品复运进境维修再复运出境的行为是不需要征税的，进口商对海关不需要承担任何税赋，而且这种情形下进口商也是不需要对外支付商品对价的，因此，就不存在实质性的国际贸易发生。从国家对关税征收的立法宗旨来看，关税是对货物在国家与国家之间的流转所征收的税种，进口国通过征收关税控制外国产品进入，降低外国产品在进口国的市场竞争力，保护民族产业。被告人上海日某公司进口的干花工艺品成品等在入境后，仅仅是维修之后再复运出境而已，也即将原本应为良品但目前处于不良状态的东西修复原状，实际上根本没有产生流转或额外增值的效果，更没有在中国市场上与同类产品竞争。根据《增值税暂行条例》第1条的规定，在中华人民共和国境内销售货物或者提供加工、修理修配劳务，销售服务、无形资产、不动产以及进口货物的单位和个人，为增值税的纳税人，应当缴纳增值税。因此从关税及海关代征税的角度来看，上海日某公司都不存在偷逃税的问题。

上述事实由于低报了价格，核算后涉税也超出起刑点，看起来像是构成了走私犯罪，但由于不存在实质意义上的进出口货物所有权的流转或增值，也即没有国际贸易事实的发生，即便伪报了价格及贸易方式，也无法构成走私犯罪，这就是我们通常所讲的假走私。在刑法理论上，谓之不可罚的对象不能犯或绝对不能犯。

被告人上海日某公司等也称其不用退运返修方式免税进口而以一般贸易方式进口涉案货物，是为了操作方便、缩短提货时间、加快通关速度、减少经营成本，最初动机不是为了偷逃税款，因此，也很难说具有走私犯罪的主观故意。

综上，我们认为，本案判决将上述事实不认定为犯罪是妥当的。

64. 进口货物的国内运输等费用虽未单独列明，亦不宜计入计税价格

案件名称

光某公司等走私普通货物（印刷机）案①

裁判要点

进口货物的国内运输、清洗、安装、调试等费用因未单独列明，故不应从计税价格中予以扣减。

案情简介

被告单位光某公司法定代表人、被告人黄某某因该公司生产需要采购二手德国产曼罗兰牌印刷机，遂与臻某公司的国内负责人毛某某（已另案判决）联系购买事宜，后通过毛某某认识臻某公司实际负责人刘某某（已另案判决）。经与刘某某商议，被告人黄某某在明知涉案二手印刷机位于境外，且制造年限已超过10年，无法申领进口许可证、光某公司没有办理委托代理进口等合法报关手续、对方公司也无法提供报关进口的合法证明的情况下，仍与刘某某约定以所谓"到厂全包价""交机价"购买臻某公司通过"特殊渠道"进口的二手印刷机。2010年5月31日，被告人黄某某代表光某公司与臻某公司签订了交易合同，约定以人民币650万元的总价格向臻某公司购买1台来自法国的德国产曼罗兰牌六色印刷机（型号R706-3B＋LV，机身编码26754B，生产年份1998年）。过后，臻某公司将运抵香港的该台二手印刷机装入3个集装箱（箱号分别为WHCU29006××、OYLU29601××、NYKU69676××），以支付定额"包柜费"及"对保"的方式，通过他人（身份不明，在逃）在未向海关报关的情况下，从香港偷运走私进境，并雇佣货柜车运至臻某公司位于深圳的货仓拆柜，换车后于2010年9月27日、28日运至光某公司。光某公司则按约定支付了订金、货款及代为支付相应运费后，交接安装了该台二手印刷机用于生

---

① 广东省汕头市中级人民法院（2014）汕中法刑二初字第14号刑事判决书，来源于中国裁判文书网，最后访问时间：2022年10月9日。

产。经海关计核，上述走私进口的二手德国产曼罗兰牌六色印刷机偷逃国家应缴税额人民币186.55万元。

依照《刑法》第153条第1款第2项和第2款、第25条第1款、第27条、第67条第1款、第72条、第73条第2款和第3款及《关于办理走私刑事案件适用法律若干问题的解释》第24条之规定，法院判决如下：一、被告单位光某公司犯走私普通货物罪，判处罚金人民币20万元；二、被告人黄某某犯走私普通货物罪，判处有期徒刑2年，缓刑3年。

裁判理由

经查，本案合同约定二手印刷机价格人民币650万元为买方交机价，虽然包括运输、清洗、安装、调试及保修6个月等费用，但涉案合同中并未单独列明进口后运输、清洗、安装、调试、保修等费用的具体金额，应视为未列明，不符合海关法规所规定的不列入该货物完税价格的情形。针对其他事项的裁判理由略。

评析与辩点

从海关正面监管来看，如果某一项费用不能从总价格中单列出来且数额明确的话，则很可能不会被允许从完税价格中扣减。不仅我国是这样，其他国家大都也是持类似观点，如美国海关对于法律规定不计入完税价格的一些费用，如果卖方的商业发票和其他单据未依海关要求把它们单独列出以区别于商品的实付或应付价格，而进口商又无法提交其他的文件证据把这些费用与货款区分开来时，美国海关的做法是把这些本可免税的费用视为商品完税价格的一部分，估价时不作扣减，如货物进口后由买方支付给卖方的安装、装配及技术培训费等。[①]

不过我们也应当看到，美国海关的上述观点其实还是留有余地的，也即其认为虽然发票及其他单据未单独列明其他依法可扣减费用项目或数额，但如果有其他证据证明这些费用项目及数额的话，则可另行考虑。海关合作理事会曾就不应计入完税价格的建造／维修费等项目表达过以下意见：首先，如果买卖双

---

① 参见李新宇：《海关估价制度——美国的法律和实务》，对外经济贸易大学出版社2003年版，第24页。

方能将它们分别作价,即货价与建造/维修费分别作价,问题就会变得比较简单;其次,如果不是这样,如交钥匙工程交易方式,只议定一个单一总价,则问题就会变得复杂化。对于这种情况,可按下述方法办理:买卖双方在签订合同之时或之后的任何时候约定总价的划分,以此来区分劳务和材料的价格,这种做法是可以接受的,有关一方(不必同另一方订立明示的条款)只要划分具有客观依据,便可使有关价格得以区分。例如,若进口商将建造和安装工程分包给当地的承包商,这一分包合同价格便可成为价格与进口后各项费用得以区分的依据(这里须扣除出口商的监管费或其他劳务费与利润),即使在买方不知晓分包合同价格的情况下,也按这一精神处理。[1]

回到刑事案件,我们认为就更应当从实质合理性原则出发,因此,一概不予扣减的做法是不可取的,如果确有证据证明这些应予扣除项目的存在(如本案,也确实存在一份综合销售、服务合同,里面记载的内容既包括销售胶印机给国内客户,又包括为国内客户提供运输、清洗、安装、调试、维修等各种服务),而且根据实际情况或者以往惯例、一般市场行情可以计算出这些项目的合理数额的话,则应对之认真审核并予以合理扣减。[2] 目前,办案实践中的普遍做法也是,对于有证据证明实际发生的合理费用及实际缴纳的税款,在认定涉案货物的计税价格时予以适当扣减。

《海关审定进出口货物完税价格办法》第15条第1款规定,进口货物的价款中单独列明的下列税收、费用,不计入该货物的完税价格:(1)厂房、机械或者设备等货物进口后发生的建设、安装、装配、维修或者技术援助费用,但是保修费用除外;……据此,本案当中的国内运输、清洗、安装、调试等费用应从计税价格中予以扣减,而保修费及境外发生的运输费则不应当扣减。因此,我们认为,本案判决所持上述费用只要未单独列明就一概不予扣减的观点值得商榷。

---

[1] 参见谷儒堂编著:《WTO估价协定与中国估价制度》,中国海关出版社2002年版,第186~187页。

[2] 类似见解,参见最高人民法院刑事审判第二庭编著:《〈最高人民法院、最高人民检察院关于办理走私刑事案件适用法律若干问题的解释〉理解与适用》,中国法制出版社2015年版,第267~268页。

65. 如何理解《刑法》第153条中"多次走私未经处理"之意涵？

案件名称

罗某甲等走私普通货物（柴油）案[①]

裁判要点

海关虽然对走私案件收取了被告人担保金，但该决定属于一种临时措施，并非最终的行政处罚决定，因此该走私案仍属刑法意义上的"未经处理"。

案情简介

2016年1月，被告人罗某甲出资购买"粤河源货9×××"钢制干货船并登记在河源市鸿某公司及黄某乙名下，后被告人罗某甲雇请他人对该船进行改装，预谋从境外装载0号红色柴油入境销售牟利。

2016年4月8日，被告人罗某甲、黄某甲驾驶经改装的"粤河源货9×××"船从广东省中山市出发开往香港特别行政区赤鱲角机场附近水域，由被告人黄某甲通过移动电话与他人联系，从一艘流动渔船上购买0号红色柴油46吨。随后，两被告人驾船返程至顺德七滘大桥附近水域时被N海关查获。2016年5月2日晚，被告人罗某甲、黄某甲驾驶"粤河源货9278"船，采用上述相同方法，在香港特别行政区赤鱲角机场附近水域从一艘流动渔船上购买0号红色柴油40.5吨。同年5月3日，当该船返程行驶至九洲港对开水域时被D海关查获。经中国检验认证集团深圳有限公司检测，"粤河源货9×××"船上述两次运载的均为含有醌茜成分的0号红色柴油，经海关关税部门核定，被告人罗某甲、黄某甲偷逃应缴税款共计人民币172,749.9元。N海关于2016年4月8日对罗某甲行政立案后收取其担保金13.8万元，5月5日行政案件移交后于5月18日办理解保手续，钱款到账后由D海关缉私分

[①] 广东省广州市中级人民法院（2016）粤01刑初627号刑事判决书，来源于中国裁判文书网，最后访问时间：2022年10月9日。

局冻结罗某甲账户相同数额款项；同时，N海关缉私分局将行政案件移交D海关缉私分局后，D海关缉私分局于5月5日将两宗行政案件并案后立即转立刑事案件侦查。

依照《刑法》第153条第1款第1项、第25条、第26条、第27条、第52条、第53条、第64条、第69条、第77条第1款以及《关于办理走私刑事案件适用法律问题若干问题的解释》第16条第1款的规定，法院判决如下：一、被告人罗某甲犯走私普通货物罪，判处有期徒刑1年，并处罚金人民币13万元；二、撤销广东省中山市中级人民法院（2015）中法刑二初字第26号刑事判决书对被告人黄某甲宣告的缓刑；三、被告人黄某甲犯走私普通货物罪，判处有期徒刑1年，并处罚金人民币8万元；附加刑等内容略。

裁判理由

本案中第一起走私被N海关查获后，N海关依据《海关行政处罚实施条例》第39条的规定，决定对被告人罗某甲收取与"粤河源货9×××"船等值的担保金人民币13.8万元，这是海关为保障行政处罚能够得到执行而采取的一种临时措施，并非最终的行政处罚决定，在该宗走私被刑事立案后，N海关又依据《海关行政处罚实施条例》第58条的规定，解除了上述担保。因此，N海关对该宗走私收取被告人担保金的决定仍然属于刑法意义上的"未经处理"。针对其他事项的裁判理由略。

评析与辩点

一、规定层面对于"多次走私未经处理"的理解

《关于办理走私刑事案件适用法律若干问题的解释》第18条第2款规定，"多次走私未经处理"，包括未经行政处理和刑事处理。

二、学理层面关于"多次走私未经处理"意涵的多种观点

第一种，行政处理说。该观点认为，"多次走私未经处理"是指未经行政处罚处理。此处的未经处理不可能是未经刑事处理，因为如果是未经刑事处理，那么，行为人的每次走私行为偷逃应缴税额都应达到起刑点以上，就已构成走私普通货物、物品罪。对于每次走私行为都构成走私普通货物、物品犯罪的这种现象，是刑法理论上的同种数罪，对于同种数罪，我国理论界及实务界

均公认应该实行并罚,当然应当累计偷逃应缴税额,因此,刑法没有必要在此特别予以规定和强调。因此,此处的"未经处理"只能理解为"未经行政处理",如此看来,"多次走私未经处理"的规定,其实就是把违反海关法的一般走私违法行为升格为了刑事犯罪。①

第二种,限定的行政处理说。该观点认为,将"未经处理"解释为"未经行政处理"比较符合"任何人不因同一行为再度受罚"的法律原则,是对立法原意的阐明。当事人实施违法行为被追究行政处罚责任或者刑事责任,这是依据不同性质的法律对当事人的违法行为所实施的制裁,在法律关系上属于一种并列关系,彼此之间不适合互相替代,除非应当追究刑事责任的追究了行政责任,或者应当追究行政责任的追究了刑事责任,这样才可以被依法撤销,否则刑事责任或者行政责任本身都是有一定既判力的,某种行为在合法追究行政责任或者刑事责任的情况,不能互相混淆。对于构成犯罪的走私案件,只要未过追诉时效,应当依法追究行为人的刑事责任,而不能以罚代刑。因此,侦查机关在侦办案件过程中,发现走私案件构成犯罪而已作出行政处理的,应依法撤销行政处理决定,依法追究其刑事责任,对行政机关已作出的罚款、行政拘留的,应依据《行政处罚法》第 35 条关于"违法行为构成犯罪,人民法院判处拘役或者有期徒刑时,行政机关已经给予当事人行政拘留的,应当依法折抵相应刑期""违法行为构成犯罪,人民法院判处罚金时,行政机关已经给予当事人罚款的,应当折抵相应罚金"之规定分别处理。同时对于"多次走私未经处理",尚包括另外一种情况,即执法机关可以依法处理而没有处理的,能否根据上述规定进行认定"未经处理",值得研究。例如,2005 年被告人张某作为"×× 号"船员与船长刘某一并驾驶该船从香港偷运旧电器进境被海关查获,认定偷逃税款 40 万元,船长刘某被判处有期徒刑,科处罚金,并没收查获的旧电器、走私运输工具,上缴国库。张某作为船员,海关认为其违法情节轻微,责任不重,对其未作处理。1 年后,张某与王某受人雇佣,又偷运国家禁止进口的冻鸡脚进境,偷逃应缴税款 20 万元。在此情况下,对于张某能否认定 2005 年的走私违法行为属于"未经处理"的情况,司法实践部门存在不同

---

① 参见路红青:"论走私普通货物、物品罪",武汉大学 2010 年博士学位论文。

的处理意见。我们认为，第一次犯案的张某到案之后，海关缉私部门在完全可以对张某依法进行处理的情况下，认为其违法情节轻微而未作处理，应当视为已经作出了行政处理。在此情况下，不宜以"多次走私未经处理"论，否则将有违"一事不再理"的法律原则。张某以前参与走私，海关未作处理，主要责任在海关，而不能将不利结果再转嫁到被告人身上。从法律解释的角度分析，"多次走私未经处理"，应当主要是未到案处理的情况，已经到案而未作处理，应当视为一种特殊形式的处理。这里的"行政处理"和"行政处罚"还是存在较大区别的。[1]

第三种，刑事处理说。该观点认为，如果将"多次走私未经处理"解释为刑事处理，就会改变走私活动屡禁不绝的局面，使得犯罪分子无隙可乘。[2]

第四种，择一说。该观点认为，"未经处理"是指未受行政机关或者司法机关处理。如果其行为受到某一机关处理，不管是行政处罚还是刑事处罚，都不属于未经处理的范围。但是，受到错误处理的除外，即受到错误处理仍然属于未经处理。[3]

第五种，区别说。该观点认为"未经处理"是仅指刑事处理还是应包括行政处罚甚至其他处理在内应区别情况对待。一是看行政处罚的走私行为根据当时的刑法是否达到走私罪的起刑点。如果未达到，自然不能再累计偷逃税款一并予以刑事处罚；如果已达到，就要分析一下原因，为什么当时不追究刑事责任。根据当时的通常做法，对海关移交的走私犯罪嫌疑案件，公安机关退回海关作行政处罚有两个理由：一是明确不构成走私罪退回，一是因为一时无法查清或犯罪嫌疑人在逃而退回先由海关作行政处罚。对于前者，就不宜再累计给予刑事处罚，对于后者则应予以累计。此外还有一种情况，就是如何看待没有经过法定的移交程序作出的行政处罚。该观点认为，这样的行政处罚在法律上是无效的，自然不能算数，否则无疑是对非法行为的认可。[4]

---

[1] 参见胡平等："再论走私普通货物、物品罪的若干问题"，载《上海海关学院学报》2011年第3期。
[2] 参见李希慧："走私普通货物、物品罪若干问题之探讨"，载《法商研究》2001年第4期。
[3] 参见张大春：《走私罪研究》，中国海关出版社2004年版，第347页。
[4] 参见励志斌："走私犯罪若干法律问题研究"，载《上海海关高等专科学校学报》2001年第3期。

三、本书观点

我们认为，以上观点大多较有道理，但却都不太全面。我们认为，原则上应持行政处理说，例外情形仅指行政机关或其工作人员故意违反规定以罚代刑等，而不包括因业务能力不足或其他过失导致本应移交刑事处理而未能移交的情形。而且，前述"行政处理"是指依正常行政程序作出终局性行政决定的意思，也即依法了结的意思，并非指明确定要作行政处罚等制裁性处理，也可能是仅作了追补税处理，还包括决定不由海关处理而移交给别的行政机关处理的意思，当然，也包括决定不作任何追究的行政决定，如对海上走私案件中作用很小的人员可能最后就未作任何处理。为什么要排除因业务能力不足或其他过失导致本应移交刑事处理而未能移交的情形呢？我们认为，将行政机关的过错全部都转嫁到当事人的头上是不公平的，而且在信赖保护原则、诚信原则、行政自我拘束原则、禁止恣意原则及法的安定性原则等与合法性原则之间发生冲突时，需要适用比例原则等进行法益衡量，合法性原则或"有错必纠"原则不应在任何时候都居于优势地位，必须在具体情势下作具体判断。因此，应当合理分配因行政机关过错导致的未移交刑事处理情形的责任。我们认为，因故意导致的错案应当纠正，因过失或中性原因导致的，如果其结果是有利于当事人的则应予维持。正如有观点指出的，我们在实践中重点要反对的是行政部门故意以罚代刑的行为，除此之外就不宜对已行政处罚过的行为再追究刑事责任。[①] 对此观点，我们认为是有道理的。司法实践中，也的确有判例持这一观点，如郭某元等非法经营案。[②] 在该案中，法院即认为对于行政机关超越职权范围"以罚代刑"的情形，应当作为未经处理的犯罪数额予以重新计算。

同时，我们认为，对"多次走私未经处理"应当作出一定的时间限制，这里有两层意思：第一层意思是"多次走私未经处理"应以一定时限如1年为限，超出该时限的，不应累计。[③] 例如，《关于审理偷税抗税刑事案件具体应用法律若干问题的解释》将"未经处理"的时间限定在5年内。第二层意思是对

[①] 参见陈晖：《走私犯罪论》（第2版），中国海关出版社2012年版，第67页。
[②] 参见最高人民法院编：《刑事审判参考》2006年第1辑（总第48集），法律出版社2006年版。
[③] 类似见解参见周洪波："走私普通货物、物品罪司法疑难问题的认定"，载姜伟主编：《刑事司法指南》2003年第4辑（总第16辑），法律出版社2004年版。

应作刑案处理而未作的纠正程序也应有一定时限限制，否则法的安定性原则无从保障。

下面我们来逐一评述前面几种观点：第一，《关于办理走私刑事案件适用法律若干问题的解释》将之理解为"包括未经行政处理和刑事处理"是没有必要的，因为达到了起刑点而未被海关发现的场合，自然行政处理也是没有作的，因此使用"未经行政处理"就可以将这种情形包含进去了；达到了起刑点应追究刑事责任而故意不追究的情形，其实也可以直接根据纠错原则予以纠正，因此无需依靠该规定发挥作用。第二，行政处理说原则上是对的，只是没有把例外情形排除出来。第三，限定的行政处理说比较有道理，但认为发现错案就必须纠正的观点也太过绝对。同时，以是否到案来作为是否未经处理的前提，我们认为也太绝对了，因为有些人即使未到案，也能通过其他证据查清其情况，有的作用很小的从犯，虽然未到案，海关也很可能就决定对其不处理或不追究了。这种"不处理"或"不追究"，也应视为已经处理了。第四，刑事处理说的缺陷是明显的，如果此说能成立的话，《刑法》第153条规定的1年内3次入刑的情形，就应当把前两次走私的偷逃税额计算到整个犯罪的偷逃税额中去，但事实上却并非如此。第五，择一说具有一定道理，但其认为错案完全不能纠正，也太过绝对。第六，区别说具有一定合理性，但也有不足。一是如果是故意将不该退回的走私罪案件退回，这种也属于要纠错的范围，应当在纠错后累计数额；二是一时无法查清全部事实的，但如果海关已经就查清了的部分正常作了行政处罚的，也不应将这部分数额再予以累计。此外，对于没有经过法定的移交程序作出的行政处罚，我们认为也要区分情况，如果是故意的就要纠错，如果是过失造成且有利于当事人的情形应予维持。

回到本案，N海关依据《海关行政处罚实施条例》第39条的规定，决定对被告人罗某甲收取担保金人民币13.8万元的行为属于一种临时性行政措施或中间行政行为，而非终局性行政处理决定。如前所述，必须是一种终局性行政处理决定才能称之为已经处理。事实上，该宗走私被刑事立案后，N海关就依据《海关行政处罚实施条例》第58条规定解除了上述临时性措施。因此，N海关收取担保金的行为仍属"未经处理"，本案判决是妥当的。

66. 同一犯罪构成要件内发生的事实认识错误不影响罪名认定

案件名称

深圳 A 公司等走私普通货物（食品）案[①]

裁判要点

同一犯罪构成要件之内的事实认识错误不影响罪名认定。

案情简介

2011 年 6 月，被告单位深圳 A 公司及被告人余某某，为牟取利益，接受深圳 A 公司的老板赵某某（另案处理）的委托，以每柜 1,000 元左右的价格帮助 B 公司代理进口 8 个货柜的生粉从深圳皇岗口岸入境。被告人余某某明知 B 公司的货柜内夹带有其他货物，仍接受赵某某的安排，指派深圳 A 公司员工为该公司制作假合同发票及办理相关报关等手续，为 B 公司走私普通货物、物品入境提供帮助。经海关查验，上述 8 个柜里面都藏匿有白砂糖、胶片、淀粉、干贝等进口食品。经海关审单处核定，上述 8 个集装箱内藏匿的食品核定偷逃应缴税额共计人民币 812,254.92 元。另外，海关缉私局在 6 月 12 日对深圳金某某公司所租用的清水河仓库进行查缉，在仓库当场发现写有"×××（香港）运输公司"的入库单 3 份，共计韩国产白砂糖 537 包。经调查发现，上述白砂糖也是深圳 A 公司以生粉名义报关进口后直接从华南物流园拉到清水河仓库存放。经海关审单处核定，537 包白砂糖核定偷逃应缴税额人民币 64,111.37 元。综上，上述食品共计偷逃应缴税额人民币 876,366.29 元。

依照《刑法》第 153 条第 2 款、第 156 条、第 31 条、第 25 条第 1 款、第 27 条、第 72 条第 1 款、第 73 条、第 64 条、《关于审理走私刑事案件具体应用法律若干问题的解释》第 10 条之规定，法院判决如下：一、被告单位深圳 A 公司犯走私普通货物、物品罪，判处罚金人民币 40 万元；二、被告人

[①] 广东省深圳市中级人民法院（2011）深中法刑二初字第 272 号刑事判决书，来源于中国裁判文书网，最后访问时间：2022 年 10 月 9 日。

余某某犯走私普通货物、物品罪，判处有期徒刑 3 年，缓刑 5 年；附加刑内容略。

⚖️ 裁判理由

被告单位深圳 A 公司无视国家法律，为他人逃避海关监管、走私普通货物、物品入境提供帮助，情节严重；被告人余某某是深圳 A 公司涉案帮助进行走私行为的直接责任人，被告单位和被告人的行为均已构成走私普通货物、物品罪。深圳 A 公司和余某某在本案走私犯罪中起辅助作用，是从犯，依法予以减轻处罚。被告人余某某受雇参与本案，且归案后认罪态度较好，有悔罪表现，适用缓刑应没有再犯罪的危险，法院依法对其适用缓刑。

🦋 评析与辩点

针对同一走私犯罪构成要件之内发生的事实认识错误主要有以下四类：

第一类，对象错误。例如，对走私标的的品名、数量等发生认识错误。如将大米误认为小麦、将饮料误认为白酒予以走私，或者品名虽然没有误认，但数量误认了；又或者品名、数量等多个项目同时发生认识错误的情形。

第二类，手段错误。如在包税走私中，发包人（货主）以为中间代理商采取的是伪报规格型号以影响价格、税率等的方式，但实际上中间代理商采取的是伪报数量或直接伪报价格的方式，此时，发包人（货主）针对走私手段就发生了认识错误。

第三类，目的错误。如在走私淫秽物品的案件中，某一共犯（帮助犯）以为另一共犯（主犯）走私淫秽物品是为了牟利，但实际上该主犯仅仅是为了传播而已，根本就没有牟利的目的，此时，该帮助犯针对走私目的就发生了认识错误。

第四类，因果关系错误。如每天需往返内地与香港之间的某人欲走私两部相机进境，由于第一天只拿到一部，于是其想等第二天拿到第二部时再一起前往内地，但第一天其保姆帮其准备生活用品时将第一部相机误装入了其行李箱，导致其在不知情的情形下带入境了，此时，结果就提前发生了。

以上认识错误，由于均发生在同一犯罪构成要件之内，因此，其罪质仍是相同的，其动机、目的、危害程度也都是一样的（当然，在涉及影响法定刑升格或降格的事实认识错误的场合，量刑是否应受影响可另行研究）。我们认为，无论是从法定符合说或抽象的法定符合说出发，还是从罪质符合说或相容说等学说出发，均能得出不影响罪名的结论。① 不过，上述第四种因果关系错误中的结果提前发生之情形仅属走私犯罪预备，因为其客观上虽然有将相机带入境的行为，但由于该携带行为实施时并没有同时伴随故意，也即其第一次入境时尚未有着手实行犯罪的意思，因此仅构成犯罪预备。

当然，有人如果根据具体符合说，可能会提出不同意见，但我们认为，具体符合说的不同意见也主要是集中在有关生命、身体等人身专属法益（如故意杀人罪）的认识错误上，因此，针对事实认识错误的场合，具体符合说对走私犯罪罪名的认定影响不大。②

回到本案，据被告人余某某供述，"赵某某在香港的货柜场，曾打开了一个货柜给我看。我看到里面有好几种不同的包装的东西，就问那些是什么，他说都是生粉，只是包装不同而已。我说你再在里面藏什么其他东西会让我很难做的，他说出了事他负责、会处理的，我就没说什么了。虽然他说都是生粉，我也想到那些东西跟生粉应该是不一样的，但是我公司只向他收取了正常的报关费用，即使有什么事情也应该是赵某某来承担，所以我就没有管那么多了。我只是代理报关而已，客户给我什么资料，让我怎么做我就怎么做，我也不能每次开柜看，所以即使我怀疑货柜里有生粉以外的东西，我也只能按照生粉去报。"经海关查验，实际货柜中均藏匿有白砂糖、胶片、淀粉、干贝等进口食品。据此，如果余某某误认为赵某某藏匿的是其他包装形态的生粉或其他品名的普通货物，而实际到货却是生粉以外的普通货物，并不影响走私普通货物罪罪名的认定；如果余某某误认为赵某某藏匿货物的品名范围亦包括诸如珍贵动物制品等其他性质的货物在内，则成立概括故意，可以按照其实际到货所涉罪名予以认定。不过，目前仅根据以上供述来看，余某某是否有概括故意尚不得而知，需要更详细更有针对性的查问及相关证据才能判断。

因此，我们认为，本案判决是妥当的。

---

① 关于几种学说的更详细阐述请参阅晏山嵘：《走私犯罪案例精解》，中国法制出版社2014年版，第318～329页。

② 参见黎宏：《刑法学总论》（第2版），法律出版社2016年版，第206～208页。

67. 仅对特定种类或同质的走私对象持故意可排除其他不同质罪名的成立

案件名称

徐某前等走私普通货物（苹果平板电脑及穿山甲鳞片等）案[①]

裁判要点

应根据实际走私对象来定罪处罚。

案情简介

被告人徐某前受一个名叫"小钟"（另案处理）的男子雇请，前往香港装运走私货物。被告人徐某前雇请徐某利、徐某罗到船上做搬运工。2013年4月17日，被告人徐某前、徐某利、徐某罗3人驾驶无名超马力快艇前往香港某岛的海滩边，在海滩上装运了电子产品及穿山甲鳞片等货物一批，准备把香港装运的货物偷运回某湾某镇某村附近的海滩交付，当该无名超马力快艇行驶至深圳市某区某对开海域时被海关查获。查获穿山甲鳞片50千克和iPad4苹果平板电脑855台等电子产品一批。

经中国检验认证集团深圳有限公司鉴定，该批电子产品为全新iPad4苹果平板电脑等；经海关审单处计核，上述电子产品偷逃应缴税款为人民币491,070.43元。类似穿山甲鳞片经华南野生动物物种鉴定中心鉴定为脊索动物门哺乳纲鳞甲目穿山甲科穿山甲属物种的鳞片，被列入《濒危野生动植物种国际贸易公约》（CITES）附录Ⅱ。经广东省农业厅估价，穿山甲鳞片的价值为1,336元/千克，本案涉案鳞片的价值为人民币66,800元。

被告人徐某前表示认罪，辩称其并非货主，是为收取带工费才受人所托将涉案货物走私入境，其只知道受托的货物是电子产品，不知道其中有穿山甲鳞片，请求对其从轻处罚。

[①] 广东省深圳市中级人民法院（2014）深中法刑二初字第14号刑事判决书，来源于中国裁判文书网，最后访问时间：2022年10月9日。

被告人徐某利表示认罪，辩称其是受徐某前的雇请帮忙搬货、卸货，其只知道涉案货物是电子产品，不知道其中有穿山甲鳞片，请求对其从轻处罚。

被告人徐某罗表示认罪，辩称其是受徐某前的雇请帮忙搬货、卸货，其只知道涉案货物是电子产品，不知道其中有穿山甲鳞片，请求对其从轻处罚。

依照《刑法》第151条第2款、第153条第1款第2项、第69条、第25条第1款、第27条、第61条、第62条、第63条、第52条、第53条之规定，法院判决如下：一、被告人徐某前犯走私普通货物、物品罪，判处有期徒刑3年6个月，并处罚金人民币100,000元；犯走私珍贵动物制品罪，判处有期徒刑1年，并处罚金人民币20,000元；总和刑期有期徒刑4年6个月，并处罚金人民币120,000元，数罪并罚，决定执行有期徒刑4年；二、被告人徐某利犯走私普通货物、物品罪，判处有期徒刑1年，并处罚金人民币80,000元；犯走私珍贵动物制品罪，判处有期徒刑6个月，并处罚金人民币10,000元；总和刑期有期徒刑1年6个月，并处罚金人民币90,000元，数罪并罚，决定执行有期徒刑1年；三、徐某罗犯走私普通货物、物品罪，判处有期徒刑1年，并处罚金人民币80,000元；犯走私珍贵动物制品罪，判处有期徒刑6个月，并处罚金人民币10,000元；总和刑期有期徒刑1年6个月，并处罚金人民币90,000元，数罪并罚，决定执行有期徒刑1年；附加刑内容略。

裁判理由

徐某前等3人虽辩称其不知走私货物内有珍贵动物制品，但不影响走私犯罪构成，应当根据实际的走私对象即走私普通货物、物品罪与走私珍贵动物制品罪数罪并罚。

评析与辩点

一、根据对走私对象范围的认识程度来划分走私故意

第一，模糊概括故意。模糊概括故意，即对走私对象持全面的概括故意，无论走私什么货物都可以，都没有偏离或超出其认识范围及故意范围。

第二，限定概括故意。限定概括故意，是指将走私对象限定在一定范围内，这个范围也特别指横跨不同罪质（有轻罪与重罪之分）的数个罪名的情形。具体又可分为以下三种情形：一是正面限定的概括故意。二是正面限定加

推定的反面限定之概括故意。司法实践中，存在这样的情形，根据全案的证据情况，可以认定行为人意识到行为对象可能是非法违禁品，但其以为是枪支、弹药等非法违禁物品而根本没有意识到可能是毒品，对此不能认定行为人"明知毒品"。[①] 此种情形下，可以按照其实际走私的任何货物的性质来定罪处罚，但唯独毒品除外。三是正面限定加明确的反面限定之概括故意。如果上述反对走私毒品的意思是通过邮件、短信、微信、语音等明确表达的方式阐述出来，就成立正面限定加明确的反面限定之概括故意。

第三，一般特定故意。一般特定故意，是指针对特定种类或同质的走私对象的故意，特定种类是指都是同一性质的货物，如将此种普通货物误认为彼种，这也就不影响罪名认定；同样，将此种毒品误认为彼种，也是一样。同质的走私对象是指同一法定刑的货物，如文物与贵重金属，虽然所涉罪名不同，但由于法定刑完全一样，因此属于罪质相同的情形，发生误认，可以按照实际走私对象来定罪。一般特定故意可以分为以下三种情形：一是正面限定的一般特定故意。如本案中的徐某前等3人均明确表示，其认识到的走私对象仅仅是全新的电子产品，不包括其他任何货物，这就属于正面限定的一般特定故意。因此，实际走私的穿山甲鳞片已经超出了该3人的认识范围及故意范围，故本案判决将该3人的行为认定为走私珍贵动物制品罪值得商榷，不符合主客观相一致的原则。二是正面限定加明确的反面限定之一般特定故意。实践中也不乏行为人虽然明知实施的是走私行为，但其对不同走私对象性质的不同社会危害性具有明确的认识，因此，在实施走私行为时，明确拒绝某些货物如毒品的，此时即使由于行为人的认识错误而走私了上述物品，也不应以走私上述物品的罪名对其定罪处罚，否则就违背了主客观相一致的原则。如某一走私运输人在接受货主的请求从境外运送一批"电脑零件"到境内，在接受请求时运输人还特意向货主表示："只接受运输电脑零件的活，其他的活如带响的（枪支）、白的（毒品）、黄的（淫秽物品），我都不干，那太容易掉脑袋。"[②] 但事实上，货主却按照电脑零件的外包装伪装好后藏匿了大量成套枪支散件在内，后被查获。在

[①] 参见古加锦："明知毒品的推定风险与证据证明"，载《西南政法大学学报》2017年第1期。
[②] 参见周洪波："走私普通货物、物品罪司法疑难问题的认定"，载姜伟主编：《刑事司法指南》2003年第4辑（总第16辑），法律出版社2004年版。

此情形下，运输人先从正面限定了仅走私普通货物（当然如果是废旧的，还可能涉及其他罪名），然后又特意从反面限定了绝不走私哪些货物。因此，我们认为，这种情形下就不能将其认定为走私武器罪。三是正面限定加推定的反面限定之一般特定故意。如果上述情形，并不是以明示的方式表达出来其反对的货物性质范围，但可以通过其他间接证据推定，亦可成立正面限定加推定的反面限定之一般特定故意。

二、发生事实认识错误时应持何种衡量方法或学说？

我国大多数学者认为，把以犯罪构成为根据的主客观相一致原则作为处理事实认识错误的基本原则是可取的。然而，仅仅把主客观相一致原则作为指导原则还是过于笼统，可操作性还不够强。以下我们将运用法定符合说、抽象的法定符合说、罪质符合说，对下列事实认识错误进行具体的分析。

第一，同一构成要件内的事实认识错误应当运用法定符合说。

一是对同一构成要件内对象错误的处理。江西省某县曾发生过一起行为人在犯罪活动中误杀同伙的案件，该案中的行为人对同一构成要件内的对象发生了认识错误。行为人李某本意图侵害的是对方的某一个人，但客观上却造成了其同伙人黄某德的死亡。虽然行为人加害的人发生了错误，但这种错误没有超出刑法所要保护的法益——人的生命健康的范畴。因此，这个错误的发生并不能阻却行为人对实际发生的结果承担故意罪责。本案一审及二审法院均认定行为人构成故意杀人罪，在一定程度上反映了司法实践对该学说的支持。

二是对同一构成要件内打击错误的处理。吴某江案中，二审法院的审判结论表明，法院对事实认识错误处断的思路仅仅是由行为人有一个杀人的故意，一个杀人的行为，也造成了一个人死亡的结果，就判定其具备了故意杀人罪既遂的构成要件，最终认定其犯故意杀人罪，其处断过程实际上表现出主张法定符合说的立场。

三是对同一构成要件内因果关系错误的处理。因果关系的错误主要有三种情况：狭义的因果关系错误、结果延迟发生的错误和结果提前发生的错误。事实上，学界争议的焦点主要集中在结果延迟发生和结果提前发生这两种情况上，狭义的因果关系错误并不影响故意的成立。

首先是结果延迟发生的因果关系错误。例如，甲以为乙已经被其砸死，便伪装乙上吊自杀的假象，实际上乙当时只是昏迷了，却被后来伪装自杀的绳索勒死。我们认为，行为人主观上具有杀害被害人的故意，而客观上也造成了被害人死亡的结果，只是行为人主观上所预想的因果关系进程与实际发生的因果关系进程有所不同。按照法定符合说的原理，行为人已具备故意杀人罪（既遂）的要件，因此应该肯定其第一个行为与结果之间的因果关系，认定其犯故意杀人罪既遂。其次是结果提前发生的因果关系错误。同样是上面举的例子，但情况改变一下，甲意图杀害乙，便先用木棒将乙击昏，再用绳子将其吊死在树上，造成乙自缢身亡的假象，而实际上甲用绳子吊起乙时，乙早已被木棒打死。同样地，行为人主观上具有杀害被害人的故意，而客观上也造成了被害人死亡的结果，应认定为故意杀人罪（既遂）。无论是其第一个行为还是第二个行为导致了结果的发生，没有实质的区别。

第二，不同质且不相容的构成要件（有轻罪与重罪之分的场合）内的事实认识错误（对象错误或打击错误）应当采取抽象的法定符合说。例如，行为人甲到野外打猎，见到仇人乙意图将其杀害，却因枪口未瞄准而打死了一只珍贵野生动物。该种情况是典型的以犯重罪的故意实施了轻罪结果的情形。我们认为该案件同样应先从一只珍贵野生动物被猎杀这一事实出发，判断行为人主观上有无杀害珍贵野生动物的故意。若无，应认定行为人犯重罪——故意杀人罪（未遂）；若有，则应认定为危害珍贵野生动物罪（既遂）与故意杀人罪（未遂）的竞合，再从一重处断。

第三，同质或相容的构成要件（无轻罪与重罪之分的场合）内的事实认识错误（对象错误或打击错误）应当采取罪质符合或相容说。

行为人认识的事实所符合的构成要件与客观实现的事实所符合的构成要件法定刑相同时，应当评价为罪质相符，因此就客观实现的构成要件事实成立故意，从而成立该罪的故意犯罪（既遂）。甚至两者在罪质相容的限度内发生的认识错误也不阻却故意。

例1，行为人意图走私的是弹药，但实际走私的是核材料。由于走私弹药罪与走私核材料罪的法定刑相同，应当评价为罪质相符，因此就客观实现的构成要件事实成立故意，从而成立走私核材料罪（既遂）。

例 2，行为人误把枪支当作普通财物而窃取的。对于该种情况该如何处理，根据处理抽象事实认识错误的一般原则，行为人主观上盗窃财物，客观上却窃取了枪支，成立盗窃未遂和过失盗窃枪支。但是前者通常不处罚，后者不成立犯罪，因此行为人不成立任何犯罪，很明显不合适。那么盗窃罪与盗窃枪支罪在构成要件上有无重合？根据罪质符合或相容说的观点，从保护的法益角度考虑，两个行为在破坏他人对物所享有的所有权或者占有权这一点上具有共同的属性。因此，在保护法益上具有共同性。从危害行为的物理形态来看，盗窃罪与盗窃枪支罪的实行行为都是盗窃，即都是窃取他人之物。因此，两罪在危害行为的样态上也具有一致性。据此，两罪在构成要件上具有重合性。行为人主观上想盗窃普通财物，而客观上却盗窃了枪支，在盗窃枪支罪的构成要件范围内行为人主观认识与客观事实具有不一致性，不能说具有盗窃枪支罪的故意。枪支也属于财物，在具有财产价值这一点上和普通财物没有什么区别。因此，两者在盗窃罪的范围内，行为人主观认识与现实事实具有一致性，成立盗窃罪（既遂）。不过，枪支在走私犯罪中发生误认时能否评价为普通货物还值得进一步研究。我们初步认为，枪支不应包含在普通货物中，因为《刑法》第 153 条规定已明确排除了第 151 条、第 152 条、第 347 条规定中的走私对象，当然，这里的走私对象还要同时匹配进出口行为一起来看待，否则走私黄金入境也就不能认定为走私普通货物罪了。《刑法》第 264 条规定的盗窃罪之对象仅笼统描述为"公私财物"，因此在事实认识错误的情形下把枪支归入财物范围也并不过分。

例 3，对本欲盗窃他人财物却侵占了他人财物情形来说，从保护法益角度讲，两个行为在破坏他人对物所享有的所有权或者占有权这一点上具有共同性。根据罪质符合或相容说的观点，从危害行为的物理样态来看，盗窃行为应该包含了侵占行为。据此，主观认识的事实与现实发生的事实在侵占罪的构成要件范围内具有重合性，成立侵占罪（既遂）。

此外，还需要注意因认识错误而发生的手段不能犯和对象不能犯。前者如误将白糖当砒霜而用于投毒杀人的；后者如将男人误认为女人而强奸的；等等。在这些事例中，行为人虽有认识错误，但只因认识错误而未实现预想的犯罪，并未因认识错误而实际造成非预想的犯罪构成事实。其实这类因认识错而发生之"不能犯",值得特别讨论的地方不在主观方面而在客观方面。对"不能犯"应否追究刑事责任,取决于其行为在客观上是否具有造成危害结果的可能性。如具有现实的可能性,就追究未遂罪责;如不具有现实可能性(如迷信犯),则不宜追究刑事责任。[①]

[①] 参见阮齐林:"论刑法中的认识错误",载《法学研究》1996年第1期。

68. 对同一犯罪构成要件内的数额认识错误将影响量刑

📜 案件名称
文某走私普通货物（美容针剂等）案[①]

💡 裁判要点
考虑到被告人文某辩称不知道自己所携物品价值较高，可对其酌情从轻处罚。

🎬 案情简介
2013年9月19日中午，被告人文某持港澳居民来往内地通行证由深圳罗湖口岸入境，经检查，从被告人文某行李内查获甲牌美容针剂10盒，经海关审单处计核，该批美容针剂核定偷逃应缴税款人民币147,499.1元。

2014年2月13日，被告人文某经罗湖口岸再次走私卸妆油、奶粉、旧智能手机等，被现场抓获，经海关审单处计核，上述走私物品偷逃应缴税款人民币2,171.55元。

另经查明：被告人文某2013年7月11日因走私手机1部、奶粉2罐被罗湖海关现场查获并给予行政处罚。2013年8月26日因走私手表12块、手机2部被罗湖海关现场查获并给予行政处罚。

依照《刑法》第153条第1款第1项、第25条第1款、第27条、第64条及《关于办理走私刑事案件适用法律若干问题的解释》第16条第1款之规定，法院判决如下：被告人文某犯走私普通货物罪，判处有期徒刑8个月，并处罚金人民币5万元；附加刑内容略。

⚖️ 裁判理由
被告人文某逃避海关监管，走私货物入境，偷逃应缴税款数额较大，其行为已构成走私普通货物罪。公诉机关指控的罪名成立。被告人文某受雇走私

[①] 广东省深圳市中级人民法院（2014）深中法刑二初字第242号刑事判决书。

货物入境，仅为获取少量报酬，在犯罪中起次要作用，系从犯，依法予以从轻处罚；另鉴于其年龄较大、身患高血压、认罪态度较好，亦不能排除其对2013年9月19日走私入境货物认识错误的情形，故可对其酌情从轻处罚。相关辩护意见，法院决定予以采纳。但文某在1年多的时间内多次参与非法走私行为，犯罪主观恶性较深，其辩护人要求对其适用缓刑的意见，法院决定不予采纳。

评析与辩点

因为被告人文某每次携带的物品价值均为人民币几千元或几万元不等，而且，此前所携带物品中即使出现过化妆品，也是卸妆油等价值不高的化妆品，因此，其无法预想到该次所携美容针剂的价值高达人民币20多万元也是正常的；同时，文某既不属高消费人群，也不是从事化妆品、美容这一行业的员工或具备这方面知识的专业人士，不了解甲牌美容针剂的价值符合常情常理。此外，从派货者的心理来讲，由于其与带货的"水客"很多都是随机组合的关系，当然也不排除有相对固定的情形，无论是哪一种情形，为了安全起见，派货者可能未必愿意告诉"水客"这件物品价值非常高，因为一方面怕不安全，另一方面也怕"水客"索要更高的带工费，因此，从该案文某称其所收取的带工费也才港币80元来看，其以为该物品系普通护肤品而不知道其真实价值的主张也是比较可信的说法。

接下来看被告人文某的认识错误是否影响犯罪成立的问题。文某第三次所携甲牌美容针剂的偷逃税额达人民币147,499.1元，这已超过了10万元的个人走私犯罪起刑点，也就是说该单次行为即已构成犯罪。文某的情形同时又符合1年内3次走私入罪的规定，因此即使文某该次所携物品价值不高，也同样构成犯罪。也即，在文某不否认自己有走私违法故意及走私犯罪故意的前提下，无论其第三次所携物品价值是高还是即便真实情况就是价值很低，也无论其针对甲牌美容针剂的价值高低及偷逃税额大小是否发生认识错误，均不影响其走私普通货物罪罪名的成立。

虽然发生在同一犯罪构成要件之内，但对象认识错误中的数额错误也还是可以反映出行为人的主观恶性大小的，同时，也能反映出该行为客观危害性的大小。因此，根据主客观相统一的原则，如果发生本案这样的数额认识错误，我们认为，是可以对行为人从宽处罚的。故本案判决将此因素考虑在内最终对文某予以酌情从轻处罚，我们认为是妥当的。

69. 走私柴油案不宜引用《刑法》第 155 条规定作为定罪处罚依据

案件名称

傅某某走私普通货物（柴油）案①

裁判要点

走私柴油案可以引用《刑法》第 155 条规定作为定罪处罚依据。

案情简介

2015 年 10 月底，被告人傅某某预谋走私柴油销售给内地渔船。同年 12 月 1 日，被告人傅某某以月租人民币 8,000 元向船主吴某某租赁"闽宁德货××93"船，租赁期限为 1 年。之后以月工资人民币 3,000 元雇佣周某某、蔡某 A、蔡某 B、张某某、刘某某 5 人为船员。同月 9 日晚，被告人傅某某指挥该 5 名船员驾驶"闽宁德货××93"船从福建泉州祥芝港出发，驶往台湾海峡。同月 10 日凌晨，在北纬 24°57′、东经 119°26′乌丘岛附近海域从一艘不明国籍油轮处接驳一批柴油后返航。当日 12 时 20 分，当该船返航停泊在北纬 24°50′、东经 119°53′海域时，被中国海警局东海分局 21××舰发现，被告人傅某某随即驾船逃离，后该船在北纬 24°40′2″、东经 119°56′7″附近海域被海警查获。船上所载柴油没有任何合法证明，海警当场扣押了柴油。经中国检验认证集团福建有限公司鉴定计量，该船被查获时所装载的柴油为"-10 号柴油"，重量为 166.84 吨。经福州市价格认证中心鉴定，该 166.84 吨柴油价值人民币 935,305 元；经海关计核，上述柴油完税价格为人民币 424,293.11 元，核定偷逃税款人民币 355,127.72 元。

根据《刑法》第 155 条、第 153 条第 1 款第 1 项、第 67 条第 3 款、第 64 条以及《关于办理走私刑事案件适用法律若干问题的解释》第 16 条第 1 款的规定，法院判决如下：被告人傅某某犯走私普通货物罪，判处有期徒刑 2 年；其他处罚内容略。

---

① 福建省莆田市中级人民法院（2016）闽 03 刑初 23 号刑事判决书，来源于中国裁判文书网，最后访问时间：2022 年 10 月 9 日。

⚖️ 裁判理由

本案接驳柴油的地点位于莆田湄洲湾海域附近，在我国领海基线以内，属于我国内海，被告人傅某某在我国内海运输国家限制进出口的货物，数额较大，没有合法证明，依照《刑法》第155条第2项的规定，应以走私普通货物罪论处。针对其他事项的裁判理由略。

📢 评析与辩点

从《货物进出口管理条例》第2章的结构体例来看，进口货物可分为禁止进口的货物、限制进口的货物、自由进口的货物（其中部分货物实行自动进口许可管理）、关税配额管理的货物。《货物进出口管理条例》第9条规定，属于禁止进口的货物，不得进口。但对于其他类型的货物并没有规定为"不得进口"。因此，禁止进口的货物与应税类货物这两类货物是不应发生兼容的，而限制类或自动进口许可管理类的货物则可能与应税类货物发生兼容。进一步来看，根据上述《货物进出口管理条例》第2章的分类就可以看出，限制进口的货物与自由进口的货物（含自动进口许可管理货物）分属不同的节，因此，它们并不能交叉、包含或兼容。也即，凡是属于自动进口许可管理类的货物就不可能属于限制进口的货物。《对外贸易法》第14条第1、2款规定，国务院对外贸易主管部门基于监测进出口情况的需要，可以对部分自由进出口的货物实行进出口自动许可并公布其目录。实行自动许可的进出口货物，收货人、发货人在办理海关报关手续前提出自动许可申请的，国务院对外贸易主管部门或者其委托的机构应当予以许可；未办理自动许可手续的，海关不予放行。《货物进出口管理条例》第23条规定，进口属于自动进口许可管理的货物，均应当给予许可。第24条第1、2款规定，进口属于自动进口许可管理的货物，进口经营者应当在办理海关报关手续前，向国务院外经贸主管部门或者国务院有关经济管理部门提交自动进口许可申请。国务院外经贸主管部门或者国务院有关经济管理部门应当在收到申请后，立即发放自动进口许可证明；在特殊情况下，最长不得超过10天。据此可知，国家对自动进口许可管理类的货物在监管上远比限制进口类的货物要宽松，其监管主要体现为程序上或手续上的，其目的主要是对该类货物的品名、数量等项目进行监测和统计，而不是为了限制或控制其数量,系一种非数量限制的许可证件管理模式,只要企业依照法定程序申请,无论数量多少,有关权力部门都应予批准。本案中的柴油就属自动进口许可管理类的普通应税货物,但并不属于限制进口的货物。因此,我们认为,本案判决不宜适用《刑法》第 155 条,因该条第 2 项规定的货物属性必须是"限制进出口货物、物品",而本案情形与此不符。在类似案件中,很多法院并没有适用该条作为定罪处罚依据。

70. 明知系擅自销售的保税货物而单纯收购的情形不宜认定为走私普通货物罪

案件名称

王某某等走私普通货物（水产加工品）案[①]

裁判要点

明知是擅自销售的保税货物而非法收购应认定为走私普通货物罪。

案情简介

刘某然（另案处理）分别于 2005 年 6 月 22 日成立东莞市创某某厂（后于 2011 年 11 月 18 日注销），于 2011 年 2 月 17 日成立原审被告单位粤某公司，两企业均执行来料加工合同手册，主要从事水产品加工生产与销售。原审被告单位珠海摩某公司系刘某然于 2007 年 8 月 10 日成立的有限责任公司，主要从事国内水产品、定型包装食品的批发。上诉人叶某某自 2005 年 8 月至 2012 年 3 月相继担任创某某厂、粤某公司经理，2012 年 3 月起担任摩某公司经理，主要负责上述三家企业的业务经营和日常管理；原审被告人罗某某自 2008 年 8 月 1 日起相继担任创某某厂、粤某公司会计，负责企业的收支统计、报税、制作内账等工作；原审被告人邓某某自 2006 年 2 月起相继任创某某厂、粤某公司仓库主管，负责企业料件收发、仓库盘点、料件汇总等工作；上诉人谢某某自 2012 年 1 月 1 日起担任粤某公司出纳，负责公司现金的支出、制作现金账等工作。2007 年年底，为谋取非法利益，未经海关许可且未补交应缴税款，刘某然擅自决定将创某某厂合同项下保税进口的水产品原料加工后倒卖给国内客户。2011 年，粤某公司成立后，为了掩盖内销走私犯罪行为，刘某然决定将粤某公司保税进口的水产品原料加工后全部以珠海摩某公司的名义在国内销售。在上述内销过程中，叶某某受刘某然的指使，负责寻找并联系内销客户、

[①] 广东省高级人民法院（2015）粤刑终 47 号刑事裁定书。

安排发货，并提供个人账户用以收取内销货款；罗某某、邓某某、谢某某受指使，负责制作真假两套账册、内销货物的发货、制作内销客户的落货通知单以及管理叶某某用以收取内销货款的账户。

上诉人王某某于 2007 年 11 月成立墨某某批发行，经营水产品批发等业务。王某某自 2009 年起，在明知创某某厂及粤某公司销售的水产加工品系保税货物的情况下，仍向该公司购买走私水产加工品并在国内销售。

经统计，2007 年 12 月至 2013 年 10 月期间，创某某厂及粤某公司内销保税的成品类海参制品 256,749.66 千克，折原材料"冷冻海参"189,264.125 千克、"冷冻生海参"1,540,739.487 千克以及成品干鱼肚 44,398.373 千克，折原材料"湿鱼肚"158,565.63 千克。经海关关税部门核定，上述货物偷逃税款共计 7,265,836.49 元。粤某公司及摩某公司偷逃应缴税款 4,618,020.41 元；叶某某及邓某某偷逃应缴税款 7,265,836.49 元；罗某某、谢某某、王某某偷逃应缴税款分别为 7,198,167.66 元、3,436,304.71 元、756,923.51 元。

一审法院依照《刑法》第 153 条、第 154 条第 1 项、第 155 条第 1 项、第 30 条、第 31 条、第 25 条第 1 款、第 26 条第 1、4 款、第 27 条、第 52 条、第 53 条、第 64 条、第 67 条第 2 款之规定，判决如下：（1）被告单位粤某公司犯走私普通货物罪，判处罚金人民币 2,500,000 元；（2）被告单位摩某公司犯走私普通货物罪，判处罚金人民币 2,500,000 元；（3）被告人叶某某犯走私普通货物罪，判处有期徒刑 11 年；（4）被告人罗某某犯走私普通货物罪，判处有期徒刑 4 年；（5）被告人邓某某犯走私普通货物罪，判处有期徒刑 3 年；（6）被告人谢某某犯走私普通货物罪，判处有期徒刑 2 年；（7）被告人王某某犯走私普通货物罪，判处有期徒刑 4 年，并处罚金人民币 760,000 元；附加刑内容略。二审法院对此裁定予以维持。

⚖ 裁判理由

经查，王某某在 2014 年 5 月 20 日的询问笔录中曾供认其知道向粤某公司购买的是不能擅自在国内销售的保税进口货物；叶某某在 2014 年 8 月 20 日的讯问笔录中亦供述其与王某某谈过货物是用合同手册进出口，两人的供述能相互印证，证实王某某知道涉案货物属保税进口货物。另外，王某某于 2007 年成立了美某公司从事海产品的进口贸易，其对涉案海产品的进出口相关事项以及海产品的市场价格应有所了解，王某某自己也承认粤某公司销售的涉案货物比市场价格便宜，在此情况下王某某仍继续向粤某公司购货，其提出主观上不知道购买的是保税货物的辩解不能成立。王某某明知粤某公司未经海关许可且未补缴应缴税额擅自将批准进口的原料加工后在境内销售，涉案产品属走私货物的情况下，仍向粤某公司收购涉案货物，根据《刑法》第155条的规定，依法应以走私犯罪论处。针对其他事项的裁判理由略。

评析与辩点

我们应如何理解《刑法》第155条第1项规定中的"走私人"和"直接非法收购的犯罪对象范围"呢？

我们认为，对购买保税货物的行为应分两种情形进行认定：第一种情形，对明知是保税货物还主动要求购买并与卖家通谋签订假的租赁、借用合同或外发加工合同等以逃避海关监管的行为人，由于行为人与卖家进行了通谋，同时也帮助卖家实施了逃避海关监管的行为，这属于走私犯罪的共犯，对购买者及收购者均应认定为走私普通货物罪。但本案当中法院并没有将王某某与其他被告人放在一起认定为共同犯罪。第二种情形，对仅仅明知是保税货物而购买的行为，如果行为人没有与销售人共谋，不宜以走私普通货物罪论处。直接购私的对象必须是走私进口的货物、物品，也就是该货物、物品在进境时是走私进口的。进出境环节的走私主要是指绕关走私和通关走私，而擅自销售保税货物是后续走私。后续走私是在货物、物品进境环节以后的阶段发生的行为，因此，保税货物正常申报进口当时并不是走私进口的货物、物品，直接购买保税货物的行为不符合直接购私的走私普通货物罪的构成要件。[①]

下面我们继续从行为对象及地域特点两个方面来作进一步分析。首先，从行为对象的范围来看。我们注意到，《刑法》第155条第1项的规定除"直接向走私人非法收购国家禁止进口物品"外，其描述是"直接向走私人非法收购走私进口的其他货物、物品"，若是收购限制进口货物或普通应税货物，就应是已经"走私进口的其他货物、物品"，也即不仅已经构成走私而且达成既

---

① 参见朱永林："走私普通货物、物品罪若干问题探究"，华东政法大学2006年硕士学位论文。

遂的货物、物品,据此,而直接收购保税货物并不符合前述构成要件特征。正如有学者所言:间接走私是前期走私活动的一种延续,在其之前,直接的走私罪活动已经发生。[①]另有学者说得更为直接:"间接走私"和"海(水)上走私"是法律规定为"以走私罪论处"的行为,可理解为"非典型意义上的走私"。因为,这两种以走私罪论处的行为是"延续性"和"前奏性"的,是走私犯罪活动实现后和实现前的发展状态。[②]相比之下,单纯的直接收购保税货物的行为,系收购行为与走私犯罪行为同时发生的情形,并不存在于收购之前走私犯罪就已经构成且达成既遂的情况。其次,从地域范围来看。根据立法本意,之所以要规制走私行为,主要是因为该行为侵犯了国家的海关监管秩序及外贸管制,在内海、领海、界河、界湖及关境、边境等敏感地带非法进行货物、物品的交易,对海关监管秩序的侵犯是直接的、紧迫的、现实的及具体的。然而,如果从走私人处非法收购走私的货物、物品,对收购地点不加限制,那么地点若在远离国边境线或关境线的地方,收购者本人对海关监管秩序的侵犯似乎并不明显,也并不直接和紧迫,刑法应保持谦抑品性,对此实无必要理会。[③]事实上也有实务部门的学者持同一观点,其认为,《刑法》155条中的"走私人"仅限于海上走私者或从未设关地绕关走私者,不包括内销保税货物者在内。因为该条没有对收购人主观上是否知道对方是"走私人"的身份作出要求,如果不在地域上作出限制而任意作扩大解释,可能会破坏犯罪构成理论。[④]因此,我们认为,那种认为准走私犯罪行为的地域范围不应有任何限制的观点颇值商榷。[⑤]

综上,我们认为,明知是擅自销售的保税货物而单纯收购的行为不宜认定为走私普通货物罪。

---

① 参见梁争:《走私罪研究》,法律出版社2013年版,第78页。
② 参见徐秋跃等:"走私罪认定与处理中若干疑难问题研究",载姜伟主编:《刑事司法指南》2001年第1辑(总第5辑),法律出版社2001年版。
③ 参见刘梦雎:"走私罪在立法中存在的问题及完善对策",中国社会科学院2014年硕士学位论文。
④ 参见励志斌:"走私犯罪若干法律问题研究",载《上海海关高等专科学校学报》2001年第3期。
⑤ 参见刘小君等:"'准走私'及其在取证中的意义",载《湖北警官学院学报》2004年第1期。该文认为,从法条本身来看,需要注意的是,对行为人"直接向走私人收购"的行为的发生地点没有要求,无论是沿海海面、还是在沿海港口,或者是内地城市,只要具备直接收购特征,且达到规定的数额标准,均以走私罪论处。

71. 1年内3次走私入罪规定中的前两次走私对象宜限定在普通货物、物品的范围之内

案件名称
焉某某走私普通货物（中药材等）案[①]

裁判要点
法院认为本案情形符合1年内3次走私入罪的规定。

案情简介
2013年6月，于某通过电话与甲国士兵取得联系，双方商定走私药材到中国。于某联系到被告人焉某某、崔某，让二人帮助走私。同年6月22日凌晨3时许，焉某某、崔某听从于某指使越境至甲国，到岸与前来接应的甲国士兵取得联系，后将甲国士兵提供的穿龙骨1,648千克、细辛根125千克、白鲜皮212千克走私进中国，二人在岸边装车过程中被边防派出所民警当场抓获。经价格认证中心鉴定，走私货物价值人民币14,486元，经海关核定走私货物偷逃应缴税款人民币2,049.88元。

另查明，被告人焉某某于2012年10月12日因走私山羊被海关给予行政处罚；同年12月26日因走私废铝被海关给予行政处罚。

依照《刑法》第153条、第61条、第72条、第73条之规定，法院判决如下：被告人焉某某犯走私普通货物罪，判处有期徒刑1年，缓刑2年，并处罚金人民币1万元。

裁判理由
法院认为，被告人焉某某违反海关法规，逃避海关监管，非法运输货物进境，1年内因走私被给予2次行政处罚后又走私，其行为已构成走私普通货物罪。

[①] 吉林省通化市中级人民法院（2014）通中刑初字第4号刑事判决书，来源于中国裁判文书网，最后访问时间：2022年10月9日。

评析与辩点

一、1年内3次走私入罪规定中的前两次走私对象范围为何？

1年内3次走私入罪规定中的前两次走私对象是否应限定在普通货物、物品的范围之内？关于这一问题主要有两种观点：第一种观点认为，前两次走私的对象不应要求为普通货物、物品，只要是因走私被行政处罚过即可，但第三次走私的必须是普通货物、物品。①《关于办理走私刑事案件适用法律若干问题的解释》即持这一观点。持这一种观点可能的理由在于：前面被行政处罚的1年内2次走私并非犯罪客观行为要素，也不是情节要素，而是犯罪主体要件中的身份要素（我们认为前两次被行政处罚的走私行为之所以不构成情节要素是因为其状态是在第三次行为之前就已经完全达成并且其在第三次行为发生的全过程中没有发挥任何作用，是我们事后根据规定为了认定犯罪才把它们强行捆绑在一起进行刑事评价的），只要具备了1年内2次走私被行政处罚的身份之后再走私一次普通货物、物品即可构成犯罪，因此前面2次走私的对象范围并无必要严格限制。第二种观点认为，3次走私对象都应当是普通货物、物品。②我们认为，第二种观点更有道理。主要理由有四：

第一，从特定行为对象起刑点的数量限制的角度出发，走私《刑法》第151条、第152条、第347条规定以外的特定货物、物品，要构成犯罪在司法解释上均有明确的数量限制，未达到司法解释规定数量的，依法不构成犯罪。而"一年内曾因走私被给予二次行政处罚后又走私的"没有任何数量限制，理应不包括上述特定行为对象。③

第二，从刑法解释方法的角度出发，考察立法目的，立法机关就是为了重点打击职业"水客"进行"化整为零""蚂蚁搬家"式的小额多次走私普通应税货物、物品行为才出台的这一规定，遵循目的解释的原则，应当持第二种观点。同时，考虑到该条文所在的位置是走私普通货物、物品罪的罪名，如果前面两次是走私的其他禁止类或限制类的货物、物品如假币、淫秽物品，

---

① 参见陈晖：《走私犯罪论》（第二版），中国海关出版社2012年版，第279页。
② 参见赵永林："走私犯罪研究"，西南政法大学2012年博士学位论文。
③ 参见胡平等："试论一年内三次走私入刑的若干法律问题"，载《海关与经贸研究》2014年第3期。

第三次走私的是普通货物、物品，最后综合3次走私把罪名确定为走私普通货物、物品罪则会让人感到不伦不类或名不副实。因此遵循体系解释的原则，应当持第二种观点。如果彻底从文义解释的角度出发而不考虑其他解释方法，那么可以得出3次走私的对象都可以不受普通货物、物品限制的结论，因为《刑法》第153条中规定的3次"走私"其后均未写明是什么类型的货物、物品。事实上也有人持这一比较极端的观点，其认为3次走私的对象由于"刑法并未限定小额多次走私的对象仅为普通货物、物品，从有效打击走私犯罪的角度考虑，刑法规定的其他走私对象均可包括在内"。[1]但我们应当看到，当使用文义解释得出的结论与使用体系解释、目的解释得出的结论有冲突时，应当优先考虑体系解释及目的解释。易言之，体系解释、目的解释的效力要高于文义解释。因为体系解释是根据刑法条文在整个刑法中的地位及条文所处位置来阐明其规范意旨的一种非常重要的解释方法。同时，与其他的法解释一样，在解释刑法时，必须考虑刑法最终要实现何种目的，进而作出符合该目的的合理解释。在采用文义解释、历史解释、体系解释等解释理由均不能得出唯一解释结论时，以及在采取上述解释理由提示了解释结论时，必须由目的解释来最终决定。在此意义上说，目的解释与其说是一种具体的解释方法，不如说是一种解释方向或最重要的解释原则。如前所述，如果彻底从体系解释及目的解释的角度出发，那么可以得出3次走私的对象都应当是普通货物、物品的结论。《关于办理走私刑事案件适用法律若干问题的解释》对这一问题采取了一种前后不一致的折中态度："被给予二次行政处罚"的走私行为对象包括走私普通货物、物品及其他货物、物品；"又走私"行为对象仅指走私普通货物、物品。也即前半段采取的是文义解释的方法，而后半段采取的是体系解释的方法。由于其最终并未接受目的解释方法的检验，故我们认为其存在不合理之处。

第三，从行为对象是否已经纳入犯罪圈的角度出发，持第一种观点可能会出现表面符合"一年内曾因走私被给予二次行政处罚"的规定，但实质上不符合该规定内涵的情形出现。如前两次行为人均因走私外币（仅逃避《携

---

[1] 参见胡健涛："走私犯罪法律适用的几个问题"，载《人民法院报》2013年7月3日第6版。

带外汇出境许可证》管理,也即只逃证不逃税的情形,因此外币无论走私数量或次数多少或情节多严重均不构成走私罪)被海关行政处罚,第三次走私的是普通货物、物品,这种情形若按第一种观点也可构成走私普通货物、物品罪。显然,这样的结论是不合理的。因为前两次走私的外币从来就没有纳入犯罪圈当中,从来就没有列入走私罪的对象范围,因此不应当与第三次走私的普通货物、物品放在一起进行刑事评价。擅自扩大犯罪圈的做法难谓符合罪刑法定原则。

第四,从行为的社会危害性及司法公正的角度出发,如果认为前两次走私的对象也包括其他货物、物品,那么可能出现:第一次走私的是普通货物、第二次走私的是淫秽物品、第三次走私的是普通货物,在此情形下第三次行为就应当认定为走私普通货物罪,但如果前面第二次走私的是普通货物、第三次走私的是淫秽物品,在此情形下第三次行为就不能认定为走私普通货物罪。但在上述两种情形下前后3次走私的对象是一模一样的,仅仅因为顺序的不同(有可能是因为偶然的因素,更有可能是因为行为人有意识地选择行为所致)而导致结果的差异,前后两种情形的社会危害性有差别吗?遵循公平原则,应当持第二种观点,这样既可避免上述司法不公的情况出现,也可避免行为人规避入罪行为的出现。

二、本案应如何处理?

本案被告人焉某某一共进行了3次走私,第三次走私的对象为中药材,其是否属于普通货物、物品的问题因与本案研究旨趣无涉,故暂不讨论。下面我们重点探讨前两次走私对象的商品属性问题:首先,焉某某第一次走私的对象为山羊。从同一法院相关案件的观点来看,活体山羊并不属于普通货物、物品的范围。其次,焉某某第二次走私的对象为废铝,如其为限制类或禁止类(因判决书中提供的信息有限,所以只能假设),则应属废物的范畴。由此看来,焉某某前两次走私的对象并非都是普通货物、物品,按照我们前述观点,1年内3次走私入罪规定中的前两次走私对象只能是普通货物、物品,因此,我们认为,本案判决颇值商榷。

72. 走私限制类废物的情形不宜认定为走私普通货物罪

案件名称
陈甲走私废物（废五金）案①

裁判要点
法院认为走私废物罪与走私普通货物罪可发生竞合关系，对此应选择其中处罚较重的罪名处理。

案情简介
2008年8月至同年11月间，被告人陈甲明知自己没有进口和加工利用废五金的资质条件，利用浙江中某公司的《限制进口类可用作原料的固体废物进口许可证》，以中某公司名义委托台州中某外贸有限公司代理从日本进口以回收铜、回收钢铁为主的废五金共计4,316.92吨。在进口过程中，陈甲将实际以FOB价格成交进口的废物伪报成CNF价格，瞒报运费共计15,300美元，偷逃应缴税款人民币178,016.64元。原审根据上述事实，依照相关法律规定，以走私废物罪，判处被告人陈甲有期徒刑6年6个月，并处罚金人民币300万元；判令对走私违法所得予以没收，上缴国库。

陈甲上诉提出，其只是利用他人的许可证进口废物，未逃避海关监管，不构成走私废物罪；其被电话传唤后，主动到海关如实供述自己的罪行，应认定自首；原判量刑过重，判处罚金300万元过高，要求从轻改判。其二审辩护人提出，陈甲进口废物未逃避海关监管，陈甲挂靠中某公司进口废物，废物在中某公司的场地内安全拆解，废旧五金的出卖、货款的收取、支付也受中某公司监管，未造成环境污染，其行为不具有社会危害性；陈甲主动到侦查机关如实供述瞒报运费偷逃税款的事实，应认定为自首。要求以走私普通货物罪对陈甲改判并适用缓刑。

经审理查明，原判认定被告人陈甲走私废物的事实，有证人陶甲、泮某

---

① 浙江省高级人民法院（2011）浙刑二终字第65号刑事裁定书。

某、鲍某某、陈乙、赵某某、徐某某、冯某某、万某某、陶乙、符甲、符乙、郭某某、贺某某的证言，固体废物进口许可证、进口废物通关材料，中某公司的法人营业执照，租船协议、发票、提单、收取运费的说明，查询存款材料，货物结算单、收款凭证，海关偷逃税款核定证明书，关于陈甲归案经过的说明等证据证实。被告人陈甲亦供认在案，所供与前述证据反映的情况相符。关于上诉、辩护理由，经查：（1）陈甲明知其本人没有进口和加工废五金的资质条件，无利用进口废物的能力和相应的污染防治设备，冒用中某公司的固体废物进口许可证，并采取伪报价格等手段，逃避海关监管，将废物运输入境，且偷逃税款，其行为同时符合走私废物罪和走私普通货物罪的构成特征。根据司法解释规定，同时构成走私废物罪和走私普通货物罪的，应按照刑法处罚较重的罪名定罪处罚。因此，原判对被告人陈甲以走私废物罪定性正确。关于陈甲不构成走私废物罪仅构成走私普通货物罪的上诉、辩护意见与事实、法律不符，不予采信。（2）根据侦查机关出具的陈甲归案经过等证据，陈甲在走私废物罪行被侦查机关发觉后，经侦查机关电话通知而被动归案并如实供述犯罪事实，并非自动投案，关于陈甲系自首的上诉、辩护意见亦不能成立，不予采信。故原判认定的事实清楚，证据确实、充分。

二审法院认为，陈甲及其二审辩护人要求改判的上诉、辩护理由不能成立，决定不予采纳。原判定罪及适用法律正确，量刑适当，审判程序合法。依照《刑法》第152条第2款、第59条及《刑事诉讼法》第189条第1项之规定，二审法院裁定驳回上诉，维持原判。

⚖ 裁判理由

法院认为，被告人陈甲违反法律规定，逃避海关监管，未经许可将境外固体废物运输入境，情节特别严重，其行为已构成走私废物罪；陈甲瞒报运费偷逃应缴税款，其行为同时构成走私普通货物罪，根据司法解释的规定，对其应当按照处罚较重的规定，即以走私废物罪一罪定罪处罚。

评析与辩点

一、法条竞合的情形应如何定罪处罚？

我们认为，在法条竞合的情况下，应按特别法处理而不是从一重处断。

如交通肇事罪在致人死亡的情况下，与过失致人死亡罪是法条竞合关系。交通肇事致1人死亡，法定刑为3年以下有期徒刑、拘役；按照过失致人死亡罪，首选法定刑为3年以上7年以下有期徒刑。但不能因此而选择适用过失致人死亡罪。同理，交通肇事致1人重伤负全部责任，在没有特定情节的情况下，不构成交通肇事罪。此时，就不能转而按照过失致人重伤罪论处。① 我们认为，特别法设置的原因就在于针对一些特别类型的犯罪设计较高的定罪条件或量刑升格条件以达到限制处罚的目的，也即，立法者认为此时其社会危害性或法益侵害性才达到了犯罪的程度或量刑升格的程度，对此，如果允许按照普通法来定罪处罚则会使特别法的立法失去其本来的用意，这样势必会架空特别法的存在，导致司法权力的恣意和滥用。唯一的例外应当仅限于立法本身的例外规定，也即此情形下的法条竞合才允许按照重法优于轻法的原则来处理，我国《刑法》中只有第149条第2款的规定属于这种情形。

有观点认为，公务人员利用职务之便盗窃价值3,000元的公共财物，未达到相应贪污罪（特别法条）的追诉标准的场合，可以盗窃罪（普通法条）对其追诉，否则就会导致罪刑失衡。② 如前所述，持这种观点不仅会使贪污罪（特别法）的立法目的落空，推而广之，也同样会导致罪刑失衡。如按照相关司法解释，个人集资构成集资诈骗罪的数额起点为人民币10万元。在行为人集资诈骗8万元的场合，若以普通法论处，应构成"数额巨大的"诈骗罪，法定刑为3年以上10年以下有期徒刑；相反，在行为人集资诈骗10万元的场合，构成集资诈骗罪，其法定刑为5年以下有期徒刑或拘役。以同样的方式行骗，数额小的反而处罚更重，这岂不是更加罪刑失衡吗？③

二、本案应如何定罪处罚？

我们认为，本案并不存在法条竞合关系。因为《刑法》第153条规定已明确排除了第151条、第152条、第347条规定中的走私对象，当然，这里的走私对象还要同时匹配进出口行为一起来看待。也即，走私普通货物、物品罪的

---

① 参见谭兆强：《法定犯的理论与实践》，上海人民出版社2013年版，第214~216页。臧德胜：《有效辩护三步法：法官视角的成功辩护之道》，法律出版社2016年版，第276页。
② 参见张明楷："法条竞合中特别关系的确定与处理"，载《法学家》2011年第1期。
③ 参见黎宏：《刑法学总论》（第2版），法律出版社2016年版，第317~318页。

犯罪对象范围不能包含走私进口的禁止类或限制类废物。因此，走私进口禁止类或限制类废物的行为只可能构成走私废物罪，不应当与走私普通货物罪发生竞合。我们觉得《关于办理走私刑事案件适用法律若干问题的解释》第 21 条关于走私禁止类货物可与走私普通类货物发生法条竞合关系的观点值得商榷。原因有二：一是适用这种规定的结果可能会违背罪刑法定原则，因为例外必须以法律明文规定为限，而不是司法解释；[①] 二是司法解释不能直接违背刑法的明文规定，如果发生冲突应当适用刑法。同时，我们也不赞同对类似本案的情形转而采用想象竞合的理论原则来处理，[②] 因为这也同样不符合《刑法》第 153 条规定的要求，即便限制类的废物可能会涉及税的问题。

[①] 参见陈兴良：《教义刑法学》，中国人民大学出版社 2010 年版，第 704 页。
[②] 参见张明楷：《刑法学》（第 5 版），法律出版社 2016 年版，第 469~475 页。

73. 二审期间才生效的司法解释如对被告人有利应有溯及力

案件名称
黄某某等走私普通货物（跑车）案①

裁判要点
法院认为二审期间才生效的司法解释如对被告人有利应有溯及力。

案情简介
2012年12月18日，被告人黄某某驾驶云A×××××道路救援拖车经勐龙镇贺管新寨村民小组附近的边境小路出境至缅甸梭累港，将原产地为意大利的红色法拉利跑车一辆于当晚偷运至我国境内，次日零时许，被西双版纳海关缉私分局在景大公路曼勉超限检测站查获。被告人岩某为黄某某出境指路，在入境时为其望风。经海关核定，走私跑车偷逃应缴税款人民币227.125万元。

一审法院根据上述事实及相关证据，依照《刑法》规定，认定：被告人黄某某犯走私普通货物罪，判处有期徒刑10年，并处罚金人民币228万元；被告人岩某犯走私普通货物罪，判处有期徒刑3年，缓刑4年，并处罚金人民币5万元；扣押的涉案红色法拉利跑车1辆、东风多利卡拖车1辆、手机3部、4张银行卡内资金由扣押机关依法没收，上缴国库。

宣判后，原审被告人黄某某上诉称：其受人指使参与犯罪活动，系从犯，原审认定事实不清，量刑不当，请求改判缓刑。其辩护人提出相同辩护意见。

二审法院依照《刑法》第153条第1款第3项、第25条第1款、第26条、第27条、第64条、第67条第3款、第72条第1款、第3款，《刑事诉讼法》第225条第1款第1、2项之规定，判决如下：一、维持一审法院（2013）西刑初字第437号刑事判决第2项、第3项，即对被告人岩某的定罪量刑部分

---

① 云南省高级人民法院（2014）云高刑终字第554号刑事判决书，来源于中国裁判文书网，最后访问时间：2022年10月9日。

及扣押的涉案红色法拉利跑车1辆、东风多利卡拖车1辆、手机3部、4张银行卡内资金由扣押机关依法没收，上缴国库；二、撤销（原审被告人）一审法院（2013）西刑初字第437号刑事判决第1项，即被告人黄某某犯走私普通货物罪，判处有期徒刑10年，并处罚金人民币228万元的判项；三、上诉人（原审被告人）黄某某犯走私普通货物罪，判处有期徒刑8年，并处罚金人民币228万元。

⚖ 裁判理由

该案审理期间最高人民法院、最高人民检察院公布了《关于办理走私刑事案件适用法律若干问题的解释》，该解释规定，偷逃应缴税额在50万元以上不满250万元的，应当认定为"偷逃应缴税额巨大"。依据刑法"从旧兼从轻"的原则，本案适用新的司法解释，应认定为偷逃应缴税额巨大。对上诉人黄某某及其辩护人所提原判认定事实不清，量刑不当，请求改判缓刑的上诉理由和辩护意见，二审法院决定予以部分采纳。二审法院认为，原判定罪准确，审判程序合法，但对黄某某的量刑不当。针对其他事项的裁判理由略。

📢 评析与辩点

一、司法解释是否有溯及力的多种观点及评析

《关于适用刑事司法解释时间效力问题的规定》明确的四项内容具体为：（1）司法解释是最高法对审判工作中具体应用法律问题和最高检对检察工作中具体应用法律问题所作的具有法律效力的解释，自发布或者规定之日起施行，效力适用于法律的施行期间。（2）对于司法解释实施前发生的行为，行为时没有相关司法解释，司法解释施行后尚未处理或者正在处理的案件，依照司法解释的规定办理。（3）对于新的司法解释实施前发生的行为，行为时已有相关司法解释，依照行为时的司法解释办理，但适用新的司法解释对犯罪嫌疑人、被告人有利的，适用新的司法解释。（4）对于在司法解释施行前已办结的案件，按照当时的法律和司法解释，认定事实和适用法律没有错误的，不再变动。

此规定颁行以来，学界展开了广泛探讨，并就司法解释是否具有溯及力的问题形成了以下六种观点：

第一种观点严格按照《关于适用刑事司法解释时间效力问题的规定》的字

面含义来判断刑事司法解释溯及力的有无，认为"司法解释施行后，即须按照司法解释去理解、适用法律。解释施行后，所有正在审理或尚未审理的案件，都必须一律适用解释。对于新的司法解释实施前发生的行为，行为时已有相关司法解释的，应当适用从旧兼从轻原则。"①

第二种观点认为刑事司法解释"不存在溯及力有无的问题"。这种观点认为，司法解释的溯及力问题应当完全从属于刑法本身，因而不具有单独探讨的必要。②

第三种观点肯定刑事司法解释应当具有溯及力，因为"司法解释是对法律文本的解释，因而司法解释的效力是从属于法律的，只要法律有效则对该法律的司法解释在法律实施期间亦为有效"。③

第四种观点否定刑事司法解释的溯及力，认为司法解释"原则上不应具有溯及力，不能追溯适用其生效之前的行为"。④

第五种观点认为刑事司法解释不能具有完全的溯及力。⑤

第六种观点认为《关于适用刑事司法解释时间效力问题的规定》第2条针对的是个案解释性的司法解释，对其溯及既往的禁止属于"司法意义上的禁止溯及既往"，除非该解释会造成侵犯行为人信赖利益的溯及的效果，就应当认可其发挥溯及既往的效力；《关于适用刑事司法解释时间效力问题的规定》第3条针对的是以"立法化"的方式存在的作为"准立法"类型的司法解释，对其禁止属于"立法意义上的禁止溯及既往"，其禁止的内容是"溯及的形式"，因此该类司法解释应当"从旧兼从轻"。⑥

我们认为，上述观点各有一定道理，但其缺陷也是明显的，具体表现为：

---

① 参见中华人民共和国最高人民法院刑事审判第一、二、三、四、五庭主办：《刑事审判参考》2006年第6集（总第53集），法律出版社2007年版。
② 参见刘艳红："论刑法司法解释的时间效力"，载《中国刑事法杂志》2007年第2期。
③ 参见陈兴良："中国刑法中的明确性问题——以《刑法》第225条第4项为例的分析"，载[中]梁根林、[德]埃里克·希尔根多夫主编：《中德刑法学者的对话：罪刑法定与刑法解释》，北京大学出版社2013年版，第26页。
④ 参见陈佑武等："刑法解释的时间效力与人权保障"，载《中国刑事法杂志》2011年第6期。
⑤ 参见刘仁文："关于刑法解释的时间效力问题"，载《法学杂志》2003年第1期。
⑥ 参见郑泽善等："刑事司法解释溯及力问题研究——对美国司法实践中禁止溯及既往原则的借鉴"，载《政治与法律》2014年第2期。

第一种观点太过绝对；第二种观点看到了司法解释对刑法的附属性，但不应完全否认其相对独立性及在生效时间上与刑法的不同步性；第三种观点不论溯及之后是有利还是不利一概令其产生溯及力也不合理；第四种及第五种观点均太过笼统；第六种观点将司法解释区分为立法性司法解释及司法性司法解释具有标准界限不清等缺陷。总之，我们认为应当赋予刑事司法解释与刑法在溯及力问题上同等的待遇，令其对生效前的未决行为作有利溯及，即便刑事司法解释事实上不可与法律相提并论，但根据有利类推应获允许的理论，理应允许其像刑法一样作出有利溯及。

二、《关于适用刑事司法解释时间效力问题的规定》存在的缺陷

首先，《关于适用刑事司法解释时间效力问题的规定》第1条认为司法解释自施行后其"效力适用于法律的施行期间"，但既然司法解释仅适用于所解释的法律施行期间，就不能认为司法解释具有溯及力，因为只有法律适用于其施行以前发生的行为和事件才能认为具有溯及既往的效力，这是总的原则上的缺陷。[①]

其次，《关于适用刑事司法解释时间效力问题的规定》第2条认为对于司法解释实施前发生的行为，当时无相关司法解释，司法解释施行后尚未处理或正在处理的案件，应依照司法解释规定办理。我们认为，这里不区分对被告人是有利还是不利，一概令其具有溯及力是不妥当的。因为此前法院作出的生效判决也是根据一般通行的理解和观点作出的，要查明这些观点并非难事。如果该情形下不允许有利溯及，这同样也将破坏国民的预见可能性和获得公平警告的权利。

最后，《关于适用刑事司法解释时间效力问题的规定》第4条认为"对于在司法解释施行前已办结的案件"新解释不应有溯及力。有观点认为，应当从有利于被告人的原则出发，如果按照新解释，其施行以前司法机关已经办结的案件对被告人的处理过重或者处理结果发生错误，则应当予以改判，而不能以维护人民法院生效判决的严肃性和稳定性为理由拒绝改判。因为针对同一刑法条文所作出的前后内容不同的解释所导致的后果，毕竟不能由处于弱势的被告

[①] 参见陈洪兵："刑法溯及力适用问题研究——兼与民法、行政法比较"，载《法治研究》2016年第4期。

人承担，否则就可能导致司法解释或者司法判决的随意性，而有失公正，不管新的司法解释是基于想进一步限制处罚范围或严格重罚条件还是想纠正之前的错误解释。[①] 我们认为，上述观点是有一定道理的，不过应限定在处罚明显过重及一定时限范围的案件为宜。事实上，最高人民法院在其后的有关司法文件中也改变了这一态度，如最高人民法院于2003年公布的《关于处理涉枪、涉爆申诉案件有关问题的通知》中指出，《关于审理非法制造、买卖、运输枪支、弹药、爆炸物等刑事案件具体应用法律若干问题的解释》公布后，人民法院经审理并已作出生效裁判的非法制造、买卖、运输枪支、弹药、爆炸物等刑事案件，当事人依法提出申诉，经审查认为生效裁判不符合本通知规定的，人民法院可以根据案件的具体情况，按照审判监督程序重新审理，并依照本通知规定的精神予以改判。

回到本案，因为二审期间新生效的司法解释明显有利于被告人黄某某，对比旧解释而言，按新解释可以做到法定刑降格处理，故本案应适用新解释处理，而且，这样也完全符合《关于适用刑事司法解释时间效力问题的规定》第3条的要求。因此，我们认为，本案判决是妥当的。

[①] 参见黄明儒："刑事司法解释的溯及力辨析"，载《时代法学》2007年第6期。

74. 如何看待海上偷运走私犯罪中的"合法证明"？

案件名称

王某等走私普通货物、国家禁止进出口的货物（冻品）案①

裁判要点

本案属于违反海关法律法规，逃避海关监管，在内海运输、贩卖进口货物，没有合法证明的走私犯罪行为（另有部分禁止进出口的货物）。

案情简介

2020年6月17日，被告人王某、黄某新驾驶"粤惠州货2×××"船舶，从顺德水域出发前往香港水域，在一艘趸船上过驳冻品并以绕关方式运输入境，于6月18日驾船返航至佛山市顺德区桂Ｘ油料有限公司（以下简称桂Ｘ公司）码头停靠。同日21时许，海关缉私人员当场查获船上无合法证明的冻鸡爪、冻猪前脚、冻猪肚共计126.244吨。经鉴定，上述冻品中有24.57吨来自境外疫区，其余101.674吨冻品来自境外非疫区。经计核，来自境外非疫区的冻品涉嫌偷逃应缴税款共计人民币801,704.88元。

该案法院依据《刑法》第151条第3款、第153条第1款第2项、第25条、第26条、第27条、第67条第1款、第3款、第69条第1款、第3款、第64条，《关于办理走私刑事案件适用法律若干问题的解释》第11条第1款第4项、第16条第1款的规定，判决如下：一、被告人王某犯走私普通货物罪，判处有期徒刑2年，并处罚金人民币70万元；犯走私国家禁止进出口的货物罪，判处有期徒刑2年6个月，并处罚金人民币10万元；决定执行有期徒刑3年6个月，并处罚金人民币80万元。二、被告人黄某新犯走私普通货物罪，判处有期徒刑1年6个月，并处罚金人民币15万元；犯走私国家禁止进出口的货物罪，判处有期徒刑1年9个月，并处罚金人民币5万元；决定执行有期徒刑

---

① 广东省佛山市中级人民法院（2021）粤06刑初20号刑事判决书，来源于中国裁判文书网，最后访问时间：2022年10月9日。

2年6个月，并处罚金人民币20万元。三、扣押的冻品126.244吨，均予以没收，由扣押机关依法处理。

⚖ 裁判理由

被告人王某、黄某新无视国家法律，逃避海关监管，驾驶虚假船名的船舶，从境外装载没有合法证明的冻品，以绕关方式运输入境，其中走私国家禁止进口的冻品24.57吨，走私非疫区冻品偷逃应缴税额巨大，其行为分别构成走私普通货物罪和走私国家禁止进出口的货物罪，依法应予数罪并罚。

评析与辩点

应当如何判断有无合法证明，一直以来是一个颇有争议的问题。归纳海关总署的相关解释，在有无合法证明的判断问题上提出了三点意见：一是只有当事人当时所携带并向海关呈验的各种证明材料才是有效的，事后补交的"证明材料"不具有证明效力；二是证明材料必须与事实相符，即证明材料与货物、物品的实际情况以及启运港、行驶路线三者之间必须完全相符，各项记载完全吻合，才能证明合法；三是属于证明材料的运单（提单副本）、载货清单、海关监管簿所填写的货物、物品的品名、规格、数量、重量必须真实，否则视为无效单证，即无"合法证明"。

我们认为，对上述三点意见应注重考量以下四个方面：

第一，"无合法证明"的范围应依据有关法律、法规或规范性文件的规定，海关无权擅自扩大或限制。

从《刑法》第155条第2项的文字表述来分析，所谓"没有合法证明"应当是指没有材料证明海上运输、收购、贩卖行为本身的合法性。而证明海上运输、收购、贩卖行为合法所需要的"合法证明"材料，应当是由有关法律、法规或规范性文件事先明确规定并予以公告的，对此不可以进行任意解释。例如，"合法、齐全的经营手续"列入"合法证明"的范围，是因为《关于严格查禁非法运输、储存、买卖成品油的通知》指出，任何单位和个人运输、储存、买卖成品油，应当经过有关主管部门的批准，并具备合法、齐全的经营手续。如果没有这个通知，执法机关自然不能将"合法证明"范围擅自扩大到"合法、齐全的经营手续"。

第二，并非任何"合法证明"材料的缺失都能被认定为"没有合法证明"。属于"合法证明"范围的材料较多，但在判断有无合法证明时，各自的作用并不完全相同。有些材料只要缺失，就足以认定为"没有合法证明"，但是，有些材料则显然不具有这样的功能，如虽然许可证件、商业合同和发票是从事海上收购、贩卖国家禁止或限制进出境货物、物品的船舶应持有的证件，但单纯缺失其中某些材料，我们认为并不能就此认定"没有合法证明"。因为，缺失其中某些材料并不代表就不属于合法运输，这些单据既有可能是因遗忘未携带或中途丢失毁损或可以在到港时获取，因此其向海关申报时又能提供相关单证也不是不可能的事情。总之，对海上运输所应具备的单证材料的要求不应与向海关申报时应具备的单证材料一样严格。

第三，只要有足以证明合法性的材料存在就不能认定为"没有合法证明"。海上运输、收购、贩卖行为是否合法的判断实际上是围绕三个方面展开的：一是运输工具是否具有装载货物、物品出入特定水域的航行或者停泊资格；二是运输工具航行的路线或者停泊地点是否与船载货物、物品的随船提单、运单以及航海日志、船舶进出港海关监管簿等材料所载明的目的地、途经地或者出发地相吻合；三是船载货物、物品是否与随船舱单、载货清单列明的货物、物品的品名、规格、数量、重量明显不一。仔细研究列入"合法证明"范围的材料，不难得出两个结论：一是任何一种"合法证明"材料至少都能证明其中的一个方面；二是有些合法证明材料之间的功能是重叠的，即都是为了证明其中的一个方面。既然有些"合法证明"材料的功能存在重叠，则当这些材料相互不一致时又当如何判断有无合法证明呢？按照海关总署的解释，功能重叠的材料必须相互完全一致，才能成为某一方面的合法性证明，否则，即可认定为"没有合法证明"。但我们认为未必，因为认定有无合法证明的举证责任在侦方及控方，当不具备推定存在为"没有合法证明"的条件，海关又不能排除存在"没有合法证明"的可能时，就不能认定为"没有合法证明"。所以，功能重叠的材料中只要其中一项足以证明是合法的，即使相互之间不一致，也不能认定为"没有合法证明"。

第四，事后补交的"合法证明"材料经审查属实应当具有证据效力。当事人当时携带并呈验的各种证明材料不足以证明运输、收购、贩卖行为合法时，海关即可认定构成海上走私，事后也无须对究竟是否有合法证明材料这一事实承担举证责任。但应该看到，这种认定只是一种法律上的推定，而任何法律推定都是可以用反证予以推翻的。一旦事后当事人补交或海关主动发现了"合法证明"材料，法律推定的基础就不再存在，海上走私的认定也就应当予以推翻。因此，对当事人事后补交的合法证明材料，海关有义务予以审查，对审查属实的，就没有理由不承认其效力。在此试举一例予以说明，海关在海上查获某船舶所载限制类货物数量明显多于许可证件、载货清单、提单所记载的数量，遂认定构成海上走私犯罪。但在处理期间，当事人提供证据证明多出的货物系误装且经侦查机关查证属实。此种情况如果仍按海上走私犯罪处理，显然与事实不符。对此，《福建省反走私综合治理工作规定》第29条规定了查获的无主走私货物有6个月的公告认领期，公告期间持合法证明认领货物、物品和运输工具的，应当及时退还相关货物、物品和运输工具。这也就从立法上明确了海上走私案件其"合法证明"是可以事后补交的。

第7章
走私国家禁止进出口的货物、物品罪

75. 对合法颁发的许可证未经法定撤销程序难以认定为走私国家禁止进出口的货物罪

案件名称

巫某某等走私国家禁止进出口的货物（感光鼓等）案

处置要点

对合法颁发的许可证未经法定撤销程序难以认定为走私国家禁止进出口的货物罪。

案情简介

为将限制进口的含感光鼓的旧碳粉盒走私进口，犯罪嫌疑人巫某某与郑某某、朱某某3人分工合作。巫某某负责管理甲公司及向商务部门申领《旧机电产品进口许可证》。为获批进口许可证，巫某某在向商务部门提交的申请报告和申报材料中，伪造了甲公司与乙公司等6家所谓境内经销商的《经销商合作协议》，虚构了其自主品牌某再生碳粉盒在境内的代销渠道和销售业绩，并虚报"年度加工贸易企业经营状况及生产能力证明"中的从事加工贸易人员数量，虚构其履行旧碳粉盒加工维修再制造合同的加工生产能力。从2016年至2019年，巫某某使用相同的手段骗领了含感光鼓旧碳粉盒的进口许可证。朱某某、郑某某负责在香港揽货或采购货物后，以甲公司来料加工贸易的方式从香港大量进口国家限制进口的含感光鼓的旧碳粉盒。货物从某口岸入境后，即运回甲公司仓库，由仓管员王某某负责接收、清点、入库。含感光鼓的旧碳粉盒入库后，除小部分由生产部领用加工用于复出口和内销外，大部分货物没有经过维修再制造加工，由郑某某指使李某某、王某某安排货车直接运走，交给境内货主或经分拣后在境内销售。王某某还根据出货的情况填制《货柜进出登记表》用来记录进口含感光鼓的旧碳粉盒的进、出及剩余情况，报送给郑某某掌握。含感光鼓的旧碳粉盒在境内交货或销售后，巫某某、郑某某指使甲公司报关业务负责人黄某某委托代理公司持骗领的《旧机电产品进口许可证》向海关申请办理内销补税和加工贸易手册核销手续，从而达到将国家限制进口的含感光鼓的旧碳粉盒走私进口的目的。

为掩盖其走私犯罪事实，巫某某、郑某某、朱某某在生产环节，指使生产部厂长李某某，安排生产部的李某某1、梁某某等人制作虚假的生产指令单、虚假的生产日报表，制造甲公司进口的原材料都用于公司加工生产成品后才内销的假象；利用招聘大量临时工到生产线上冒充车间工人，制造其具有履行加工贸易合同能力的假象，应付海关、商务等主管部门的核查、检查；在销售环节，利用其控制的丙公司为甲公司内销含感光鼓的旧碳粉盒的购买方，虚构销售关系和数据，以掩盖走私货物的真实去向；通过丁科技有限公司等公司虚开成品销售合同及发票，虚构碳粉盒加工成品销售数据，实际未经加工的货物直接交给境内真实客户。

根据甲公司向海关申报内销的进口报关单统计，该公司加工贸易进口含感光鼓的旧碳粉盒转内销的比例，2016年达68.92%，2017年2本手册分别达66.33%、91.55%，2018年达73.36%，2019年1月至7月为41.18%，由此可知，该公司申请加工贸易的目的不是加工后复出口，而是以加工贸易转内销之名将国家限制进口的含感光鼓的旧碳粉盒走私进口。自2016年至2019年9月，甲公司持其骗领的《旧机电产品进口许可证》向海关申报进口国家限制进口的含感光鼓的旧碳粉盒共3472.215吨。

犯罪嫌疑单位甲公司，为谋取非法利益，使用其骗领的许可证进口国家限制进口的旧碳粉盒3472.215吨，数量巨大，其行为已触犯《刑法》第151条第3款之规定，涉嫌走私国家禁止进出口的货物、物品罪。犯罪嫌疑人巫某某是犯罪嫌疑单位的出资人和实际控制人之一，负责甲公司的日常经营管理，指使他人伪造申报材料向商务部门骗领《旧机电产品进口许可证》，伪造加工、销售记录应付海关等部门的核查、检查，指使他人持骗领的《旧机电产品进口许可证》向海关申报内销并核销手册，故意瞒骗海关，是直接负责的主管人员，应承担主要责任。

最终该案检察院对巫某某作出了存疑不起诉的决定。

⚖️ 处置理由

经两次退回甲公司缉私分局补充侦查，该案检察院认定缉私分局移送审查起诉的甲公司、巫某某涉嫌走私国家禁止进出口的货物罪事实不清、证据不足，根据《刑事诉讼法》第 175 条的规定，不符合起诉条件，决定对巫某某等存疑不起诉。针对其他事项的意见略。

评析与辩点

该案中，侦查机关怀疑甲公司存在生产能力或工人人数等不符合实际的情形，故而认为甲公司及巫某某是在骗取商务部核发的许可证来进口涉案货物，因此认定其涉嫌走私国家禁止进出口的货物罪。我们认为值得商榷。

第一，从该罪名的特定构成要件及先决问题、相关部门的职权及法定程序来看，本案无法构成走私国家禁止进出口的货物罪。

《关于办理走私刑事案件适用法律若干问题的解释》对于限制类货物（涉案感光鼓及含感光鼓的碳粉盒属限制类货物）可构成走私国家禁止进出口的货物罪仅有两款规定，即第 21 条第 1 款和第 3 款。

首先，《关于办理走私刑事案件适用法律若干问题的解释》第 21 条第 3 款规定，租用、借用或者使用购买的他人许可证，进出口国家限制进出口的货物、物品的，适用本条第 1 款的规定定罪处罚。但本案甲公司完全是在使用自己的许可证进口货物，不存在"租用""借用"或者"使用"他人许可证的行为，故无该条文的适用空间。

其次，看本案有无适用《关于办理走私刑事案件适用法律若干问题的解释》第 21 条第 1 款的可能。第 21 条第 1 款规定，未经许可进出口国家限制进出口的货物、物品，构成犯罪的，应当依照《刑法》第 151 条、第 152 条的规定，以走私国家禁止进出口的货物、物品罪等罪名定罪处罚；偷逃应缴税额，同时又构成走私普通货物、物品罪的，依照处罚较重的规定定罪处罚。其中的"未经许可"，就是适用该条文的先决条件及先决事项。何种情形才能构成"未经许可"（此处不含超过许可数量进口的情形）？根据立法原意及司法实践来看，仅有以下三种情形：第一种是未提交许可证；第二种是提交了伪造、变造、虚假的许可证；第三种是提交的许可证经法定程序已被撤销、吊销或确认无效。很明显，甲公司不存在前两种情形，侦查机关也未作出这样的判断。那么，甲公司提交的许可证是否属于上述第三种情形——"无效"许可证或者说如"起诉意见书"中所称系"骗领"而来的许可证呢？我们暂且不评估实体上或事实上能否成立这样的侦查指控，单单就职权及程序来说，要确定涉案许可证系"无效"或"骗领"而来，依照《行政许可法》第69条、第70条的规定，只能由"作出行政许可决定的行政机关或者其上级行政机关"——也即发证机关商务部来作出认定（撤销或吊销）；或者由侦查机关就商务部的发证行为向法院提起行政诉讼，要求法院确认其发证行为违法或无效或撤销重作。

但本案侦查机关并未履行上述法定程序，既未要求发证机关商务部来认定涉案许可证系"无效"或"骗领"，也未就商务部的发证行为提起行政诉讼并获得胜诉的生效判决。故从法定职权和程序上来看，涉案许可证在未经上述法定有权主体经法定程序认定为"无效"或"骗领"之前，在法律上就属于合法的、有效的，包括刑事执法部门及刑事司法机关在内的任何单位及个人，对此都应予尊让和认可。

第二，从司法机关相关案例来看，不难得出以下结论：本案因侦查机关未有效解决案件中的先决问题，故甲公司及巫某某难以构成走私国家禁止进出口的货物罪，本案尚未达到起诉条件。

类似案例如赵某非法行医案。[①]该案中，2010年4月30日，原禹州市卫生局撤销了赵某卫生室的《医疗机构执业许可证》。2010年6月1日，原禹州市卫生局将该案提交禹州市公安局立案侦查。2011年2月24日，禹州市检察院向禹州市法院提起公诉。2011年8月18日，禹州市法院对该案作出了刑事判决。由上可见，《医疗机构执业许可证》是否有效属于该刑事案件的先决问题，只有处理好了这一先决事项（依法撤销相关许可证），才能进行接下来侦查、公诉及审判工作，否则就是越权及程序违法。

更重要的是，无论在行政许可领域还是非行政许可领域，最高人民法院的意见均是一致的，即刑事司法权不宜介入或侵犯行政权，不宜绕过行政主体，由刑事执法机关或司法机关在刑事程序中去径直解决案件中属于行政机关

---

① 河南省禹州市人民法院（2011）禹刑初字第63号刑事判决书。

职权范围内的先决问题。

首先,可以看行政许可领域的最高人民法院案例,如孙某某1、孙某某2等与玄某某探矿权纠纷申请再审案[①]。该案中,最高人民法院再审认为,本案当事人讼争的探矿权,系原内蒙古国土资源厅颁发的《矿产资源勘查许可证》,该证记载玄某某为案涉探矿权的权利人。法律针对不同性质的纠纷规定了不同形式的救济渠道。当事人亦须依法妥当行使诉讼权利,方能及时维护其合法权益。尤其是在探矿权须经行政许可方能设立、变更或者撤销的情况下,孙某某1等3人直接提起民事诉讼,请求对案涉探矿权进行确权,不符合《民事诉讼法》第119条第4项规定的民事诉讼受案范围。故,二审法院裁定驳回孙某某1等3人的起诉,适用法律并无不当。

其次,再看非行政许可领域的最高人民法院案例,如吴某某执行复议案[②]。该案中,原审法院即福建省高级人民法院认为,民政部门工作人员办理该《结婚证》的程序是否合法,须由上杭县法院的相关行政诉讼审判程序认定,非属执行程序审查内容。最高人民法院在复议裁定中对此观点予以了维持。

透过上述3个案例可以看出,无论在刑事诉讼、民事诉讼还是行政诉讼的程序当中,都可能遇到先决问题。遇此情形,都必须由行政机关或其他有权主体依照法定职权及法定程序先予解决,然后才可能由司法机关来决定要不要进行下一步司法程序的问题。否则,就远未达到起诉条件。本案也是如此,在未经商务部的行政程序或相应法院的行政诉讼程序将涉案许可证认定为"无效"或系"骗领"得来的之前,也即在该先决事项未依法处置之前,本案远远未达到提起公诉的条件。

[①] 最高人民法院(2015)民申字第464号民事裁定书。
[②] 最高人民法院(2015)执复字第3号民事裁定书。

76. 起运时货物属性为非禁止类的即便进口时伪报品名亦不构成走私国家禁止进出口的货物罪

案件名称

杜某某等走私国家禁止进出口的货物（德米古夷苏木）案

处置要点

涉案木材在出口起运时为非濒危，伪报走私进口并未侵害濒危物种保护法益，也没有造成国家税款损失，且有自首情节，认罪认罚，犯罪情节轻微。故决定对杜某某不起诉。

案情简介

李某某长期从事非洲木材进口销售生意，并委托A公司代理进口。被不起诉人杜某某任甲公司木材部经理，全权负责该司木材进口业务。

2016年11月，李某某从国外进口2票共计322.305立方米德米古夷苏木，并于同年12月起运。2017年1月，李某某将木材单证资料发送至甲公司，委托A公司代理进口。2017年1月2日，因《濒危野生动植物种国际贸易公约》附录Ⅱ生效，德米古夷苏木作为附录Ⅱ中的珍稀植物，进口需经国家濒危物种进出口管理办公室批准，并取得相应进出口证明。

2017年2月，木材运抵某港后，被不起诉人杜某某为加快通关速度、节省仓储费用等，提议并经李某某认可，将德米古夷苏木伪报成非濒危木材爱里古夷苏木申报进口，逃避申办国家濒管办允许进出口证明书。被不起诉人杜某某还指使公司业务员制作了品名为爱里古夷苏木的虚假申报单证，并隐匿植检证明细页，委托报关公司向某港海关申报进口。上述木材申报总价共计189,672.34欧元，合计人民币1,396,447元。

2019年4月24日，被不起诉人杜某某经电话通知后，主动至某港海关缉私分局投案自首，并如实供述了犯罪事实。被不起诉人杜某某在辩护人在场的情况下，自愿签署认罪认罚具结书，表示认罪认罚。

⚖️ 处置理由

检察院认为，被不起诉人杜某某违反海关法规，逃避海关监管，以伪报的方式走私珍稀植物类木材，情节严重，其行为触犯了《刑法》第151条第3款、第4款的规定，犯罪事实清楚，证据确实、充分，应当以走私国家禁止进出口的货物罪追究其刑事责任。被不起诉人杜某某主动投案，如实供述自己的罪行，根据《刑法》第67条第1款的规定，系自首，可以从轻或者减轻处罚。被不起诉人杜某某自愿如实供述自己的罪行，承认指控的犯罪事实，愿意接受处罚，根据《刑事诉讼法》第15条的规定，可依法从宽处罚。综上，被不起诉人杜某某实施了《刑法》第151条规定的行为，但涉案木材在出口起运时为非濒危，伪报走私进口并未侵害濒危物种保护法益，也没有造成国家税款损失，有自首情节且认罪认罚，犯罪情节轻微，根据《刑法》第37条的规定，可以免予刑事处罚。依据《刑事诉讼法》第177条第2款的规定，决定对杜某某不起诉。

评析与辩点

第一，基于公法上的情事变更原则，该案中对"行为时"之意涵应作有利于当事人的解释。

该案中，确定"行为时"的时间点涉及对涉案商品是否适用禁止类管理的问题。若将"行为时"仅理解为"申报时"，则杜某某构成走私国家禁止进出口的货物罪无疑。但如果将"行为时"解释为包含"起运时"，则杜某某不构成该走私罪名。我们认为，基于公法上的情事变更原则，该案中宜将"行为时"解释为包含"起运时"在内。

基于"情事变更原则"，相当多的境外法律明确规定不利于当事人的海关命令、裁定并不必然对其立即生效，如《新西兰海关和消费税法》第124条即明确规定，如果更改后的海关行政裁定具有增加货物税收责任的效力，则在下列三种情形下无效：一是更改通知送达之日起3个月内，根据在此之前签订的具有约束力的合同进口货物；二是更改通知送达之日前货物已离开其出口国家的加工区域或仓库并直接运输到新西兰；三是更改通知送达当天或之前货物已进口但未申报进入国内消费。[①] 又如,《法国海关法典》第108条第2款规定:"关税税率调低时,本法第113条规定的货物如果海关尚未放行,报关人可要求按与正式进口报关单海关登记之日施行的税率相比已调低的新税率征税。"[②] 上述《新西兰海关和消费税法》及《法国海关法典》虽然阐释的是海关行政裁定及税负问题,但这对于行政处罚及走私犯罪也同样具有借鉴意义。再如,远洋船舶运输一批普通应税货物至中国某沿海口岸准备申报进口,但在发运之后,申报之前,中国政府宣布对船载的该类货物实行限制管理,即原本属于普通应税的货物现在变得需要许可证件才能通关,我们认为这种情形属于情事变更,就不得对之予以处罚。[③] 同理,亦不得对之定罪及科以刑事处罚。

第二,《刑法》第151条第3款中的"禁止进出口"是指"属性禁止"而非"行为禁止"。涉案货物德米古夷苏木仅属限制类货物,而非禁止类。

涉案货物德米古夷苏木虽然列入了《濒危野生动植物种国际贸易公约》附录Ⅱ的范畴,但其仍属于国家濒危物种进出口管理办公室及其授权办事处有权签发《濒危物种允许进口证明书》来进行限制类进口管理的商品范畴,而非禁止类货物。《关于办理走私刑事案件适用法律若干问题的解释》无权创设性地直接规定哪些商品属于国家禁止进出口的货物、物品。《对外贸易法》第17条第1款规定:"国务院对外贸易主管部门会同国务院其他有关部门,依照本法第十五条和第十六条的规定,制定、调整并公布限制或者禁止进出口的货物、技术目录。国务院对外贸易主管部门或者由其会同国务院其他有关部门,经国务院批准,可以在本法第十五条和第十六条规定的范围内,临时决定限制或者禁止前款规定目录以外的特定货物、技术的进口或者出口。"据此,国家禁止进出口货物的目录和范围应由国务院对外贸易主管部门或由其会同国务院其他有关部门按照法律程序来公布,"两高"无权自行设定,亦无权将"限制类货物"强行解释成"禁止类货物"。因此,我们认为,本案中的德米古夷苏木并不属于国家禁止进口的货物。

---

① 参见黄胜强等译:《欧盟、加拿大、新西兰海关法》,中国社会科学出版社2001年版,第282页。
② 参见国家口岸管理办公室编译:《法国海关法典》,中国海关出版社2016年版,第50页。
③ 参见晏山嵘:《海关行政执法案例指导》,中国法制出版社2013年版,第133页。

考察本案处理结果，我们认为本案应作绝对不起诉，而非酌定不起诉。本案仅作酌定不起诉显然是不准确的，且其说理多有自相矛盾之处。比如本案检察机关一方面认为"涉案木材在出口起运时为非濒危，伪报走私进口并未侵害濒危物种保护法益，也没有造成国家税款损失"（这无疑是正确的），而另一方面却又认为其"犯罪情节轻微"，也即仍然认定杜某某构成犯罪。

77. 目前形势下走私冻品均被认定为走私国家禁止进出口的货物罪

案件名称

余某轮等走私国家禁止进出口的货物（冻品）案①

裁判要点

目前形势下，人民法院均将走私冻品的行为认定为走私国家禁止进出口的货物罪。

案情简介

被告人余某轮、叶某武受卢某（另案处理）雇佣，驾驶吊车到佛山市南海区里水镇和顺象台村基围河边非设关水域，将大飞快艇上的冻品装运到岸边货车上。其中在2021年4月1日凌晨，二人装运冻品完毕后从卢某处获得报酬人民币2万元。4月1日下午，卢某再次通知被告人余某轮去上述地点吊货，余某轮因不在佛山，遂安排被告人叶某武与工人李某、陈某驾驶吊车前往。4月2日凌晨，公安机关在上述地点抓获正在吊运冻品的被告人叶某武，并扣押吊车一台、货车两辆，从货车上起获冻品9.7774吨。经鉴定，其中来自境外疫区禁止进口的冻品共计9.2734吨；来自境外非疫区的冻品共计0.504吨。

人民法院依照《刑法》第151条第3款、第156条、第27条、第52条、第53条、第64条，《刑事诉讼法》第15条以及《关于办理走私刑事案件适用法律若干问题的解释》第11条的规定，判决如下：一、被告人余某轮犯走私国家禁止进出口的货物罪，判处有期徒刑9个月，并处罚金人民币10000元。二、被告人叶某武犯走私国家禁止进出口的货物罪，判处有期徒刑10个月，并处罚金人民币10000元。三、扣押的冻品9.7774吨，予以没收，由扣押机关依法处理；扣押的被告人余某轮、叶某武分别退缴的违法所得人民币10000元，均予以没收，上缴国库。

---

① 广东省佛山市中级人民法院（2021）粤06刑初107号刑事判决书，来源于中国裁判文书网，最后访问时间：2022年10月9日。

裁判理由

本案中，侦查机关接群众举报后迅速抵达现场对涉案吊车、货车进行控制、检查、清点，查获货物后依法扣押封存，并委托检验。佛山海关综合技术中心从封存货物中随机抽取样品检验，对照《禁止从动物疫病流行国家/地区输入的动物及其产品一览表》《符合评估审查要求的国家或地区输华肉类产品名单》等依据得出判定结果。该《委托检验报告》系由具有相关出入境检验检疫资质的部门派员实施检验，检验员具备高级兽医师资格，属具有专门知识的人员，检验过程符合法律规定，分析说明客观真实，检验结论科学，相关结果已依法告知被告人，故该报告可以作为证据使用，足以证实本案中被查获的货物的来源。被告人余某轮、叶某武为谋取非法利益，明知是走私货物仍提供运输帮助，其行为已构成走私国家禁止进出口的货物罪。

评析与辩点

《关于打击粤港澳海上跨境走私犯罪适用法律若干问题的指导意见》第1条规定，非设关地走私进口未取得国家检验检疫准入证书的冻品，应认定为国家禁止进口的货物，构成犯罪的，按走私国家禁止进出口的货物罪定罪处罚。其中，对走私来自境外疫区的冻品，依据《关于办理走私刑事案件适用法律若干问题的解释》第11条第1款第4项和第2款规定定罪处罚。对走私来自境外非疫区的冻品，或者无法查明是否来自境外疫区的冻品，依据前述解释第11条第1款第6项和第2款规定定罪处罚。

据此，在当时走私冻品存在各种疫情传播风险，以至于严重危害公共卫生安全和食品安全的形势下，上述意见规定不管冻品来源于疫区还是非疫区，均要求按照走私国家禁止进出口的货物罪来定罪处罚或有一定现实意义。

不过，这样一刀切的规定存在较多问题和值得商榷之处。第一，就横向比较而言，有无国家检验检疫准入证书并非认定禁止性货物或限制性货物的根据。比如进口水果也需要检验检疫证书，但偷运水果进境（缺乏检验检疫证书）的情形并没有被认定为走私国家禁止进出口的货物罪，而是被认定为走私普通货物罪，如陆某华等走私水果案[1]就被认定为走私普通货物罪。这就

---

[1] 广西崇左市中级人民法院（2020）桂14刑初29号刑事判决书。

造成了实务上的混乱和逻辑上的不协调。国民对此可能会觉得很奇怪和不可理解：怎么有的货物的国家检验检疫准入证书是关于禁止性货物的证书，有的却不是。第二，就纵向比较而言，以前进口冻品也是需要同样的国家检验检疫准入证书，但之前仅就来源于疫区的冻品走私认定为走私国家禁止进出口的货物罪，非疫区或无法证明系来源于疫区的则认定为走私普通货物罪，如陈某萱等走私冻品案①就区分疫区与否分别认定为走私国家禁止进出口的货物罪和走私普通货物罪。但目前进口冻品并未需要更多证书的情形下，却不区分情形统一认定为走私国家禁止进出口的货物罪。这样操作就与之前的认定不相统一，且不合法理。第三，《关于打击粤港澳海上跨境走私犯罪适用法律若干问题的指导意见》属于部门规范性文件，法律效力层级较低。

回到本案，涉案冻品共计9.7774吨，其中源于疫区的冻品共计9.2734吨，非疫区的冻品共计0.504吨。但该案法院却不区分情形统一认定为走私国家禁止进出口的货物罪，我们认为这是值得商榷的。因为无论是涉案行为发生的时间点（2021年4月1日），还是该案裁判作出的时间点（2021年12月8日），均在《关于打击粤港澳海上跨境走私犯罪适用法律若干问题的指导意见》生效（2021年12月14日）之前。

---

① 广东省高级人民法院（2021）粤刑终706号刑事裁定书。

78. 走私土沉香（白木香）的情形不宜认定为走私国家禁止进出口的货物罪

案件名称

吴某某走私国家禁止进出口的货物（土沉香或白木香）案[①]

裁判要点

法院认为走私土沉香（白木香）的情形应认定为走私国家禁止进出口的货物罪。

案情简介

2013年底，被告人吴某某帮助天津华某公司刘某某从印度尼西亚购买了5个集装箱的树化石。后在安排向中国境内发货期间，将其个人购买的白木香（别名"土沉香"）15件藏匿于XINU120××××号集装箱内的树化石货物中，企图一并通关。货代公司得知集装箱中夹藏白木香后，要求分单申报进口，刘某某拒绝接收XINU120××××号集装箱内的全部货物。吴某某在明知白木香不能进口的情况下，又联系保定中某货代公司，通过该公司委托天津康某物流公司进口5个集装箱货物，于2014年2月21日以石英岩在向海关申报进口时被查获。案发后，吴某某指使李某海到海关缉私部门冒充涉案集装箱的货主，企图掩盖该事实。同年5月20日，吴某某主动到海关缉私部门，供述了其将从印度尼西亚购买的白木香混放于装载石英岩的集装箱内走私进境的犯罪事实。经鉴定，上述15件白木香（别名"土沉香"）属于《濒危野生动植物种国际贸易公约》附录Ⅱ的物种；总重62.451千克，共计价值人民币6,245,100元。

依照《刑法》第151条第3款、第52条、第53条、第63条第1款、第67条第1款、第64条，《关于办理走私刑事案件适用法律若干问题的解释》第11条，《关于处理自首和立功具体应用法律若干问题的解释》第1条、第3

[①] 天津市第二中级人民法院（2015）二中刑初字第19号刑事判决书，来源于中国裁判文书网，最后访问时间：2022年10月9日。

条之规定，法院判决如下：一、被告人吴某某犯走私国家禁止进出口的货物罪，判处有期徒刑1年3个月，并处罚金人民币5万元；二、在案扣押的白木香15件，依法没收。

裁判理由

被告人吴某某为牟取非法利益，违反海关法规，逃避海关监管，走私国家禁止进出口的珍稀植物，情节严重，其行为构成走私国家禁止进出口的货物罪，应依法惩处。针对其他事项的裁判理由略。

评析与辩点

一、《刑法》第151条第3款条文中的"禁止进出口"是指"属性禁止"还是"行为禁止"？

目前，对这一问题存在两种不同意见：一种意见认为，《刑法》第151条第3款的"国家禁止进出口"是指商品本身的监管属性而非行为上的禁止。另一种意见则认为，《刑法》第151条第3款规定的"国家禁止进出口"系指一种行为上的禁止，即禁止在无相关许可的情况下，擅自进出口国家重点保护的珍稀植物及其制品，而非违法对象本身的属性。其理由是仅有发菜等少量珍稀植物及为数极少的其他货物、物品为国家禁止进出口的货物、物品，其他的珍稀植物及其制品在取得国家濒管办及其办事处颁发的允许进出口证明后，可正常进口。《刑法》第151条第3款规定，走私国家禁止进出口的货物、物品罪的对象是"国家禁止进出口的珍稀植物及其制品"。若将《刑法》第151条第3款规定的"国家禁止进出口的"珍稀植物及其制品理解为《海关法》第40条规定的"绝对禁止进出境"货物、物品范畴，则除发菜等少量禁止类货物、物品外，走私其他国家一级或二级保护野生植物及列入了《濒危野生动植物种国际贸易公约》附录Ⅰ及附录Ⅱ的野生植物等，都属于对象不能犯而无法处理。

二、本书认为《刑法》第151条中的"禁止进出口"是指"属性禁止"而非"行为禁止"

我们认为，《刑法》第151条第3款规定的"禁止进出口"是指商品本身的监管属性，而非行为上的禁止。理由如下：

第一，走私罪以海关法等行政法律法规的规定为前提，有其从属性。具体表现在三个方面：一是概念从属。刑法对走私罪一节规定中的许多概念直接来源于海关法。二是法律指示。海关法律指示包括人大立法机关通过的法律、国务院制定的行政法规和海关总署制定的规章。三是空白构成要件。这是指刑法规范没有具体说明某一种犯罪的构成特征，但指明了必须参照的其他法律、法规。因此，脱离行政法而规定走私犯罪几乎不可能。所以，对于哪些是禁止、限制或应税的货物、物品，需要由行政法律、法规和规章来确定。

根据《对外贸易法》第14条至第16条的规定，进出口货物可以分为自由进出口、限制进出口、禁止进出口三类。《对外贸易法》第17条规定："国务院对外贸易主管部门会同国务院其他有关部门，依照本法第十五条和第十六条的规定，制定、调整并公布限制或者禁止进出口的货物、技术目录。国务院对外贸易主管部门或者由其会同国务院其他有关部门，经国务院批准，可以在本法第十五条和第十六条规定的范围内，临时决定限制或者禁止前款规定目录以外的特定货物、技术的进口或者出口。"《海关法》第40条规定，国家对进出境货物、物品有禁止性或者限制性规定的，海关依据法律、行政法规、国务院的规定或者国务院有关部门依据法律、行政法规的授权作出的规定实施监管。具体监管办法由海关总署制定。对于珍稀植物等货物、物品进出口监管的法律依据主要有：《海关法》《濒危野生动植物进出口管理条例》等相关的法律法规、部门规章、规范性文件及《濒危野生动植物种国际贸易公约》。

由此可见，《刑法》第151条第3款规定的"禁止进出口"珍稀植物及其制品即为上述法律法规、部门规章以及规范性文件依据授权而作出的规定中所确定禁止进出口的珍稀植物及其制品。这里的禁止进出口，即为海关法规定的"绝对禁止进出境"，也即进出口货物本身的属性，而非禁止在无相关许可的情况下，擅自进出口国家重点保护的珍稀植物及其制品这一"行为禁止"。而且，在海关行政执法的实践中，也是一直坚持"属性禁止"的观点。当然，上述"绝对禁止进出境"不排除有时候也会因为国家战略层面等因素留出有极少数的例外情形。

第二，目前从属性上禁止进出口的珍稀植物及其制品较少。如《加工贸易禁止类商品目录》中罗列的禁止类商品也系属性上禁止进出口的。

第三，在同一部法律中，法律制定者不能对相同的法律语言赋予不同的法律意义，应保持体系的完整性和法律用语的协调性。《刑法》第151条第2款对走私文物罪的表述是，走私国家禁止出口的文物的，处……《刑法》第155条对以走私罪论处的行为表述为："……（一）直接向走私人非法收购国家禁止进口物品的，或者直接向走私人非法收购走私进口的其他货物、物品，数额较大的；（二）在内海、领海、界河、界湖运输、收购、贩卖国家禁止进出口物品的，或者运输、收购、贩卖国家限制进出口货物、物品，数额较大，没有合法证明的。"《关于办理走私刑事案件适用法律若干问题的解释》第14条规定："走私国家禁止进口的废物或者国家限制进口的可用作原料的废物，具有下列情形之一的，……"

显然，上述规定中的"国家禁止进出口""国家禁止进口""国家禁止出口""国家限制进出口""国家限制进口"指的是违法对象本身的监管属性，其中的"国家禁止进出口""国家禁止进口""国家禁止出口"含义也并非一种"行为禁止"，而是指"属性禁止"。

第四，如果说没有获得限制性的许可证就故意通过伪报品名等方式走私进口该类商品构成走私国家禁止进出口的货物罪的理由在于这种逃避限制类许可证的行为是刑法所不允许或禁止的，限制类商品如果有证就是限制类商品，如果无证就应属禁止类商品。如果这种逻辑能够成立的话，那么通过伪报价格或绕关的方式走私普通应税货物进境不也是刑法所不允许或禁止的吗？这种普通应税类商品会不会因为没缴足额税款或完全没缴税就变成禁止类商品呢？这种情形是否也应认定为走私国家禁止进出口的货物罪呢？

因此，我们不应将《刑法》第151条中"禁止进出口"的理解从显而易见的商品监管属性扩大为一种行为上的禁止。同样，不仅珍稀植物及其制品如此，珍贵动物及其制品以及其他国家禁止进出口的商品也应作此理解。

回到本案，土沉香（白木香）虽然列入了《濒危野生动植物种国际贸易公约》附录Ⅱ的范畴，也属于《国家重点保护野生植物名录》（第一批）所列国家二级保护野生植物的范畴，但其仍属于国家濒危物种进出口管理办公室及其授权办事处有权签发《濒危物种允许进口证明书》来进行限制类进口管理的商品范畴。《关于办理走私刑事案件适用法律若干问题的解释》不宜创设性地直接规定哪些商品属于国家禁止进出口的货物、物品的范畴，如前所述，此项任务应由国务院对外贸易主管部门或由其会同国务院其他有关部门并经国务院批准的情形下，依照对外贸易法等规定来完成。因此，我们认为，本案中的土沉香（白木香）并不属于国家禁止进口的货物。

综上，本案如果从遵从司法惯例及执行司法解释的角度出发，判决认定为走私国家禁止进出口的货物罪并无不妥，但如果从"属性禁止"的原理及严格贯彻罪刑法定原则的角度来看，本案判决颇值商榷。

79. 走私被明令禁止的疫区动物的情形构成走私国家禁止进出口的货物罪

📛 案件名称

柳某某等走私国家禁止进出口的货物（山羊）案①

💡 裁判要点

走私被国家明文规定为禁止进口的疫区动物的情形，应认定为走私国家禁止进出口的货物罪。

🎬 案情简介

2011年10月上旬某天20时许，被告人柳某某使用自己的船（吉集第6×××号）在中国与甲国的边境处的江上抓鱼时，碰到两名甲国士兵同在江上抓鱼，柳某某用600元人民币从这两名甲国士兵手中购买了两只山羊，后柳某某用船将这两只山羊运回中国饲养（其中一只山羊怀孕生下一只小羊，小羊在扣押期间因病死亡）。之后，柳某某多次从甲国走私山羊，2011年10月至2012年6月，柳某某先后8次走私山羊，花费6,000元人民币，共走私17只山羊。被告人刘某某参与2012年5月30日晚和2012年6月6日晚两次走私山羊过程：2012年5月30日22时许，刘某某与柳某某划船在边境处的江上抓鱼，柳某某从两名甲国士兵手中购买了两只山羊，花费900元人民币，之后刘某某与柳某某共同将这两只山羊走私回中国柳某某家中；2012年6月6日19时许，刘某某与甲国士兵通过电话沟通走私事宜，之后刘某某与柳某某共同到边境处的江边上划船走私，花3,000元人民币从甲国士兵手中购买两只山羊和废铜，后将这两只山羊和废铜运回中国。

依照《刑法》第151条第3款、第52条、第72条、第73条之规定，判决如下：一、被告人柳某某犯走私国家禁止进出口的物品罪，判处有期徒刑2

---

① 吉林省通化市中级人民法院（2013）通中刑初字第26号刑事判决书，来源于中国裁判文书网，最后访问时间：2022年10月9日。

年缓刑 3 年，并处罚金人民币 5,000 元；二、被告人刘某某犯走私国家禁止进出口的物品罪，判处有期徒刑 1 年缓刑 2 年，并处罚金人民币 5,000 元。

裁判理由

法院认为，被告人柳某某、刘某某非法走私活体山羊进入国内的行为已构成走私国家禁止进出口的物品罪，应依法惩处，鉴于二被告人认罪悔罪且未造成严重后果，故可酌情从轻处罚。

评析与辩点

《进出境动植物检疫法》第 5 条第 1 款第 2 项规定，国家禁止"动植物疫情流行的国家和地区的有关动植物、动植物产品和其他检疫物"进境；该条第 4 款规定，上述禁止进境物的名录，由国务院农业行政主管部门制定并公布。《进出境动植物检疫法实施条例》第 4 条第 1 款第 2 项规定，在国（境）外发生重大动植物疫情并可能传入中国时，国务院农业行政主管部门可以"公布禁止从动植物疫情流行的国家和地区进境的动植物、动植物产品和其他检疫物的名录"。据此，农业行政主管部门有权根据上述法律制定并公布有关禁止疫区动物进境的规定。根据相关规定，甲国已被规定为疫区，非法从甲国走私进口的活体山羊为国家禁止进口的偶蹄动物。上述规定及程序也完全符合《海关法》第 40 条的要求，虽然其与《对外贸易法》第 17 条规定[①]略有不同，但就动植物检验检疫领域及进出境监管领域而言，也不妨把《进出境动植物检疫法》及《海关法》视为特别法来对待。综上，本案中的活体山羊就属于完全意义上的国家禁止进出口的商品范畴了，因此，本案判决关于这一点的认定是完全妥当的。

此外，还有两种情形需要特别提出来探讨：第一种情形，虽然来自相关规定公布的疫区，但最后有关商品并没有被检测出疫病，是否仍属于禁止进口的商品呢？我们认为，这种情形仍属于禁止进口的商品。如本案，虽然出入

---

① 《对外贸易法》第 17 条规定："国务院对外贸易主管部门会同国务院其他有关部门，依照本法第十五条和第十六条的规定，制定、调整并公布限制或者禁止进出口的货物、技术目录。国务院对外贸易主管部门或者由其会同国务院其他有关部门，经国务院批准，可以在本法第十五条和第十六条规定的范围内，临时决定限制或者禁止前款规定目录以外的特定货物、技术的进口或者出口。"

境检验检疫部门对涉案的 17 只活体山羊进行现场检疫发现无口蹄疫症状，但最终还是进行了集中销毁处理。据此可知，相关规定并没有给检测出来没有疫病的疫区特定动物留出可以例外对待的空间。我们认为，如此规定是为了最大限度地保护本国畜牧业安全及人身健康，确有其必要性。

第二种情形，尽管某一类动物及其产品来自国外疫区，但我国明令禁止进出口的系该疫区其他类别的动物及其产品，那么能否直接根据《进出境动植物检疫法》第 5 条第 1 款第 2 项的规定，将其认定为禁止进口的商品呢？我们认为，该情形下是不能认定为禁止进口的商品的，如果仅仅依据《进出境动植物检疫法》第 5 条第 1 款第 2 项规定来认定也是不妥的，仅根据其来认定为禁止进口的商品，进而据此来认定为犯罪就违背了罪刑法定原则。

80. 走私檀香紫檀的情形该如何定罪处罚?

案件名称

陈某某走私国家禁止进出口的货物（檀香紫檀）案 [1]

裁判要点

法院认为对走私檀香紫檀的情形，应认定为走私国家禁止进出口的货物罪。

案情简介

2010年12月31日，犯罪单位某公司（已判决）注册成立，被告人陈某某、罪犯洪某某（已判刑）均系公司股东，公司法定代表人及总经理为陈某某。其中，陈某某负责联系国外客户，洪某某负责公司的日常事务。

2013年间，洪某某代表某公司与林某（另案处理）等人合谋共同出资从境外走私檀香紫檀，后由陈某某与陈某（另案处理）等人在迪拜联系檀香紫檀的卖家查看货物、商议价格、支付货款、邮寄提单回国等，陈某某还与洪某某商定使用棉毛巾遮挡檀香紫檀，以逃避海关检查。同年9月4日，某公司以"棉毛巾"为品名向海关申报进口一批木材，当日被海关缉私局从中查扣红木981根。经福建闽林司法鉴定中心鉴定，其中740根（净重20.0071吨）为檀香紫檀，系列入《濒危野生动植物种国际贸易公约》附录Ⅱ中的物种；经厦门市价格认证中心鉴定，涉案檀香紫檀价值为人民币1,320.4686万元。

依照《刑法》第151条第3款、第4款、第31条、第25条第1款、第67条第3款及《关于办理走私刑事案件适用法律若干问题的解释》第11条第1款第1项、第2款第1项、第12条第1款之规定，法院判决如下：被告人陈某某犯走私国家禁止进出口的货物罪，判处有期徒刑6年，并处罚金人民币7万元。

---

[1] 福建省厦门市中级人民法院（2016）闽02刑初73号刑事判决书，来源于中国裁判文书网，最后访问时间：2022年10月9日。

裁判理由

被告人陈某某作为犯罪单位某公司的直接责任人员,以某公司名义伙同他人,通过伪报品名的方式走私进口国家禁止进出口的珍稀植物,价值人民币1,320.4686万元,情节严重,其行为已构成走私国家禁止进出口的货物罪。针对其他事项的裁判理由略。

评析与辩点

考察司法实践,各地法院对走私檀香紫檀应如何定罪处罚主要有以下三种观点:

第一种观点认为,应径直认定为走私国家禁止进出口的货物罪,如本案主审法院即是这样认为,又如厦门普某公司等走私檀香紫檀案中福建省高级人民法院也是持这一观点。[1]

第二种观点认为,应径直认定为走私普通货物罪,如唐某东等走私檀香紫檀等货物案。[2] 在该案中,两级人民法院均认为走私的檀香紫檀(在该案中,其他普通货物为大头,檀香紫檀仅有一柜货物)直接认定为走私普通货物罪即可,而无需考虑其他因素。

第三种观点认为,走私檀香紫檀的行为可能同时构成走私禁止进出口的货物罪与走私普通货物罪,如果这样则最终应按照从一重处断的原则来定罪处罚,如林某清走私檀香紫檀案。[3] 在该案中,法院最终从一重处断为走私普通货物罪的理由为:根据《关于办理走私刑事案件适用法律若干问题的解释》第21条第1款的规定,未经许可进出口国家限制进出口的货物、物品,构成犯罪的,应当依照《刑法》第151条、第152条的规定,以走私国家禁止进出口的货物、物品罪等罪名定罪处罚;偷逃应缴税额,同时又构成走私普通货物、物品罪的,依照处罚较重的规定定罪处罚。

接下来我们针对以上三种观点逐一评析:针对第一种观点,我们认为从贯彻罪刑法定原则的角度来说,这是非常妥当的观点。而且,该类观点似乎也不太赞

---

[1] 福建省高级人民法院(2015)闽刑终字第134号刑事裁定书。
[2] 广东省高级人民法院(2016)粤刑终941号刑事裁定书。
[3] 山东省高级人民法院(2016)鲁刑终541号刑事裁定书。

同在现有的法律条件下禁止类的货物可与普通应税类货物发生法条竞合或想象竞合的关系，对此，我们认为是非常有道理的。这种观点唯一的不足之处就是，如前所述，檀香紫檀虽然列入了《濒危野生动植物种国际贸易公约》附录Ⅱ的范畴，也属于《国家重点保护野生植物名录》（第一批）所列国家二级保护野生植物的范畴，但根据《濒危野生动植物进出口管理条例》第12条的规定，其仍属于国家濒危物种进出口管理办公室及其授权办事处有权签发《濒危物种允许进口证明书》来作为公约限制类进口管理的商品范畴。相关司法解释不宜创设性地直接规定哪些商品属于国家禁止进出口的货物、物品的范畴。因此，我们认为，檀香紫檀并不属于国家禁止进口的货物，而应属限制类的普通应税货物。

针对第二类观点，我们认为如果从结果来说，该观点是最正确的，也最符合我们的推理结论。在该案中，陈某某等走私的檀香紫檀虽然仅有单独一柜，但依据司法解释的规定，若按禁止进口的货物的价值（就算一个20尺柜的檀香紫檀，其价值正常来说也在人民币900万元以上）来论，也早已超出了起刑点。但由于其他普通货物占了绝大多数，因此一柜檀香紫檀也就淹没在数百柜的其他货物当中了，故而很不显眼。从裁判文书来看，我们并未看到两级法院对这一柜檀香紫檀何以不属禁止类货物或虽然认定其属于禁止类货物但最终按规定作了从一重处断，其论理过程是怎样展开的，尚无从知晓。而且，我们未能看到两级法院审理过走私檀香紫檀的其他案件，可谓参照物不多，因此，就目前而言，较难得出稳定性的推论。

针对第三类观点，我们认为，这是最符合有关司法解释的观点。但我们认为，该司法解释的观点是值得商榷的。我们先假设该案中认定檀香紫檀系禁止类商品的观点为正确，如前所述，因为《刑法》第153条规定已明确排除了第151条、第152条、第347条规定中的走私对象。也即，走私普通货物、物品罪的犯罪对象范围不能包含走私进口的禁止类货物。因此，走私进口禁止类货物的行为仅能构成走私国家禁止进出口的货物罪，不应当与走私普通货物罪发生法条竞合关系或想象竞合关系。因此，我们不赞同有关司法解释中关于该两罪可发生法条竞合关系或想象竞合关系的观点。

综上，针对类似问题，我们的观点很明确：第一，如果某一类商品确实是国家禁止类的其他货物、物品，如上一个案例中我们探讨的朝鲜活体山羊，那么就只能认定为走私国家禁止进出口的货物、物品罪。在现有法律条件下，我们不赞同走私国家禁止进出口的货物罪可与走私普通货物罪发生法条竞合关系或想象竞合关系的观点。第二，如果某一类商品仅仅是疑似国家禁止类的其他货物、物品，但经认真分析后最终将其确定为限制类商品，如本案中的檀香紫檀，那么如果其刚好又与普通应税商品发生兼容（限制类废物除外）的话，则应按从一重处断的原则定罪处罚；如果在不应发生兼容的场合，如限制类废物，则只能认定为走私废物罪。

第 8 章
走私珍贵动物、珍贵动物制品罪

81. 偷带猛犸象牙等已灭绝的古代野生动物制品的情形不构成走私珍贵动物制品罪

案件名称
蒋某某走私珍贵动物制品（猛犸象牙等）案[①]

裁判要点
偷带猛犸象牙等已灭绝的古代野生动物制品的情形不构成走私珍贵动物制品罪。

案情简介
2009年3月16日，被告人蒋某某搭乘KQ2××航班（内罗毕—曼谷—广州）回国。当其从广州白云机场口岸进境，选走无申报通道通关时，被海关工作人员从托运行李中查获16段疑似象牙物品。经鉴定，其中3段为现代象的原牙切割段，共净重4.141千克，另有13段总净重22.497千克为猛犸象的原牙切割段。最终，法院认为前者可构成走私珍贵动物制品罪，但后者不构成该罪。

裁判理由
法院认为，除博茨瓦纳、纳米比亚、南非和津巴布韦种群外，其余非洲象和亚洲象仅属于列入了《濒危野生动植物种国际贸易公约》附录Ⅰ的野生动物，被严格禁止国际贸易。但猛犸象是已灭绝的古代象，未被列入《濒危野生动植物种国际贸易公约》附录，因此，走私猛犸象牙的行为不构成走私珍贵动物制品罪。

评析与辩点
我们认为，并非所有的象牙或象牙制品都属于走私珍贵动物制品罪的对

[①] 参见最高人民法院刑事审判第二庭编著：《〈最高人民法院、最高人民检察院关于办理走私刑事案件适用法律若干问题的解释〉理解与适用》，中国法制出版社2015年版，第107～108页。

象，如《濒危野生动植物种国际贸易公约》前获取的象牙及其制品就不属于该罪的犯罪对象，如果有证据证明涉案货物为《濒危野生动植物种国际贸易公约》前获取的，则属于不可罚的对象不能犯，本案即是如此。《濒危野生动植物种国际贸易公约》旨在保护濒危野生动植物不因国际贸易而遭受过度开发利用，即其保护的对象是目前自然环境中尚存活的濒危野生动植物种类。已经灭绝的古代生物不会因现代人类的活动受到影响，因此不属于《濒危野生动植物种国际贸易公约》保护的对象。与亚洲象和非洲象等现代象不同，猛犸象系存活于480万年到4000年前的古代象，最后一批西伯利亚猛犸象大约于公元前2000年前灭绝。[①]

此外，从品类上来说，剑齿象、古菱齿象与亚洲象、非洲象虽有某种亲缘关系，但从生物学意义上来说，肯定不能归入到亚洲象或非洲象等现代象的范畴，故而如果有证据证明某些案件的涉案货物属于这几个品类的象牙制品，也不构成走私珍贵动物制品罪。

[①] 参见最高人民法院刑事审判第二庭编著：《〈最高人民法院、最高人民检察院关于办理走私刑事案件适用法律若干问题的解释〉理解与适用》，中国法制出版社2015年版，第108页。

82. 对携带购买地允许交易的珍贵动物制品进境的行为应如何查明外国法及分配举证责任?

案件名称

朱某某等走私珍贵动物制品（象牙制品）案[①]

裁判要点

对于公诉机关无法证明珍贵动物制品购买地不允许交易的情形，应作出有利于行为人的量刑。

案情简介

2011年6、7月间，被告人朱某某为在嘉善县开办"民俗文化博览中心"展览之需，欲从美国一家网站上购买2件象牙雕像，便授意被告人陈某与美国该网站卖家联系。被告人陈某在明知该2件雕像系象牙制品的情况下，仍根据朱某某的指示与美国卖家进行联系并谈妥以6,750美元的价格购买以上2件象牙雕像，货款由朱某某在印尼支付，收件人为虚构的"王某杰"。事后，朱某某委托在嘉善县的李某代收，并指示李某办理一张新的手机卡专用于联系接收邮包事宜。2011年8月24日，装有2件象牙雕像的邮包在从美国寄往浙江省嘉善县途中被H海关驻邮局办事处查获。

经上海野生动植物鉴定中心鉴定：本案2件象牙制品为非洲象象牙制雕刻品，重3.29千克，价值人民币137,084.43元。

依照《刑法》第151条第2款、第72条、第73条、第64条以及《关于审理走私刑事案件具体应用法律若干问题的解释》第4条之规定，法院判决如下：一、被告人朱某某犯走私珍贵动物制品罪，判处有期徒刑3年，缓刑4年，并处罚金人民币5万元；二、被告人陈某犯走私珍贵动物制品罪，判处有

[①] 浙江省嘉兴市中级人民法院（2012）浙嘉刑初字第28号刑事判决书，来源于中国裁判文书网，最后访问时间：2022年10月9日。注意：虽然2014年《关于办理走私刑事案件适用法律若干问题的解释》取消了"珍贵动物制品购买地允许交易可作为从宽处罚情节"的规定，但由于此案例对阐释外国法查明及分配举证责任有重要意义，遂将其放在本书中。

期徒刑1年6个月,缓刑2年,并处罚金人民币2万元;三、走私物品象牙制品2件予以没收,由海关缉私分局依法处理。

裁判理由

鉴于公诉机关无法证明珍贵动物制品购买地不允许交易以及被告人朱某某主观上具有牟利目的,根据相关解释规定及本案案情,辩护人提出对被告人应处5年以下有期徒刑并处罚金的量刑意见有理,予以采纳。针对其他事项的裁判理由略。

评析与辩点

一、外国法的性质究竟是事实还是法律?

根据《关于办理走私刑事案件适用法律若干问题的意见》第7条的规定,珍贵动物制品购买地允许交易,情节较轻的,一般不以犯罪论处。要证明"购买地允许交易"就需要看外国法是怎么规定的,但对该外国法究竟应作为事实还是作为法律来对待呢? 这是一个极具争议的问题。关于外国法的性质归属主要有以下几种观点:

第一种,事实说与当事人举证说。英美普通法系国家多主张该学说。它们认为,法律具有严格的属地性质,仅在其本国范围内具有法律效力。易言之,外国法并不具备法律的性质,只是一种单纯的事实。因此,在这些国家的法院,外国法的内容通常应由当事人举证证明,法官无查明的义务。不过,近年来英国将外国法作为单纯的事实的观点已有所改变。美国有关"司法认知"的法规或规则亦改变了将外国法作为事实的不合理的做法,美国的法规规定在当事人没有主张适用外国法时,法官不必去适用外国法,是否适用外国法由法官自由裁量。这些规定还表明当法官决定要适用外国法或当事人主张要适用外国法时,外国法就必须被视为法律而非事实。只有在当事人没有主张适用外国法并且法官亦决定不主动适用时,外国法才被视为事实。

第二种,法律说与法官查明说。这是荷兰、意大利等大陆法系国家的学者所主张的理论。他们认为,内国法院适用外国法,是根据法律关系的性质而适用的,由于内外国法律是完全平等的,因此,本国法官适用外国法同适用内国法一样,并且外国法是具有与内国法同等效力的法律,主张由法官依照职权去证明，无须当事人举证。

第三种，特殊事实说与主要当事人举证说。这种学说认为，外国法是一种不同于其他案件事实的事实，主要由当事人证明。法国以及仿效法国法的一些国家同样认为外国法应该被视为事实，但其与单纯的事实不同，是一种具有附属性的事实。在这些国家里，查明外国法的举证责任主要在当事人，但如果法院了解有关的外国法，即使当事人未确切地提供该外国法的内容，法院也可以适用该外国法，而且可以依职权采取措施以确定有关外国法的内容。

第四种，特殊法律说与主要法官查明说。这种学说认为，外国法是一种性质不同于内国法的法律。德国法认为，外国法是法律而不是单纯的事实，但它同时又不同于内国法，是"介于真正的内国法律规范和纯事实概念之间的一种范畴"。这种观点被瑞士、秘鲁、波兰以及北欧的一些国家所接受。这些国家的法律表明，外国法的查明程序既不同于单纯事实的查明，也不同于内国法律的查明。外国法原则上由法院依职权查明，但法院也有权要求当事人的合作，基于法院的请求，当事人有义务提供证据以证明外国法的内容。应该说这种做法更重视法官调查，对当事人提供的证据既可以确认，也可以拒绝或加以限制。

从法理上看，上述第一种观点将外国法作为事实缺乏合理性。应该承认，外国法本来就是法律，并不因为人们把它说成是事实而改变其性质；上述第二种观点将外国法看作与内国法具有同等法律效力的法律，否认了本国法官适用外国法与适用内国法的区别，否认了法律的属地性，这在法学理论上是难以自圆其说的；上述第三种和第四种观点为了调和事实说与法律说的矛盾，主张外国法既非单纯的事实，亦非绝对的法律，这种观点具有一定的合理性。然而，第三种观点的特殊事实说，即将外国法视为特殊事实的理论观点从根本上否定了外国法的法律属性，因此也缺乏合理性；应该说，上述第四种观点较为合理，这种观点不仅界定了外国法是法律，而且界定了它是一种不同于内国法的法律，对其查明主要应由裁判国法官进行，从而使外国法查明的程序更趋合理。[①] 但从我国目前的司法实践来看，主流观点还是把它当作事实来对待的，走私犯罪亦是如此。

---

① 参见孙建："对完善我国外国法查明制度的探讨"，载《南开学报（哲学社会科学版）》2008年第6期。

二、外国法应如何查明？

对于外国法律规定的获取问题，在国际司法协助中被称为"外国法的查明"。就走私犯罪案件中的外国法应如何查明的问题，我们认为可以通过以下途径：

首先，通过司法协助或由相关使领馆提供。如果中国与有关国家之间缔结有司法协助条约（或协定），应根据该条约所确定的方式获取该国法律规定。考虑到司法协助的周期漫长且程序繁琐，由我国驻外国使领馆取得，和外国驻我国使领馆提供，也可以作为查明外国法的一种方式予以采用。

其次，有选择地让中外法律专家提供。考虑到目前国家间法律合作的现实情况，可以有条件地采纳中外法律专家提供的方式。具体而言，法院在通过上述途径无法有效查明外国法，或者我国与相关国家之间没有缔结刑事司法协助条约（或协定）乃至没有外交关系的情况下，法院可以要求有关专家提供外国法的内容，在无有效之相反意见的情况下，可以作为定案的证据。同时，还可以考虑将有些比较权威的国际间非营利性组织及外国高校法学院编入法律合作机构名册及建立外国法专家库（含境内外在外国法方面有专长的专家学者），必要时由这些机构及专家来提供外国法。[1]当然，外国法专家有必要详细交代数据库使用的每一个步骤，以便法官后续认证之用。除此之外，外国法专家还有必要通过辅助性的查明工具，进而确保判例法的有效性。例如，外国法专家可引用最新版本的外国法著作、法律重述、互联网资料等，并提出中立客观的外国法适用建议。同时，作为一种司法委托，外国法专家应享有免责权利，即便相关建议存在错误。这也是保护并鼓励外国法专家查明的有效举措。

再次，可以有选择地通过互联网的法律数据库搜索。

最后，考虑到刑事案件采取较高的证据标准，由当事人提供有关外国法的规定，难以排除合理怀疑，因而当事人自行提供的方式原则上不应被允许。[2]不过，如果当事人委托境外的律师事务所或外国法专家则可以在严格审查后予以采信。

---

[1] 参见郭玉军："近年中国有关外国法查明与适用的理论与实践"，载《武大国际法评论》2007年第2期。

[2] 参见曹坚等："走私珍贵动物及其制品犯罪案件司法实践问题研究——以上海市近年来司法机关查办相关案件为样本"，载《政治与法律》2012年第7期。

三、司法实践中关于走私珍贵动物制品罪的外国法应如何查明及分配举证责任？

基于对判例的考察，法院对此主要有以下几种观点：

第一种观点认为，应由控方提供外国法，如果控方举证不能就应当采信被告人一方的陈述。如王某才走私象牙等货物案。[1] 在该案中，王某才对象牙在当地可以合法交易仅仅是提供了陈述而已，并无相对客观一点的证据如正规交易场所的发票、合同乃至相应的外国判例、法规等，但法院认为在此情形下就应转由控方提供持相反观点的外国法，在控方举证不能后就认定"本案无证据显示珍贵动物制品的购买地禁止交易"，并最终对王某才作出了从宽处罚。类似判例还有很多，如胡某艾等走私蛇胆案。[2]

第二种观点认为，除陈述外，应由被告人一方提供初步的客观证据来证实外国法事实的存在，再转由控方来承担提供外国法的举证责任，如其举证不能则应承担不利后果。又可进一步细分为以下两种情形：

第一种情形，被告人一方仅提供陈述而未能提供初步的客观证据来证实外国法事实存在的情形。如王某走私象牙制品案。[3] 在该案中，法院认为"对于王某的辩护人所提王某走私象牙制品的购买地允许交易，并无牟利目的，建议法庭对其减轻处罚的辩护意见，无事实及法律依据，本院不予采纳"。

第二种情形，被告人一方已提供初步的客观证据来证实外国法事实确实存在的情形。如本案中，被告人朱某某委托另一被告与美国某网站卖家联系并达成交易的，所有这些过程均有客观中立的第三方交易平台的证据、电子邮件及国际快件的邮递面单、流程跟踪等客观证据予以证实，这些证据可初步证明在美国象牙制品可合法交易的外国法事实。此时，法院认为应转由控方提供持相反观点的外国法，在控方举证不能后认定"公诉机关无法证明珍贵动物制品购买地不允许交易"，并最终对朱某某作出了从宽处罚。类似判例还有很多，如林某云等走私象牙碎料等货物案。[4]

---

[1] 浙江省温州市中级人民法院（2009）浙温刑初字第311号刑事判决书。
[2] 广东省高级人民法院（2012）粤高法刑二终字第116号刑事裁定书。
[3] 北京市第三中级人民法院（2015）三中刑初字第00191号刑事判决书。
[4] 浙江省高级人民法院（2013）浙刑二终字第9号刑事裁定书。

第三种观点认为,应由被告人一方来负担完整的外国法查明责任,如果举证不能则应由其承担不利后果。如李某走私象牙制品等货物案。[①]在该案中,被告人李某的供述及书证等均已反映了李某从国外易贝网上公开购买象牙制品等物品的行为,这应该就已初步证实了境外购买地可以合法交易象牙制品的外国法事实,但法院并没有让控方继续查明外国法是否确有如此规定,而是直接不理会外国法的查明问题,即便该案被告人一方并没有明确提出购买地允许交易的抗辩主张。我们认为,这种直接不理会的态度很可能就反映出该法院认为应由被告人一方来负担完整的外国法查明责任,因为目前仅有初步证据,法院认为尚不足以证实有利外国法确实存在,被告人一方最终未能进一步举证则应负举证不能的后果。法院认为外国法既然无法查明或尚未查明,因此也就不必要在裁判理由及裁判结果中论述了。

司法实务中,很多法院允许相关使领馆或国内行政主管部门来提供外国法。如韩某华走私象牙制品案,[②]该案就是由国家濒危物种进出口管理办公室广州办事处出具的《关于〈濒危野生动植物种国际贸易公约〉缔约国名单的复函》来说明外国法事实。应当指出的是,上述单位出具有关函件是代表控方在举证。同时,我们认为,国际贸易中是否禁贸与购买地是否允许交易也并非一个概念。

至于何种情形下才应正式启动外国法查明的程序?我们认为,从刑事证据法的原理出发,只要被告人一方提供的证据足以引起合理怀疑即可,不应过分拘泥于具体采取何种形式,不过仍需注意平衡举证责任的分配及防范幽灵证据。据此,上述前两种观点只要符合这一原则的均可成立,而第三种观点则明显与该原则有差异。

---

① 山东省青岛市中级人民法院(2015)青刑二初字第4号刑事判决书。
② 广东省广州市中级人民法院(2010)穗中法刑二初字第22号刑事判决书。

83. 购买地允许交易珍贵动物制品的条款被取消后还能否以此作为有效抗辩理由?

案件名称

高某某走私珍贵动物制品（象牙制品等）案①

裁判要点

目前有关规定未再将购买地允许交易作为从轻处罚的情节，因此难以成为有效抗辩理由。

案情简介

被告人高某某将32件疑似象牙制品分别隐藏在3个奶粉罐中，将14件疑似犀牛角制品分装在8个香烟盒中，均放入托运的行李箱内，从安哥拉首都罗安达乘坐DT690航班，于2015年4月7日0时40分许抵达北京首都国际机场T2航站楼。

高某某选择无申报通道通关，在过安检时被海关查获，其行李箱内携带的疑似象牙制品和疑似犀牛角制品均被起获。

经中华人民共和国濒危物种科学委员会检验，涉案物品中疑似象牙制品均为现代象科象牙制品，净重7.970千克；疑似犀牛角制品中3件为现代犀科动物角，净重0.075千克；疑似犀牛角制品中11件为大型兽类皮块，种类不详。

经中华人民共和国濒危物种进出口管理办公室北京办事处证明，上述现代象科象牙制品价值人民币332,085.99元，现代犀科动物角制品价值人民币18,750元，合计人民币350,835.99元。

依照《刑法》第151条第2款、第67条第3款、第52条、第61条、第64条及《关于办理走私刑事案件适用法律若干问题的解释》第9条第2款第2项之规定，法院判决如下：被告人高某某犯走私珍贵动物制品罪，判处有期徒

---

① 北京市第四中级人民法院（2015）四中刑初字第28号刑事判决书，来源于中国裁判文书网，最后访问时间：2022年10月9日。

刑5年，并处罚金人民币5万元；其他附加刑内容略。

⚖ 裁判理由

关于辩护人提出安哥拉当地允许象牙交易，高某某没有牟利的目的，建议对其从轻处罚的意见，经查，《关于办理走私刑事案件适用法律若干问题的解释》中，未将购买地允许交易作为从轻处罚的情节，而高某某携带价值30余万元的珍贵动物制品入境，情形已达到该解释第9条第2款第2项"走私珍贵动物制品数额在20万以上不满100万的"，应处5年以上10年以下有期徒刑，并处罚金的规定，故对辩护人的该项辩护意见，法院不予采纳。针对其他事项的裁判理由略。

📣 评析与辩点

一、购买地允许交易珍贵动物制品的条款为何被取消？

根据《关于办理走私刑事案件适用法律若干问题的意见》第7条的规定，珍贵动物制品购买地允许交易，情节较轻的，一般不以犯罪论处；如果达到法定的量刑标准，一般相应地要从宽处罚。2014年最高人民法院、最高人民检察院又公布了《关于办理走私刑事案件适用法律若干问题的解释》，该解释第9条第4款规定："不以牟利为目的，为留作纪念而走私珍贵动物制品进境，数额不满十万元的，可以免予刑事处罚；情节显著轻微的，不作为犯罪处理。"至此，前一个规定中"珍贵动物制品购买地允许交易"可作为从宽处罚的情节或阻却犯罪的事由就被取消了。为什么会发生这种变化呢？主要原因有以下六个：

第一，提供或查明外国法的困难。由于相关国家或地区对司法机关要求提供其境内是否允许某种野生动物制品的交易的查询不予回应。[①] 所以很多案件在提供或查明外国法上面存在很大的困难，这当然与缺乏这方面的刑事司法协助或其他司法合作机制等原因有关。

第二，准确理解外国法的困难。就算千辛万苦找到了大量的外国法，在准确理解上仍会产生巨大困难。特别是英美判例法，要在动辄上百页的外文判

---

① 参见最高人民法院刑事审判第二庭编著：《〈最高人民法院、最高人民检察院关于办理走私刑事案件适用法律若干问题的解释〉理解与适用》，中国法制出版社2015年版，第130页。

决中精确地找到相关法律规则（原则）绝非易事。

第三，司法机关对"允许交易"一词的理解很不统一。有的司法机关仅将其理解为购买地允许公开市场交易即为合法，即认为符合"购买地允许交易"的条件，不管该国在国际贸易上是否禁贸；而有的司法机关将其理解为该国在国际贸易上的禁贸。我们认为，前一种理解更为合理。

第四，与另一个条件很难同时具备，可操作性不强。部分司法机关反映实践中查处的走私珍贵动物制品案件很难同时具备"珍贵动物制品购买地允许交易""作为礼品携带进境"这两种情形，因此认为该条规定的可操作性不强。因此，《关于办理走私刑事案件适用法律若干问题的解释》就将《关于办理走私刑事案件适用法律若干问题的意见》中的"珍贵动物制品购买地允许交易"、"作为礼品携带进境"这两个表述同时删除了。①

第五，新规定已通过其他方式来达到罪刑均衡的目的，因此无必要再保留此条款。对于符合"珍贵动物制品购买地允许交易"且"作为礼品携带进境"的情形但情节较重的，《关于办理走私刑事案件适用法律若干问题的解释》未再规定降一个量刑幅度处罚，主要是考虑《关于办理走私刑事案件适用法律若干问题的解释》已大幅拉大了不同量刑幅度的数额标准，直接依照《关于办理走私刑事案件适用法律若干问题的解释》规定的数额标准量刑即可做到罪刑均衡。

第六，从相关国际公约文件的角度来看，此类交易通常均不被允许，因此没必要对不常见的情形予以规定。②

二、购买地允许交易的条款被取消后还能否以此作为有效抗辩理由？

《关于办理走私刑事案件适用法律若干问题的意见》第7条规定的法理根据究竟为何，有必要加以研究。具体而言，该条认为"一般不构成犯罪"的理由，是因为如此将影响到刑事违法性的成立，还是属于《刑法》第13条"情节显著轻微危害不大的，不认为是犯罪"的情形，抑或因为行为人可能缺乏违

---

① 参见韩耀元等："《关于办理走私刑事案件适用法律若干问题的解释》理解与适用"，载《人民检察》2014年第20期。

② 参见裴显鼎等："《关于办理走私刑事案件适用法律若干问题的解释》的理解与适用"，载《人民司法》2015年第3期。

法性认识，而影响到定罪和量刑上的处理？还是单纯出于刑事政策的考虑？从走私犯罪的地域管辖原理及规定来看，走私行为所历经的国家都可以主张属地管辖权。因此，即便走私物品的流出国不禁止或者不限制该物品流入外国，但只要违背我国刑法规定，即具有刑事违法性。因此，无论珍贵动物制品购买地对该问题是何种态度，根据我国刑法进行判断时，都不影响走私该制品行为的刑事违法性的成立。该规定的根据，也并非《刑法》第13条"但书"的规定。走私珍贵动物制品罪的第一个法定刑幅度为"5年以下有期徒刑"，其起刑点比较高，即便制品购买地允许交易，这一因素也不应使该行为的危害程度就降低到无罪的程度。当然也可以用刑事政策的考量来理解该规定的意旨，但这样并不能说明其合法性问题，在法理上也难以澄清。

同时，从违法性认识方面来探讨该规定的法理根据，也会发现违法性认识的理论与该规定内容并不相符。首先，该规定并没有强调行为人的认识问题，易言之，只要"购买地允许交易"情节较轻的，即一般不以犯罪论处；其次，对于情节严重的行为，即便"购买地允许交易"也应定罪，只是相对于"购买地不允许交易"的情形，要从宽量刑。但如果严格按照违法性认识的理论，那么在缺乏违法性认识可能性或认识错误不可避免的情形下，不管情节是否严重，都不构成犯罪。[①]

众所周知，从法理上讲，违法性认识理论可作为特定情形下行为人出罪的根据，不过司法实务多不承认这一点，但对违法性认识减弱可作为从宽处罚的理由多半还是认可的。详言之，如果行为人因为"购买地允许交易"，且综合其他主客观情节导致行为人缺乏违法性认识之可能性或违法性认识错误不可避免，行为人因此认为走私珍贵动物制品行为并不为我国法律所禁止的，可阻却犯罪故意，不应构成犯罪。综上，我们认为，《关于办理走私刑事案件适用法律若干问题的意见》第7条规定并不完全符合违法性认识的理论，取消该条文也并不代表以后就不能以"购买地允许交易"作为有效抗辩的理由。

回到本案，由于有其他证据证明被告人高某某具有走私犯罪的故意，因此本案判决结果无疑是正确的。

---

① 参见时延安等："走私珍贵动物制品案件中的两个问题"，载《中国检察官》2011年第5期。

84. 从外国偷运在其原产国非国家保护动物进境的行为不宜认定为走私珍贵动物制品罪

案件名称

吐尔迪某某走私珍贵动物制品（羚羊角）案[①]

裁判要点

从外国偷运在其原产国非国家保护动物进境的行为，亦可认定为走私珍贵动物制品罪。

案情简介

公诉机关指控 2002 年 9 月 23 日，被告人吐尔迪某某在未向我国海关申报的情况下，将 2 千克（12 根）羚羊角藏于地毯中，通过哈萨克斯坦国边境进入我国霍尔果斯口岸，将羚羊角非法带入我国境内，被海关查获。公诉机关认为，被告人的行为已构成走私珍贵动物制品罪，应适用《刑法》第 151 条第 2 款之规定，予以处罚。一审法院经审理查明：被告人吐尔迪某某系克尔柯孜斯坦共和国的个体工商业者。被告人库都来提某向我国海关申报办理入境手续，即于 2002 年 9 月 23 日从哈萨克斯坦国进入我国霍尔果斯。海关在检查时，发现其在地毯中藏有羚羊角。后经鉴定，被告人携带入境的羚羊角有 2 千克，价值 360,000 元。

一审法院依照《刑法》第 151 条第 2 款、第 4 款之规定，判决如下：被告人吐尔迪某某犯走私珍贵动物制品罪，判处无期徒刑，并处罚金 10,000 元。判决后被告人提起上诉，其后二审法院依照《刑法》第 35 条、第 151 条和《刑事诉讼法》第 189 条第 2 项之规定，判决如下：一、撤销一审判决；二、上诉人吐尔迪某某犯走私珍贵动物制品罪，驱逐出境。

[①] 新疆维吾尔自治区高级人民法院（2003）新刑终字第 513 号刑事判决书。参见国家法官学院、中国人民大学法学院编：《中国审判案例要览·2005 年刑事审判案例卷》，人民法院出版社、中国人民大学出版社 2006 年联合出版，第 125 页。

⚖️ 裁判理由

二审法院认为，上诉人吐尔迪某某违反中国海关法规的规定，逃避海关监督，走私国家禁止出口的珍贵动物制品羚羊角2千克（12根），价值360,000元，其行为已构成走私珍贵动物制品罪。上诉人辩解其过境时已向他国海关申报过自带的羚羊角，不应认定为走私，经查，其仅向他国海关申报，而没有向中国海关申报，应认定其行为是走私，对该辩解理由不予采纳；上诉人提出对羚羊角作价过高，经讨论认为这一理由是妥当的，二审法院决定对其减轻处罚。

🐾 评析与辩点

第一，从违法性认识错误的角度来看。吉尔吉斯斯坦或哈萨克斯坦并未将这类行为规定为犯罪，也未视其为违法行为。吉尔吉斯斯坦或哈萨克斯坦并没有将羚羊列入珍贵野生动物的范围，在其本国并非国家保护动物。在立法上也没有关于保护羚羊的规定；而在吉尔吉斯斯坦或哈萨克斯坦，野生羚羊较多，羚羊自然脱落在地上的骨角也很容易找到，价值并不高，因此，其国人将羚羊角带出本国基本不受限制，这一点从被告人吐尔迪某某向他国海关申报过自带羚羊角，而他国海关并未禁止或限制其行为就可看出。因此，被告人吐尔迪某某因此而陷入违法性认识错误不可避免或违法性认识能力严重减弱的状态，也就是正常现象了。[①]

第二，从我国法律关于对国外引进动物该如何定级的规定角度来看。《陆生野生动物保护实施条例》第23条规定："从国外引进的珍贵、濒危野生动物，经国务院林业行政主管部门核准，可以视为国家重点保护野生动物；从国外引进的其他野生动物，经省、自治区、直辖市人民政府林业行政主管部门核准，可以视为地方重点保护野生动物。"据此，本案羚羊角就属于后一种情形，即使从国外引进该类羚羊（本案羚羊在其本国不属于保护动物或珍贵、濒危动物），最多也只能视为地方重点保护野生动物，因此，无论是该类羚羊还是羚羊角，都不应归入我国重点保护野生动物及其制品的范畴。或许有人会说，上

[①] 参见时延安等："走私珍贵动物制品案件中的两个问题"，载《中国检察官》2011年第5期。

述规定中的"珍贵、濒危野生动物"应按《濒危野生动植物物种国际贸易公约》或我国法律规定的标准来看待,如果这样理解是正确的话,那么根据《野生动物保护法》的规定,该类动物就应当直接列入国家重点保护的一级保护野生动物或二级保护野生动物名录,而不需要按照《陆生野生动物保护实施条例》的规定经主管部门核准后才可"视为国家重点保护野生动物"。

第三,从本案行为社会危害性的角度来看。对在原产国未被列为国家级保护的野生动物进行走私的行为,不应适用国内关于国家重点保护野生动物的列表。从原产国进口到国内,实际上是将动物运离原产国。如果是珍贵物种的话,就会对原产国的物种造成危害。但是,这些动物在原产国都未被列为国家级保护动物,也就是说,将这些动物运离原产国并未产生危害。我国作为接收国,将这些动物列为珍贵动物的原因是这些动物在我国濒临灭绝需要进行刑法保护。但是,从原产国进口行为在客观上使得我国的这一物种数量有所增加,对我们国家的自然生态没有造成危害,其制品也是如此。

综上,我们认为,两级法院将本案认定为走私珍贵动物制品罪值得商榷。

85. 明知是死体穿山甲而走私的情形应认定为走私珍贵动物制品罪

案件名称

程某等走私珍贵动物制品（死体穿山甲等）案[①]

裁判要点

明知是死体穿山甲而走私的应认定为走私珍贵动物制品罪，而不应认定为走私珍贵动物罪。

案情简介

2007年9月15日，陈某某（船长）、陈某四按照陈某华（陈某某系程某介绍陈某华认识的，由陈某华、程某与陈某某一起合谋走私）的指示做好船出海前的准备工作，由陈某四驾驶"粤湛江00×××"船前往东经114度、北纬9度的海域。途中，陈某四告知王某某、陈某尾、郑某某等人出海偷运穿山甲冻品。9月21日凌晨，"粤湛江00×××"船到达指定的海域，陈某四指挥王某某、陈某尾、郑某某将装有穿山甲冻品及穿山甲鳞片的箱子搬上"粤湛江00×××"船，然后返航。2007年10月1日，"粤湛江00×××"船经海南省万宁海域时遭遇台风，被迫靠泊上岸避风。次日，陈某四、王某某、陈某尾、郑某某返回湛江。侦查机关根据举报，在万宁市和乐镇联丰村委会前鞍海海域扣押了穿山甲78只（死体），穿山甲鳞片11千克，并掩埋腐烂的207只穿山甲（死体）。经鉴定，万宁市公安局扣押并委托万宁市冷冻厂冷藏的77只动物（死体）属国家二级重点保护野生动物马来西亚穿山甲；万宁市公安局扣押的11千克穿山甲鳞片价值为19,800元。

一审法院依照《刑法》第151条第2、4款、第25条第1款、第27条、第64条、68条第1款之规定，认定被告人陈某某犯走私珍贵动物、珍贵动物制品罪，判处有期徒刑12年，并处罚金10万元；认定被告人陈某四犯走私

[①] 海南省高级人民法院（2009）琼刑二抗字第2号刑事判决书。

珍贵动物、珍贵动物制品罪，判处有期徒刑 11 年，并处罚金 10 万元；认定被告人程某犯走私珍贵动物、珍贵动物制品罪，判处有期徒刑 10 年，并处罚金 10 万元；认定被告人王某某犯走私珍贵动物、珍贵动物制品罪，判处有期徒刑 4 年，并处罚金 5,000 元；认定被告人陈某尾犯走私珍贵动物、珍贵动物制品罪，判处有期徒刑 3 年，并处罚金 5,000 元；认定被告人郑某某犯走私珍贵动物、珍贵动物制品罪，判处有期徒刑 3 年，并处罚金 5,000 元；扣押的手机及穿山甲死体等物品予以没收，上缴国库。

经抗诉和上诉后，二审法院依照《刑事诉讼法》第 189 条第 2 项、《关于执行中华人民共和国刑事诉讼法若干问题的解释》第 241 条及《刑法》第 151 条第 2、4 款、第 156 条第 1 款、第 25 条第 1 款、第 27 条、第 68 条第 1 款、《关于审理走私刑事案件具体应用法律若干问题的解释》第 4 条之规定，判决如下：一、撤销一审判决；二、上诉人（原审被告人）程某犯走私珍贵动物制品罪，判处无期徒刑，剥夺政治权利终身，并处没收个人全部财产；三、上诉人（原审被告人）陈某某犯走私珍贵动物制品罪，判处有期徒刑 10 年，并处罚金人民币 10 万元；四、上诉人（原审被告人）陈某四犯走私珍贵动物制品罪，判处有期徒刑 11 年，并处罚金人民币 10 万元；五、上诉人（原审被告人）王某某犯走私珍贵动物制品罪，判处有期徒刑 4 年，并处罚金人民币 5,000 元；六、上诉人（原审被告人）陈某尾犯走私珍贵动物制品罪，判处有期徒刑 3 年，并处罚金人民币 5,000 元；七、上诉人（原审被告人）郑某某犯走私珍贵动物制品罪，判处有期徒刑 3 年，并处罚金人民币 5,000 元；八、扣押的手机及穿山甲的死体、鳞片等物品由扣押机关依法处理。

裁判理由

二审法院认为，原判认定各被告人构成走私珍贵动物、珍贵动物制品罪，其理由是穿山甲的死体为珍贵动物，穿山甲的鳞片为珍贵动物制品，各被告人走私了两个走私对象。二审法院认为，穿山甲的死体是否可以被认定为走私珍贵动物罪当中的"珍贵动物"系准确定罪的关键。经查，"珍贵动物"，是指列入《国家重点保护野生动物名录》中的国家一、二级保护野生动物和列入《濒危野生动植物种国际贸易公约》附录Ⅰ、附录Ⅱ的野生动物以及驯养繁殖的上述物种。珍贵动物制品是指上述动物的肉、皮、毛、骨等的制成品。首先，根据被告人供述，陈某四等人在海上与走私分子过驳走私货物，在交接启运时穿山甲的状态是包装完备的冰冻死体；另从现场勘查笔录和现场照片看，穿山甲的内脏及鳞片均已被剥离，已经具备初步加工的特征。因此，扣押在案的穿山甲死体实际为穿山甲的肉制成品。其次，根据《关于审理走私刑事案件具体应用法律若干问题的解释》（已失效）第4条第3款之规定："走私珍贵动物及其制品，具有下列情节之一的，处五年以上有期徒刑，并处罚金；……（三）走私国家一、二级保护动物虽未达到本款规定的数量标准，但具有造成该珍贵动物死亡或者无法追回等恶劣情节的。"从以上规定看，"珍贵动物"显然是指珍贵动物的活体，包括死体就不可能有"造成珍贵动物死亡"的后果。综上，本案走私对象穿山甲的死体不符合走私珍贵动物罪当中"珍贵动物"的特征，该穿山甲的死体与鳞片均属珍贵动物制品，《刑法》第151条规定的走私珍贵动物、珍贵动物制品罪系选择性罪名，应根据案件的具体走私对象定罪处罚。因此，各上诉人的行为构成走私珍贵动物制品罪，原判定罪不准，二审法院决定将其纠正为走私珍贵动物制品罪。针对其他事项的裁判理由略。

评析与辩点

第一，从相关法律的立法目的来看。《野生动物保护法》中的"保护野生动物，拯救珍贵、濒危野生动物"显然指的是活体动物，保护死体动物不能直接起到保护动物及维护生物多样性和生态平衡的作用。

第二，从相关法律规定对于动物及其制品的定义来看。《水生野生动物保护实施条例》第2条规定，本条例所称水生野生动物，是指珍贵、濒危的水生野生动物；所称水生野生动物产品，是指珍贵、濒危的水生野生动物的任何部分及其衍生物。《陆生野生动物保护实施条例》第2条规定，本条例所称陆生野生动物，是指依法受保护的珍贵、濒危、有益的和有重要经济、科学研究价值的陆生野生动物；所称野生动物产品，是指陆生野生动物的任何部分及其衍生物。虽然有人会提出，本案的死体穿山甲不太符合"动物的任何部分"的定义，但我们认为，部分与全部是相对而言的，所有的部分加在一起也就是一个全部。如果零散地一次性走私一只动物的各部件，虽然加起来是完整的全部，但我们不能说这种情形也构成走私珍贵动物罪。而且，本案中的穿山甲的内脏及鳞片均已被剥离，因此严格来说也完全符合"动物的任何部分"的定义。

第三，从相关规范性文件规定来看。《关于确定野生动物案件中水生野生动物及其产品价值有关问题的通知》指出，水生野生动物，主要指的是活体；水生野生动物产品，包括标本、特殊利用部分和主要部分以及除此以外的其他部分。由此可以看出，"动物"应指活体动物，而本案的死体穿山甲也类似其中所说的标本。

因此，我们认为，本案二审法院认为死体穿山甲不属于珍贵动物的观点是妥当的。不过，我们仍需注意的是，如果在走私过程中发生珍贵动物死亡的情形，该动物死体就应当视为"动物"来对待，而非"动物制品"。

第9章 走私废物罪

86. 走私的废物中另有普通货物则全案应如何定罪处罚？

案件名称
黄某某等走私废物（旧电脑硬盘等）案[①]

裁判要点
走私的废物中另有普通货物构成想象竞合犯，应从一重处断。

案情简介
2006年10月，上诉人黄某某受孙某（另案处理）雇请，后又与孙某一起雇请冯某卿、苏某标（均已判刑）、林某清、陆某强、徐某辉等人假冒东莞市惠某公司为经营单位、梅州市万某公司为收货单位，以夹藏和伪报品名的方式从某口岸走私废物和普通货物入境。

2006年12月29日，冯某卿收到从香港发来的真实货物资料传真后，受孙某指使，黄某某要求冯某卿分别以"乙烯聚合物的废碎料及下脚料"和"丙烯聚合物的废碎料及下脚料"等虚假品名，制作虚假的报关数据。苏某标利用以上数据制作、打印了报关单据、发票等。2007年1月4日，冯某卿、苏某标等人利用以上资料报关时，被海关查获。经检查，发现申报进口的12个货柜里夹藏有废电池、旧电脑硬盘、旧CD光盘驱动器、刻录机和塑料胶粒等物品。经出入境检验检疫局鉴定，上述物品中：旧CD光盘驱动器重1,230千克，旧微型计算机主机重2,085千克，旧弹珠游戏机重15,620千克，均属禁止进口的固体废物；塑料薄膜重9,480千克，属限制进口的固体废原料；废电池31,640千克，属禁止进口的危险废物；其余物品均为普通货物。经海关关税部门核算，走私进口的普通货物偷逃税款为人民币64,218.46元。

依照《刑事诉讼法》第189条第2项、《刑法》第67条、第68条、第152条第2款、第153条第3项、《关于审理走私刑事案件具体应用法律若干问题的解释（二）》第6条、第7条、《关于办理走私刑事案件适用法律若干

[①] 广东省高级人民法院（2010）粤高法刑二终字第45号刑事判决书。

问题的意见》第 22 条之规定，二审法院判决如下：一、维持一审判决对上诉人黄某某的定罪部分；二、撤销一审判决对上诉人黄某某的量刑部分（5年）；三、上诉人黄某某犯走私废物罪，判处有期徒刑 3 年，并处罚金人民币 20 万元。

⚖ 裁判理由

一审法院认为，因被告人黄某某基于一个走私犯罪故意、实施了一个走私行为，触犯了走私废物罪和走私普通货物罪两个罪名，属刑法理论中的想象竞合犯，应选择一较重的罪名定罪处罚，故被告人黄某某的行为应构成走私废物罪。二审法院对此未提出异议。针对其他事项的裁判理由略。

评析与辩点

在存在概括故意的情形下，走私的废物中另有普通货物（废物及普通货物均已达到各自起刑点）的情形全案应如何定罪处罚？这是一个颇有争议的问题，司法实践中主要有以下三种观点：

第一种观点认为，应按想象竞合犯从一重处断。在走私普通货物罪与走私废物罪两相比较之后，如果按照走私普通货物罪更重则应认定为走私普通货物罪，如果按照走私废物罪更重则应认定为走私废物罪。本案即是如此，其主要理由是：基于一个主观故意，而且只有一个走私行为，因此，只能认定为一个犯罪。

第二种观点认为，应数罪并罚。如姚某塔走私葡萄酒及废塑料等货物案。[1] 在该案中，姚某塔在对走私对象均有明确认识的情形下走私了属国家禁止进口的危险性固体废物 233.445 吨、属国家禁止进口非危险性固体废物 107.483 吨、属国家限制进口的可用作原料的固体废物 298.092 吨，并以夹藏方式走私了普通货物（偷逃应缴税额人民币 321.281401 万元），该案法院认定姚某塔构成走私废物罪、走私普通货物罪。

第三种观点认为，应对概括故意与一般特定故意作精细化区分后再作妥当处理。该观点认为，如果行为人仅仅是对走私何种品名或属性的废物持模糊认识，这还不能称之为"概括故意"，同时，对于走私其他类别的货物如果

---

[1] 福建省泉州市中级人民法院（2014）泉刑初字第 19 号刑事判决书。

没有概括故意,就不能同时认定为其他犯罪,如陆某等走私废旧电脑等货物案。[1] 在该案中,法院认为,应当根据相关合同约定、夹藏物品的归属主体及所占体积、行为人所收报酬等情况综合认定行为人对夹藏普通货物是否具有走私的故意,并由此认定陆某仅明知走私废旧电子产品,而不明知废旧电子产品中夹藏有普通货物。因此,该案法院认定陆某构成走私废物罪。

接下来我们对上述三种观点逐一评析:我们认为,第一种观点值得商榷。如果行为人对案件中的几类走私对象均持特定故意或概括故意的话,一般应当按数罪并罚处理。此外,从行为竞合的原理出发,该案属于多个刑法意义上的行为竞合成一个自然行为的情形。首先,根据犯罪构成的罪数标准,行为竞合可以充足多个犯罪构成,侵犯多个法益。其次,只有以数罪来评价行为竞合,才能够贯彻全面评价原则。因此,从特定故意或概括故意及行为竞合两个角度出发,是可以得出该案应数罪并罚的结论。[2] 有学者也持类似观点,其认为在一次走私行为含多种不同走私对象的案件中,因为刑法是按照走私犯罪对象不同来区分走私个罪的,因此我们不能从生活常识来理解行为的意义,而应从法律意义上来认识行为的含义,故而认为此种情形下符合数个犯罪构成的行为就应实行数罪并罚。[3] 此外,《关于办理走私刑事案件适用法律若干问题的解释》第22条规定中使用"藏匿"一词并不意味着可以"客观归罪",我们仍应从主观故意方面来重点考察行为人,如其确实缺乏特定故意或概括故意,失去了这个前提,"藏匿"也就无从谈起,当然作出这个"藏匿"动作可能还另有其人,但不应当把其他人实施的"藏匿"用在未实施该动作或不明知的人身上。我们认为,第二和第三种观点较为妥当。不过还需注意的是,类似第二种情形下也可能成立限定的概括故意,如果结果突破了其主观限定的范围,也属于没有故意的情形;第三种情形下也可能发生没有突破其特定故意范围的场合,如最终被认定的普通货物虽然不属于走私废物罪的对象范畴,但仍属其他废物,此情形就仍应数罪并罚。

---

[1] 参见中华人民共和国最高人民法院刑事审判第一、二、三、四、五庭主办:《刑事审判参考》2013年第2集(总第91集),法律出版社2014年版。

[2] 更详细阐述请参见晏山嵘:《走私犯罪案例精解》,中国法制出版社2014年版,第398~418页。

[3] 参见陈晖:"两岸走私犯罪立法比较与借鉴",载《河北法学》第2008年第8期。

87. 单纯利用他人许可证进口限制类废物的情形不宜认定为走私废物罪

案件名称

王某乙走私废物（废塑料）案[①]

裁判要点

单纯利用他人许可证进口限制类废物的情形应认定为走私废物罪。

案情简介

创某公司成立于 2005 年 1 月，主要从事塑料制品的加工及销售，被告人陈某甲系该公司的法定代表人。被告单位锦某公司成立于 2009 年 9 月，主要从事塑料原料及制品的销售，被告人王某甲系该公司实际负责人。上述两家企业均无进口废塑料的许可证，也未通过国家环保部门的环评，不具备废物加工利用资质。被告人王某乙长期挂靠上海申某公司从事废塑料代理进口业务。

为牟取非法利益，被告人陈某甲、王某甲分别与被告人王某乙商定，采取利用他人许可证的方式进口废塑料。王某乙负责提供许可证，以"包通关"的形式为锦某公司、创某公司等代理进口废塑料，创某公司、锦某公司则向王某乙支付每吨 50 元至 60 元的许可证使用费以及其他相关费用。在废塑料进口过程中，王某乙调剂使用他人许可证，并向创某公司、锦某公司等提供许可证上的进口商、利用商等信息用于制作发票、装箱单、提单等报关单证。货物进口后，创某公司、锦某公司通过许可证上的进口商将货款支付出境。2011 年 8 月至 2013 年 3 月，王某乙采用上述方式代理国内客户走私进口废塑料共计 4,969.946 吨，具体如下：2011 年 8 月至 2013 年 3 月，在被告人陈某甲的实际经营管理下，创某公司以上述方式委托被告人王某乙走私进口废塑料共计 2,488.842 吨。2011 年 8 月至 2013 年 2 月，在被告人王某甲的实际经营管理下，被告单位锦某公司

[①] 浙江省高级人民法院（2015）浙刑二终字第 26 号刑事判决书。

以上述方式委托被告人王某乙走私进口废塑料共计 2,039.979 吨。2011 年 8 月至 2013 年 1 月，被告人王某乙以上述方式伙同何某乙走私进口废塑料共计 341.125 吨。2011 年 8 月至 2013 年 3 月，在被告人陈某甲的实际经营管理下，创某公司采取利用他人许可证的方式，还通过其他单位代理进口废塑料共计 1,759.211 吨。2013 年 4 月 2 日，在 H 海关缉私分局调查询问过程中，陈某甲如实供述了犯罪事实。4 月 8 日、26 日，王某乙、王某甲接侦查人员电话通知后分别到案，均如实供述了相关犯罪事实。原审法院根据上述事实，依照相关法律规定，以走私废物罪分别判处被告人王某乙有期徒刑 3 年，缓刑 3 年，并处罚金人民币 30 万元；判处被告人陈某甲有期徒刑 2 年 6 个月，缓刑 3 年，并处罚金人民币 10 万元；判处被告单位锦某公司罚金人民币 15 万元；判处被告人王某甲有期徒刑 2 年，缓刑 2 年，并处罚金人民币 15 万元。

二审法院依照《刑法》第 152 条第 2 款、第 3 款、第 30 条、第 31 条、第 25 条第 1 款、第 26 条第 4 款、第 67 条第 1 款、第 72 条第 1 款、第 73 条第 2 款、第 3 款、第 64 条以及《关于办理走私刑事案件适用法律若干问题的解释》第 21 条，《刑事诉讼法》第 225 条第 1 款第 1、2 项之规定，判决如下：一、驳回被告人王某甲的上诉，维持原判；二、扣押在案的锦某公司违法所得人民币 40 万元予以追缴，上缴国库。

裁判理由

为牟取非法利益，被告人王某乙与被告单位锦某公司以及创某公司等通谋，逃避海关监管，采取利用他人许可证的方式进口国家限制进口的废塑料，创某公司还与其他单位通谋采取上述相同方式进口废塑料，被告人陈某甲、王某甲分别系创某公司、锦某公司走私废物犯罪直接负责的主管人员，其行为均已构成走私废物罪。

评析与辩点

一、目前处理利用他人许可证进口限制类废物案件的司法现状

第一，行为人自己没有进口废物经营资质的情形。这种情况是行为人自己无进口废物经营资质，依法不能从事废旧物资的回收、利用、生产和销售，但行为人为了进口废物，利用他人经营废物的资质和进口废物许可证件，以他

人名义向海关申报进口。通常，行为人和有经营资质单位之间都会达成一定默契，由行为人利用他人名义进口，经营资质单位收取一定费用，向行为人提供进口废物许可证和其他有关报关单证。有的经营单位因为每年许可证载明的进口废物数量相当宽裕，自己用不了，但为了不影响来年的进口许可证申请数量，将自己的许可证转借给其他单位使用；有的单位甚至长期将进口许可证交给进口代理单位，由代理单位帮助其办理进口手续，同时，也允许代理单位将进口许可证转借给他人使用，自己则收取一定费用。

上述情况中，无经营资质主体利用他人进口许可证进口限制类废物，其行为符合走私废物罪的基本构成要件，即明知自己无进口废物经营资质，无法申领到进口许可证正常进口废物，故意利用他人进口许可证件，并以他人名义向海关申报进口废物。《关于办理走私刑事案件适用法律若干问题的解释》第21条第3款规定，租用、借用或者使用购买的他人许可证，进出口国家限制进出口的货物、物品的，适用本条第一款的规定定罪处罚。

此外，可能还会存在行为人不但未经许可、利用他人进口许可证走私进口废物，而且还同时采用伪报、瞒报进口废物品名、数量、价格等方式逃避海关监管方式，偷逃应缴税款。可能同时构成走私废物罪和走私普通货物罪，目前司法机关一般按处罚较重的规定定罪量罚，而没有数罪并罚。

在转让、出借进口废物许可证案件中，对转让、出借许可证的一方的法律责任的界定主要有以下几种情形：一是转让方事先与走私行为人事先通谋，明知行为人无进口固体废物资质，无法正常取得进口固体废物许可证，仍然允许行为人（有的还和进口代理人或者其他中介方相互通谋）使用其进口许可证，并以其名义向海关申报进口，有的还要协助走私人对外付汇等，多数转让方还从中获取一定的利益和好处。对此行为，根据《刑法》第156条的规定，有关当事人事前通谋，并为走私人提供海关单证，或者为其提供通关方便，均可以走私废物罪的共犯论处。二是转让方将进口废物许可证交给代理方或其他中介方，虽然与走私行为人无事先直接通谋，但其允许代理方将其进口许可证出借其他人使用，并默许代理方以其名义制作相关进口报关单证（如进口合同、发票、装箱单等），对此种行为情节严重构成犯罪的，可依据《刑法》第225条第2项规定，以非法经营罪追究转让方的刑事责任。

第二，行为人有进口废物经营资质或已通过生态环境部门环评的情形。这种情形就是有进口废物经营资质单位或已通过生态环境部门环评的单位之间许可证的相互利用。双方均有进口废物经营资质或均已通过生态环境部门环评的单位，一般也能按照正常渠道向生态环境部门申请进口废物许可证，但因本年度许可证进口废物总数不足、许可证暂时还在申请过程中甚至一方请另一方帮助其完成当年许可证进口额度以争取来年许可证不降低进口额度等原因而利用他人进口许可证进口。对该情形，由于行为人本身具有进口废物经营资质或已通过生态环境部门环评，因为客观存在的因素而借用他人进口许可证进口废物，其主观上并非为了逃避海关监管，且当事人本身具有从事和进口废物的经营资质，不会因进口废物对环境产生危害，因此，司法机关一般没有将其认定为走私犯罪。[1]

二、本书对此类行为应如何定性处理的观点

我们认为，单纯利用他人许可证进口限制类废物的情形不宜认定为走私犯罪，主要理由有以下三点：

第一，从海关法的角度出发来看"走私"的定义。海关法上的通关"走私"，是指通过藏匿、伪装、瞒报、伪报或其他方式逃避海关监管，运输、携带、邮寄国家禁止或者限制进出境的货物、物品或者依法应当缴纳税款的货物、物品进出境的行为。在本案情形下，被告人王某乙等并没有采取伪报品名、规格、贸易方式、原产地等项目，因此不宜认定为通关"走私"。或者有人会提出，《海关行政处罚实施条例》第7条第3项更加合适，因为该项规定，使用伪造、变造的手册、单证、印章、账册、电子数据或者以其他方式逃避海关监管，擅自将海关监管货物、物品、进境的境外运输工具，在境内销售的，是走私行为。但利用他人许可证是很难解释成"伪造""变造"他人许可证的。

第二，从有效管控废物的角度来看其管理制度。从后期管控来看，废物的国内监管主要是生态环境部门负责，现在由海关来通过打击"借用、租用他人许可证"等行为来达到打击国内非法倒卖废物的行为，这等于说是在让海关

---

[1] 参见陶宏："走私废物罪相关法律问题探究"，载《海关执法研究》2012年第6期。

处理废物的国内监管问题，实在有点勉为其难，很难有效地解决问题。实际上，对于非法倒卖进出口废物的现象并非难以遏制。只要生态环境部门切实履行监管职责，对于一般的非法倒卖进口废物行为予以行政处罚，情节严重的移送司法机关以非法经营罪追究刑事责任，同时加强对废物加工利用企业的监管，堵塞管理漏洞，就可以在不影响经济发展的前提下，有效减少非法倒卖进口废物现象的发生。

再从海关的中间管控环节来看，我们认为，在没有发生伪报、瞒报其他应申报项目或藏匿其他货物的场合，仅单纯利用他人许可证进口限制类废物的这类行为，应当认定为申报不实违规行为或者擅自进口固体废物的违法行为，对于卖方可以认定为非法经营行为，情节严重还可以非法经营罪追究其刑事责任。

第三，从罪刑相适应的角度来看两类行为刑事责任的不均衡。根据《关于办理走私刑事案件适用法律若干问题的解释》，走私限制类废物（可用作原料）20 吨以上的，应定罪处罚；100 吨以上的，处 5 年以上有期徒刑。这样的规定，我们认为，对于伪报、瞒报、藏匿或绕关走私废物的行为是合适的，但如果用在利用他人许可证进口废物的行为上就会显得罪刑不均衡。因为利用他人许可证进口废物，由于进口的废物是经向海关正常申报通关的，数量往往多达几千吨甚至上万吨，如果以正常的量刑标准来看，则绝大部分都应判 10 年以上。这样的量刑结果很难让人信服和接受。于是，司法实践中变通的做法是对利用他人许可证进口废物的量刑一般都从轻把握，数千吨以上的案件大多在有期徒刑 5 年或 6 年左右，如果有自首等减轻情节，则在 5 年以下处刑，多数宣告缓刑。由此带来的后果却是，利用他人许可证进口废物，少到 100 吨，多到 1 万吨，也都是判 5 年左右。这就说明，该条规定的设置并没有达到良好效果。[①]

---

① 参见虞伟华：《裁判如何形成》，中国法制出版社 2017 年版，第 158～199 页。

第10章 走私武器、弹药罪

88. 因鉴定检材受污染故当事人无法构成走私武器、弹药罪

案件名称

陈某某走私武器、弹药、非法持有弹药（铅弹）案

处置要点

本案的涉案物品在扣押及送检过程中，违反相关规定，无法排除送检的 4 份铅弹疑似物检材与案发现场查获的 2 份铅弹疑似物是否为同一物品的合理怀疑。导致鉴定检材受污染，故无法认定当事人构成走私武器、弹药罪及非法持有弹药罪。

案情简介

陈某某因涉嫌走私武器、弹药罪，于 2016 年 8 月 23 日被某海关缉私分局刑事拘留；因涉嫌非法持有弹药罪，于 2016 年 9 月 20 日被某区公安局取保候审。

本案由某区公安局侦查终结，以陈某某涉嫌非法持有弹药罪，于 2017 年 8 月 3 日向某区检察院移送审查起诉。某区检察院受理后，已告知陈某某有权委托辩护人，依法讯问了陈某某，审阅了全部案件材料，核实了案件事实与证据。因事实不清，证据不足，某区检察院分别于 2017 年 9 月 13 日、11 月 24 日两次将案件退回某区公安局补充侦查，该局分别复于 2017 年 10 月 12 日、12 月 22 日再次移送审查起诉。因案情复杂，某区检察院分别于 2017 年 9 月 3 日、11 月 12 日、2018 年 1 月 19 日决定各延长审查起诉期限半个月。

某区公安局移送审查起诉认定 2016 年 8 月 22 日晚上，某海关缉私分局根据情报线索，对陈某某进行抓捕，在陈某某位于某市某区某小区的家中客厅搜到铅弹疑似物 789 颗、阳台处搜到铅弹疑似物 193 颗、陈某某所有的号牌为渝 CA××××的越野车上搜到铅弹疑似物 173 颗、位于某市某区的办公室搜到铅弹疑似物 15 颗，共计 1,170 颗。经鉴定，陈某某持有的 1,170 颗铅弹疑似物均为弹药。经某市某区检察院审查并退回补充侦查，仍然认为某市某区

公安局认定的犯罪事实不清、证据不足。依照《刑事诉讼法》第171条第4款的规定，决定对陈某某不起诉。

处置理由

本案侦查中侦查人员扣押涉案物品及送检过程中，违反相关规定，无法排除送检的4份铅弹疑似物检材与案发现场查获的2份铅弹疑似物是否为同一物品的合理怀疑，不符合起诉条件。

评析与辩点

本案中，由于侦查人员没有严格依照法律规定的要求来对涉案物品进行扣押和送检，导致送检的4份铅弹疑似物检材与案发现场查获的2份铅弹在数量上、形态上、外观特征上均存在较大差异，导致无法确认系同一物品。也即在本案中被扣押及被送检鉴定的检材已经被污染或无法排除已被污染之可能性。按照刑事诉讼法及其司法解释的规定，鉴定对象与送检材料、样本不一致的以及送检材料、样本来源不明，或者因污染不具备鉴定条件的，该鉴定意见不得作为定案依据。

司法实践中，走私案件及其他刑案中因发生类似场景而导致无法定罪的情形亦不少见。如某海关缉私分局在侦办一起涉嫌走私毒品的案件。"当其第一次对当事人的车辆进行检查时，（据称）发现该车尾箱中有3个饮料瓶，瓶中装有不明液体。由于当事人供称这只是洗玻璃水，侦查人员便没有提取和扣押3瓶液体，也没有做记录，只提取了70多发步枪子弹。过了20余天以后，侦查人员又重新回到车内从该液体中提取了样品送检，然后就发现这3瓶'水'均是含有冰毒的液体。如此侦查人员便又将此液体提取（没有搜查扣押提取笔录，也没有照片和录像）后直接送看守所让当事人指认及签署称量、取样、鉴定的结论。但此时车辆已被侦查部门扣押控制了20余天，当事人也已在看守所羁押了20余天。最后的结果就是，法庭采纳了辩护人的意见，认为因无法判定上述3瓶毒品溶液的来源及同一性，因此没有认定其与被告人此次犯罪行为有关。"[1]

---

[1] 参见赵兴祥等：《毒品犯罪辩护二十讲》，法律出版社2020年版，第84页。

关于鉴定对象、欲证明对象与送检材料、样本不一致或无法确认具有同一性的判例，又如徐某故意杀人案。[1]该案法院认为，关于在被害人严某某的阴道内提取的精液的 DNA 鉴定，限于当时的技术水平和客观情况，仅提取到四个位点进行鉴定，虽然不排除是被告人徐某的精液，鉴于位点太少，概率过低，鉴定意见远远达不到同一性的证明要求。法院最终宣告了被告人徐某无罪。

关于无法排除检材被污染的判例，如杨某明抢劫案。[2]该案辩护人提出，从常理上看，司法鉴定中心对该 T 恤的 DNA 的检验报告，未检出杨某明的 DNA 分型，T 恤被检验后，就排除了与本案的关联，而本案侦查人员或物证保管人员对已经过检验的物证自行检验，并非独立本案的第三方检验，程序混乱，经过这次检验后第二次送检就检验出人血，不排除 T 恤被污染的可能。据此，法院认为贵州省公安法鉴定中心法庭科学 DNA 鉴定 [2015]708 号鉴定意见所涉"检材不排除被污染的可能，故该鉴定不能作为本案定案的依据"。最终法院宣告被告人杨某明无罪。

关于检材被污染的判例，如陈某华危险驾驶案[3]及马某军危险驾驶案[4]。该两案法院均认为，医护人员对被告人血液提取过程中使用的消毒液安尔碘为醇类消毒液，造成检材污染，故公诉机关提供的血醇检验鉴定意见存在程序违法情形，依法应予排除。因此导致指控危险驾驶罪的证据不足，不能认定被告人构成危险驾驶罪。两案法院遂分别宣告了被告人陈某华及马某军无罪。

---

[1] 广东省珠海市中级人民法院（2011）珠中法刑重字第 2 号刑事判决书。
[2] 贵州省黔南州中级人民法院（2016）黔 27 刑初 59 号刑事判决书。
[3] 银川市兴庆区人民法院（2019）宁 0104 刑初 119 号刑事判决书。
[4] 银川市兴庆区人民法院（2019）宁 0104 刑初 156 号刑事判决书。

89. 一般贸易出口仿真枪伪报品名的情形难以构成走私犯罪

案件名称
何某某等走私武器及国家禁止进出口的货物（自制气步枪及仿真枪）案[①]

裁判要点
法院认为一般贸易出口的仿真枪伪报品名的情形可构成走私犯罪。

案情简介
2011年6月至2013年1月间，被告人何某某代表博某（香港）有限公司先后在广东省汕头市、普宁市等地采购仿真枪16批，并以包柜的方式委托被告人赵某某报关出口，被告人赵某某安排他人将货物运输至某码头，并通过朝某报关行将上述货物伪报成体育用品等品名报关出口，其中14柜从L口岸报关出口，1柜转至Y口岸报关出口，1柜（柜号为GSLU2006×××）于2012年11月被L海关现场查获，缴获枪形物品共计12,691支。另外，在已走私出口的货柜（柜号为TCLU5708×××）中缴获仿真枪1支。经广东省公安厅司法鉴定中心鉴定，其中有388支的枪口比动能大于1.8焦耳/平方厘米，为自制气步枪，具备枪支性能，其余12,304支为仿真枪。

一审法院依照《刑法》第151条第3款、第4款、第25条、第26条、第27条、第67条第1款、第61条、第52条、第53条、第64条的规定，作出判决如下：一、被告人何某某犯走私国家禁止进出口的货物罪，判处有期徒刑4年，并处罚金30万元；二、被告人赵某某犯走私国家禁止进出口的货物罪，判处有期徒刑2年，并处罚金5万元；三、扣押的自制气步枪388支，仿真枪12,304支，予以没收、销毁。

二审法院依照《刑法》第151条第1款、第3款、第4款、第69条、第26条第1款、第4款、第27条、第67条第1款、第63条第2款、第64条、《关

[①] 广东省高级人民法院（2014）粤高法刑二终字第223号刑事判决书。

于办理走私刑事案件适用法律若干问题的解释》第1条第3款、第5条、第11条第1款第6项及《刑事诉讼法》第225条第1款第2项之规定，判决如下：一、维持一审判决的第3项；二、撤销一审判决的第1、2项；三、上诉人何某某犯走私武器罪，判处有期徒刑8年，并处罚金人民币10万元；犯走私国家禁止进出口的货物罪，判处有期徒刑4年，并处罚金人民币30万元，决定执行有期徒刑10年，并处罚金人民币40万元；四、上诉人赵某某犯走私武器罪，判处有期徒刑4年，并处罚金人民币5万元；犯走私国家禁止进出口的货物罪，判处有期徒刑2年，并处罚金人民币5万元，决定执行有期徒刑5年，并处罚金人民币10万元。

裁判理由

二审法院认为，上诉人何某某、赵某某逃避海关监管，以伪报品名方式走私枪支出境，情节特别严重，其行为均构成走私武器罪；何某某、赵某某还走私仿真枪出境，其行为均构成走私国家禁止进出口的货物罪。何某某、赵某某均犯二罪，应数罪并罚。针对其他事项的裁判理由略。

评析与辩点

我们认为，要解决偷运仿真枪应如何处理的问题最关键还是要弄清楚仿真枪的商品属性。根据相关规定及司法实践可知，仿真枪作为进出境物品时系属禁止进出境的物品，而在作为货物时仅在加工贸易监管领域系属禁止出口类货物。[①] 因此，在一般贸易的场合下，经鉴定为仿真枪的货物并没有进出口的禁限属性。也许有人会提出，《枪支管理法》第22条规定禁止制造、销售仿真枪。这应该可以作为禁限属性的依据吧？答案是否定的。因为"制造""销售"与"进出口"相比实在不是同一个概念，也不必然有交叉重合之处。再往深层一点看，包括《枪支管理法》及其他各部委的规定或内部文件在内，一般都是在"行为禁止"的层面上阐述这件事，而没有在"属性禁止"的层面上设定和规范仿真枪。

---

① 关于货物与物品之区别的更详细阐述请参阅晏山嵘：《海关行政执法案例指导（二）》，中国法制出版社2013年版，第63~73页。

《关于办理走私刑事案件适用法律若干问题的解释》第 5 条第 1 款规定，走私国家禁止或者限制进出口的仿真枪、管制刀具，构成犯罪的，按照《刑法》第 151 条第 3 款的规定，以走私国家禁止进出口的货物、物品罪定罪处罚。那么，对该规定应如何理解呢？主要有以下两种观点：第一种观点认为，应将其中的"仿真枪"理解为国家禁止或者限制进出口的货物，这也是当前司法部门的主流观点，本案判决正是基于这种理解。但我们认为，由于走私犯罪属行政犯或法定犯，司法解释无权设定一种商品的禁限属性，其只有在其他行政法对商品属性有明确设定的基础上作进一步强调，这是没问题的。不然，必将与《对外贸易法》等法律的明确要求产生直接冲突。第二种观点认为，应将"仿真枪"理解为"废旧仿真枪"，这样就没有问题了。我们认为，这种观点也很难说通，如果鉴定为禁限类的进口废物，应认定为走私废物罪，而非认定为走私国家禁止进出口的货物、物品罪。但无论我们对该规定作何种理解，都不难得出目前一般贸易场合下的仿真枪尚不属于禁限类货物。

既然仿真枪系普通货物，那么应当归入什么税号呢？海关执法实践曾对其归类产生过两种不同意见：一种认为仿真枪的发射原理是在扣动扳机时压缩气体进入枪管把子弹射出，符合品目 9304 对气步枪的描述，所以应归入税号 93040000（其他武器）；另一种认为由于仿真枪上列明"供 18 岁以上人员娱乐使用"，应归入税号 95038000，即按带动力装置的玩具（现应为 95030082，其他带动力装置的玩具及模具）进行归类。最终海关总署表态应归入前一种税号。但无论归入哪一个税号，出口都是无需向海关缴税的。

综上，我们认为，在现有法律条件下，即便行为人对 12,304 支仿真枪有伪报品名的行为，但由于其出口行为既没有违反禁限管理，亦没有偷逃税款，因此，该行为不宜认定为走私犯罪。

90. 以为仿真枪系玩具枪而实施走私的情形不宜认定为走私武器罪

案件名称
袁某某等走私武器、弹药（气枪、铅弹）案[1]

裁判要点
法院认为本案仿真枪、铅弹经鉴定既然达到了枪支标准和弹药标准，故可认定为走私武器、弹药罪。

案情简介
被告人袁某某、林某某为赚取代工费，受货主甲（另案处理）雇请，走私武器、弹药入境。2016年3月26日上午，袁某某根据甲的通知，前往香港旺角广某街购买甲提前定好的枪支，并代为付款。后袁某某通知被告人林某某来到广某街，并将3支枪支、2盒铅弹交给林某某，剩余3支枪支由袁某某携带。当日15时许，二人从广东省S口岸入境，经海关检查，在袁某某腰腹部查获绑藏的疑似仿真枪3支，在林某某腰腹部查获绑藏的疑似仿真枪3支、疑似铅弹2盒(250粒/盒)。经鉴定，上述疑似仿真枪均为以压缩气体为动力的枪支，疑似铅弹2盒共500粒。

根据《刑法》第151条第2款、第67条第3款、第27条、第53条、第64条、第72条、第73条以及《关于办理走私刑事案件适用法律若干问题的解释》第1条第1款第1项、第2项、第5条第2款之规定，法院判决如下：一、被告人袁某某犯走私武器罪，判处有期徒刑1年6个月，缓刑2年，并处罚金人民币3万元；二、被告人林某某犯走私武器、弹药罪，判处有期徒刑1年，缓刑1年，并处罚金人民币2万元；三、查获的武器、弹药予以没收，由海关依法处理。

---

[1] 广东省深圳市中级人民法院（2016）粤03刑初575号刑事判决书，来源于中国裁判文书网，最后访问时间：2022年10月9日。

⚖️ 裁判理由

被告人袁某某无视国家法律，违反海关法规，走私枪支3支入境，其行为已构成走私武器罪。被告人林某某无视国家法律，违反海关法规，走私枪支3支、铅弹500发入境，其行为已构成走私武器、弹药罪。袁某某、林某某归案后如实供述自己的罪行，系坦白，依法可从轻处罚。袁某某、林某某受他人雇佣，为赚取代工费携带武器、弹药入境，在共同犯罪中均系从犯，依法可减轻处罚。袁某某、林某某走私入境的枪支经鉴定属于以压缩气体等非火药为动力的枪支，刚刚达到枪支标准，其杀伤力、社会危险性较小，在案证据不能证实其走私武器入境是以从事违法犯罪活动为目的，且无其他严重情节，可依法从轻处罚。在本院审理期间，袁某某、林某某积极缴纳罚金，认罪、悔罪态度明显，本院酌情从轻处罚。综合考虑袁某某、林某某的犯罪事实、情节和悔罪表现，对其适用缓刑对所居住的社区没有重大不良影响，法院决定对其依法适用缓刑。

📢 评析与辩点

一、从认识错误的角度来看，袁某某存在法律认识错误及事实认识错误

判决中被告人袁某某称，"我的同事甲说他有个广东湛江的朋友，在湛江开了一家玩野战的场所，需要买些玩具枪，他说他没有空去买，就委托我和林某某帮他去买，并带到内地给他。他告诉我们他已经在旺角广某街的几家店铺中将要买的玩具枪定好了，我们去到店铺直接将玩具枪买下来就……"紧接着其又供述，"2016年3月26日上午10点左右，我同事甲委托我去旺角广某街的几家店铺去买他提前订好的玩具枪……"当然，袁某某有时候也称之为仿真枪，可以反映出其观念中，"玩具枪"就是"仿真枪"，"仿真枪"也就是"玩具枪"。同时，袁某某称："我知道仿真枪和子弹属于违禁品，是不能带的，否则也不会夹藏在腰间。我知道这是走私行为。"紧接着其继续陈述："我很后悔，我不知道内地携带仿真枪入境是违法的，因为在香港可以合法购买。"这里反映出袁某某对违法性认识的陈述是自相矛盾的：前面说知道违法性，后面又说不知道。但既然都写入了判决，相信法院还是认为其说法均有道理。由此可以看出，袁某某至多仅知道其携带枪形物品的行政违法性（一般走私行为），而

没有认识到这可能构成犯罪（走私武器罪），也即其至多仅有一般走私的行政违法故意，而没有走私犯罪的故意。况且，海关总署相关文件中也规定，旅客携带与真枪有明显区别的玩具枪进境，海关应予验放。因此，发生这样的误认也并非完全没有法律依据，而如果不去鉴定是不可能得出该物品系真枪之肯定结论的，我们也不能要求每个过关购物的人每买一件物品都要先拿去鉴定一番。像袁某某这样的带货者如果知道这是真枪，我们认为，绝大部分人都不会帮别人带的，袁某某甚至可能想都没想过这是真枪，因为这样的鉴定结果已经远远超出了普通国民的日常经验及预测可能性。这表面上看是一个法律认识错误，但深究起来，更应当是一个事实认识错误，由于对法律的认识发生差异，进而遮蔽或妨碍了对自己行为社会意义和法律意义的理解时，就应当属于事实认识错误了。如果说刑事违法性认识错误能阻却故意的成立之观点尚有争议的话，那么，事实认识错误能阻却故意的成立之观点却是包括司法机关在内的绝大部分人所赞同的。本案中，袁某某即是将"真枪"误认为是"玩具枪"或"仿真枪"。

二、从本案仿真枪是否属于"枪支"的角度来看，目前枪支鉴定标准难谓有效

根据《枪支致伤力的法庭科学鉴定判据》《公安机关涉案枪支弹药性能鉴定工作规定》及《仿真枪认定标准》等规定，枪支、仿真枪与玩具枪之间的区分依据主要是威力标准。具体的区分标准是：（1）枪口比动能小于或者等于0.16焦耳/平方厘米的，是玩具枪；（2）枪口比动能大于0.16焦耳/平方厘米，小于1.8焦耳/平方厘米的，是仿真枪；（3）枪口比动能大于或者等于1.8焦耳/平方厘米的，是枪支。

那么，这个枪口比动能大于或者等于1.8焦耳/平方厘米就属枪支的标准是如何确定的呢？其源于南京市公安局季峻等3名警官所做的实验，具体就是找了11头猪，在距离10至20厘米远，对准猪眼用钢珠弹射击，发现比动能在1.5焦耳/平方厘米时，有的猪眼会受伤，有的则不明显，而调至2.5焦耳/平方厘米时，猪眼均受伤很明显。于是最后确定了一个大于1.5小于2.5的1.8焦耳/平方厘米作为枪支认定标准。[①] 季警官曾解释过为何要这么确定，

---

① 参见季峻等："钢珠气枪及其发射弹丸的检验和鉴定"，载《江苏警官学院学报》2008年第3期。

其中一个重要原因就是"特别要考虑与重视到罪犯极其残暴的一面。有些罪犯是铤而走险、歇斯底里，威胁、射击总是直指要害。使用的枪支，往往是自制或改制的，稳定与可靠性不理想。如准确性侵彻能力的情况，初速、动能都不是稳定的。在实际案例中，常常并不知道哪一发弹的威力最大，哪一发最小，杀伤力的随机性很大。此时，应该选用最大的最可靠的一项作为评价的依据。应以该罪犯使用的枪支所达到的致人伤亡最大威力的一项试验结果为准"。[①]不过，不同意该观点及标准的人一直很多，如四川省公安厅的王虎警官即指出，"我国法律对枪支实行严格的管控，对涉枪犯罪实行严厉的防范打击，是因为枪支对法律所保护的法益具有严重危险性，而只能伤害人眼睛的枪支显然不具有这种危险性。即是说，如果执法人员把危险性不如刀的武器当枪支来量刑处罚，显然违反了刑法的罪刑相适原则"。[②]

回过头来看一下《枪支管理法》是如何规定的？该法第46条规定，"枪支"是指以火药或者压缩气体等为动力，利用管状器具发射金属弹丸或者其他物质，足以致人伤亡或者丧失知觉的各种枪支。考察该定义，可发现其由四个必备要素组成：第一，动力要素，以火药或者压缩气体等为动力；第二，外形要素，管状器具；第三，发射物要素，发射金属弹丸或者其他物质；第四，作用效果要素，足以致人伤亡或者丧失知觉的效果。其中作用效果是枪支被纳入严格管制物品范围的关键特征，也是判断是否为法律意义上的枪支的最为关键的特征。由此，还可将上述要素进一步简化归纳为两类要素：表面要素及核心要素。我们认为，前三者均为表面要素，最后一个才是核心要素。同时，这里"致人伤亡"的"伤"至少应达到轻伤，而且是合理距离随机针对人体任何部位均可造成，而不是像上述实验中固定猪眼后10厘米至20厘米向其射击，事实上，战争中谁会去用这样的"枪支"呢？恐怕还不如用刀更方便；在此条件下方能造成伤害的物品拿来当"真枪"卖恐怕是一支也卖不出去；照此实验标准，弹弓、小刀甚至牙签都可以损伤猪眼，难道也都是"枪支"吗？使用本案这种刚刚超过现行标准的仿真枪去射击别人能否定故意杀人罪呢？盗窃、抢夺这样的枪支能否定盗窃、抢夺枪支

---

① 更详细阐述请参见季峻："关于枪支'杀伤力'鉴定的讨论"，载《刑事技术》2000年第6期。
② 参见王虎等："涉案枪支弹药鉴定问题探析"，载《四川警察学院学报》2014年第1期。

罪呢？适用现行标准来认定枪支无疑伤害了刑法体系的协调性。事实上，销售枪支给王某其的上家左某等却是被定了非法经营罪。①有观点指出，枪支对人体目标的杀伤力标准，在我国应以枪支发射弹丸对人体目标造成轻伤为最低标准。②我们赞同这一观点。

此前，我国使用的是"射击干燥松木板法"，其致伤力临界点远远高于现有鉴定标准。有刑事科学技术专业人员进行过实验得出了数据：当枪口比动能在 10 焦耳/平方厘米以下时，较难嵌入干燥松木板，只能在木板上形成一定深度的弹坑；枪口比动能 16 焦耳/平方厘米是弹头具备嵌入松木板能力的能量界限。③但后来，我国司法实践中放弃"射击干燥松木板法"改采"测定枪口比动能法"，而且并非只是鉴定方法的改变，而是鉴定标准的临界点的巨幅降低，直接从枪口比动能 16 焦耳/平方厘米降到 1.8 焦耳/平方厘米，将近 10 倍的降幅。这一变化是近年来不少涉枪案件中，当事人坚称是"玩具枪"而司法机关却认定为"枪支"予以刑事追诉的分歧根源之所在。

因此，我们认为，现行的 1.8 焦耳/平方厘米的枪支鉴定标准，只满足了《枪支管理法》第 46 条规定中的表面要素，而没有满足最重要、最关键的核心要素。如前述王某其曾试验，他用自己贩卖的仿真枪打自己，最多就是红一点点，有点痛，都不至于流血。由此可以看出，1.8 焦耳/平方厘米的标准远远没有达到适当距离致人任何部位至少轻伤的核心要素之标准，与台湾地区的"穿透皮肤标准"亦有差距。由此，重要的并不是不可以由"射击干燥松木板法"改为"测定枪口比动能法"，而是不能把《枪支管理法》第 46 条规定中的核心要素之要求给改了。枪支由于关乎公共安全，适当的扩张解释是可以接受的，但目前这种无限制地扩张解释已经损伤了罪刑法定原则、罪刑相适原则及刑法谦抑精神，致使刑事法网不当扩大，影响到了国民的行动自由，超出了国民预测可能性。④总之，现行标准由于与上位法直接冲突，因此很难说是有效

---

① 广东省广州市中级人民法院（2010）穗中法刑一初字第 274 号刑事判决书。
② 参见李德仲等："枪支性能和杀伤力鉴定的探讨"，载《刑事技术》2000 年第 5 期。
③ 参见于遂洋等："非制式枪支杀伤力标准的实验研究"，载《福建警察学院学报》2008 年第 2 期。
④ 参见陈志军："枪支认定标准剧变的刑法分析"，载《国家检察官学院学报》2013 年第 5 期。
李海东：《日本刑事法学者》（上），法律出版社、日本成文堂 1995 年联合出版，第 333 页。

的。同时，我们建议按照前述"致人轻伤标准"或"穿透皮肤标准"重新确定一个科学合理的枪支鉴定标准。

三、从走私犯罪的行政从属性角度来看，法院对行政法中规章及以下的文件仅是参照适用而已

走私犯罪的行政从属性主要表现在四个方面：一是概念从属，刑法对走私罪规定中的许多概念直接来源于海关法律法规规定，如什么是"禁止进出境货物"、准走私行为中"合法证明"的含义等。二是法律指示，如走私普通货物、物品罪中偷逃应缴税款包括哪些税款内容，必须根据《海关法》《关税条例》等行政法律法规甚至规章来确定。三是空白构成要件，是指刑法规范没有具体说明某一种犯罪的构成特征，但指明了必须参照的其他法律、法规。特别是刑法对走私没有下过任何定义，而是在罪状中直接使用"走私"一词进行描述，因此必须根据《海关法》对走私的定义来理解法条的准确含义。① 四是阻却违法，即因行政机关的许可或核准而阻却行政犯罪构成要件。《刑法》第154条中的"未经海关许可"表明只要经过海关的许可或批准，就可以阻却该行为的违法性，不构成走私犯罪。

由此，法院在审理走私犯罪案件时不可避免地要适用很多行政法的规定，其中包括行政法规、规章、规范性文件等。但我们认为，法院在适用这些行政法的同时，也必然会考察其效力层级及互相之间是否有矛盾及颁行的先后顺序等。如果在没有矛盾冲突的情况下，法院对行政法规层级以上的规定都应当要同时适用，而针对规章及规章层级以下的文件则仅有参照义务，如果该规章或文件与上位法有直接明显的冲突的话，法院不必适用，在审查鉴定意见时也应作同样考虑。

综上，我们认为，本案判决虽然在量刑上已经充分考量了被告人袁某某的各种情节并作了非常轻缓的处理，已经很好地体现了宽严相济的司法政策，唯定罪问题仍有探讨空间。

---

① 参见陈晖：《走私犯罪论》（第2版），中国海关出版社2012年版，第140～141页。

第11章
走私贵重金属罪

91. 取消审批项目后个人携带黄金出境的情形不宜认定为走私犯罪

案件名称
吴某走私贵重金属（黄金金块）案[①]

裁判要点
法院认为取消审批项目后，个人携带黄金出境的情形可认定为走私贵重金属罪。

案情简介
2015年9月9日，被告人吴某持《港澳居民来往内地通行证》经T口岸出境，未向海关申报，也未主动将行李过机检查。经海关关员使用金属探测器检查，发现异常，后经人身检查，在其裤子腹部内侧的特制内袋中发现疑似黄金金块2块，裤子后腰部内侧的特制内袋中发现疑似黄金金块1块。以上查获的疑似黄金金块共3块，重3,000克。经国家珠宝玉石质量监督检验中心鉴定，查获的上述疑似黄金金块3块每块含金量≥999‰，全部为黄金。经某有限公司评估，上述3,000克黄金价值人民币70.38万元。

依照《刑法》第151条第2款、第67条第1款、第64条、第72条、第73条、第75条之规定，法院判决如下：一、被告人吴某犯走私贵重金属罪，判处有期徒刑1年8个月，缓刑2年，并处罚金人民币4万元；二、走私黄金金条3,000克依法予以没收，上缴国库。

裁判理由
被告人吴某走私国家禁止出口的黄金出境，其行为构成走私贵重金属罪。针对其他事项的裁判理由略。

[①] 广东省深圳市中级人民法院（2016）粤03刑初302号刑事判决书，来源于中国裁判文书网，最后访问时间：2022年10月9日。

评析与辩点

一、三个时期对个人携带黄金及其制品出境的不同要求

第一个时期为限制时期。在《行政许可法》及其配套规定颁行前，个人携带黄金及其制品，按照《金银管理条例》及其他配套规定，一般均需事先获得中国人民银行总行或其授权的分支机构出具的准许证或批件，在通关时应主动向海关申报并交验该准许证。这就属于标准的限制类商品。第二个时期为兼容时期。2004年《行政许可法》及《对确需保留的行政审批项目设定行政许可的决定》开始生效。《对确需保留的行政审批项目设定行政许可的决定》之附件"国务院决定对确需保留的行政审批项目设定行政许可的目录"第217项明确，"个人携带黄金及其制品进出境审批"属行政许可项目，由中国人民银行负责。我们认为，这时候就属于限制类与许可类商品兼容时期，行为人除了要符合此前的规定要求，还必须符合《行政许可法》及其配套规定的要求。第三个时期为自由时期。2014年10月23日，国务院发布了《关于取消和调整一批行政审批项目等事项的决定》，该决定之附件"国务院关于取消和下放管理层级的行政审批项目目录"第3项明确，取消"个人携带黄金及其制品进出境审批"这一行政许可项目。据此，"个人携带黄金及其制品出境"就不属于限制类商品了，而属普通物品且不涉税，因此，只需要符合《海关法》等规定中关于普通物品出境的各项要求即可。

二、对谁有权公布个人限制类出境物品目录问题的不同观点解读

一种观点认为，只有主管机关中国人民银行才有权设定金银进出境的禁限属性，理由是《黄金及黄金制品进出口管理办法》第3条第1款规定，中国人民银行是黄金及黄金制品进出口主管部门，对黄金及黄金制品进出口实行准许证制度。另一种观点认为，海关总署应当有权设定，理由是《海关行政处罚实施条例》第66条规定，国家禁止或者限制进出境的物品目录，由海关总署公布。我们认为，前一种理解更为正确，金银的商品属性应由中国人民银行设定，但具体发布可以考虑采取中国人民银行会同海关总署联合公布的方式。而且，《关于取消和调整一批行政审批项目等事项的决定》的法律效力虽然仅是国务院的规范性文件，还不是行政法规，但其效力来源于《行政许可法》的直接授权。《行政许可法》第14条第2款明确规定，必要时，国务院可以采用

发布决定的方式设定行政许可。我们认为，这里的"设定"，包含了"设置""调整"及"取消"等含义在内。据此，即便上述后一种观点正确，海关总署于1993年公布的《限制进出境物品表》第2条关于"金银等贵重金属及其制品"属于"限制出境物品"的规定亦将因与上位法及新法冲突而自动废止。

三、三种应考虑的例外情形

虽然有了前述关于取消审批项目的规定，但并不代表个人可以随意携带黄金及其制品进出境，仍有三种例外情形：一是个人因公益事业捐赠进口黄金及黄金制品的，应当依法办理《中国人民银行黄金及黄金制品进出口准许证》；二是个人采取"客带货"的方式帮单位携带货物类的黄金及黄金制品通关的，一般亦应遵循《黄金及其制品进出口管理商品目录》依法办理上述准许证；三是个人携带的黄金如果超出自用、合理数量，将被视为货物。一旦被认定为货物，一般也是需按前述要求办理相关准许证的。不过，由于黄金及其制品具有一定特殊性，涉及重大财产权益，因此，我们认为，不宜采取"视为货物"的推定模式，而应采取"证明为货物"的严格证明模式。但本案判决并没有反映出被告人吴某具有上述三种情形中的任意一种。

四、一种应坚守的理念

本案基于各种考量，法院最终对被告人吴某作了缓刑处理，这无疑是值得肯定的。但这里我们仍需强调一种理念，即对于公民来讲是"法无禁止即可为"，而对于公权力主体来说则是"法无授权不可为"。因此，我们认为，本案亦应遵循后一理念，以确保公民获得前一自由。

92. 走私贵重金属案中从犯认定的证据标准

案件名称

侯某琼走私贵重金属（黄金）案[①]

裁判要点

被告人侯某琼系受他人雇请，为赚取少额报酬帮助他人进行走私，依法可认定为从犯并予以减轻处罚。

案情简介

2020年7月20日17时许，被告人侯某琼为赚取带工费，接受他人指使，将12块黄金绑藏于腰间，未向海关申报，经沙头角边境特别管理区检查大厅出境时被海关查获。根据深圳海关工业品检测技术中心出具的检测报告，检测结果为：涉案黄金金块12块，总重11,999.45克，为足金金条。经深圳市价格认证中心认定：上述金条在案发当天的市场批发（批量）价格为人民币4,901,535元。

法院依照《刑法》第151条第2款、第27条及《刑事诉讼法》第15条之规定，判决如下：一、被告人侯某琼犯走私贵重金属罪，判处有期徒刑2年8个月，并处罚金人民币2万元；二、查获的贵重金属，依法予以没收，上缴国库。

裁判理由

被告人侯某琼以人身绑藏方式替他人走私黄金出口，其行为已构成走私贵重金属罪，公诉机关指控的罪名成立。被告人侯某琼受雇帮助他人从事走私活动，在共同犯罪中起次要作用，依法应当减轻处罚。被告人侯某琼自愿认罪认罚，并签署认罪认罚具结书，依法可从宽处理。

[①] 广东省深圳市中级人民法院（2020）粤03刑初576号刑事判决书，来源于中国裁判文书网，最后访问时间：2022年10月9日。

🐝 评析与辩点

考察走私贵重金属案件的诸多刑事判决可知，法院对这类案件中从犯认定的证据标准该如何把握呈现出以下三种情形：

第一种情形，判决中仅有被告人一方供述称自己系受人委托带货，而无上下家到案及其他直接证人的证言，法院径直将其认定为从犯并予以从宽处理。如本案即是如此。

第二种情形，判决中虽仅有被告人一方供述，但其供述有反复，先前曾供述物品系自有但最后供述为帮人所带，虽无上下家到案及其他直接证人的证言，法院仍将其认定为从犯并予以从宽处理。如古某某走私黄金金条案。[1] 在该案中，古某某在侦查阶段供述黄金为自有，但在审查起诉阶段却称系收取少许报酬后帮人携带，在庭审阶段其继续坚持了审查起诉阶段所作供述。法院根据被告人的家庭状况及其出入境记录显示的较为频繁的出入境情况，认为其系水客的可能性较大，判定其系受他人雇请携带黄金出境，因此认定其为从犯，最终从宽处罚（黄金价值人民币逾57万元，5个月拘役）。

第三种情形，判决中除被告人一方供述称自己系受人委托带货外，还有其他证人的证言，但该证言对认定事实未起到作用，法院亦将其认定为从犯并予以从宽处理。如范某某走私黄金金条案。[2] 在该案中，证人范某否认了其认识被告人范某某所称委托其带货的人为"娟姐"，而让被告人范某某辨认其供述委托人"娟姐"手机号码的开户户主照片，亦未能辨认出，但法院最终还是将范某某认定为从犯，予以了从宽处罚（黄金价值人民币逾424万元，2年半实刑）。与上述情形作比较，被告人携带自有黄金及黄金制品的情形则被处刑较重一些，如郭某某走私黄金金块案（黄金价值人民币逾44万元，1年实刑）。[3]

考察上述走私贵重金属的诸多案件，我们可以看出，法院对于此类案件之从犯认定标准的把握较为宽松，这也符合"水客"案件及黄金案件的特点，此类案件往往上下家比较难以查找，从有利于当事人的角度出发，适当放松证据规格不失为一种变通处理方式。

---

[1] 广东省深圳市中级人民法院（2016）粤03刑初第725号刑事判决书。
[2] 广东省深圳市中级人民法院（2016）粤03刑初第726号刑事判决书。
[3] 广东省深圳市中级人民法院（2016）粤03刑初第231号刑事判决书。

第12章 走私文物罪和走私假币罪

93. 携带文物兼珍贵动物制品两种性质的商品进境的情形该如何定罪处罚?

案件名称

高某某走私珍贵动物制品（牙雕）案[①]

裁判要点

携带文物兼珍贵动物制品两种性质的商品进境的情形应认定为走私珍贵动物制品罪。

案情简介

2004年8月7日，高某某在泰国拍卖行以8.6万泰铢（折合人民币1.72万元）的价格拍得一对清末民初的牙雕和其他几件中国文物，8月20日乘机回国在某机场被海关查获，查获前其未按规定向海关申报，于是上述牙雕被海关暂扣，经海关认定价值人民币50万元。2005年3月，上海一分检以涉嫌走私珍贵动物制品罪起诉高某某。

根据《刑法》第151条第2款等规定，法院判处高某某有期徒刑3年，缓刑3年，其他处罚内容略。

裁判理由

高某某携带的两件牙雕应认定为珍贵动物制品，高某某违反海关及野生动物保护法规，在没有野生动物制品进口证明书及未向海关申报的情况下，携带价值人民币50万元的亚洲象象牙制品入境，已构成走私珍贵动物制品罪，且属情节特别严重。因现有证据能够证明其所携带象牙为拍卖会拍得，且无证据证明高某某的走私行为有牟利目的，对其应处5年以下有期徒刑。鉴于高某某具有自首情节、社会危害性较小等，可对其减轻处罚并适用缓刑。

[①] 参见最高人民法院刑事审判第二庭编著：《〈最高人民法院、最高人民检察院关于办理走私刑事案件适用法律若干问题的解释〉理解与适用》，中国法制出版社2015年版，第143～144页。

评析与辩点

由于《刑法》第 151 条第 2 款对走私文物罪规定的仅仅是出口行为，而本案是进口案件，因此，本案不能认定为走私文物罪。但，是否意味着本案就一定能被认定为走私珍贵动物制品罪呢？这是一个需要深入研究的问题。

本案的牙雕兼具两种商品性质，其既属于珍贵动物制品又属于文物，但我们认为，应当以文物作为其主要性质或根本性质。因为文物是以其科学、艺术及历史价值来发挥作用的，其具有特定的用途，并具有较高的欣赏价值、收藏价值及保值增值的功能，如果将文物当作一般商品来对待，就背离了其主要价值特征，且与国民的日常经验及正常的商业逻辑不符。如果去除其文物的元素，那么其价值和功用可能还不如一对未经加工的原牙。而且，本案如果将其作为文物而不是珍贵动物制品来对待将产生以下三大意义：首先，有利于国家。我国政府向来鼓励国民通过合法途径获取中国流失海外的文物，并促使这些文物回归祖国，这完全符合国家利益，因此，我国政府从未禁止国外文物流入中国。其次，有利于繁荣合法的文物市场。如果合法的文物交易及文物流动都要受到打击，那么地下文物市场的非法交易、文物走私活动将更为泛滥。最后，有利于行为人。涉案牙雕系行为人高某某通过合法途径拍得，目的是带回国用于收藏鉴赏，并非为了贩卖牟利，而且国家也不禁止文物回流中国，因此，其行为并没有什么社会危害性。

更为重要的一点是，本案牙雕并不属于走私珍贵动物制品罪的犯罪对象。《濒危野生动植物种国际贸易公约》最初的签署时间为 1973 年 3 月 3 日，我国政府向该公约保存国瑞士政府交存加入书的时间是 1981 年 1 月 8 日，该公约对我国正式生效的时间则为同年 4 月 8 日。本案的牙雕形成时间为清末民初，因此，可以肯定地说，其形成于公约前，因此并不能归属于该罪对象范畴。而且，对公约前所获得的牙雕进行交易或携带进出境亦不会有损于国际社会对现存亚洲象及非洲象的保护。

综上，我们认为，本案判决颇值商榷。此外，值得关注的是，从 2016 年 3 月 20 日起，我国政府已将公约前所获象牙及其制品列入了临时禁止类的进口物品管制范围。

94. 走私白垩纪古脊椎鸟类化石的情形是否构成走私文物罪?

案件名称
朱某某走私国家禁止进出口的物品（白垩纪古脊椎鸟类化石）案[①]

裁判要点
法院认为走私白垩纪古脊椎鸟类化石的情形构成走私国家禁止进出口的物品罪。

案情简介
2008年7月，被告人朱某某开始在辽宁省朝阳市做化石生意。朱某某委托林某某（另案处理）在W市接收其通过快递公司发来的化石后由林某某将化石再托运到澳门交给买家。从2008年9月至2009年7月，朱某某和林某某多次通过上述方式将化石走私到澳门。2009年7月初，一位香港买家找到朱某某欲购买一块鸟类化石，双方商定价格为人民币11,000元。同月14日，朱某某以假名通过朝阳市某快递公司将该块鸟类化石托运至W市。同月16日，林某某依约在W市接收该块鸟类化石后，即前往某经营部，以"陈生"的名义准备将化石用"精品"的名称托运到澳门，后被查获。同年8月19日，朱某某在辽宁省朝阳市被抓获。经鉴定，该件鸟类化石属于距今6,700万年至2.3亿年前的白垩纪鸟类化石。

一审法院依照《刑法》第151条第3款、第64条之规定，判决如下：被告人朱某某犯走私国家禁止进出口的物品罪，判处有期徒刑3年，并处罚金人民币3万元；其他处罚内容略。二审法院裁定予以维持。

[①] 广东省高级人民法院（2010）粤高法刑二终字第220号刑事判决书，载中华人民共和国最高人民法院刑事审判第一、二、三、四、五庭主办：《刑事审判参考》2012年第1集（总第84集），法律出版社2012年版。

⚖️ 裁判理由

上诉人朱某某违反国家古生物化石管理的有关规定,逃避海关监管,走私珍稀古生物化石出境,其行为已构成走私国家禁止进出口的物品罪,依法应予以处罚。针对其他事项的裁判理由略。

评析与辩点

本案主要争点是对走私年代过于久远与人类活动无关的古脊椎动物化石的行为该如何定性。一种意见认为,应当定性为走私文物罪;另一种意见认为,应当定性为走私国家禁止进出口的物品罪。我们认为,后一种观点更为正确。

首先,《关于〈中华人民共和国刑法〉有关文物的规定适用于具有科学价值的古脊椎动物化石、古人类化石的解释》规定,刑法有关文物的规定,适用于具有科学价值的古脊椎动物化石、古人类化石。这里对古脊椎动物化石没有具体分类,规定得较为笼统。《文物保护法》第2条第3款规定,具有科学价值的古脊椎动物化石和古人类化石同文物一样受国家保护。根据《文物保护法》制定的《古人类化石和古脊椎动物化石保护管理办法》对《关于〈中华人民共和国刑法〉有关文物的规定适用于具有科学价值的古脊椎动物化石、古人类化石的解释》作了必要的限缩解释,该办法第2条规定:"本办法所称古人类化石和古脊椎动物化石,指古猿化石、古人类化石及其与人类活动有关的第四纪古脊椎动物化石。"之所以作此限缩解释,是因为并非所有的古脊椎动物化石均适合视为文物来管理,由此,办法将时间过于久远而与人类活动无关的古脊椎动物化石排除出了"视为文物"的范围。与人类活动有关的第四纪约开始于248万年前,而本案所涉化石系距今6,700万年至2.3亿年前的白垩纪鸟类化石,显然距离第四纪时期过于久远,与人类活动无关。因此,涉案化石不属于刑法规定的文物,朱某某不构成走私文物罪。

其次,《刑法修正案(七)》第1条规定,将《刑法》第151条第3款修改为:"走私珍稀植物及其制品等国家禁止进出口的其他货物、物品的,处五年以下有期徒刑或者拘役,并处或者单处罚金;情节严重的,处五年以上有期徒刑,并处罚金。"在当时没有对走私化石具体罪名予以规定的情况下，本案所涉化石经鉴定为珍稀古生物化石，因此，两级法院根据《刑法修正案（七）》的上述规定，认定朱某某构成走私国家禁止进出口的物品罪。

综上，我们认为本案两级法院的裁判基本是妥当的，唯将涉案商品认定为"物品"还可探讨。

95. 走私假币罪从犯认定的证据标准

🔨 案件名称

施某某等走私假币（假美元）案[①]

💡 裁判要点

仅有被告人施某某辩护人的主张，而无其他证据显示有人委托施某某走私，故对于有委托人的说法不予采信。而且，即使有委托人存在也不影响对施某某主犯地位作用的认定。

🎬 案情简介

2008年7月中旬，被告人施某某在高雄市以提供来大陆期间的食、住、行等费用并许诺事成后给予一定报酬为条件，分别召集被告人李某某、黄某某、朱某某、张某某随其到大陆为其携带假美元到台湾地区。同月18日，施某某、李某某、黄某某、朱某某、张某某一同乘坐飞机从高雄市到厦门后，暂住在厦门一酒店公寓。次日上午，施某某在李某某的陪同下乘飞机前往北京，以人民币23万元的价格向他人购买了10叠共计10万元的百元面额假美元，后于当日下午乘飞机返回厦门，并在暂住处将假美元拿给李某某、黄某某、朱某某、张某某看。同月21日下午，施某某在暂住处将10叠假美元各分2叠给李某某、黄某某、朱某某、张某某随身携带，并交待要将假美元藏匿于裤袋中以逃避海关检查，其自己亦随身携带2叠。之后，施某某、李某某、黄某某、朱某某、张某某到厦门高崎国际机场拟搭乘KA6××次航班出境，在选择无申报通道通关时，被机场安检人员当场人赃俱获。其中，施某某被查获美元20,300元（折合人民币138,590.13元），李某某被查获美元20,000元（折合人民币136,542元），黄某某被查获美元19,900元（折合人民币135,859.29元），朱某某被查获美元20,000元（折合人民币136,542元），张某某被查获美元

[①] 福建省厦门市中级人民法院（2008）厦刑初字第183号刑事判决书。

19,900元（折合人民币135,859.29元），以上共计美元100,100元（折合人民币683,392.71元）。经鉴定，上述5被告人所携带的美元均为假币。案发后，上述假币已被中国人民银行厦门市中心支行没收。

依照《刑法》第151条第1款、第4款、第25条第1款、第26条第1款、第4款、第27条、第57条第1款及《关于审理走私刑事案件具体应用法律若干问题的解释》第2条之规定，法院判决如下：一、被告人施某某犯走私假币罪，判处无期徒刑，剥夺政治权利终身，并处没收个人财产人民币20万元；二、被告人李某某犯走私假币罪，判处有期徒刑7年6个月，并处罚金人民币5万元；三、被告人黄某某犯走私假币罪，判处有期徒刑7年，并处罚金人民币5万元；四、被告人朱某某犯走私假币罪，判处有期徒刑7年，并处罚金人民币5万元；五、被告人张某某犯走私假币罪，判处有期徒刑7年，并处罚金人民币5万元。

裁判理由

关于被告人施某某的辩护人提出的施某某系接受台湾人"阿明"的委托走私假币的辩护意见。经查，被告人施某某虽供称其系接受台湾人"阿明"的委托走私假币，但该供述无法得到其他证据的印证，且施某某是否系接受他人委托并不影响对其地位作用的认定。该辩护意见理由不足，不予采纳。针对其他事项的裁判理由略。

评析与辩点

该案中，被告人施某某的辩护人提出的施某某系接受台湾人"阿明"的委托走私假币，但未能就此提供证人证言、同案犯的供述或其他客观证据，同时，也未能进一步提供查证的具体线索，而且从施某某的其他个人信息、经历等情况来判断，亦缺乏存在这种情况之合理性，因此，法院未采信这种说法。但据我们考察，在其他类型案件如一些走私贵重金属案件中，判决中也仅有被告人一方供述称自己系受人委托带货而无上下家到案及其他直接证人的证言，法院径直将其认定为从犯并予以从宽处理，如陈某走私金条案[①]即

---

① 广东省深圳市中级人民法院（2016）粤03刑初第384号刑事判决书。

是如此。本案完全不考虑这种说法是不是就不合理呢？但深究起来，本案与上述走私金条案仍有区别，在后一案件中，法院根据被告人的家庭情况、文化水平、经济状况及其出入境记录显示的较为频繁的出入境情况，认为陈某系职业水客的可能性较大而将其认定为从犯是有合理性的，这也就是我们常说的经验法则，其反映了事物之间的一般规律、必然联系或常态联系，由此，利用经验法则来认定某些事实是可行的。而在本案中，施某某的辩护人既没有提供这些方面的情况，更没有提供其他直接有力的证据来证明有委托人存在的事实。如果施某某或其辩护人能够提供施某某以前经常帮人带假币的证据或者提供这方面的前科记录或者其他同案犯也提出存在有委托人的事实，那么针对这些合理辩解或证据，法院就有必要让控方去进一步查证或直接将这些合理辩解或证据纳入质证及审查环节。与此对比，在另一起走私假币案——罗某宏走私假人民币案[①]中，法院最终将被告人罗某宏等人认定为从犯即是根据同案犯供述、证人证言及委托人与罗某宏的转账记录等客观证据来认定的，虽然主犯因故未能纳入该案当中一并处理，但这并不妨碍将罗某宏等人直接认定为从犯。

综上，本案判决未采信施某某辩护人所提存在委托人之主张，进而将施某某认定为主犯，我们认为基本是妥当的，唯对即使有委托人存在也不影响对施某某主犯地位作用之认定的观点似可再议。

---

① 福建省厦门市中级人民法院（2008）厦刑初字第23号刑事判决书。

第13章
走私淫秽物品罪

96. 对"淫秽物品"的认识差异究竟属于
事实认识错误还是法律认识错误?

案件名称
ALY 走私淫秽物品（淫秽光碟）案[①]

裁判要点
法院认为本案属于法律认识错误，故对行为人酌情从轻处罚。

案情简介
2008年10月11日，被告人 ALY 将放在广州市白云区明珠路××号仓库内的一批货物装入集装箱号为 TRLU899×××× 的货柜时，对受托为其代办货运出口手续的粤某公司员工隐瞒其中有部分淫秽光碟的事实，将光碟与其他货物一起装柜。之后，粤某公司转委托华某公司办理上述货物的出口报关事宜。2008年10月15日，华某公司办理上述货物报关手续时，未向海关申报上述光碟。在海关关员查验 TRLU899×××× 号货柜时，发现其中藏匿的442张光碟，经鉴定属于淫秽 DVD 影碟。

ALY 及辩护人以 ALY 不知其行为违反中国法律、ALY 的国家并不禁售色情光碟等为由，请求对 ALY 减轻或免除刑罚。

依照《刑法》第6条、第152条第1款、第35条、第64条的规定，法院判决如下：一、被告人 ALY 犯走私淫秽物品罪，判处有期徒刑1年，并处罚金人民币2,000元。刑满后驱逐出境。二、扣押的442张淫秽光碟，予以没收销毁。

裁判理由
根据中国刑法属地管辖权原则，ALY 在中国领域内实施前述犯罪行为，侵犯的是中国海关监督管理制度、市场管理经济秩序和社会治安管理秩序，且

[①] 中华人民共和国广东省广州市中级人民法院（2009）穗中法刑二初字第193号刑事判决书。

ALY来到中国即应遵守中国法律，ALY对中国法律的无知，依法并不能免除其刑事责任。据此，ALY及其辩护人的减轻或免除刑罚之意见，法院决定不予采纳。但是，ALY为马里籍人，其前述行为属于对中国法律认识错误而造成的，主观恶性较小，且ALY走私淫秽影碟出境，主观方面并无明显危害中国社会之故意，客观上尚未造成淫秽影碟出境得逞的后果，故ALY走私淫秽影碟出境的行为尚属犯罪情节较轻的程度。基于上述情节，根据罪责刑相适应的刑法量刑原则，并结合ALY基本如实供述犯罪事实的情况，法院最终酌情对其作出了从轻处罚。针对其他事项的裁判理由略。

评析与辩点

一、有些情形下事实认识错误与法律认识错误会呈现交叉重叠状态

从日本的姆妈·鼯鼠案与狸·貉案[1]中可以得知，法律认识错误与事实认识错误或者说法律问题与事实问题有时候会交杂在一起，比较难以区分。[2]尽管这两个案件性质没有什么不同，但处理结果却有天壤之别。日本学者大塚仁教授指出："两事件中的错误应当作为相同性质的错误来对待，必须说判例的态度缺乏一贯性。即判例认为，从犯行的情状来看，处罚被告人是相当的时候，就把'鼯鼠·姆妈事件'中的错误当作法律错误，而觉得处罚会有些苛酷时，就把'狸·貉事件'中的错误当作事实错误。"对此，大塚仁进一步评论道："上述情形的发生不外乎是其起因于判例固执地维护事实的错误阻却故意、法律的错误不阻却故意的这种传统的立场。采用违法性的错误也阻却故意的见解时，就可以正确认定错误本身的性质，拯救不值得处罚的被告人。"[3]如果持严格的违法性认识必要说，则即便将上述姆妈·鼯鼠案与狸·貉案分别按照法律认识错误与事实认识错误处理，其结果也不会有什么实质性

---

[1] 所谓"姆妈·鼯鼠案"，是指被告人不知道狩猎法禁止捕获的"鼯鼠"是"鼯鼠"，而认为是高知县的地方方言称之为"姆妈"的东西，进行了捕获，大审院认为被告人的错误是法律错误，不阻却违反狩猎法之罪的故意；而与此不同，在"狸·貉案"中，大审院则认为，被告人认为禁猎兽"狸"是"貉"而加以捕获，是事实错误，阻却故意。参见[日]大塚仁：《犯罪论的基本问题》，冯军译，中国政法大学出版社1993年版，第227页。

[2] 参见桂亚胜：《故意犯罪的主观构造及其展开》，上海人民出版社2014年版，第56页、第64页。

[3] 参见[日]大塚仁：《犯罪论的基本问题》，冯军译，中国政法大学出版社1993年版，第227页。

差异。但我国司法实务界大多也是持违法性认识不要说,在此情形下,界分彼此就显得很有实务意义了。

在实践中,还有一种司法实用主义的倾向,就是对于同一性质的错误,当司法机关认为需要处罚被告人时,就把它看成是法律的错误(违法性认识错误),从而认定被告人有罪;而当司法机关认为不需要处罚被告人时,就把它看成是事实的错误,从而认定阻却故意的成立,被告人无罪,这样不能不说破坏了法律的严肃性。如果从这个意义上看,界分彼此还有其理论价值。我们认为,上述姆妈·鼹鼠案与狸·貉案均可以按照事实认识错误来认定,这跟误把珍贵树木当作了普通树木予以采伐构成事实认识错误因而阻却危害国家重点保护植物罪的犯罪故意是一样的。①

我国学者黎宏教授认为,事实认识错误与法律认识错误实际上是一体的,没有必要分开。如果行为人对事实认识的程度达到了让其产生危害社会即违法的意识的话,就可以说行为人对事实的认识是真实的,并不存在错误;相反的,如果行为人虽然对事实具有认识,但该种认识没有达到让其产生危害社会意识的程度的话,就可以说,行为人对事实的认识是不真实的,存在错误。这种错误,从形式上看,虽说是法律认识错误,但说到底,还是属于事实认识错误。这样说来,久居深山老林而不知禁止打猎规定的猎户非法狩猎案件构成非法狩猎罪的结论就是不妥当的,因为这看似法律认识错误,其实根本上还是事实认识错误。②我们认为,黎教授的观点是有道理的。

二、本案被告人对淫秽物品的认识差异是构成事实认识错误还是法律认识错误

对于构成要件的各要素,理论上向来有记述的构成要件要素和规范的构成要件要素之分。一般认为,记述的构成要件要素不需要更多的解释就可理解其意义,而规范的构成要件要素则需要法官进行必要的价值判断。关于规范的构成要件要素的意义的认识和违法性意识,都与规范相联系,具有类似之处,但是,他们与规范的关系明显不同,将它们同等看待,难免失当。就

---

① 不同见解参见[日]西田典之:《日本刑法总论》(第3版),刘明祥等译,中国人民大学出版社2007年版,第200~201页。

② 参见黎宏:《刑法学总论》(第2版),法律出版社2016年版,第212页。

文书的"猥亵性"而言，意义的认识是认识到该文书具备猥亵性，而违法性的意识则是意识到贩卖该猥亵文书是刑法上所不允许的。前者是所谓犯罪事实的表象的一环，是构成要件性故意的要素；后者则是责任故意的要素，是责任论的对象。因此，作为《刑法》第175条之罪的构成要件性故意的要件，除了"认识到存在着有问题的记载和认识到是在颁布、贩卖它"之外，还应该需要认识到"有问题的记载"具有"猥亵性"，如果行为人缺乏对"猥亵性"的认识而贩卖了文书时，就阻却该罪的构成要件性故意。[①] 对于规范的构成要件要素，行为人应当认识该要素的意义。否则不成立故意。在我国刑法中，走私淫秽物品罪同样要求对淫秽物品的"淫秽性"有认识，如果不知物品的"淫秽性"，则发生行为对象的认识错误，属于事实认识错误的范畴，阻却故意的成立。

本案当中，被告人 ALY 知道涉案光碟的内容是怎样的，对其内容并没有发生认识错误，但对涉案光碟的违法性产生了认识错误，这应该属于法律认识错误，本案判决也持这一观点。但由于文化上的差异，被告人 ALY 在其国家销售色情光碟并不构成犯罪，在其观念中，这些光碟也就是一些稍微暴露一点的正常言情片，可能在其头脑中无从建立起刑法意义上"淫秽"或"色情"的概念，那么对于这些光碟的法律意义或社会意义也就无从了解，对其社会危害性也就无法知道。因此，我们认为，这就属于由于不知道社会危害性进而无法认识刑事违法性的情形，故从这个意义上说，本案也可构成事实认识错误。而且，由于事实认识错误导致的法律认识错误的情形，亦完全可以将其当作事实认识错误来对待。

---

① 参见 [日] 大塚仁：《犯罪论的基本问题》，冯军译，中国政法大学出版社1993年版，第213~214页。

97. 性药品外包装上的性图片是否属于淫秽物品?

案件名称

郑某走私淫秽物品(色情图片)案[①]

裁判要点

法院认为性药品外包装上的性图片属于淫秽物品。

案情简介

被告人郑某接受李某某(另案处理)的委托,用林安的名字在义乌为李某某办理收货、货物出口事宜。2010年8月7日、8日,郑某收到一批李某某从广东发来的药品、保健品,并将该批货物存放在义乌市凌某公司仓库内,在收货过程中郑某发现该批货物中有大量色情图片。与此同时,郑某委托义乌市凌某公司办理该批货物的出口事宜,并隐瞒了货物中有色情图片的事实。2010年8月9日,该批货物装箱、报关,集装箱号为MSKU133××××,报关单号为29212010021082××××。2010年8月11日,海关对该批货物进行查验,发现其中共有色情图片1,935,348张(性药品的外包装及宣传册),经鉴定均属于淫秽物品。

依照《刑法》第152条第1款、第52条、第53条之规定,法院判决如下:被告人郑某犯走私淫秽物品罪,判处有期徒刑7年,并处罚金人民币5万元。

裁判理由

被告人郑某接受他人委托,以牟利为目的,违反海关法律、法规,将淫秽物品申报为洗衣皂、塑料胶带等其他物品,企图走私出境,其行为已经构成走私淫秽物品罪。针对其他事项的裁判理由略。

评析与辩点

我们认为,看待一个事物的属性应当看其主要特征或根本特征,本案中

[①] 浙江省金华市中级人民法院(2011)浙金刑二初字第5号刑事判决书。

的"色情图片"系性药品的外包装及宣传册,其属于性药品的附属物,主要起广告宣传、引起注意、便于分类、提示说明的作用,就像含有某些"淫秽"或"色情"内容的艺术作品其属性仍应认定为艺术作品而非淫秽物品、色情作品或包含"淫秽""色情"内容的淫秽物品、色情作品。正如《关于认定淫秽及色情出版物的暂行规定》第4条所规定的,夹杂淫秽、色情内容而具有艺术价值的文艺作品;表现人体美的美术作品;有关人体的解剖生理知识、生育知识、疾病防治和其他有关性知识、性道德、性社会学等自然科学和社会科学作品,不属于淫秽出版物、色情出版物的范围。我们认为,这一规定是有道理的,应予参照。本案中的性图片亦是如此,被告人郑某并没有将其当作淫秽物品并以其本身来作为牟利工具或传播载体,因此,其不属于淫秽物品,而且,郑某亦没有走私淫秽物品的故意及牟利、传播淫秽物品之目的。同时,在性药品的外包装或说明书上放置性图片,也符合商业惯例及社会通念,是国民可接受范围的事情,没有什么社会危害性,刑法对这种正常合理的社会现象应保持必要的尊让,不必过度干预。

我们注意到,本案中的金华市中级人民法院在其后的类似案件中已经改变了司法观点,这是值得肯定的。如 Issaka 涉嫌走私淫秽物品案。[①] 在该案中,金华市中级人民法院认为,"涉案性药外包装盒上印制的图片,虽反映性交姿势,但系性药这一特殊物品的外包装。在案尚无证据证明被告人 Issaka 主观上具有以牟利或传播为目的而走私性药外包装盒上淫秽图片的故意及目的"。类似判例还有周某明涉嫌走私淫秽物品案。[②] 在该案中,浙江省高级人民法院认为,"涉案的部分壮阳茶外包装盒上印制的图片经浙江省公安厅鉴定,认为外包装及说明书上印制的图片中虽然有暴露女性乳房、反映性交姿势、性爱抚摸等情形的图片,但系壮阳茶这一特殊物品的外包装,所起作用可视为对产品功能的辅助介绍,不应认定为淫秽物品。故金华市公安局出具的关于涉案假性药、壮阳茶、壮阳皂外包装及内置说明书中印制的图片属淫秽物品的鉴定意见存疑,不宜作为定案依据,且在案尚无证据证明被告人主观上具有走私淫秽物品的故意及目的"。

综上,我们认为,本案判决值得商榷。

---

① 浙江省金华市中级人民法院(2014)浙金刑二初字第13号刑事判决书。
② 浙江省高级人民法院(2014)浙刑二终字第17号刑事判决书。

98. 走私淫秽光盘后又复制贩卖的情形应定一罪还是数罪？

案件名称
何某走私淫秽物品（淫秽光盘）案[①]

裁判要点
法院认为走私淫秽光盘后又复制贩卖的情形应按复制、贩卖、传播淫秽物品牟利罪一罪处理。

案情简介
2003年3月，某制药厂网络管理员何某在网上向台湾人吴某购得淫秽光盘26张，由吴某从台湾地区邮寄给何某。何某收到淫秽光盘后，将这些淫秽光盘作为母盘进行复制，共复制了771张淫秽光盘并销售至北京等地，得赃款人民币61,893元。2003年4月至5月，被告人何某又让吴某分两次从台湾地区邮寄淫秽光盘89张，均被海关查获并扣押。2003年5月21日，海关缉私局将何某抓获。最终，南京中院以复制、贩卖、传播淫秽物品牟利罪，判处何某有期徒刑4年，并处罚金人民币25,000元。同时，对何某贩卖淫秽光盘所得赃款人民币61,893元予以追缴，全额上缴国库。

裁判理由
走私行为实际是复制、贩卖淫秽光盘牟利行为的手段。只是在犯罪过程中，犯罪的手段又触犯了其他罪名。按照法律，对于牵连犯罪，不应适用数罪并罚的原则，而应认定为一罪处理。针对其他事项的裁判理由略。

评析与辩点
对于本案应如何处理，主要有以下三种不同意见：
第一种意见认为，被告人何某违反海关法规，逃避海关监管，以牟利为

[①] https://www.shdf.gov.cn/contents/772/50901.html，最后访问时间：2022年10月9日。

目的,走私国家禁止进口的淫秽光盘,应当以走私淫秽物品罪追究其刑事责任。被告人何某以牟利为目的复制淫秽光盘并向国内销售,情节严重,应当以复制、贩卖、传播淫秽物品牟利罪追究其刑事责任。持该观点的人还认为,走私淫秽物品罪属于短缩二行为犯,短缩二行为犯虽然也有手段行为和目的行为,但是目的行为并不是短缩二行为犯的构成要件,实际上短缩二行为犯只存在一个实行行为即手段行为。也即,目的行为和手段行为或原因行为和结果行为是成立牵连犯的充足条件,而在短缩二行为犯中只需要手段行为就可以构成犯罪的既遂,而不需要目的行为的实施。[①] 故被告人何某的行为构成走私淫秽物品罪及复制、贩卖、传播淫秽物品牟利罪,应予以数罪并罚。

第二种意见认为,被告人何某虽然有走私淫秽物品的行为,但其并未通过该走私的淫秽物品以出售等形式直接牟利,其行为不构成走私淫秽物品罪,只能以复制、贩卖、传播淫秽物品牟利罪论处。

第三种意见认为,被告人何某以走私淫秽物品为手段,通过复制走私的淫秽物品进行贩卖牟利,根据牵连犯罪的理论,其行为构成复制、贩卖、传播淫秽物品牟利罪,不构成走私淫秽物品罪。

我们赞同第三种意见,具体理由如下:第一,本案符合数罪理论。被告人何某以牟利为目的,违反海关法规,逃避海关监管,通过邮寄的手段进口淫秽物品,符合走私犯罪特征。虽然,何某尚未利用同宗走私物品直接通过出卖、传播等方式牟利,但走私的行为是存在的,且第一笔数额亦不足立案标准,无需追究刑事责任。关键在于被告人何某还有第二笔走私行为,且司法实践中,只要行为人主观上具有牟利目的,客观上实施了通关行为被当场查获的,虽无后续行为仍视为走私行为完成,也就是说是否存在后续行为,并非构成走私犯罪的决定性条件。因此,第二种不构成走私犯罪的意见不能成立。第二,本案符合牵连犯特征。所谓牵连犯是指行为人实施了数个犯罪行为,但出于一个犯罪目的,其手段行为或方法行为触犯了一个罪名,而其犯罪结果又牵连触犯了另一罪名的犯罪。就本案而言,从表面上看,是两个犯罪行为,即走私淫秽物品和复制、贩卖、传播淫秽物品牟利,但实际上,这两个行为有一个

[①] 参见刘红艳:"短缩二行为犯犯罪形态研究",载《西南政法大学学报》2012年第6期。

共同点，即主观上都是以牟利为目的，走私淫秽物品犯罪的主观故意是牟利，复制、贩卖淫秽物品也是出于同一牟利目的。牵连犯的主要特点在于行为人的数行为是围绕一个犯罪目的实施的。本案关键在于被告人何某是否是出于一个犯罪目的。事实上，何某并没有直接以贩卖走私进口的淫秽物品牟利，其牟利故意的实现是通过复制该批走私进口的淫秽物品进行贩卖而达到的，走私进口淫秽光盘只是其复制、贩卖牟利的一种手段，其犯罪目的只有一个，如果对其按两罪数罪并罚，对其"牟利"的目的性要素就使用了两次，这就违反了禁止重复评价的原则，不符合刑法原理。只有在被告人贩卖了走私进口的部分淫秽物品直接牟利，将另一部分复制后再贩卖牟利，才可能对被告人进行数罪并罚，因为在这种情况下，被告人出于数个犯罪故意，实施了数个犯罪行为，其中"牟利"的目的性要素亦没有重复使用，故而符合实质数罪的特征。认定两者之间构成牵连关系还在于走私淫秽物品的行为与复制、贩卖该物品具有从属关系。本案被告人何某是通过走私手段获取淫秽光盘再行复制，前者与后者间具有从属性。故第一种构成数罪的意见也不恰当。当然，法律明确规定对牵连犯须数罪并罚的情形除外。第三，按照牵连犯的一般原理，行为人的主观意识中直接实现犯罪目的的犯罪行为是主行为，为实现犯罪目的创造条件的行为是从行为。而且，本案中走私淫秽物品罪和复制、贩卖、传播淫秽物品牟利罪的法定刑及相关量刑幅度也完全一样。根据牵连犯的理论，应以其目的行为所触犯的罪名对其定罪处罚，即认定被告人何某构成复制、贩卖、传播淫秽物品牟利罪。因此，我们认为，本案判决是妥当的。

99. 确实不知所走私普通货物中混杂有淫秽物品的情形不构成走私淫秽物品罪

案件名称

魏某文等走私普通货物（杂货）案[①]

裁判要点

确实不知所走私普通货物中混杂有淫秽物品的，不构成走私淫秽物品罪。

案情简介

2017年8月间，被告人魏某文与林某（另案处理）共同出资，以45.5万元的价格购得"闽连渔运63×××"船。2018年年初，被告人陈某忠出资3万元入股，3人预谋将"闽连渔运63×××"船用于从马祖海域偷运走私货物入境谋利，约定魏某文负责接收台湾货物清单、查找确定卸货码头、联系货车和物流；陈某忠随船出海，负责船上轮机作业、接驳货物；林某负责联系台湾货源、驾船出海接驳货物等。同年4月17日上午10时许，经事先联系，林某与陈某忠、被告人徐某国及吴某、唐某（均另案处理）等搬运工驾乘"闽连渔运63×××"船，从福建省连江县北茭码头出发向东航行，在台湾马祖海域从一台轮上过驳了一批无合法手续的化妆品、电子产品等货物后返航，当晚23时许抵达浙江省苍南县一不知名码头。魏某文将物流公司安排的由王某驾驶的欧曼牌栏栅货车带到码头后，指挥搬运工将船上货物卸驳到货车上。次日凌晨1时许，王某驾驶的货车在沈海高速宁德霞浦虎屿岛服务区被宁德海关缉私分局查获，扣押货物等共计157项。经宁德市价格认证中心鉴定，该批货物价值277.3848万元，经宁德海关计核，偷逃应缴税款计46.596218万元。

2018年6、7月间，被告人魏某文及林某兴（另案处理）与被告人林某昌、

[①] 福建省宁德市中级人民法院（2019）闽09刑初18号刑事判决书、福建省高级人民法院刑事裁定书（2019）闽刑终279号刑事裁定书，来源于中国裁判文书网，最后访问时间：2022年10月9日。

林某奏经事先商议，共同出资以 4.3 万元的价格购得三无船舶"吉壁×××"船，约定双方各占 50% 的股份，由魏某文、林某兴负责联系台湾货源、确认接驳时间及地点、安排岸上接驳车辆和人员，由林某昌、林某奏负责安排人员驾船出海接驳货物、组织码头货物装卸等。事后，林某昌、林某奏雇佣被告人林某禄负责开船，并许诺给林某禄部分船舶股份。同年 10 月 14 日 15 时许，经魏某文、林某昌、林某奏等人联系，林某禄、徐某国及吴某、唐某、李某 1、彭某（均另案处理）等 4 名搬运工驾乘"吉壁×××"船从福建省连江县颜岐村门边码头出发向东航行，在台湾马祖海域从一台轮上过驳了一批无合法手续的化妆品、衣物、书籍等货物后返航，当晚 21 时许抵达连江县青屿码头附近海域，在等待涨潮靠岸时被宁德海关缉私分局查获，扣押货物等共计 689 项。经宁德市价格认证中心鉴定，该批货物价值 120.6885 万元，经宁德海关计核，偷逃应缴税款计 22.02126 万元。经鉴定，所扣押的货物中，有 717 册书籍系淫秽书刊。

法院依照《刑法》第 153 条、第 25 条第 1 款、第 27 条、第 67 条第 3 款、第 64 条，最高人民法院、最高人民检察院《关于办理走私刑事案件适用法律若干问题的解释》第 16 条第 1 款之规定，判决如下：一、被告人魏某文犯走私普通货物罪，判处有期徒刑 3 年 9 个月，并处罚金人民币 70 万元。二、被告人徐某国犯走私普通货物罪，判处有期徒刑 2 年 6 个月，并处罚金人民币 30 万元。三、被告人陈某忠犯走私普通货物罪，判处有期徒刑 2 年 2 个月，并处罚金人民币 30 万元。四、被告人林某昌犯走私普通货物罪，判处有期徒刑 1 年 7 个月，并处罚金人民币 20 万元。五、被告人林某奏犯走私普通货物罪，判处有期徒刑 1 年 6 个月，并处罚金人民币 20 万元。六、被告人林某禄犯走私普通货物罪，判处有期徒刑 1 年 5 个月，并处罚金人民币 10 万元。有关在扣财物的判项略。

裁判理由

本案被告人魏某文等人所运货物不区分是否是淫秽物品，外包装均一致，运费也是一个标准，而且主观上魏某文等人在行为前就已明确表示过不运输普通货物以外的标的。综上，本案被告人魏某文等人主观上并不明知走私普通货物中有特定的淫秽物品，不具有走私淫秽物品的主观故意。因此，公诉机关指控被告人魏某文等人犯走私淫秽物品罪，没有事实和法律依据，指控该项罪名不能成立。针对其他事项的裁判理由略。

评析与辩点

对于本案应如何处理，主要有两种意见：第一种意见认为，应按照走私普通货物罪及走私淫秽物品罪数罪并罚。理由：《关于办理走私刑事案件适用法律若干问题的意见》第6条规定，走私犯罪嫌疑人主观上具有走私犯罪故意，但对其走私的具体对象不明确的，不影响走私犯罪构成，应当根据实际的走私对象定罪处罚。但是，确有证据证明行为人因受蒙骗而对走私对象发生认识错误的，可以从轻处罚。本案并没有证据证明被告人魏某文等人系因被"蒙骗"而产生认识错误，因此，对于淫秽书刊这一部分应认定为走私淫秽物品罪，与走私普通货物罪数罪并罚。第二种意见认为，魏某文等人仅构成走私普通货物罪。理由：魏某文等人并没有认识到有淫秽书刊混杂在普通货物中，故其对淫秽物品没有走私的主观故意。

我们赞同后一种意见，主要理由有以下四点：

第一，《关于办理走私刑事案件适用法律若干问题的意见》将反驳理由仅设定为受"蒙骗"情形太过狭窄且证明要求过高。我们认为，反驳理由应当设定为"但有证据证明确实不知道的除外"，类似规定如《关于办理网络赌博犯罪案件适用法律若干问题的意见》第2条规定的"但是有证据证明确实不知道的除外"，相比之下，该规定更为合理，本案理应参照。本案中所夹带的淫秽书刊与其他运输的货物均有外包装，但并无异常之处，仅凭外观无法判断哪些外包装内装有淫秽物品，在案证据中并无发货清单、微信截图等书证可证明所运输货物中有包含淫秽书刊等物品。同时，亦无其他证据或前科可以证明被告人魏某文等人明知所运货物中混杂有淫秽书刊。

第二，实践中有些行为人虽然明知自己实施的是走私行为，但其针对各种走私对象的不同社会危害性具有明确的认识。若在实施走私行为时，其已经明确只走私其中一种商品类型如普通货物，此时即使由于行为人的认识错误而实际运输了其他类型物品，也不应以其他类型物品所涉罪名对其定罪处罚，否则就违背了主客观相一致的原则。本案被告人魏某文供述他们在商议购买船舶进行运货时，已明确只运输普通台货，对国家禁止进口的其他违禁物品概不运输，该供述得到被告人林某昌、林某奏供述的印证。据此，本案被告人魏某文等人仅具有"正面限定的特定故意"。

第三，本案被告人收取的运费是平常运输普通货物的运费标准，并未因客观上有淫秽物品而收取与平常不同的费用或获取超额利润、不等值报酬。被告人魏某文等人是以入境台货数量收取费用，与是否有夹带淫秽书刊所获利益无关。

第四，走私淫秽物品罪的成立还需被告人自身必须具备牟利或传播的目的或明知委托人或货源组织者、货主、收货人具有牟利或传播的目的，但本案难以证明这一点。

类似判例还有蔡某奖走私案。[1] 该案法院根据有利于被告人原则，将无法证明行为人有淫秽物品及珍贵动物制品走私故意的这两部分事实均予以剔除。但持相反观点的判例也为数不少，如杨某洪走私案。[2] 该案法院认为被告人杨某洪在该案中具有概括的走私犯罪故意，被告人虽对具体的走私对象并不明确，但出现国家禁止进出口货物及淫秽物品亦未超出其主观认知范围，依法对其应以实际的走私对象定罪处罚，并予以数罪并罚。遂认定杨某洪构成走私普通货物罪、走私国家禁止进出口的货物罪及走私淫秽物品罪三罪。我们认为，该案判决值得商榷。

---

[1] 福建省宁德市中级人民法院（2019）闽09刑初17号刑事判决书。
[2] 福建省福州市中级人民法院（2019）闽01刑初98号刑事判决书。

第14章
走私毒品罪

100. 不能排除当事人被蒙骗可能性的，无法认定为走私毒品罪

案件名称
童某连等走私毒品（甲基苯丙胺）案[①]

裁判要点
不能排除当事人被蒙骗可能性的，无法认定为走私毒品罪。

案情简介
童某连与甲相识之后，2014年5月25日至2015年8月14日，童某连多次帮甲从广州带假发、口红、面霜、眉笔、内衣等样品到马来西亚、泰国，并收取佣金。2018年11月6日，被告人童某连从广州前往荷兰，随后从荷兰乘机直飞泰国，帮助甲的客户带货至泰国，被告人童某连先垫付机票及食宿费用后再收取费用及佣金。2019年2月22日，被告人童某连再次从广州前往荷兰准备帮助甲的客户带货至泰国，甲要求被告人童某连从荷兰直接乘机到泰国，但是，被告人童某连为了节省费用，私自将直飞泰国的航班改为便宜几千元的阿姆斯特丹—香港—广州—曼谷路线。2019年3月2日，童某连乘坐KA7××航班（香港至广州）从广州白云机场入境拟转机飞泰国，过海关时走无申报通道。海关人员依法对童某连所带的两件托运行李进行开箱查验，从两件行李箱背部夹层缴获3包可疑药品，共净重8134.55克（经鉴定，3包药品均检测出3,4-亚甲二氧基甲基苯丙胺，含量分别为38.2%、32.8%、41.2%）。

该案法院经审理认为公诉机关认定童某连明知是毒品而走私的证据不足，指控童某连犯走私毒品罪不能成立。最终判决童某连无罪。

[①] 广东省广州市中级人民法院（2019）粤01刑初557号刑事判决书，来源于中国裁判文书网，最后访问时间：2022年10月9日。

⚖️ 裁判理由

现有证据不足以认定被告人童某连具有走私毒品的主观故意，不能排除其被蒙骗的可能，理由如下：

1. 现场检测报告书证实被告人童某连并不吸毒，在案证据不足以证实童某连能够认知毒品。

2. 被告人童某连辩解对甲形成信任关系、未怀疑所带样品有问题而未申报有一定合理性。

3. 所获报酬不属于不同寻常的高额或不等值的报酬。

4. 从被告人童某连订最便宜的夜间航班，住私密性差的多人一间的酒店及常在朋友圈晒行程等来看，本案不属于采用高度隐蔽的方式交接物品的情形。

5. 采取人工带货而不是邮寄方式的解释有合理之处。

6. 毒品藏匿隐秘不易发觉。侦查机关出具情况说明证实毒品是用强力胶紧贴在行李箱的夹层，需用力才能将毒品从行李箱背部分离。而两个行李箱重达17.45千克，一般人难以察觉其中会有异常，且毒品上没有童某连的生物痕迹，因此，童某连未发现其中藏有毒品合乎情理。

7. 带货目的地非中国，童某连擅自改变航线的做法与正常人趋利避害的做法相悖。

8. 被告人童某连在带货过程中没有以虚假身份、地址或者其他虚假方式办理托运、订票、订房等情形。

9. 被告人童某连在机场被检查并发现毒品时，仍然神情镇定自若并配合检查，且一直稳定如实供述，积极配合侦查机关的侦查，没有任何阻碍、逃避侦查的行为。被告人童某连到荷兰之后即在当地购买新手机卡，是旅客为避免拨打国际长途而节省手机话费的惯常行为，也不足以证实是逃避犯罪侦查行为。

10. 被告人童某连工作生活正常，没有冒险的理由。童某连有着一定的社会阅历，对行李箱内藏有毒品过安检会被发现并会被判重刑等基本常识应当明知，故其断然拒绝为涉毒嫌疑人乙做事，甚至删除其联系方式。同时，童某连有房有车有小孩，有正当工作，其收入也足以在当地正常生活。

📢 评析与辩点

《办理毒品犯罪案件适用法律若干问题的意见》第 2 条规定，走私、贩卖、运输、非法持有毒品主观故意中的"明知"，是指行为人知道或者应当知道所实施的行为是走私、贩卖、运输、非法持有毒品行为。具有下列情形之一，并且犯罪嫌疑人、被告人不能做出合理解释的，可以认定其"应当知道"，但有证据证明确属被蒙骗的除外：（1）执法人员在口岸、机场、车站、港口和其他检查站检查时，要求行为人申报为他人携带的物品和其他疑似毒品物，并告知其法律责任，而行为人未如实申报，在其所携带的物品内查获毒品的；（2）以伪报、藏匿、伪装等蒙蔽手段逃避海关、边防等检查，在其携带、运输、邮寄的物品中查获毒品的；（3）执法人员检查时，有逃跑、丢弃携带物品或逃避、抗拒检查等行为，在其携带或丢弃的物品中查获毒品的；（4）体内藏匿毒品的；（5）为获取不同寻常的高额或不等值的报酬而携带、运输毒品的；（6）采用高度隐蔽的方式携带、运输毒品的；（7）采用高度隐蔽的方式交接毒品，明显违背合法物品惯常交接方式的。

一、童某连就帮他人托带行李的事实未向口岸海关申报正常吗？合法吗？

就该节事实而言，有一些证据是对童某连非常不利的。一是在广州白云机场设置的中国海关公告已提示：为他人托带行李、物品进出境的，必须主动申报，如果未申报并从中查获违禁物品的，将依法追究法律责任。二是当海关人员对童某连所带两件托运行李进行开箱查验前，其确认行李为其本人所有，未帮他人托带任何物品。

虽然如此，但因为现有证据无法证明童某连案发之前包括开箱查验之前对涉案行李箱内夹层中藏有毒品的事实具有明知，在其认知当中，就是带了一些并非全新的衣物和包，因此其选择走无申报通道而未向口岸海关申报属于人之常情，且童某连称自己在白云机场没注意到有上述海关告示的存在。据此，童某连的行为也不符合《办理毒品犯罪案件适用法律若干问题的意见》第 2 条第 2 项可推定明知的情形。

更关键的是，广州白云机场设置的中国海关告示仅仅是一个提示性、建议性标牌，属于没有海关法依据及没有强制约束力的行政指导行为。因为法律规定并没有禁止或限制帮他人带货，只要这个"货"是合法物品且在合理、自用数量范围内，行为人就没有向海关申报的法律义务，可以走无申报通道直接通关。而且，依据《海关法》及行政法，海关在进出境的正面监管场域可推定物品携带人为所有人。当然，如果在行为人所携物品中发现有违禁品，海关应就此进入实质性审查，必须查明其真正的所有人是谁。

因此，《办理毒品犯罪案件适用法律若干问题的意见》的第2条第1项中的"申报"与《海关法》上的"申报"是两码事。《办理毒品犯罪案件适用法律若干问题的意见》规定的"申报"其实就是"讲明"或"说明"的意思，这么规定是让行为人要主动讲明帮人带了行李，如果不讲，其后发现有违禁品，则可以将这一点作为推定行为人具有主观故意的一种证据而已，最终是否能定罪处罚还得综合考量其他证据，而不是说只要不讲明帮人带货的，就直接可以入罪处罚。但《海关法》上的"申报"就不同了，无论是帮人带货还是帮自己带，一旦所携物品达到申报标准的就都要申报，这个"申报"义务是法定的、恒定的、一致的，若未申报被发现的，就直接引发追补税（对普通应税物品而言）、退运、自愿放弃、收缴等法律后果，达到立案标准的将被认定为未申报、申报不实甚至伪报，进而产生罚款、没收或追究刑事责任等法律后果。

回到本案，把帮别人带的行李物品说成是帮自己带的，这不构成《海关法》上的"伪报"，就行为人童某连所能认知到的衣物、包而未主动讲明这一点，既不产生《海关法》上追补税、退运、自愿放弃等法律后果，更不涉及《海关法》上的未申报、申报不实或伪报。同时，即便行为人没有主动讲明帮人带货的事实，或者被查后隐瞒帮人带货的事实，只要执法机关其后没有查获任何违禁品，这个《办理毒品犯罪案件适用法律若干问题的意见》规定的"申报"义务也肯定是违反了，但行为人不需就此承担任何法律责任。而《海关法》设定的"申报"标准及"申报"义务一旦被违反，如前所述，行为人是必然要承担相应法律责任的。

反观司法实践，部分裁判即主要凭借行为人从无申报通道入境这一点就径直推定行为人具有明知，我们认为是值得商榷的，且该裁判有混淆《办理毒品犯罪案件适用法律若干问题的意见》规定的"申报"与《海关法》上"申报"之嫌。

最高人民法院参考性案例——巴拉姆·马利克·阿吉达利、木尔塔扎·拉克走私毒品案[①]的判决中虽然也阐述了"执法人员在机场口岸对巴拉姆、木尔塔扎进行检查时，已告知二人须申报本人或者为他人携带的违禁品，二人均未如实申报"的类似内容，但该判决紧接着又阐述了"在二人所携带的公文箱夹层内查获的毒品，系采用高度隐蔽的方式携带，且二被告人对其所携带的毒品均不能作出合理解释"等符合推定明知规则的重要内容。与前述伍某某案相比，巴拉姆案的法院对于"推定明知"规则之运用更为科学，说理亦更为充分。

二、童某连变更航线是否属于采用高度隐蔽的方式运输毒品？

正如本案判决所指出的，童某连发现阿姆斯特丹—香港—广州—曼谷的路线比从阿姆斯特丹直飞曼谷便宜4,000元左右，但没有联程航班，需要在香港、广州重新办理入境手续及提取托运行李过海关，而其为了节省并自己赚这几千元，故意向甲隐瞒变更运输路线。如果童某连明知所带系毒品，作为正常思维方式应当走更安全路线，最大限度减小犯罪被发现的风险。聊天记录亦证实童某连向甲抱怨客户"为何不让选廉价航空公司"，更印证其不知道行李箱藏有毒品。故其舍弃更安全路线与走私藏匿毒品的惯常方式不相符合。因此，我们认为，童某连变更航线的行为不属于采用高度隐蔽的方式运输毒品及走私毒品。

针对不走寻常路线的情形很可能被法院认定为采用高度隐蔽的方式运输毒品。如胡某祥案的一审法院曾以此为由判定其构成运输毒品罪，但二审法院对此予以了纠正并改判为无罪。该法院认为："原判认为上诉人胡某祥采用高度隐蔽的方式藏匿、运输毒品，且绕道行驶逃避公安边防检查，在接受检查时亦未如实申报，足以认定其主观明知是毒品而实施运输。根据在案证据证实，胡某祥与玉某无联系，二人在本案中缺乏关联性；玉某1租乘胡某祥的客运面包车，胡某祥称系受玉某1的安排走老公路的辩解符合常理；胡某祥在接受检查时未如实申报，但在手提袋被查获后即如实报告。原判据以定

[①] 参见中华人民共和国最高人民法院刑事审判第一、二、三、四、五庭主办：《刑事审判参考》2014年第1集（总第96集），法律出版社2014年版。

案的证据没有形成完整链条，没有达到证据确实、充分的法定证据标准，根据现有证据，认定胡某祥主观明知运输毒品的证据不足"，遂撤销该判项，改判胡某祥无罪。[①]

三、童某连是否采用高度隐蔽的方式交接毒品？

（1）从聊天记录和同事证言可知，童某连带样品到东南亚及荷兰同事均知晓，其每到一地均在微信朋友圈晒旅游照片，其所带样品均拍照留念，其接收物品的地址、接收酬金的账号均是个人真实的信息，其电话号码、地址、个人信息、行程等均真实、公开，与一般涉毒嫌疑人躲躲闪闪、假冒他人信息不同。（2）童某连作为受雇佣的带货者，订最便宜的夜间航班，住私密性差的多人一间的酒店，童某连考虑的是能否更便宜，而非是否更"安全"。（3）童某连称之前到了境外，有时是将所带物品直接交给对方，有时对方还会跟其一起吃饭，带其去附近商场、旅游景点玩。如果明知是毒品交接，还会在交接后跟对方一起吃饭或游玩吗？明知是毒品交接的，多数应是拿到毒品后双方都会迅速离开，甚至采取非接触式交接的方式。故以上情形明显不符合采用高度隐蔽的方式交接毒品的特征。

值得注意的是，即便侦查机关认定双方采用了高度隐蔽的方式交接毒品，这也只是一种推定方式，还需要结合其他很多证据来综合评价，而且侦查机关出具的"查获经过"也都是一种主观性较强、证明力较弱的证据，并不必然导致行为人被认定为犯罪。如尹某某涉嫌运输毒品案。该案检察院认为："在案证据显示尹某某确有驾车从成都到重庆并在车辆不上锁的情况下离开该车辆的客观行为，但尹某某主观明知是毒品而予以运输的直接证据不够充分"；"尹某某多次辩解其不知道车内有毒品，之所以在车辆未上锁的情况下离开车辆是执行'邓某'的命令，而在案证据显示尹某某在北滨路附近停车时，确实与他人有联系，故认定尹某某以高度隐蔽的方式交接物品，明显违背惯常交接方式的证据存疑"，该案检察院遂作出存疑不起诉的决定。

四、童某连帮人带货是否为获取高额或不等值报酬？

童某连上一次去荷兰帮人带货实际没有赚到钱，反而是亏了5,000多元。

[①] 云南省高级人民法院（2016）云刑终127号刑事判决书。

这一次再去荷兰帮人带货，童某连停薪请假 10 天时间送样品，仅收取 5,000 元的报酬并不算高。结合近两次童某连去荷兰的经历来看，其并未获取到高额或不等值报酬，也没有对此持有过高期望或提出过高要求。如果明知道所带之物是毒品，明知道要冒如此巨大的风险，才这么一点费用，正常人是不会考虑的。何况童某连工作稳定，每个月收入有 8,000 多元，虽然有贷款和信用卡要还，但并没有到严重影响其正常生活的程度。根据正常的生活逻辑来分析，其还没有到为了 5,000 元去铤而走险的地步。

司法实践中，亦有被侦查机关认定存在高额报酬但最终未被定罪的案例，如王某某涉嫌运输毒品案。该案侦查机关认定王某某为了高额酬金采用放哨跟踪查看周围安全的方式帮他人运输毒品，涉嫌运输毒品罪。但检察院认为该案事实不清、证据不足，不符合起诉条件。

此外，童某连对甲有长期的交情和高度信任感，两人聊天又未发现异常。案发前后，童某连的表现都很正常（案发后也未毁灭证据或阻碍、逃避侦查），且有多名证人对此予以肯定。童某连本人又无吸毒史，且明确拒绝过为可疑涉毒人员（乙）提供带货服务。综合全案证据来看，始终无法排除童某连存在被蒙骗的可能性。

我们应当看到，刑事推定是一种不得已的证明方法，有"末位的证明方式"之称。只有在相关事实确实难以用直接证据来证明时才允许采取这种方式进行认定。由于推定被告人明知不是以确凿证据来证明，而是根据基础事实与待证事实的常态联系，运用情理判断和逻辑推理得出的，不排除有例外情况，所以推定若运用不当，则很有可能导致错误定罪。依据《办理毒品犯罪案件适用法律若干问题的意见》的有关规定来认定毒品犯罪被告人的主观明知时，特别要注意两点：（1）判断是否明知应当以客观真实的在案证据为基础。尽管"明知"是被告人知道或者应当知道行为对象是毒品的心理状态，但判断被告人主观是否明知，不能仅凭被告人的供述，而应当综合案件中的其他证据，依据实施毒品犯罪行为的过程、行为方式、毒品被查获时的环境等证据，结合被告人的年龄、阅历、智力及掌握相关知识情况进行综合分析判断。本案中，被告人在各地酒店的住宿行踪、机票、车票及现场照片、鉴定意见等证据，都是作出判断的重要基础，若缺乏这些证据，则很难定罪。（2）应当准许被告人提出反证，以对其行为作出合理解释或者证实其确系被蒙骗。并且，如果被告人在审判阶段只能提出相关的证据线索，无法提出具体证据，法院可以进行调查取证。如经调查核实，发现被告人提出的证据线索确实存在，被告人的辩解有事实根据或者合乎情理，足以推翻推定事实的，则不能认定其明知。

综上，我们认为，该案法院对童某连作出无罪判决是妥当的。

101. 新规颁行后携带恰特草进境是否存在违法性认识之可能性或不可避免的违法性认识错误?

案件名称

易卜拉某走私毒品（恰特草）案[①]

裁判要点

曾因携带恰特草进境被我国出入境管理部门行政处罚可以证明其有走私毒品罪故意。

案情简介

2014年1月13日晚7时许，被告人易卜拉某乘坐ET6××次航班从埃塞俄比亚首都亚的斯亚贝巴飞抵杭州萧山机场，入境时选择无申报通道入关，未向海关申报任何物品。经杭州萧山机场海关关员查验，从其随身携带的双肩包内查获用锡纸包裹的3捆疑似恰特草植株。经鉴定，该3捆植株为卫矛科巧茶属巧茶，又名恰特草等，净重0.63千克，检出卡西酮成分。另公安机关从被告人易卜拉某处扣押人民币266元、美元2,910和iPhone手机一部等物。

另经查明，2013年1月6日，被告人易卜拉某曾携带5.73千克恰特草入境，被杭州萧山机场入境检验检疫部门查获并没收，并被告知禁止携带恰特草进入我国境内。

依照《刑法》第6条、第347条第1款、第4款、第357条、第52条之规定，法院判决：被告人易卜拉某犯走私毒品罪，判处有期徒刑7个月；附加刑等内容略。

裁判理由

法院认为，被告人易卜拉某违反我国法律，逃避海关监管，携带毒品恰特草入境，其行为已构成走私毒品罪。公诉机关指控罪名成立。关于被告人易

[①] 浙江省杭州市中级人民法院（2014）浙杭刑初字第111号刑事判决书。

卜拉某所提其不知道恰特草在中国属于违法物品，且被查获的恰特草系其用于自己食用的辩解，经查，被告人易卜拉某在本案发生前曾携带恰特草入境而被出入境管理部门没收，其明知我国禁止携带恰特草入境。被告人易卜拉某长期食用恰特草，应知恰特草具有使人兴奋、易于上瘾等特性，且其入关时选择无申报通道入关，再次将恰特草带入我国境内。被告人易卜拉某具有走私毒品的主观故意和客观行为，其行为构成走私毒品罪没有疑义。走私毒品的目的、用途不影响走私毒品罪的犯罪构成。故被告人易卜拉某上述辩解与事实及相关法律不符，本院不予采纳。被告人易卜拉某此次出于经商目的入境我国，其携带少量恰特草入境自辩为自己食用的可能性不能排除，故相较一般走私毒品入境贩卖牟利，其主观恶性较小，且本案涉案毒品均被查获，未流入社会。故可对被告人易卜拉某从轻处罚。

评析与辩点

一、判断有无违法性认识[1]之可能性及有无作出真挚而充分的努力以避免法律认识错误的具体标准

第一，有无影响法规范正确认识的客观障碍。

刑法规范虽然创设了公民守法的义务，但法规范本身提供的信息应该是清晰的。在法规范提供的信息不清晰甚至相互混淆的情况下，权威部门向社会提供了不正确的法规范信息，使普通国民（一般人）也会对法规范的正确判断产生障碍，此时，行为人自然也不知道其有遵守法律的义务。所以，在美国《模范刑法典》中，当法律的公开宣示具有瑕疵时，如规范尚未公布或不能在此行为之前通过其他合理途径获得此规范的内容，或者当被告合理信赖官方的法律声明，但后来此法律被宣告无效或存在谬误时，就认为这种法律的公开宣示存在着缺陷，可以成为免除刑事责任的辩护事由。[2]

第二，有无影响法规范正确认识的行为人主体障碍。

德国学者指出，"在考虑具体的行为人在其角色中相应的法律义务的前提

---

[1] 如无特别说明，本书的违法性认识均指刑事违法性认识。不同见解，参见路红青："论走私普通货物、物品罪"，武汉大学2010年博士学位论文。该文章认为，行为人只要有一般行政违法性认识，就必然也有走私犯罪的违法性认识。

[2] 参见[美]道格拉斯·胡萨克：《刑法哲学》，姜敏译，中国法制出版社2015年版，第384页。

下，其个人能力和知识便是判断可避免性的标准",[1] 是有无正确认识法律的主观基础性条件。我们认为，判断行为人是否存在主客观方面的主体障碍应首先根据一般人标准来判断，如果一般人在这种情形下都会存在障碍时，如果行为人条件高于一般人，则应当继续按照行为人的特别条件进行判断；如果行为人条件低于一般人，如年老、残疾、智力低下或生活在偏僻地区，则可以肯定行为人也将存在障碍，从而可以采信其缺乏违法性认识之可能性或违法性认识错误不可避免的主张。因此，我们认为，归根结底，还是应当以行为人标准来判断违法性认识及违法性认识可能性的有无。具有通常认知能力的一般人，如无特别理由，可以推定行为人具有违法性认识，无需进行违法性认识可能性的专门判断。

具体而言应当考虑以下条件：一是应考察行为人的教育背景。一个人的教育背景可以比较直接地反映其智力水平、见识程度、思维能力、专业素养等。二是应考察行为人的职业身份。一个人的职业身份可以反映出其社会地位、收入水平、工作能力及专业程度等。特别是针对特殊领域的法规范，如果行为人正是从事相关专业领域，那么他对该专业领域的法律规范应当更具有学习研究掌握的机会，对之也应有更高的理解和认知。三是应考察行为人对法律资讯的获取机会。如果行为人所从事的工作是专业性较强或与法律联系比较紧密的，又或者其本身就是从事法律事务工作或相关研究的，那么其获取相关法律知识的机会就更多，相反，如果行为人从事的是低专业程度、与法律联系较少的工作或处于无业、无收入状态，则获得法律知识的机会就较少。四是应考察行为人有无影响认知的特殊障碍。如独居原始森林过着与世隔绝的生活，多年来主要靠渔猎生活，那么国家对野生动物或鱼类保护的法律知识及其变动情况对他来说就形成一种特殊障碍。如孤身一人初到一个陌生的国家，语言也不通，这也可能会成为违法性认识错误难以避免的一种特殊障碍。[2]

第三，在存在违法性认识可能性的前提下，为避免发生违法性认识错误行为人有无尽到真挚而充分的努力。

---

[1] 参见 [德] 乌尔斯·金德霍伊泽尔：《刑法总论教科书》（第6版），蔡桂生译，北京大学出版社2015年版，第272页。

[2] 参见孙国祥："违法性认识错误的不可避免性及其认定"，载《中外法学》2016年第3期。

一是要考察行为人有无机会去努力，如果确无机会，则应当认为没有违法性认识可能性或违法性认识错误不可避免。①

对此，德国学者罗克辛教授认为，当行为人自己本能地或者通过第三人的提示、通过自己的思考或者阅读专业刊物而产生怀疑时；当行为人虽然怀疑，但是仍然知道自己是处于一个由法律详细和特殊地规定的领域中活动时；以及当行为人知道自己的举止行为会给个人或者公众带来损害的时候，这三种情况应视为有审查法律状况的机会，在所有三种机会都不存在时，没有认识到自己举止行为不法的行为人，就必须由于不可避免的禁止性错误而得到原谅。②也即，行为人在产生了怀疑、从事专业领域的行为时或行为将致损害时应特别留意，对自己行为是否触犯刑法应通过各种努力去尽到最大限度的合理注意义务。又或者，当行为人有机会、有时间去咨询、查询相关法律资讯时却没有去实施，则可以认为行为人没有做努力。

二是在有机会努力时，行为人有无做出真挚而充分的努力去"思""查""询"。

首先，关于"思"的方面。一旦确认存在这种机会，就要评价行为人是否运用自身的知的认识能力为解除疑问进行了努力。在这种行为人的努力中，应该动员能够判断事物的存否、对错的知的认识能力与价值观念、深思熟虑等所有个人的精神上的力量。必要时，还应该履行求助于相关部门或专家之忠告的咨询义务。其结果是，在完全不具有省察自身行为是否具有不法性的契机或即使存在这种契机且尽管作出了为消除疑问的努力但还是没有认识到违法性时，将认定为错误是不可能避免的。③如果行为人只是简单考虑了一下而没有调动全身的心力去思考就草率得出不构成犯罪的结论，不能认为其做了真挚而充分的努力；如果行为人并不具备比较丰富的法律知识就不应当完全信赖自己的分

---

① 这里的"不可避免"，是指"在法律意义上，一种禁止性错误不是绝对不可能获得怀疑的时候，才是不可避免的，而是行为人对于认定自己行为的许可性具有理智的根据时，就是不可避免的"。参见[德]克劳斯·罗克辛：《德国刑法学总论（第1卷）》，王世洲译，法律出版社2005年版，第622页。

② 参见[德]克劳斯·罗克辛：《德国刑法学总论（第1卷）》，王世洲译，法律出版社2005年版，第626页。

③ 参见[韩]金日秀等：《韩国刑法总论》，郑军男译，武汉大学出版社2008年版，第384～385页。

析和思考；同时，如果其经过自己的一番努力分析和思考之后，仍对是否构成犯罪心存疑虑，但其并未再进一步咨询或查询就决意作出某行为，我们认为这不能算作违法性认识错误不可避免，仍可认定其具有犯罪故意，这属于"惑知"，加上决意就构成了放任的间接故意。但这种疑虑不能仅是泛泛的紧张感、不安感或者到底是民事侵权还是行政违法还是犯罪的抽象疑虑，一定要是针对是否构罪的具体疑虑，但也不需要精确到究竟触犯刑法哪一条的疑虑。

其次，关于"查"的方面。行为人在行为前有无通过互联网特别是政府官网、法律数据库、裁判文书网等途径查询过政府公报、法规官方文本、行政主管部门及立法机关、司法机关对相关法律问题的解释及解读意见、相关裁判文书等。以裁判文书为例，我们认为，应作较充分而完整的查询，如果明显存在大量相反观点的判决，行为人却视而不见，仅查询或选取了符合自己观点的判决，就应视为未作充分查询；如果存在更高层级的不同观点之判例，行为人却仅查询或选取了符合自己观点的低层级判例，哪怕后者数量更为丰富，也应视为未作充分查询；但如果仅有同层级判例且持相反观点的判例数量明显更少特别是时间更早的话，应作出有利于行为人的解释。当然，如果某些不同判例及其相关信息因未上网很难查到，也就不能因此而苛求行为人。如果通过"思"及"查"仍无法有效消除疑虑的，则还应进一步作"询"的工作。

最后，关于"询"的方面。在咨询政府部门时，行为人在绝大部分情形下是无法区分政府部门内部职责分工的，因此，不能对行政机关工作人员的身份及职权作过分严格的限制，只要行为人是通过正规程序向其咨询了，而该工作人员也是正式代表政府部门作了回答，假如该回答并不正确且与行为人其后的行为有因果关系，那么，就应判定行为人没有违法性认识之可能性。① 此外，公职人员或法学院教授在公务机关或官媒上的意见应如何看待呢？如法学院教授在某法院挂职任副院长，在法院给当事人提供了自己的意见，如果事后证明是错误的意见，能否被认定为违法性认识错误不可避免或排除违法性认识的可能性？② 我们认为，在此情形下，应作出对行为人有利的解释。紧接着，我们再探讨一下律师及学者的意见如果发生错误，能否排除违法性认识的可能性

---

① 参见于洪伟：《违法性认识理论研究》，中国人民公安大学出版社2007年版，第162～163页。
② 参见刘夏："行政违法性认识与犯罪认定"，载《西部法学评论》2015年第6期。

呢？德国等国家大多不承认私人律师的建议可作为抗辩理由，如德国《联邦最高法院刑事判例集》就认为行为人不能通过从律师或精通法律者那里获得一种意见的方式来规避自己作某些决定的义务，[1]但也有些国家及地区认为可以。如美国一些州，允许被告以合理信赖其律师的错误建议而实施行为作为抗辩事由。[2]在韩国，"大法院也作出判决认为，信赖专利律师关于是否违反专利法的解答时，信赖律师及公务员关于是否存在债权的解答时"，均构成违法性认识错误不可避免的正当理由。[3]我们认为，对此问题的态度也不宜太过绝对，但总体应从严把握，如果确属某个专业领域内公认的非常敬业专业的权威专家，加之其身份具有独立性或相对独立性，这种情形应该是可以信赖的。假如发生错误，在违法性认识问题上亦应作出有利于行为人的解释。当然，如果是由于行为人提供信息材料不全或表达有错漏所致，则应另当别论。

我们在此强调的真挚而充分的努力去"思""查""询"，并不是要求行为人最终非得得到正确的结论，而是从行为人的角度来看，系通过调动全部心力去"思""查""询"之后得到的结论且其认为是足够权威和可信赖的，这就已经充分体现了行为人为消除法律疑虑的努力程度，即便该结论客观上或事后看并非正确，也难以再苛责行为人。

意大利的相关司法实践也值得借鉴，鉴于对很多根据临时的行政或预防需要而规定的犯罪，行为人的确无法了解，发生法律认识错误时，下列三种情况应作出"行为人不可避免"的认定：一是行为的实施得到有关主管机关的措施或意见（包括非正式的意见）的认可；二是对同一主体以前实施的同一性质的行为，法院曾以"行为未被法律规定为犯罪"为由而宣判为无罪；三是有关主管机关对该种行为长期持容忍态度，从未进行过干预。根据司法实践的解释，上述情况应排除主体对轻罪的罪过，是因为行为人存在所谓"应有的善意信任"。[4]

---

[1] 参见[德]克劳斯·罗克辛：《德国刑法学总论（第1卷）》，王世洲译，法律出版社2005年版，第627页。
[2] 参见[美]道格拉斯·胡萨克：《刑法哲学》，姜敏译，中国法制出版社2015年版，第385页。
[3] 参见[韩]金日秀等：《韩国刑法总论》，郑军男译，武汉大学出版社2008年版，第386页。
[4] 参见[意]杜里奥·帕多瓦尼：《意大利刑法学原理》，陈忠林译，中国人民大学出版社2004年版，第267页。

二、本案是否存在违法性认识之可能性或不可避免的违法性认识错误？

据法院审理查明，被告人易卜拉某于 2013 年 1 月因携带大量恰特草（达 5.73 千克）进境被我国入境检验检疫部门作出了没收的行政处罚。[①] 至此，其对携带恰特草进境的一般行政违法的认识就建立起来了，所以，本案中其对携带少量恰特草（0.63 千克）进境的行政违法性肯定是有认识的。但问题就在于，其对该行为的刑事违法性是否也有认识呢？我们认为，综合本案的各种情形来看，其应该是没有刑事违法性认识的，从而可以推出其没有犯罪故意。首先，检验检疫部门对其作出没收处罚的依据为《禁止携带、邮寄的动植物及其产品名录》，该名录纳入管控的植物及植物产品类的物品范围包括来自境外的新鲜水果、蔬菜、烟叶（不含烟丝）、种子（苗）、苗木及其他具有繁殖能力的植物材料、有机栽培介质。据此，可以看出，恰特草并不是被当作毒品或精神药品、麻醉药品对待的，而且即便是没收，也并不是被定性为走私行政违法来没收的。其次，可能有人会提出，即便恰特草当时不被当作毒品，但总可以被当作其他禁止进境的货物或物品来对待吧？我们认为，纳入禁止进境范围的物品范围与纳入走私国家禁止进出口的货物、物品罪中的货物、物品范围并不总是完全重合的，后者的对象范围更窄，而且其对数量、价值或其他情节是有特殊要求的，因此，我们认为，即便认为恰特草在当时已纳入了国家禁止进境的物品范围，但无论从当时携带的物品性质来看，还是从数量、价值或其他情节来看，也不会构成走私国家禁止进出口的货物、物品罪。也就是说，被告人也就不可能构成走私国家禁止进出口的货物、物品罪的故意。同时，被告人也不可能构成其他走私罪故意。再次，被告人易卜拉某于案发的 1 年前携带 5.73 千克的恰特草进境顶多也就是被行政处罚没收而已，这一次其带了数量很少的恰特草（0.63 千克）进境，可能也就是供自己吃很短时间，不能不说其已经注意到了有关部门的要求并进而约束控制了自己的行为，既然数量比上次少，那么其后果应该就不会比上次更严重，这也符合正常人的心理。最后，我们认为，如果行为人仅有行政违法性认识，并不能当然地推断其必然

[①] 不过依据检疫部门的表述是旅客自愿放弃该物品，没收与自愿放弃是有区别的，前者属于行政处罚种类，而后者不属于。不过既然法院是按照行政处罚来描述的，我们就暂且按照行政处罚来研究。

也有刑事违法性认识。

虽然《精神药品品种目录》已将恰特草纳入其范围，但该目录生效日期为2014年1月1日，而本案案发日期为2014年1月13日，发生在该目录生效后12天，因此本案就成为我国"走私"恰特草第一案，同时，被告人为埃塞尔俄比亚人，服用恰特草在其国家又是合法的行为。被告人易卜拉某由于其在本国内购买、携带及食用恰特草均为合法，因此，其一直认为这在其他国家和地区也是合法的，直到1年前因携带恰特草进境被我国检验检疫部门处理，才知道该行为在中国构成一般行政违法，这一次被处理的经历容易固化其头脑中的印象并形成惯性思维，其不容易再对同类行为或更轻行为是否构成犯罪产生疑虑，进而很难有去进一步检索或咨询的动因和行为，这完全是符合人性和经验法则的。加之，本案行为距其上次被处理的时间不长，行为人也不容易对法规是否有变动产生疑虑，而且本案属于我国首例关于恰特草的"走私犯罪"案，因此，其无从通过新闻媒体、裁判文书网或其亲友处获得关于携带恰特草进境将构成犯罪的资讯。此外，如果去要求一个不是长期生活在中国的外国人对刚刚生效的规定都要立刻了解掌握也未免有点太过严苛了。因此，我们认为，本案被告人易卜拉某缺乏对自己行为的刑事违法性认识的机会。

综上，我们认为，本案违法性认识错误难以避免或根本不存在违法性认识之可能性。

102. "止咳水"未必一概应认定为毒品

案件名称
余某某走私、贩卖、运输、制造毒品（止咳水）案[①]

裁判要点
法院认为"止咳水"系含有毒品成分的违禁药品，应认定为毒品。

案情简介
2016年5月20日18时许，被告人余某某持《港澳居民来往内地通行证》从H海关W口岸入境，未向海关申报所携带物品。海关关员依法对被告人余某某进行检查，经检查发现其随身携带的背包内共装有疑似含有可待因成分的止咳水56瓶，每瓶止咳水的外观及标签均一致，标签上标注有"MEPH ENDYLSYRUP、Each5mlcontins：CodeinePhosphate9mg"等字样，每瓶标注的容量为120ml。经随机抽检，以上止咳水检出可待因成分。

另查明，2015年7月19日，被告人余某某携带34瓶止咳水从V口岸入境被查获，被V海关认定为走私行为，并处以没收走私货物34瓶止咳水的行政处罚。

依照《刑法》第347条第1款、第4款，第67条第1款，第64条之规定，法院判决如下：一、被告人余某某犯走私毒品罪，判处有期徒刑7个月，并处罚金人民币2,000元；二、扣押在案的毒品予以没收，由扣押机关依法处理。

裁判理由
被告人余某某无视国家法律，逃避海关监管，私自携带含有毒品成分的违禁药品入境，其行为已构成走私毒品罪。针对其他事项的裁判理由略。

[①] 广东省深圳市中级人民法院（2016）粤03刑初581号刑事判决书，来源于中国裁判文书网，最后访问时间：2022年10月9日。

评析与辩点

一、"止咳水"的主要属性是否为"毒品"？

我们认为，"止咳水"首先是一种药品或一种处方药，其次才是管制类商品。药品或管制类精神药品才是其主要属性，"止咳水"并非一概属于"毒品"的范畴，因为，"止咳水"并不是当作毒品来设计和量产的，这并不符合其本来目的或主要属性特征。因此，只要在医生开具处方中处于合理剂量的"止咳水"，我们认为，个人是可以携带其进出境的，正常当药用时其肯定不属于"毒品"。因此，我们认为，"被列入精神药品管理目录后，'止咳水'将属于毒品的范畴"的观点太过绝对。[①] 正如有观点所指出的，第二类精神药品是否属于毒品，目前尚无法律予以明确规定。[②] 从有关司法文件及公安部的规定来看，其对第二类精神药品是否属于毒品的态度是非常审慎的。例如，《关于安定注射液是否属于刑法第三百五十五条规定的精神药品问题的答复》指出，鉴于安定注射液属于《精神药品管理办法》规定的第二类精神药品，医疗实践中使用较多，在处理此类案件时，应当慎重掌握罪与非罪的界限。对于明知他人是吸毒人员而多次向其出售安定注射液，或者贩卖安定注射液数量较大的，可以依法追究行为人的刑事责任。再如，公安部《关于在成品药中非法添加阿普唑仑和曲马多进行销售能否认定为制造贩卖毒品有关问题的批复》亦持类似观点，其指出，只有违反国家规定，明知是走私、贩卖毒品的人员而向其提供阿普唑仑和曲马多，或者明知是吸毒人员而向其贩卖或超出规定的次数、数量向其提供阿普唑仑和曲马多的，才可以认定为犯罪。此外，在吴某某等非法经营案[③]中，最高人民法院主流观点亦认为，第二类精神药品在没有证据证明其确实作为毒品生产、销售时，其本质上仍为药品。[④]

[①] 参见张年亮："公安部等三部门联合治理'止咳水'滥用"，载《人民公安报》2015年4月28日第4版。

[②] 参见李荣冰等："办理走私刑事案件中存在的问题与解决对策"，载《人民检察》2016年第14期。

[③] 参见广东省潮州市中级人民法院（2014）潮中法刑二初字第1号刑事判决书。

[④] 参见中华人民共和国最高人民法院刑事审判第一、二、三、四、五庭主办：《刑事审判参考》2015年第1集（总第102集），法律出版社2016年版。

二、"止咳水"是否一概属于禁止进境的物品？

虽然《禁止进出境物品表》第1条第5目规定，鸦片等能使人成瘾的麻醉品、精神药物属于禁止进境物品。但这并不代表所有的"止咳水"就一概禁止携带进境。如前所述，其首先是一种药品，根据《药品进口管理办法》第39条第3款的规定，进出境人员随身携带的个人自用的少量药品，应当以自用、合理数量为限，并接受海关监管。从法的位阶效力来说，数个部委联合发布的规章效力要高于单个部委发布的规章，同时，根据新法优于旧法的原则，发生冲突时亦应适用后发布的联合规章。同时，在其被列入第二类精神药品范畴之后，个人也还是可以携带一定量的"止咳水"进境的，只是条件更为严格。《麻醉药品和精神药品管理条例》第44条第1款规定，因治疗疾病需要，个人凭医疗机构出具的医疗诊断书、本人身份证明，可以携带单张处方最大用量以内的麻醉药品和第一类精神药品；携带麻醉药品和第一类精神药品出入境的，由海关根据自用、合理的原则放行。但对第二类精神药品并没有类似的明确规定，根据举重以明轻的原则，既然第一类精神药品都可以按照单张处方最大用量以内的数量携带，那么第二类精神药品亦应参照执行。但关于"止咳水"销售的规定倒是明确的，《麻醉药品和精神药品管理条例》第32条规定，第二类精神药品零售企业应当凭执业医师出具的处方，按规定剂量销售第二类精神药品，并将处方保存2年备查。此外，《关于加强含可待因复方口服液体制剂管理的通知》第5条亦指出，自2015年5月1日起，医疗机构应当按照《麻醉药品和精神药品管理条例》等相关规定，加强对含可待因复方口服液体制剂的管理，使用精神药品专用处方开具含可待因复方口服液体制剂，单方处方量不得超过7日常用量。照此看来，"止咳水"应列入限制进境物品的范畴其实更为合理。

"止咳水"滥用成瘾的原因主要有四个：一是药物的成瘾性；二是药物的易获性；三是药物消费价格的可承受性；四是药物滥用的非管控性。正是这些原因导致"止咳水"很多时候进入了非药用领域，被有些人当作"毒品"使用。但生活中常见的易上瘾药物其实远远不止"止咳水"，如很多人家中都常备着下面几类药物：一是含有可待因、麻黄碱等成分的复方制剂（不一定是液体状），包括复方甘草片、中药强力枇杷露、复方桔梗片、复方樟脑酊等止咳药。二是镇痛类药物。其中的非甾体类药物，如阿司匹林、芬必得等以及中枢止痛类药物，如盐酸曲马多虽然不具成瘾性，但有依赖性。三是安定类，如安定、舒乐安定、阿普唑仑等。四是感冒药和抗过敏药，常用的氨咖黄那敏（感冒药）如泰诺（包括小儿泰诺），部分含有麻黄碱、右美沙芬和咖啡因。马来酸氯苯那敏（扑尔敏）等抗过敏类药物也可导致依赖性。以上药品未必都列入了精神药品管制范围。列举这些类似药品的意思是说，这些药品与"止咳水"一样，不管有没有列入管制范围，其首要属性是药品或精神药品。如果系基于治疗之药用，即使没有医生处方单、医院诊断证明等材料，但如果确有其他证据足以证明系用于治疗，哪怕携带的"止咳水"剂量稍大，也不宜认定为走私毒品罪。有观点亦指出，实践中，有的人因治疗疾病需要而携带微量麻醉药品，或者戒毒人员携带微量替代海洛因药物（如氯胺酮），逃避海关监管进出境，即使没有同时携带医疗诊断书的情形，不能轻易认定为走私毒品罪。对于解释合理的，不应作为犯罪处理。[①]

[①] 参见最高人民法院毒品犯罪审判指导小组编：《毒品犯罪审判理论与实务》，人民法院出版社2009年版，第176页。

103. 邮寄型走私毒品犯罪应以完成交付邮寄手续为既遂标准

案件名称

莫某某等走私、贩卖、运输、制造毒品("冰毒")案[①]

裁判要点

法院认为邮寄型走私毒品犯罪应以完成交付邮寄手续为既遂标准。

案情简介

上诉人莫某某以自己租住的深圳市龙岗区某小区E栋607房(以下简称"607房")为据点,雇请原审被告人何某某、上诉人谭某某,指使二人在该房内将甲基苯丙胺藏于事先购买的照明灯、断路器等电子器件内,而后由何某某、谭某某将这些藏匿有毒品的电子器件拿到深圳市福田区华强北的物流公司寄往澳大利亚。

2014年4月23日,莫某某通知何某某来到607房,之后安排何某某购买3个照明灯回到607房。何某某将3个照明灯内的零件拆除,再将3包甲基苯丙胺用复写纸和锡纸进行包裹后,藏进3个照明灯内。莫某某提供给何某某一张写有英文地址的纸条,让何某某根据纸条地址将毒品寄往澳大利亚。当日16时许,何某某来到深圳市福田区某物流公司,将藏有毒品的3个照明灯交给该物流公司委托寄往澳大利亚,办好快递手续后离开。物流公司员工在进一步检查何某某所寄的3个照明灯时,发现灯内藏有可疑物品,遂报警。公安机关当场缴获3个准备发往澳大利亚的纸箱,每箱藏匿白色固体晶体1包,共3包,经鉴定,净重分别为330克、336克、334克,均检出甲基苯丙胺成分,含量分别为72.1%、71.9%、72.5%。

2014年5月15日,莫某某通知何某某及谭某某来到607房,由何某某购买回二个断路器后,何某某与谭某某一起在607房内将二个断路器内的零件拆

[①] 广东省高级人民法院(2015)粤高法刑一终字第308号刑事裁定书,来源于中国裁判文书网,最后访问时间:2022年10月9日。

除,再将14包甲基苯丙胺用复写纸和锡纸、塑料袋进行包裹后,藏进二个断路器内。莫某某让何某某抄写了一张写有英文地址的纸条,安排何某某、谭某某根据纸条地址将毒品寄往澳大利亚。当晚20时许,何某某伙同佩戴假发的谭某某离开607房准备出发邮寄上述毒品时,在信义某小区门口被埋伏的民警抓获,当场缴获藏匿有毒品的2个断路器,后经检查,从断路器内查获用复写纸和锡纸、塑料袋包裹的白色晶体14包,经鉴定,净重分别为34.19克、98.89克、99.01克、95.4克、69.47克、80.36克、132.65克、100.81克、47.13克、46克、36.33克、43.87克、60.18克、62.93克,均检出甲基苯丙胺成分,含量为63.7%至71.3%不等。之后,公安机关根据情报,将从607房出门倒垃圾的莫某某抓获,从垃圾袋内查获了塑料袋、复写纸、锡纸、断路器内零件、少量毒品。

一审法院依据《刑法》第347条第1款、第2款第1项、第357条、第25条、第26条、第48条、第57条第1款、第61条、第64条、第67条第3款之规定,判决如下:一、被告人莫某某犯走私毒品罪,判处无期徒刑,剥夺政治权利终身,并处没收个人全部财产;二、被告人何某某犯走私毒品罪,判处有期徒刑15年,并处罚金人民币50,000元;三、被告人谭某某犯走私毒品罪,判处有期徒刑12年,并处罚金人民币30,000元;四、本案所缴获的毒品,由扣押机关依法销毁。所查扣的其他违禁品,予以没收,上交国库。二审法院裁定维持了这一判决结果,但将犯罪既遂的认定变更为了犯罪未遂。

⚖ 裁判理由

莫某某雇请何某某、谭某某于2014年5月15日前往快递公司邮寄毒品,何某某、谭某某在途中被公安机关抓获最终未能将毒品交寄,3人的走私毒品犯罪行为由于意志以外的原因而未得逞,是犯罪未遂,前述3人在该宗犯罪中依法可比照既遂犯从轻或者减轻处罚。原审判决认定该宗走私毒品犯罪构成既遂不当,应予纠正。针对其他事项的裁判理由略。

评析与辩点

在邮寄毒品型走私犯罪中,当毒品顺利到达邮寄目标地时,当然构成走私毒品罪的既遂。但我们认为,不能以此作为既遂标准,由于行为人的走私行为是其主观控制下的全部走私行为，而真正的从货运公司到目的地的过程是由不以行为人意志为转移的第三人来完成的，因此，即便在行为人的行为完成后、走私目的地到达前，被邮政部门、托运部门发现或遗失毒品而没有实现走私毒品的目的，在这个过程中不可能存在犯罪未遂和中止的未完成形态，仍然应当构成走私毒品罪的既遂。如果将未过关境即被查获的情形认定为未遂，显然对犯罪既遂的构成要求太过严苛，也不符合主客观相一致的犯罪理论。因此，对于采用邮寄的方式输出毒品的行为人来说，其在毒品交寄并完成了所有的寄递手续，其犯罪行为就已经完成终了，我们认为以此为标准作为其构成走私毒品犯罪行为之既遂标准是合理的。[①]

根据上述分析，莫某某与何某某于 2014 年 4 月 23 日的走私毒品犯罪中已将毒品交邮手续全部办结，走私毒品的犯罪行为应视为完成，构成走私毒品罪既遂。在 2014 年 5 月 15 日的走私毒品活动中，莫某某指使何某某、谭某某二人携带伪装好的毒品及写有境外地址的纸条准备前往物流公司进行交寄，途中被公安机关抓获，该行为是否构成走私毒品罪的既遂？我们认为，犯罪没有得逞是犯罪未遂与既遂的区别所在。犯罪没有得逞就是犯罪未完成而停止。在 2014 年 5 月 15 日的走私毒品犯罪中，何某某与谭某某由于意志以外的原因即公安机关的抓捕而未能继续前往快递公司将毒品交寄，二人主观上可以控制的全部走私行为并未完成，故对二人此次的走私毒品犯罪应认定为犯罪未遂。因此，一审法院认定二名被告人于 2014 年 5 月 15 日的走私毒品犯罪构成既遂不当，应予纠正。

司法实践中，也有观点认为，由于莫某某是多次走私毒品的惯犯，可将其多次走私毒品的犯罪行为视为一个整体的走私毒品犯罪行为。既然其在 2014 年 4 月 23 日的走私毒品犯罪中已达到既遂，那么其在 2014 年 5 月 15 日的走私毒品犯罪行为即使尚未完成，也可视为走私毒品行为能够完成，构成走私毒品罪既遂。一审法院即持这种观点，因而认定本案 3 名被告人于 2014 年 5 月 15 日的走私毒品犯罪构成既遂。这种观点并不可取。虽然在办理毒品案件中可以允许一定程度的推断，但是这种将多次走私毒品犯罪行为视为一个整体走私毒品犯罪行为的做法明显不符合罪刑相适应的原则。本案被告人的两次

---

① 参见晏山嵘：《走私犯罪案例精解》，中国法制出版社 2014 年版，第 115 页。

走私毒品犯罪行为,如独立来定,分别构成既遂与未遂。依照法律规定,未遂犯可以比照既遂犯从轻或者减轻处罚,如果均认定为既遂,无疑会加重对被告人的处罚。再有,将尚未完成的走私毒品犯罪行为认定为既遂,有客观归罪的嫌疑,没有考虑当缺乏主观要件的意外事件发生从而导致犯罪分子的走私毒品行为无法完成的情形,或者由于犯罪分子自身的心理态度而自动中止犯罪。走私毒品行为尚未完成,对社会产生的危害远远小于走私毒品行为完成所带来的危害。本案被告人两次走私毒品的行为是不同、独立的行为,走私的是不同的毒品,不能因为前一次犯罪行为完成而推定后一次犯罪行为亦能顺利完成,是否构成既遂应以每次犯罪行为完成的程度而定。

因此,对于邮寄毒品的走私犯罪,应以被告人完成所有交寄手续为标准来认定走私毒品罪之既遂。这样认定,既符合我国当前司法解释和严厉打击走私毒品犯罪的刑事政策要求,又有利于维护海关监管秩序,同时,也有利于被告人。①

综上,我们认为,本案二审法院的认定是妥当的。

---

① 参见陈明蔚:"邮寄型走私毒品犯罪的既遂标准",载《人民司法》2016年第2期。

104. "推定"及"惑知"可构成走私毒品罪的"明知"

📛 案件名称

李某走私毒品（海洛因）案[①]

💡 裁判要点

"推定"及"惑知"可构成走私毒品罪的"明知"。

🎬 案情简介

2012年2月，上诉人李某在广州结识一黑人男子"巴鲁"（另案处理）。2013年3月下旬，"巴鲁"请李某去马来西亚帮忙带一些玩具回来给小孩，所有费用由"巴鲁"支付，"巴鲁"还另外支付人民币2,000元的报酬，李某答应。"巴鲁"遂安排另一黑人男子"KC"（另案处理）与李某联系具体事宜。2013年3月23日凌晨1时许，李某乘坐飞机从广州前往马来西亚吉隆坡市，入住"KC"推荐的酒店。3月25日22时许，"巴鲁"联系的人找到李某，交给其一个行李袋，内装中国制造的儿童玩具若干，之后又有人送过来中国出版的儿童画册3本，李某将其一并装入行李袋内。3月26日凌晨6时许，李某乘坐飞机返回澳门，上午11时许，李某经K口岸旅检现场无申报通道入境，未向海关申报，被截查，海关关员从其携带的行李袋内查获儿童画册3本。经检查，上述3本画册封皮内侧均藏有用银色锡纸包裹的淡黄色粉末。经鉴定，从上述淡黄色粉末中检出海洛因成分，净重1,481.9克，含量为48.4%。

一审法院依照《刑法》第347条第1款、第2款第1项、第57条第1款、第64条之规定，判决如下：一、被告人李某犯走私毒品罪，判处死刑，缓期2年执行，剥夺政治权利终身，并处没收全部财产；二、查获的毒品海洛因1,481.9

[①] 广东省珠海市中级人民法院（2014）粤珠中法刑初字第5号刑事判决书、广东省高级人民法院（2014）粤高法刑三终字第238号刑事裁定书，来源于中国裁判文书网，最后访问时间：2022年10月9日。

克，作案工具三星手机、诺基亚手机各一部均予以没收。二审法院裁定对此予以维持。

⚖️ 裁判理由

经查，综合上诉人及其辩护人的意见，本案的争议焦点在于上诉人李某主观上是否明知其携带的行李中藏有毒品。根据《办理毒品犯罪案件适用法律若干问题的意见》的规定，走私毒品犯罪主观故意中的"明知"，是指行为人知道或者应当知道所实施的行为是走私毒品行为。具有下列情形之一，并且被告人不能做出合理解释的，可以认定其"应当知道"，但有证据证明确属被蒙骗的除外：（1）执法人员在口岸、机场、车站、港口和其他检查站检查时，要求行为人申报为他人携带的物品和其他疑似毒品物，并告知其法律责任，而行为人未如实申报，在其所携带的物品内查获毒品的；……（5）为获取不同寻常的高额或不等值的报酬而携带、运输毒品的；（6）采用高度隐蔽的方式携带、运输毒品的；（7）采用高度隐蔽的方式交接物品，明显违背合法物品惯常交接方式，从中查获毒品的。结合本案分析：（1）上诉人李某辩解只是帮"巴鲁"从国外带玩具回来给小孩，出国费用由"巴鲁"支付，并另外收取人民币2,000元作为报酬。但现场查获玩具与画册都是中国制造，是在国内随处可见的低廉商品。由对方报销全部费用并另外收取报酬，只为从国外带回一些低廉物品，而用邮寄的方式才更符合经济原则，请专人携带明显不符合常理。（2）上诉人李某出发前，"KC"向李某提供了新的电话卡用于单独联系，特别交代李某不能将原有联系方式等告诉马来西亚方面的人，并且强调不要和别人说太多话。在李某出发到机场前，"KC"还专门与李某会面交代事宜，种种行为显示本次行程违背普通物品的正常交接方式。（3）上诉人李某的上诉状中也承认自己怀疑过是否有违禁品甚至毒品，李某的朋友得知其帮人带东西回国，也提醒过小心有毒品，证人欧某某的证言也证实曾经提醒过李某小心携带毒品回来，上述供述和证言说明李某已经意识到其帮人带回国的物品中可能含有毒品，但在入境时，李某并未主动向海关边检申报自己帮他人携带的物品，在执法人员询问是否有帮他人携带物品时依旧否认。综上，上诉人作为一个有中专学历的成年人，对每次出国并携带物品回国的过程中发生的种种不正常之处应有清晰的认知，以上情形都表明李某"应当知道"帮"巴鲁"携带回国的物品中藏有违禁品甚至毒品，只是由于有之前从越南返回的成功经验，便一直存有侥幸心理。上诉人及其辩护人所提上诉人已尽到合理的审慎义务、与"巴鲁"关系密切影响判断力、行为的风险与获取的报酬不相符为由辩解自己并不知情，与事实不符，不予采纳。综上，本案在案证据可以认定上诉人李某主观上明知自己携带的行李中藏有毒品。

评析与辩点

《办理毒品犯罪案件适用法律若干问题的意见》等司法解释、司法文件规范了走私毒品罪中"明知"的推定规则问题，我们认为应从以下几个方面来理解这些规则：第一，走私毒品罪即使符合推定规则已被推定"明知"，也并非不可推翻；第二，推定规则要略后于证明规则；第三，即使不符合某一推定规则，也并非一定不能认定行为人具有"明知"，因为其可能符合其他推定规则；第四，即使行为人提供了一定的合理辩解，也并非一定能推翻司法机关对于"明知"的认定，关键是要形成一个合理辩解体系或反证体系，而不是单个地推翻其中某个推定事实，如果还有其他推定事实同时符合又没有被推翻同样也达不到反证的效果。

回到本案，本案上诉人李某为他人带物品未向海关申报且收取较高报酬，使用单独的电话卡与其他人单线联系，而且在海关工作人员询问其是否有帮他人带货也被其否认，对照相关司法解释所规定的推定明知类型，是可以推定李某对所携带毒品具有"明知"的。同时，从李某在境外的停留时间、活动内容、通讯内容等各方面来看也不太合理，这些亦没有得到很好的解释。此外，3本普通的儿童画册在国内随处皆可买到，不必从国外带回，而且，一本普通的儿童绘本正常不会超过300克至500克，3本最多也就1,500克，但本案的3本书除书本身的重量之外又多出了1,481.9克（毒品重量），重量如此反常，李某拿到书时是很难说没有感觉的，据此，李某应该是具有"明知"的。当然，如果李某提供的钱款并非报酬，而是他人所偿还的欠款等合理辩解理由及证据的话，有可能可以推翻某个推定事实，但要达到全面推翻事实的效果则必须形成强有力的证据体系或辩解体系来证明其客观行为的整体过程是合理的，其主观上确无明知及故意。

除以上推定规则的运用之外，我们认为，本案更应当优先适用证明规则来证明行为人具有"明知"。我们认为，"明知"包含"惑知"，"惑知"是指行为人对自己所带物品是否为毒品持怀疑或疑惑态度，且直至案发时一直没有通过科学合理的措施及令人令己信服的理由来消除这种疑惑，这种情形下，完全可以认定行为人具有"明知"。但"惑知"绝不包含可能知道或可能不知道的情形。同时，鉴于毒品案件的特殊性，我们认为要认定毒品案件的"明知"，行为人至少应认识到可能是毒品才行（但不要求认识到毒品的品种、数量、含量等特征），如果行为人仅认识到可能是违禁品则是不够的。本案中，上诉人李某承认自己怀疑过是否有违禁品甚至毒品，其家人及朋友得知其要帮人带东西回国，也提醒过小心有毒品，而李某对所带画册甚至没有去认真翻阅检查过，这些证据都说明李某已经意识到其帮人带回国的物品中可能含有毒品，且其一直没有通过合理的措施或可信的理由来消除自己的疑惑，因此属于"惑知"，可直接认定其具有走私毒品罪的"明知"。

105. 在走私毒品案中如不能排除货主存在之可能性的，应慎用死刑立即执行

案件名称

胡某某等走私毒品（海洛因等）案[①]

裁判要点

在走私毒品案中如不能排除货主存在之可能性的，不宜判死刑立即执行。

案情简介

2010年8月21日，上诉人海某某、胡某某携带毒品从缅甸走私入境。22日14时许，二上诉人驾驶摩托车行至大理州永平县龙街镇羊街至龙街路段时被公安民警抓获，当场从二人携带的牛仔包中查获海某某携带的毒品海洛因5,638克、甲基苯丙胺37克，胡某某携带的毒品海洛因2,901克。二上诉人均称系受他人雇佣运输毒品，但没有提供任何证据。

一审法院根据《刑法》第347条等规定，判决如下：一、海某某构成走私、运输毒品罪，判处死刑，剥夺政治权利终身，并处没收个人全部财产；二、胡某某构成走私、运输毒品罪，判处死刑，剥夺政治权利终身，并处没收个人全部财产；三、查获的毒品海洛因8,539克、甲基苯丙胺37克予以没收。二审法院根据《刑事诉讼法》第189条第1、2项等规定，将胡某某改判为死缓，其他则维持了一审判决内容。

裁判理由

经查，二上诉人共同从境外走私毒品到我国境内并运输到内地，因此，本案属共同犯罪，应对全案的毒品承担罪责。二辩护人所提上诉人海某某、胡某某应各自承担罪责的观点不能成立。在共同犯罪中，二上诉人作用相当，不

---

① 参见曾粤兴主编：《刑事案例诉辩审评——走私、贩卖、运输、制造毒品罪》（第2版），中国检察出版社2014年，第301～307页。

分主从。上诉人海某某所携带的毒品数量较胡某某所携毒品数量大，对海某某依法应予严惩，对胡某某可从轻处罚。

评析与辩点

本案中，虽然二上诉人均称系受他人雇佣运输毒品，但没有提供任何证据。但我们仍然可以通过经验法则来看待本案事实，二人均为农民，收入很少，且文化程度较低（一个是文盲、另一个是小学文化），而二人被抓获时所查获毒品数量又特别巨大，这些数量的毒品从缅甸购进要花费人民币数百万元，该二人是没有这样的经济能力的。本案也没有证据证明涉案毒品系二人自己出资购进的。因此，本案不能排除存在货主的可能性，根据存疑时有利于被告人的原则，我们认为，二审法院将携带毒品数量较少的胡某某改判为死缓是妥当的，尽管其所走私、运输的毒品数量已属数量巨大。因为根据《全国部分法院审理毒品犯罪案件工作座谈会纪要》等规定，对于共同犯罪中有多个主犯的，处罚上应区别对待。应当全面考察各主犯在共同犯罪案件中实际发挥作用的差别，主观恶性及人身危险性方面的差异，对罪责或人身危险性更大的主犯应判处更重的刑罚。同时，不得因共同犯罪人未到案而对在案被告人升格适用死刑，死刑仅适用于极少数罪行极其严重的行为人。本案对胡某某适用死缓符合上述规定的精神，亦体现了宽严相济、少杀慎杀的刑事司法政策。

第15章
走私制毒物品罪

106. 走私未列入国家规定管制范围的物品之情形不宜认定为走私制毒物品罪

案件名称

谢某某涉嫌走私制毒物品（盐酸）案[①]

裁判要点

走私未列入国家规定管制范围的物品之情形不宜认定为走私制毒物品罪。

案情简介

2001年11月，被告人谢某某在越南开办越南海某公司，从事加工生产虾壳糠、虾壳素。因生产需用大量盐酸，谢某某便与澳门旅某公司保安经理黄某源商议购船从国内运送盐酸、烧碱到越南，再从越南运送虾壳糠回国内销售。黄某源当即表示同意投资。谢某某、黄某源分别委托侯某及黄某明（黄某源的弟弟）在海南省海口市设立海某公司办事处，负责虾壳糠的销售业务。

2002年1月8日，被告人谢某某以年租价2.2万元向朱某雁租赁了一艘名为"粤湛江00××号"的机动船，准备用该船运送盐酸、烧碱到越南，再从越南运虾壳糠回国销售。2002年3月，谢某某取得了越南同意进口22,000吨盐酸的批文。

2002年5月5日，被告人谢某某经广东省茂名市茂某公司业务员林某某介绍，由广东省新会市会城某公司经理黄某兴从南宁化工股份有限公司购得盐酸55.76吨（货款为8,101.88元）。林某某安排茂名市茂某公司的车牌号为"粤A04×××"的油罐车将该批盐酸运到广西北海市铁山港。谢某某在该批盐酸未办理任何合法出口手续的情况下，组织、指挥将该批盐酸装上"粤湛江00××号"船。谢某某将"华鑫××号"船牌及船舶证书交给船长陈某某，并

[①] 海南省洋浦经济开发区中级人民法院（2004）浦中刑终字第2号刑事裁定书。

指使陈某某在国内使用"粤湛江00××"号船牌,在越南国使用"华鑫××号"船牌。同年5月12日,陈某某指挥陈某及船员杨某某、黄某某、黎某驾驶"粤湛江00××号"船运载该批盐酸前往越南国芽庄港,途中因避风于5月14日停泊在海南省八所港。谢某某指示侯某、黄某明前往八所港为该船补给油费和生活费6,800元。5月18日该船到达越南国芽庄港,谢某某组织人员将该批盐酸卸载上岸。同年6月4日"粤湛江00××号"船从芽庄港起航返回广东省电白区博贺港。

2002年6月28日,被告人谢某某又通过林某某联系,再由黄某兴从南宁化某公司购得盐酸52.12吨(货款为7,572.99元)。林某某安排茂名市茂某公司的车牌号为"粤K03×××"的油罐车将该批盐酸运到广西北海市铁山港,由被告人梁某某组织将该批盐酸装上"粤湛江00×× 号"船。在未办理任何合法出口手续的情况下,谢某某、梁某某又指使陈某某、陈某及船员杨某某、黄某某、黎某、杨某于次日将该批盐酸运往越南岘港。6月30日因避风及船舶机器故障等缘故,暂泊海南省洋浦港。7月1日上午10时许被洋浦边防派出所民警查获。

2002年7月13日,被告人谢某某指使被告人梁某某通过林某某介绍从广东省肇庆市诚某公司购得盐酸52.3吨(货款为7,599.15元)。林某某安排茂名市茂某公司的"粤D03×××"油罐车将该批盐酸运到广西北海市铁山港,将该批盐酸装上"合机运386号"船准备运往越南,因无合法出口手续,被该船船长及船员拒运。后被公安机关查获。

一审法院依照《刑事诉讼法》第162条第2项的规定,判决被告人谢某某、梁某某无罪。经检察机关抗诉后,二审法院裁定维持了上述判决。

⚖ 裁判理由

首先,根据《刑法》第350条的规定,走私制毒物品罪是指违反国家规定,非法携带醋酸酐、乙醚、三氯甲烷或者其他用于制造毒品的原料、配剂进出境,情节较重的行为。据此,确定某种物品是否属于制毒物品,应当依据相关国家规定。《刑法》第96条规定:"本法所称违反国家规定,是指违反全国人民代表大会及其常务委员会制定的法律和决定,国务院制定的行政法规、规定的行政措施、发布的决定和命令。"我国刑法、最高人民法院有关司法解释以及国务院颁布的相关行政法规都没有明确规定盐酸属制毒物品。

其次，依据本案事实，即使盐酸可用于制造毒品，也不能认定原审被告人谢某某、梁某某具有走私制毒物品的犯罪故意。谢某某、梁某某走私盐酸的目的是为海某公司加工生产虾壳素、虾壳糠，并非运到越南进行非法交易，更不是为了制造毒品。为此，海某公司经过申报，在越南取得了进口 22,000 吨盐酸的批文。根据刑法的规定，构成走私制毒物品罪必须在主观上具有明知是制毒物品而走私的犯罪故意，抗诉机关关于"只要行为人主观上明知是在走私盐酸，就可以认定具有走私制毒物品的犯罪故意，至于行为人是否知道盐酸是易制毒物品不能作为认定其是否具有走私制毒物品的主观故意的依据"的抗诉理由不能成立。综上，不能认定谢某某、梁某某具有走私制毒物品的犯罪故意。

综上，原判虽然关于部分事实的认定不清，但认定盐酸不属国家管制的制毒化学品，原审被告人谢某某、梁某某不具有明知是制毒物品而进行走私的犯罪故意，其走私盐酸的行为不构成走私制毒物品罪正确，抗诉机关的抗诉理由不能成立。虽然谢某某、梁某某实施了走私盐酸的行为，但因其走私货值仅为人民币 15,000 元左右，偷逃税款不足 5 万元，故该行为依法不构成走私普通货物、物品罪。

针对其他事项的裁判理由略。

评析与辩点

我们认为本案不构成走私制毒物品罪。主要理由有五个：第一，应按照《刑法》第 96 条规定来理解《刑法》第 350 条规定中的"国家规定"。《刑法》第 96 条规定："本法所称违反国家规定，是指违反全国人民代表大会及其常务委员会制定的法律和决定，国务院制定的行政法规、规定的行政措施、发布的决定和命令。"据此，必须是法律、行政法规或以国务院名义发布的行政措施、决定及命令才能算作《刑法》第 350 条规定中的"国家规定"。[①] 我们注意到，

[①] 我们认为，应从以下三个层面来理解《刑法》第 350 条规定中的"国家规定"：第一个层面为经营权层面（国家关于经营特定物品需特别批准的规定），第二个层面为行为类型层面（如国家关于进出口或国内运输特定物品需相关许可证的规定等），第三个层面为制毒物品范围层面（国家关于将哪些物品纳入"制毒物品"范围的规定）。限于本案例之研究主旨，我们这里仅探讨第三个层面的问题。

此案判决后开始实施的《易制毒化学品管理条例》已明确将盐酸纳入管制范围。至此，盐酸就完全属于《刑法》第 350 条规定的国家规定管制范围内的制毒物品了。[①] 第二，最高人民法院于 2011 年发布的《关于准确理解和适用刑法中"国家规定"的有关问题的通知》中指出，以国务院办公厅名义制发的文件，符合以下条件的，应视为刑法中的"国家规定"：（1）有明确的法律依据或者同相关行政法规不相抵触；（2）经国务院常务会议讨论通过或者经国务院批准；（3）在《国务院公报》上公开发布。该规定是否合法科学可另行探讨，而且审理此案时该规定尚未发布。即便审理本案时该司法文件已经颁布且合法科学，上述几个规定中也都没有一个是以国务院办公厅名义制发的，也都未经国务院常务会议讨论通过或者经国务院批准。第三，1988年《联合国禁止非法贩运麻醉药品和精神药物公约》虽然已将盐酸列入其中，我国虽然是该公约的参加国，但该公约并不能直接在我国适用，而需按法定程序转换成国内法才能适用。因为，国内法院直接适用国际条约不仅将导致国家主权对内职能的削弱（对国内的立法权、司法权及行政权都会产生削弱的后果），而且实际上也不利于国家履行国际条约的国际义务。因此，修改原有的国内立法或者制定新的法律法规，使其符合我国所缔结的国际条约的义务，才是我国履行条约义务的唯一方法。[②] 第四，《易制毒化学品进出口国际核查管理规定》第 3 条规定，商务部与公安部共同负责全国易制毒化学品进口、出口国际核查管理工作。即已经没有再强调仅针对部分易制毒化学品进行国际核查了。第五，本案中谢某某等人走私盐酸的目的是为海某公司加工生产虾壳素、虾壳糠，并非运到越南进行非法交易，更不是为了制造毒品。从本案主观故意来看，也的确与一般的走私制毒物品之主观状态有较大区别。

综上，我们认为，本案两级法院的裁判是妥当的。

---

① 不同见解认为非列管的其他制毒原料、配剂也属于"制毒物品"，参见聂鹏等："制毒物品与易制毒化学品：禁毒学两个基本概念辨析"，载《北京警察学院学报》2013 年第 6 期。我们不赞同该观点，我们认为，其所指非列管的其他制毒原料、配剂，只能说是事实意义上的"制毒物品"，而非法律意义上的"制毒物品"。

② 参见张晓东："也论国际条约在我国的适用"，载《法学评论》2001 年第 6 期。沈四宝等："论国际条约在我国的适用"，载《甘肃社会科学》2010 年第 3 期。

107. 邮寄制毒物品的情形不宜认定为走私制毒物品罪

案件名称
高某走私制毒物品（麻黄碱）案①

裁判要点
法院认为邮寄制毒物品的情形可以认定为走私制毒物品罪。

案情简介
2013年7月，同案人黄某某、李某（均已判刑）策划走私康泰克、麻黄碱到新西兰贩卖给他人用于制造冰毒。2013年9月，同案人李某经联系将新西兰的收货地址告知同案人黄某某，同案人黄某某便让被告人高某在国内购买康泰克走私到新西兰。之后，被告人高某通过"小陈"（另案处理）购买了4,000盒共重约4千克的康泰克，并按照同案人李某提供的收货地址邮寄到新西兰进行贩卖，从中获利人民币100余万元。其中，同案人李某分得人民币20余万元，同案人黄某某分得人民币24万元，被告人高某分得人民币10万元，"小陈"分得人民币46万元。

2013年10月至11月间，同案人李某经联系将新西兰的收货地址告知同案人黄某某，同案人黄某某便让被告人高某在国内购买麻黄碱走私到新西兰。之后，被告人高某通过"小陈"购买了约4千克的麻黄碱，并按照同案人李某提供的收货地址邮寄到新西兰进行贩卖。由于该批麻黄碱纯度达不到买家的要求，没有交易成功。

2014年7月，同案人黄某某经联系将新西兰的收货地址告知被告人高某，并通过被告人高某等人在国内购买了5.233千克麻黄碱，然后包装在魔方、车载冰箱内，通过联邦物流公司寄往新西兰。后该批制毒物品被公安机关查获。

2014年7月中旬，同案人黄某某经联系将新西兰的收货地址告知被告人

---

① 福建省福清市人民法院（2016）闽0181刑初499号刑事判决书，来源于中国裁判文书网，最后访问时间：2022年10月9日。

高某，被告人高某等人便让同案人王某某（已判刑）将麻黄碱寄往新西兰。之后，同案人王某皆将7.42千克麻黄碱包装在8台热风拆焊台内，交给同案人王某弟（已判刑）。同案人王某弟再将上述制毒物品运到厦门市，通过同案人王某再（已判刑）将上述制毒物品交给中航技国际储运厦门有限公司快递员寄往新西兰。后该批制毒物品被公安机关查获。

依照《刑法》第350条第1款、第12条、第25条第1款、第67条第1款、第72条第1款、第3款的规定，判决如下：一、被告人高某犯走私制毒物品罪，判处有期徒刑1年6个月，缓刑2年，并处罚金人民币8万元；二、被告人高某退出的非法所得人民币10万元，予以没收，上缴国库。

裁判理由

被告人高某违反国家规定，结伙将用于制造毒品的原料邮寄到国外，其中麻黄碱约16.6千克，其行为构成走私制毒物品罪。针对其他事项的裁判理由略。

评析与辩点

我们认为，本案将邮寄麻黄碱的行为认定为走私制毒物品罪是值得商榷的。原因在于当时的《刑法》第350条仅将"运输"及"携带"两种行为方式确定为走私制毒物品罪的行为模式，并不包括"邮寄"在内，而"运输"及"携带"与"邮寄"的行为方式是有较大区别的，"运输"主要是指大批量的货物发运，一般不包括"邮寄"在内；"邮寄"一般是较小规模的商品通过国际邮政或国际快递公司发运的模式；"携带"是指随身携带相关物品进出境的模式。应当说，三者各有特点和侧重，不能随意混用或替代，否则《海关法》第82条也没必要将"运输""携带"与"邮寄"作为走私的三种行为方式予以并列表述，随意混用或替代就将违反罪刑法定原则。2015年的《刑法修正案（九）》更是将走私制毒物品罪的行为模式进一步缩小为"携带"一种方式，而将"运输"方式也删除了。

有观点提出，《关于办理制毒物品犯罪案件适用法律若干问题的意见》第2条及《关于办理走私、非法买卖麻黄碱类复方制剂等刑事案件法律适用若干问题的意见》第5条中已经规定了以虚假身份、地址或隐蔽手段办理托运、邮寄、快递易制毒化学品的行为模式，据此，可以认定行为人邮寄制毒物品的情形亦可构成走私制毒物品罪。[①]我们认为，该观点值得商榷，主要理由有以下两点：其一，上述规定是用来推定行为人具有主观明知的，而不是用来设定相关犯罪之行为类型的；其二，在刑法对走私制毒物品罪的行为模式已有明确设定的情形下，司法解释或司法文件无权增设相关犯罪之行为模式或作出任意的扩张解释。

[①] 参见张蕾："涉及含麻黄碱类复方制剂犯罪的刑法思考"，中国政法大学2012年硕士学位论文。

108. 走私拆除包装改变形态的麻黄碱制剂的情形可认定为走私制毒物品罪

案件名称

吴某某走私制毒物品（拆除包装的麻黄碱制剂）案[①]

裁判要点

走私拆除包装改变形态的麻黄碱制剂的情形可直接认定为走私制毒物品罪。

案情简介

2012年7月3日，被告人吴某某与彭某某、陈某某一同前往印度，其间购买了含麻黄碱的药片。2012年7月19日9时许，被告人吴某某携带伪装成食品的含麻黄碱药片的行李箱乘坐CZ3××次航班从印度德里到达广州白云机场后，自己先行通过海关并在关口外等候，而由同行的彭某某、陈某某帮忙带装有含麻黄碱药片的行李箱入境。彭某某、陈某某从海关无申报通道入境时，被确定为查验重点，海关工作人员当场从行李箱中缴获用食品包装袋包装的白色药片（经检验，净重90,139克，麻黄碱含量为66.7%）和灰白色药片（经检验，净重7,237克，麻黄碱含量为45.3%）。被告人吴某某在出口处没有等到彭某某，即离开机场。后被告人吴某某多次打电话要求彭某某归还货物。公安机关经侦查于2012年8月9日在福建省长汀县将被告人吴某某抓获归案。

依照《刑法》第350条第1款、第67条第3款、第64条的规定，参照《关于办理制毒物品犯罪案件适用法律若干问题的意见》第2条，《关于办理走私、非法买卖麻黄碱类复方制剂等刑事案件适用法律若干问题的意见》第1条第3款、第5条、第7条的规定，判决如下：一、被告人吴某某犯走私制毒物品罪，判处有期徒刑4年，并处罚金人民币10万元；二、缴获的含麻黄碱

[①] 广东省广州市中级人民法院（2013）穗中法刑一初字第131号刑事判决书。

的药片97,376克予以没收，扣押的行李箱5个、黑色三星手机一部均予以没收、上缴国库。

⚖ 裁判理由

查获的含有麻黄碱的药片是拆除原有的板状包装并用印有食品图像、商标图案的外文食品包装袋包装，以伪装成食品的方式入境，说明吴某某想通过伪装方式将含有麻黄碱的药品蒙混过关的意图明显。根据《关于办理制毒物品犯罪案件适用法律若干问题的意见》第2条和《关于办理走私、非法买卖麻黄碱类复方制剂等刑事案件适用法律若干问题的意见》第5条的规定，改变产品形状、包装的；以伪报、藏匿、伪装等蒙蔽手段逃避海关、边防等检查的；可以认定行为人"明知"是制毒物品而走私。针对其他事项的裁判理由略。

评析与辩点

麻黄碱复方制剂成分比较复杂，并不能简单地归为第一类中的麻黄素类物质，也不是原料药或单制剂。在我国，呋麻滴鼻液每10毫升含盐酸麻黄碱100毫克，其他成分有呋喃西林、氯化钠、羟苯乙酯、己醇；镇咳类药物则含麻黄、罂粟壳、南沙参、穿心莲等，还多为中药成分。在国际上，也有很多复方制剂中含有易制毒化学品，如在墨西哥、巴拿马，氯苄苯丙胺等治疗肥胖症的药品中都含有特定羟基物质，经常成为苯丙胺和甲基苯丙胺的来源。而这些药物在很多国家是非处方类药，而无销售国家的人也可通过互联网购得。麻黄碱复方制剂也是如此，在一般情况下不宜认定为制毒物品，而是生产、生活中广泛应用的一种成品药类。

具体来说，麻黄碱类物质主要有以下三种特殊用途：一是制造药品，二是合成苯丙胺类毒品，三是作为化工生产中的一种拆分剂（此类用途极少）。利用麻黄碱类复方制剂加工、提炼麻黄碱类物质后，再次用于制药或者工业生产不但有悖常理，而且成本过高，无此先例。因此，利用麻黄碱类复方制剂加工、提炼麻黄碱类物质的，一般可以推定其系出于实施毒品犯罪的非法目的。对于其中有证据证明以制造毒品或者走私、非法贩卖制毒物品为目的的，分别按照制造毒品罪、走私制毒物品罪或者非法买卖制毒物品罪定罪处罚。①当然，以上结论也不是绝对的，如果确有证据证明大量拆除包装或改变形态的麻黄碱制剂的确是为了制药之用，也就不构成涉毒犯罪了。

因此，在一般情况下，麻黄碱制剂这种成品药大量聚合后，其所含特殊成分经提炼完全可成为制造毒品的原料或配剂。本案中大量含有麻黄碱的药品从被拆除包装或改变形态的那一刻起，就可推定其已丧失了作为药品的根本特性，而成为我国法律规定的属于"其他用于制造毒品的原料、配剂"。因此，我们认为，本案判决是妥当的。

---

① 参见陈国庆等："《关于办理走私、非法买卖麻黄碱类复方制剂等刑事案件适用法律若干问题的意见》理解与适用"，载《人民检察》2012年第15期。

109. 尚未进入邮寄的具体交寄环节之情形宜认定为犯罪预备

案件名称
陈某某等走私制毒物品（麻黄碱）案[①]

裁判要点
法院认为尚未进入邮寄的具体交寄环节而被发现的情形应认定为犯罪未遂。

案情简介
2006年9月中旬，被告人陈某某受朋友"阿伟"（在逃）所托，答应帮"阿伟"走私50千克的麻黄碱到台湾。随后被告人陈某某找到被告人曹某某商谈此事。被告人曹某某即联系广东东莞市泓某物流公司的吴某某，对其谎称是要托运减肥药回台湾，可以提供相关的成分分析表并订立切结书。双方谈好以每千克台币2,800元的价格由吴某某承运。随后被告人陈某某答应付给被告人曹某某每千克台币7,000元、总价台币350,000元的运费。同年9月18日晚，被告人陈某某、曹某某从厦门到珠海市，分别入住珠海市某酒店603、604房。19日上午，被告人林某某应被告人曹某某的要求，携带茶叶包装袋和封口机从厦门到珠海市某酒店，与被告人陈某某、曹某某汇合。当天下午"阿伟"与被告人陈某某联系后，将装有麻黄碱的两只行李箱放在该酒店719房。被告人曹某某、林某某随后持"阿伟"交给的房卡到719房，用被告人林某某带来的茶叶袋和封口机对其中一包麻黄碱进行重新包装。当晚被告人曹某某、林某某乘车到东莞市厚街镇海某某钓虾场，将装有麻黄碱的两只行李箱交给吴某某。20日下午，被告人陈某某、曹某某、林某某先后返回厦门。当晚被告人陈某某把"阿伟"预付的运费人民币30,000元交给被告人曹某某。

同年9月21日，公安机关分别在厦门乌石埔路边、某某新城108号506室抓获被告人林某某、陈某某、曹某某，在东莞市厚街镇海某某钓虾场内缴获

[①] 福建省厦门市中级人民法院（2007）厦刑初字第34号刑事判决书。

装有麻黄碱的两只行李箱（内有24包用茶叶袋包装和两大包用牛皮纸包装的麻黄碱），从崔某某处缴获赃款人民币3万元。经鉴定，所测样品中均检出麻黄碱成分，共计净重49.7千克。

依照《刑法》第350条第1款、第25条第1款、第23条、第64条及《关于审理毒品案件定罪量刑标准有关问题的解释》第4条第1项之规定，法院判决如下：一、被告人陈某某犯走私制毒物品罪，判处有期徒刑2年6个月，并处罚金人民币8万元；二、被告人曹某某犯走私制毒物品罪，判处有期徒刑2年6个月，并处罚金人民币8万元；三、被告人林某某犯走私制毒物品罪，判处有期徒刑1年6个月，并处罚金人民币3万元；其他处罚内容略。

裁判理由

公诉人认为，走私毒品罪与走私罪所侵犯的客体不一，前者是妨害社会管理秩序罪，后者是逃避海关监管的行为，前者只要实施了国家规定禁止的行为，并且达到刑法规定的社会危害性，就应当追究其刑事责任，且本罪属于行为犯，没有既未遂之分。法院认为，走私毒品犯罪与其他走私犯罪一样，都可能存在既未遂问题，是否认定既未遂应根据具体的走私方法及所处的阶段等具体情节予以认定，且必须符合刑法总则关于既未遂的规定。从本案的事实看，被告人曹某某虽然与吴某某谈好运输费用并将货物交付吴某某，但未能按照吴某某的要求提供能证明是减肥药的成分分析表及订立切结书，因此吴某某不可能为其办理相关的托运手续。事实上吴某某收受该批麻黄碱后将其存放于钓虾场，尚未带至其物流公司，也未办理托运手续交付运输。3被告人走私出境的目的是根本无法实现的，故本案应认定为犯罪未遂。起诉书的指控不予支持，该辩护意见予以采纳。针对其他事项的裁判理由略。

评析与辩点

本案公诉机关认为，走私罪是行为犯，行为一经实施就既遂，没有未遂犯罪形态。只要犯罪分子实施了逃避海关监管的行为，就应当是既遂，而不应以危害结果是否实际发生为判断标准。在海关监管现场查获的走私犯罪，只要走私行为人以伪报、瞒报方式实施了申报行为，该行为就已经构成既遂，而不可能构成未遂。① 对此观点，我们并不同意。我国传统刑法理论认为，既遂的成立不以发生危害结果为条件的犯罪为行为犯，以发生结果为既遂条件的犯罪为结果犯。因此，行为犯是和结果犯相对而言的。立法者之所以创设行为犯，是因为行为人虽仅着手于未遂阶段，其对法益的侵害和既遂犯对法益的侵害相当，因而有必要将行为犯和结果犯同等看待，按照既遂犯来处理。由于我国刑法条文没有明文规定哪些是行为犯，只是刑法理论一般认为，行为犯是以法定犯罪行为的完成作为既遂标志的犯罪，如强奸罪、传播性病罪、脱逃罪等。晚近刑法理论又从行为犯中分离出举动犯的概念，认为举动犯是行为人一着手犯罪实行行为即告犯罪完成和完全符合构成要件从而构成既遂的犯罪，如参加黑社会性质组织罪、煽动民族仇恨、民族歧视罪、传授犯罪方法罪等。② 但行为犯和举动犯的区分本身受到质疑，张明楷教授就认为行为犯与举动犯的关系值得推敲，在德日刑法中，行为犯和举动犯是一个概念，任何犯罪行为都是一个过程，即使是所谓的举动犯，也必然有一个过程，至于过程的长短则是另外一回事，并非一着手就既遂。③ 由于理论上的分歧，行为犯或举动犯的范围也不统一。如有学者统计，在现行刑法规定的重罪中有举动犯53个，根据举动犯行为人着手实行构成要件的危害行为便成立犯罪既遂的特征，它们全都不存在未遂犯，这其中没有一个走私个罪。④ "对于刑法中的犯罪，哪些是行为犯，哪些是危险犯、结果犯，条文本身并未注明。我们提出行为犯等概念只是从理论上对犯罪作一划分，而这一划分的依据并非是唯一的条文规定，条文本身的内容只具有一定的参考、指示作用，更重要的是结合了立法的意图、指导思想、基本原则、犯罪构成理论以及实践中处罚犯罪的需要等因素。"⑤ 我国刑法走私犯罪规定中，走私武器、弹药罪、走私核材料罪、走私假币罪、走私文

---

① 最高人民法院研究室《关于对海关监管现场查获的走私犯罪案件认定既遂、未遂问题的函》指出，行为人犯走私罪，在海关监管现场被查获的，应当认定为犯罪既遂。《关于办理走私刑事案件适用法律若干问题的解释》第23条第1项规定，在海关监管现场被查获的，应当认定为犯罪既遂。

② 参见高铭暄等主编：《刑法学》，高等教育出版社、北京大学出版社2000年版，第150页。

③ 参见张明楷：《刑法的基本立场》，中国法制出版社2002年版，第224页。

④ 参见黄开诚：《论犯罪未完成形态的存在范围》，法律出版社2011年版，第56页。

⑤ 参见史卫忠：《行为犯研究》，中国方正出版社2002年版，第77页。

物罪、走私贵重金属罪、走私珍贵动物、珍贵动物制品罪、走私国家禁止进出口的货物、物品罪、走私淫秽物品罪、走私毒品罪、走私制毒物品罪及走私废物罪，由于以上行为对象均属国家禁止进出境之列，根据刑法规定，只要行为人一经实施该种行为，就应受到处罚，可以认为是行为犯。但若认为随后司法解释中规定的走私武器、弹药罪、走私假币罪、走私淫秽物品罪定罪起刑数量下限规定和走私普通货物、物品罪偷逃税额定罪起刑下限规定是对法益侵害的一种对象结果，那么走私武器、弹药罪、走私假币罪、走私淫秽物品罪和走私普通货物、物品罪就是结果犯。因此，走私罪到底是不是行为犯本身就存在疑问。走私罪即使是行为犯，是否就一律定既遂，也存在争议。我国刑法理论以往认为行为犯行为一经实施即达到既遂状态，因此没有未遂犯罪形态的问题，但这一观点逐渐受到质疑。马克昌教授就认为，那种认为行为犯都是既遂犯没有未遂犯的观点是错误的。因为在这种犯罪中，既遂形态的形成，有一个量变到质变的过程，行为犯只有当实行行为达到一定程度时，才过渡到既遂状态。[①] 张明楷教授也认为："任何犯罪行为都是一个过程，即使是所谓的举动犯，也必然有一个过程（当然，过程的长短有异）。并非一经着手就既遂。"[②] "即使是行为犯，也应以是否发生了行为所追求或放任的、行为性质所决定的侵害结果为标准，而不能以是否实施了行为为标准。"[③] 因此，即使认为走私罪是行为犯，也不当然意味着走私罪一经实施就是犯罪既遂。走私犯罪行为的实施是一个完整的过程，包括走私犯意的产生、走私犯罪预备、走私犯罪着手、走私犯罪实行、走私犯罪得逞等，也必然存在由于意志以外的原因没有得逞的情形，因此简单地讲走私罪是行为犯，一经抓获就是既遂的观点是站不住脚的，而且一经实施或着手就是既遂的观点也不利于鼓励行为人中止犯罪。

本案是否就属于判决所认定的犯罪未遂呢？我们认为，该观点还值得进一步探讨。据证人吴某某证言证实，涉案货物系由曹某某运到海某某钓虾场的办公室寄存，由于曹某某没有按要求提供"减肥药"的相关成分分析表及订

[①] 参见马克昌主编：《犯罪通论》，武汉大学出版社1991年版，第473页。
[②] 参见张明楷：《刑法学》（第3版），法律出版社2007年版，第293页。
[③] 同上。

立切结书，所以一直放在钓虾场的办公室，而没有拿到其公司。被告人曹某某采用的是委托物流公司托运的方式，但未与物流公司办理任何手续，也没有支付运费。曹某某始终没有按照吴某某的要求提供成分分析表和切结书，因此吴某某根本不可能同意将物品运往台湾，客观上也不可能出现运输出境的后果。综合以上各个方面的因素可以判断，本案根本就没有开启邮寄的具体交寄手续。

综上，我们认为，本案尚未进入着手环节，之前的一系列其他动作仅是犯罪预备而已。因此，本案宜认定为犯罪预备而非犯罪未遂。

附 录

中华人民共和国刑法[①]（节录）

（1979年7月1日第五届全国人民代表大会第二次会议通过　1997年3月14日第八届全国人民代表大会第五次会议修订　根据1998年12月29日第九届全国人民代表大会常务委员会第六次会议通过的《全国人民代表大会常务委员会关于惩治骗购外汇、逃汇和非法买卖外汇犯罪的决定》、1999年12月25日第九届全国人民代表大会常务委员会第十三次会议通过的《中华人民共和国刑法修正案》、2001年8月31日第九届全国人民代表大会常务委员会第二十三次会议通过的《中华人民共和国刑法修正案（二）》、2001年12月29日第九届全国人民代表大会常务委员会第二十五次会议通过的《中华人民共和国刑法修正案（三）》、2002年12月28日第九届全国人民代表大会常务委员会第三十一次会议通过的《中华人民共和国刑法修正案（四）》、2005年2月28日第十届全国人民代表大会常务委员会第十四次会议通过的《中华人民共和国刑法修正案（五）》、2006年6月29日第十届全国人民代表大会常务委员会第二十二次会议通过的《中华人民共和国刑法修正案（六）》、2009年2月28日第十一届全国人民代表大会常务委员会第七次会议通过的《中华人民共和国刑法修正案（七）》、2009年8月27日第十一届全国人民代表大会常务委员会第十次会议通过的《全国人民代表大会常务委员会关于修改部分法律的决定》、2011年2月25日第十一届全国人民代表大会常务委员会第十九次会议通过的《中华人民共和国刑法修正案（八）》、2015年8月29日第十二届全国人民代表大会常务委员会第十六次会议通过的《中华人民共和国刑法修正案（九）》、2017年11月4日第十二届全国人民代表大会常务委员会第三十次会议通过的《中华人民共和国刑法修正案（十）》和2020年12月26日第十三届全国人民代表大会常务委员会第二十四次会议通过的《中华人民共和国刑法修正案（十一）》修正）

……

[①] 根刑法、历次刑法修正案、涉及修改刑法的决定的施行日期，分别依据各法律所规定的施行日期确定。

第一百五十一条 【走私武器、弹药罪】【走私核材料罪】【走私假币罪】 走私武器、弹药、核材料或者伪造的货币的，处七年以上有期徒刑，并处罚金或者没收财产；情节特别严重的，处无期徒刑，并处没收财产；情节较轻的，处三年以上七年以下有期徒刑，并处罚金。

【走私文物罪】【走私贵重金属罪】【走私珍贵动物、珍贵动物制品罪】走私国家禁止出口的文物、黄金、白银和其他贵重金属或者国家禁止进出口的珍贵动物及其制品的，处五年以上十年以下有期徒刑，并处罚金；情节特别严重的，处十年以上有期徒刑或者无期徒刑，并处没收财产；情节较轻的，处五年以下有期徒刑，并处罚金。

【走私国家禁止进出口的货物、物品罪】走私珍稀植物及其制品等国家禁止进出口的其他货物、物品的，处五年以下有期徒刑或者拘役，并处或者单处罚金；情节严重的，处五年以上有期徒刑，并处罚金。

单位犯本条规定之罪的，对单位判处罚金，并对其直接负责的主管人员和其他直接责任人员，依照本条各款的规定处罚。

第一百五十二条 【走私淫秽物品罪】 以牟利或者传播为目的，走私淫秽的影片、录像带、录音带、图片、书刊或者其他淫秽物品的，处三年以上十年以下有期徒刑，并处罚金；情节严重的，处十年以上有期徒刑或者无期徒刑，并处罚金或者没收财产；情节较轻的，处三年以下有期徒刑、拘役或者管制，并处罚金。

【走私废物罪】逃避海关监管将境外固体废物、液态废物和气态废物运输进境，情节严重的，处五年以下有期徒刑，并处或者单处罚金；情节特别严重的，处五年以上有期徒刑，并处罚金。

单位犯前两款罪的，对单位判处罚金，并对其直接负责的主管人员和其他直接责任人员，依照前两款的规定处罚。

第一百五十三条 【走私普通货物、物品罪】 走私本法第一百五十一条、第一百五十二条、第三百四十七条规定以外的货物、物品的，根据情节轻重，分别依照下列规定处罚：

（一）走私货物、物品偷逃应缴税额较大或者一年内曾因走私被给予二次行政处罚后又走私的，处三年以下有期徒刑或者拘役，并处偷逃应缴税额一倍以上五倍以下罚金。

（二）走私货物、物品偷逃应缴税额巨大或者有其他严重情节的，处三年以上十年以下有期徒刑，并处偷逃应缴税额一倍以上五倍以下罚金。

（三）走私货物、物品偷逃应缴税额特别巨大或者有其他特别严重情节的，处十年以上有期徒刑或者无期徒刑，并处偷逃应缴税额一倍以上五倍以下罚金或者没收财产。

单位犯前款罪的，对单位判处罚金，并对其直接负责的主管人员和其他直接责任人员，处三年以下有期徒刑或者拘役；情节严重的，处三年以上十年以下有期徒刑；情节特别严重的，处十年以上有期徒刑。

对多次走私未经处理的，按照累计走私货物、物品的偷逃应缴税额处罚。

第一百五十四条【走私普通货物、物品罪的特殊形式】下列走私行为，根据本节规定构成犯罪的，依照本法第一百五十三条的规定定罪处罚：

（一）未经海关许可并且未补缴应缴税额，擅自将批准进口的来料加工、来件装配、补偿贸易的原材料、零件、制成品、设备等保税货物，在境内销售牟利的；

（二）未经海关许可并且未补缴应缴税额，擅自将特定减税、免税进口的货物、物品，在境内销售牟利的。

第一百五十五条【以走私罪论处的间接走私行为】下列行为，以走私罪论处，依照本节的有关规定处罚：

（一）直接向走私人非法收购国家禁止进口物品的，或者直接向走私人非法收购走私进口的其他货物、物品，数额较大的；

（二）在内海、领海、界河、界湖运输、收购、贩卖国家禁止进出口物品的，或者运输、收购、贩卖国家限制进出口货物、物品，数额较大，没有合法证明的。

第一百五十六条【走私共犯】与走私罪犯通谋，为其提供贷款、资金、账号、发票、证明，或者为其提供运输、保管、邮寄或者其他方便的，以走私罪的共犯论处。

第一百五十七条【武装掩护走私、抗拒缉私的刑事处罚规定】武装掩护走私的，依照本法第一百五十一条第一款的规定从重处罚。

以暴力、威胁方法抗拒缉私的，以走私罪和本法第二百七十七条规定的阻碍国家机关工作人员依法执行职务罪，依照数罪并罚的规定处罚。

……

第三百四十七条 【走私、贩卖、运输、制造毒品罪】走私、贩卖、运输、制造毒品，无论数量多少，都应当追究刑事责任，予以刑事处罚。

走私、贩卖、运输、制造毒品，有下列情形之一的，处十五年有期徒刑、无期徒刑或者死刑，并处没收财产：

（一）走私、贩卖、运输、制造鸦片一千克以上、海洛因或者甲基苯丙胺五十克以上或者其他毒品数量大的；

（二）走私、贩卖、运输、制造毒品集团的首要分子；

（三）武装掩护走私、贩卖、运输、制造毒品的；

（四）以暴力抗拒检查、拘留、逮捕，情节严重的；

（五）参与有组织的国际贩毒活动的。

走私、贩卖、运输、制造鸦片二百克以上不满一千克、海洛因或者甲基苯丙胺十克以上不满五十克或者其他毒品数量较大的，处七年以上有期徒刑，并处罚金。

走私、贩卖、运输、制造鸦片不满二百克、海洛因或者甲基苯丙胺不满十克或者其他少量毒品的，处三年以下有期徒刑、拘役或者管制，并处罚金；情节严重的，处三年以上七年以下有期徒刑，并处罚金。

单位犯第二款、第三款、第四款罪的，对单位判处罚金，并对其直接负责的主管人员和其他直接责任人员，依照各该款的规定处罚。

利用、教唆未成年人走私、贩卖、运输、制造毒品，或者向未成年人出售毒品的，从重处罚。

对多次走私、贩卖、运输、制造毒品，未经处理的，毒品数量累计计算。

……

第三百五十条 【非法生产、买卖、运输制毒物品、走私制毒物品罪】违反国家规定，非法生产、买卖、运输醋酸酐、乙醚、三氯甲烷或者其他用于制造毒品的原料、配剂，或者携带上述物品进出境，情节较重的，处三年以下有期徒刑、拘役或者管制，并处罚金；情节严重的，处三年以上七年以下有期徒刑，并处罚金；情节特别严重的，处七年以上有期徒刑，并处罚金或者没收财产。

明知他人制造毒品而为其生产、买卖、运输前款规定的物品的，以制造毒品罪的共犯论处。

单位犯前两款罪的，对单位判处罚金，并对其直接负责的主管人员和其他直接责任人员，依照前两款的规定处罚。

……

最高人民法院、最高人民检察院、海关总署关于办理走私刑事案件适用法律若干问题的意见

(2002年7月8日　法〔2002〕139号)

为研究解决近年来公安、司法机关在办理走私刑事案件中遇到的新情况、新问题，最高人民法院、最高人民检察院、海关总署共同开展了调查研究，根据修订后的刑法及有关司法解释的规定，在总结侦查、批捕、起诉、审判工作经验的基础上，就办理走私刑事案件的程序、证据以及法律适用等问题提出如下意见：

一、关于走私犯罪案件的管辖问题

根据刑事诉讼法的规定，走私犯罪案件由犯罪地的走私犯罪侦查机关立案侦查。走私犯罪案件复杂，环节多，其犯罪地可能涉及多个犯罪行为发生地，包括货物、物品的进口(境)地、出口(境)地、报关地、核销地等。如果发生刑法第一百五十四条、第一百五十五条规定的走私犯罪行为的，走私货物、物品的销售地、运输地、收购地和贩卖地均属于犯罪行为的发生地。对有多个走私犯罪行为发生地的，由最初受理的走私犯罪侦查机关或者由主要犯罪地的走私犯罪侦查机关管辖。对管辖有争议的，由共同的上级走私犯罪侦查机关指定管辖。

对发生在海（水）上的走私犯罪案件由该辖区的走私犯罪侦查机关管辖，但对走私船舶有跨辖区连续追缉情形的，由缉获走私船舶的走私犯罪侦查机关管辖。

人民检察院受理走私犯罪侦查机关提请批准逮捕、移送审查起诉的走私犯罪案件，人民法院审理人民检察院提起公诉的走私犯罪案件，按照《最高人民法院、最高人民检察院、公安部、司法部、海关总署关于走私犯罪侦查机关办理走私犯罪案件适用刑事诉讼程序若干问题的通知》（署侦〔1998〕742号）的有关规定执行。

二、关于电子数据证据的收集、保全问题

走私犯罪侦查机关对于能够证明走私犯罪案件真实情况的电子邮件、电子合同、电子账册、单位内部的电子信息资料等电子数据应当作为刑事证据予以收集、保全。

侦查人员应当对提取、复制电子数据的过程制作有关文字说明，记明案由、对象、内容，提取、复制的时间、地点，电子数据的规格、类别、文件格式等，并由提取、复制电子数据的制作人、电子数据的持有人和能够证明提取、复制过程的见证人签名或者盖章，附所提取、复制的电子数据一并随案移送。

电子数据的持有人不在案或者拒绝签字的，侦查人员应当记明情况；有条件的可将提取、复制有关电子数据的过程拍照或者录像。

三、关于办理走私普通货物、物品刑事案件偷逃应缴税额的核定问题

在办理走私普通货物、物品刑事案件中，对走私行为人涉嫌偷逃应缴税额的核定，应当由走私犯罪案件管辖地的海关出具《涉嫌走私的货物、物品偷逃税款海关核定证明书》（以下简称《核定证明书》）。海关出具的《核定证明书》，经走私犯罪侦查机关、人民检察院、人民法院审查确认，可以作为办案的依据和定罪量刑的证据。

走私犯罪侦查机关、人民检察院和人民法院对《核定证明书》提出异议或者因核定偷逃税额的事实发生变化，认为需要补充核定或者重新核定的，可以要求原出具《核定证明书》的海关补充核定或者重新核定。

走私犯罪嫌疑人、被告人或者辩护人对《核定证明书》有异议，向走私犯

罪侦查机关、人民检察院或者人民法院提出重新核定申请的，经走私犯罪侦查机关、人民检察院或者人民法院同意，可以重新核定。

重新核定应当另行指派专人进行。

四、关于走私犯罪嫌疑人的逮捕条件

对走私犯罪嫌疑人提请逮捕和审查批准逮捕，应当依照刑事诉讼法第六十条规定的逮捕条件来办理。一般按照下列标准掌握：

（一）有证据证明有走私犯罪事实

1.有证据证明发生了走私犯罪事实

有证据证明发生了走私犯罪事实，须同时满足下列两项条件：

（1）有证据证明发生了违反国家法律、法规，逃避海关监管的行为；

（2）查扣的或者有证据证明的走私货物、物品的数量、价值或者偷逃税额达到刑法及相关司法解释规定的起刑点。

2.有证据证明走私犯罪事实系犯罪嫌疑人实施的

有下列情形之一，可认为走私犯罪事实系犯罪嫌疑人实施的：

（1）现场查获犯罪嫌疑人实施走私犯罪的；

（2）视听资料显示犯罪嫌疑人实施走私犯罪的；

（3）犯罪嫌疑人供认的；

（4）有证人证言指证的；

（5）有同案的犯罪嫌疑人供述的；

（6）其他证据能够证明犯罪嫌疑人实施走私犯罪的。

3.证明犯罪嫌疑人实施走私犯罪行为的证据已经查证属实的

符合下列证据规格要求之一，属于证明犯罪嫌疑人实施走私犯罪行为的证据已经查证属实的：

（1）现场查获犯罪嫌疑人实施犯罪，有现场勘查笔录、留置盘问记录、海关扣留查问笔录或者海关查验（检查）记录等证据证实的；

（2）犯罪嫌疑人的供述有其他证据能够印证的；

（3）证人证言能够相互印证的；

（4）证人证言或者同案犯供述能够与其他证据相互印证的；

（5）证明犯罪嫌疑人实施走私犯罪的其他证据已经查证属实的。

（二）可能判处有期徒刑以上的刑罚

是指根据刑法第一百五十一条、第一百五十二条、第一百五十三条、第三百四十七条、第三百五十条等规定和《最高人民法院关于审理走私刑事案件具体应用法律若干问题的解释》等有关司法解释的规定，结合已查明的走私犯罪事实，对走私犯罪嫌疑人可能判处有期徒刑以上的刑罚。

（三）采取取保候审、监视居住等方法，尚不足以防止发生社会危险性而有逮捕必要的

主要是指：走私犯罪嫌疑人可能逃跑、自杀、串供、干扰证人作证以及伪造、毁灭证据等妨碍刑事诉讼活动的正常进行的，或者存在行凶报复、继续作案可能的。

五、关于走私犯罪嫌疑人、被告人主观故意的认定问题

行为人明知自己的行为违反国家法律法规，逃避海关监管，偷逃进出境货物、物品的应缴税额，或者逃避国家有关进出境的禁止性管理，并且希望或者放任危害结果发生的，应认定为具有走私的主观故意。

走私主观故意中的"明知"是指行为人知道或者应当知道所从事的行为是走私行为。具有下列情形之一的，可以认定为"明知"，但有证据证明确属被蒙骗的除外：

（一）逃避海关监管，运输、携带、邮寄国家禁止进出境的货物、物品的；

（二）用特制的设备或者运输工具走私货物、物品的；

（三）未经海关同意，在非设关的码头、海（河）岸、陆路边境等地点，运输（驳载）、收购或者贩卖非法进出境货物、物品的；

（四）提供虚假的合同、发票、证明等商业单证委托他人办理通关手续的；

（五）以明显低于货物正常进（出）口的应缴税额委托他人代理进（出）口业务的；

（六）曾因同一种走私行为受过刑事处罚或者行政处罚的；

（七）其他有证据证明的情形。

六、关于行为人对其走私的具体对象不明确的案件的处理问题

走私犯罪嫌疑人主观上具有走私犯罪故意，但对其走私的具体对象不明

确的,不影响走私犯罪构成,应当根据实际的走私对象定罪处罚。但是,确有证据证明行为人因受蒙骗而对走私对象发生认识错误的,可以从轻处罚。

七、关于走私珍贵动物制品行为的处罚问题

走私珍贵动物制品的,应当根据刑法第一百五十一条第二、四、五款和《最高人民法院关于审理走私刑事案件具体应用法律若干问题的解释》(以下简称《解释》)第四条的有关规定予以处罚,但同时具有下列情形,情节较轻的,一般不以犯罪论处:

(一)珍贵动物制品购买地允许交易;

(二)入境人员为留作纪念或者作为礼品而携带珍贵动物制品进境,不具有牟利目的的。

同时具有上述两种情形,达到《解释》第四条第三款规定的量刑标准的,一般处五年以下有期徒刑,并处罚金;达到《解释》第四条第四款规定的量刑标准的,一般处五年以上有期徒刑,并处罚金。

八、关于走私旧汽车、切割车等货物、物品的行为的定罪问题

走私刑法第一百五十一条、第一百五十二条、第三百四十七条、第三百五十条规定的货物、物品以外的,已被国家明令禁止进出口的货物、物品,例如旧汽车、切割车、侵犯知识产权的货物、来自疫区的动植物及其产品等,应当依照刑法第一百五十三条的规定,以走私普通货物、物品罪追究刑事责任。

九、关于利用购买的加工贸易登记手册、特定减免税批文等涉税单证进口货物行为的定性处理问题

加工贸易登记手册、特定减免税批文等涉税单证是海关根据国家法律法规以及有关政策性规定,给予特定企业用于保税货物经营管理和减免税优惠待遇的凭证。利用购买的加工贸易登记手册、特定减免税批文等涉税单证进口货物,实质是将一般贸易货物伪报为加工贸易保税货物或者特定减免税货物进口,以达到偷逃应缴税款的目的,应当适用刑法第一百五十三条以走私普通货物、物品罪定罪处罚。如果行为人与走私分子通谋出售上述涉税单证,或者在出卖批文后又以提供印章、向海关伪报保税货物、特定减免税货物等方式帮助买方办理进口通关手续的,对卖方依照刑法第一百五十六条以走私罪共犯定罪处罚。买卖上述涉税单证情节严重尚未进口货物的,依照刑法第二百八十条的规定定罪处罚。

十、关于在加工贸易活动中骗取海关核销行为的认定问题

在加工贸易经营活动中,以假出口、假结转或者利用虚假单证等方式骗取海关核销,致使保税货物、物品脱离海关监管,造成国家税款流失,情节严重的,依照刑法第一百五十三条的规定,以走私普通货物、物品罪追究刑事责任。但有证据证明因不可抗力原因导致保税货物脱离海关监管,经营人无法办理正常手续而骗取海关核销的,不认定为走私犯罪。

十一、关于伪报价格走私犯罪案件中实际成交价格的认定问题

走私犯罪案件中的伪报价格行为,是指犯罪嫌疑人、被告人在进出口货物、物品时,向海关申报进口或者出口的货物、物品的价格低于或者高于进出口货物的实际成交价格。

对实际成交价格的认定,在无法提取真、伪两套合同、发票等单证的情况下,可以根据犯罪嫌疑人、被告人的付汇渠道、资金流向、会计账册、境内外收发货人的真实交易方式,以及其他能够证明进出口货物实际成交价格的证据材料综合认定。

十二、关于出售走私货物已缴纳的增值税应否从走私偷逃应缴税额中扣除的问题

走私犯罪嫌疑人为出售走私货物而开具增值税专用发票并缴纳增值税,是其走私行为既遂后在流通领域获违法所得的一种手段,属于非法开具增值税专用发票。对走私犯罪嫌疑人因出售走私货物而实际缴纳走私货物增值税的,在核定走私货物偷逃应缴税额时,不应当将其已缴纳的增值税额从其走私偷逃应缴税额中扣除。

十三、关于刑法第一百五十四条规定的"销售牟利"的理解问题

刑法第一百五十四条第(一)、(二)项规定的"销售牟利",是指行为人主观上为了牟取非法利益而擅自销售海关监管的保税货物、特定减免税货物。该种行为是否构成犯罪,应当根据偷逃的应缴税额是否达到刑法第一百五十三条及相关司法解释规定的数额标准予以认定。实际获利与否或者获利多少并不影响其定罪。

十四、关于海上走私犯罪案件如何追究运输人的刑事责任问题

对刑法第一百五十五条第(二)项规定的实施海上走私犯罪行为的运输

人、收购人或者贩卖人应当追究刑事责任。对运输人,一般追究运输工具的负责人或者主要责任人的刑事责任,但对于事先通谋的、集资走私的、或者使用特殊的走私运输工具从事走私犯罪活动的,可以追究其他参与人员的刑事责任。

十五、关于刑法第一百五十六条规定的"与走私罪犯通谋"的理解问题

通谋是指犯罪行为人之间事先或者事中形成的共同的走私故意。下列情形可以认定为通谋:

(一) 对明知他人从事走私活动而同意为其提供贷款、资金、账号、发票、证明、海关单证,提供运输、保管、邮寄或者其他方便的;

(二) 多次为同一走私犯罪分子的走私行为提供前项帮助的。

十六、关于放纵走私罪的认定问题

依照刑法第四百一十一条的规定,负有特定监管义务的海关工作人员徇私舞弊,利用职权,放任、纵容走私犯罪行为,情节严重的,构成放纵走私罪。放纵走私行为,一般是消极的不作为。如果海关工作人员与走私分子通谋,在放纵走私过程中以积极的行为配合走私分子逃避海关监管或者在放纵走私之后分得赃款的,应以共同走私犯罪追究刑事责任。

海关工作人员收受贿赂又放纵走私的,应以受贿罪和放纵走私罪数罪并罚。

十七、关于单位走私犯罪案件诉讼代表人的确定及其相关问题

单位走私犯罪案件的诉讼代表人,应当是单位的法定代表人或者主要负责人。单位的法定代表人或者主要负责人被依法追究刑事责任或者因其他原因无法参与刑事诉讼的,人民检察院应当另行确定被告单位的其他负责人作为诉讼代表人参加诉讼。

接到出庭通知的被告单位的诉讼代表人应当出庭应诉。拒不出庭的,人民法院在必要的时候,可以拘传到庭。

对直接负责的主管人员和其他直接责任人员均无法归案的单位走私犯罪案件,只要单位走私犯罪的事实清楚、证据确实充分,且能够确定诉讼代表人代表单位参与刑事诉讼活动的,可以先行追究该单位的刑事责任。

被告单位没有合适人选作为诉讼代表人出庭的,因不具备追究该单位刑事责任的诉讼条件,可按照单位犯罪的条款先行追究单位犯罪中直接负责的主管人员或者其他直接责任人员的刑事责任。人民法院在对单位犯罪中直接负责的主管人员或者直接责任人员进行判决时，对于扣押、冻结的走私货物、物品、违法所得以及属于犯罪单位所有的走私犯罪工具，应当一并判决予以追缴、没收。

十八、关于单位走私犯罪及其直接负责的主管人员和直接责任人员的认定问题

具备下列特征的，可以认定为单位走私犯罪：(1)以单位的名义实施走私犯罪，即由单位集体研究决定，或者由单位的负责人或者被授权的其他人员决定、同意；(2)为单位谋取不正当利益或者违法所得大部分归单位所有。

依照《最高人民法院关于审理单位犯罪案件具体应用法律有关问题的解释》第二条的规定，个人为进行违法犯罪活动而设立的公司、企业、事业单位实施犯罪的，或者个人设立公司、企业、事业单位后，以实施犯罪为主要活动的，不以单位犯罪论处。单位是否以实施犯罪为主要活动，应根据单位实施走私行为的次数、频度、持续时间、单位进行合法经营的状况等因素综合考虑认定。

根据单位人员在单位走私犯罪活动中所发挥的不同作用，对其直接负责的主管人员和其他直接责任人员，可以确定为一人或者数人。对于受单位领导指派而积极参与实施走私犯罪行为的人员，如果其行为在走私犯罪的主要环节起重要作用的，可以认定为单位犯罪的直接责任人员。

十九、关于单位走私犯罪后发生分立、合并或者其他资产重组情形以及单位被依法注销、宣告破产等情况下，如何追究刑事责任的问题

单位走私犯罪后，单位发生分立、合并或者其他资产重组等情况的，只要承受该单位权利义务的单位存在，应当追究单位走私犯罪的刑事责任。走私单位发生分立、合并或者其他资产重组后，原单位名称发生更改的，仍以原单位(名称)作为被告单位。承受原单位权利义务的单位法定代表人或者负责人为诉讼代表人。

单位走私犯罪后，发生分立、合并或者其他资产重组情形，以及被依法注销、宣告破产等情况的，无论承受该单位权利义务的单位是否存在，均应追究原单位直接负责的主管人员和其他直接责任人员的刑事责任。

人民法院对原走私单位判处罚金的，应当将承受原单位权利义务的单位作为被执行人。罚金超出新单位所承受的财产的，可在执行中予以减除。

二十、关于单位与个人共同走私普通货物、物品案件的处理问题

单位和个人(不包括单位直接负责的主管人员和其他直接责任人员)共同走私的，单位和个人均应对共同走私所偷逃应缴税额负责。

对单位和个人共同走私偷逃应缴税额为5万元以上不满25万元的，应当根据其在案件中所起的作用，区分不同情况做出处理。单位起主要作用的，对单位和个人均不追究刑事责任，由海关予以行政处理；个人起主要作用的，对个人依照刑法有关规定追究刑事责任，对单位由海关予以行政处理。无法认定单位或个人起主要作用的，对个人和单位分别按个人犯罪和单位犯罪的标准处理。

单位和个人共同走私偷逃应缴税额超过25万元且能区分主、从犯的，应当按照刑法关于主、从犯的有关规定，对从犯从轻、减轻处罚或者免除处罚。

二十一、关于单位走私犯罪案件自首的认定问题

在办理单位走私犯罪案件中，对单位集体决定自首的，或者单位直接负责的主管人员自首的，应当认定单位自首。认定单位自首后，如实交代主要犯罪事实的单位负责的其他主管人员和其他直接责任人员，可视为自首，但对拒不交代主要犯罪事实或逃避法律追究的人员，不以自首论。

二十二、关于共同走私犯罪案件如何判处罚金刑问题

审理共同走私犯罪案件时，对各共同犯罪人判处罚金的总额应掌握在共同走私行为偷逃应缴税额的一倍以上五倍以下。

二十三、关于走私货物、物品、走私违法所得以及走私犯罪工具的处理问题

在办理走私犯罪案件过程中，对发现的走私货物、物品、走私违法所得以及属于走私犯罪分子所有的犯罪工具，走私犯罪侦查机关应当及时追缴，依法予以查扣、冻结。在移送审查起诉时应当将扣押物品文件清单、冻结存款证明文件等材料随案移送，对于扣押的危险品或者鲜活、易腐、易失效、易贬值等不宜长期保存的货物、物品，已经依法先行变卖、拍卖的，应当随案移送变卖、拍卖物品清单以及原物的照片或者录像资料；人民检察院在提起公诉时应当将上述扣押物品文件清单、冻结存款证明和变卖、拍卖物品清单一并移送；人民法院在判决走私罪案件时，应当对随案清单、证明文件中载明的款、物审查确认并依法判决予以追缴、没收；海关根据人民法院的判决和海关法的有关规定予以处理，上缴中央国库。

二十四、关于走私货物、物品无法扣押或者不便扣押情况下走私违法所得的追缴问题

在办理走私普通货物、物品犯罪案件中，对于走私货物、物品因流入国内市场或者投入使用，致使走私货物、物品无法扣押或者不便扣押的，应当按照走私货物、物品的进出口完税价格认定违法所得予以追缴；走私货物、物品实际销售价格高于进出口完税价格的，应当按照实际销售价格认定违法所得予以追缴。

最高人民法院、最高人民检察院关于办理走私刑事案件适用法律若干问题的解释

（2014年8月12日 法释〔2014〕10号）

为依法惩治走私犯罪活动，根据刑法有关规定，现就办理走私刑事案件适用法律的若干问题解释如下：

第一条 走私武器、弹药，具有下列情形之一的，可以认定为刑法第一百五十一条第一款规定的"情节较轻"：

（一）走私以压缩气体等非火药为动力发射枪弹的枪支二支以上不满五支的；

（二）走私气枪铅弹五百发以上不满二千五百发，或者其他子弹十发以上不满五十发的；

（三）未达到上述数量标准，但属于犯罪集团的首要分子，使用特种车辆从事走私活动，或者走私的武器、弹药被用于实施犯罪等情形的；

（四）走私各种口径在六十毫米以下常规炮弹、手榴弹或者枪榴弹等分别或者合计不满五枚的。

具有下列情形之一的，依照刑法第一百五十一条第一款的规定处七年以上有期徒刑，并处罚金或者没收财产：

（一）走私以火药为动力发射枪弹的枪支一支，或者以压缩气体等非火药为动力发射枪弹的枪支五支以上不满十支的；

（二）走私第一款第二项规定的弹药，数量在该项规定的最高数量以上不满最高数量五倍的；

（三）走私各种口径在六十毫米以下常规炮弹、手榴弹或者枪榴弹等分别或者合计达到五枚以上不满十枚，或者各种口径超过六十毫米以上常规炮弹合计不满五枚的；

（四）达到第一款第一、二、四项规定的数量标准，且属于犯罪集团的首要分子，使用特种车辆从事走私活动，或者走私的武器、弹药被用于实施犯罪等情形的。

具有下列情形之一的，应当认定为刑法第一百五十一条第一款规定的"情节特别严重"：

（一）走私第二款第一项规定的枪支，数量超过该项规定的数量标准的；

（二）走私第一款第二项规定的弹药，数量在该项规定的最高数量标准五倍以上的；

（三）走私第二款第三项规定的弹药，数量超过该项规定的数量标准，或者走私具有巨大杀伤力的非常规炮弹一枚以上的；

（四）达到第二款第一项至第三项规定的数量标准，且属于犯罪集团的首要分子，使用特种车辆从事走私活动，或者走私的武器、弹药被用于实施犯罪等情形的。

走私其他武器、弹药，构成犯罪的，参照本条各款规定的标准处罚。

第二条 刑法第一百五十一条第一款规定的"武器、弹药"的种类，参照《中华人民共和国进口税则》及《中华人民共和国禁止进出境物品表》的有关规定确定。

第三条 走私枪支散件，构成犯罪的，依照刑法第一百五十一条第一款的规定，以走私武器罪定罪处罚。成套枪支散件以相应数量的枪支计，非成套枪支散件以每三十件为一套枪支散件计。

第四条 走私各种弹药的弹头、弹壳，构成犯罪的，依照刑法第一百五十一条第一款的规定，以走私弹药罪定罪处罚。具体的定罪量刑标准，按照本解释第一条规定的数量标准的五倍执行。

走私报废或者无法组装并使用的各种弹药的弹头、弹壳，构成犯罪的，依照刑法第一百五十三条的规定，以走私普通货物、物品罪定罪处罚；属于废物的，依照刑法第一百五十二条第二款的规定，以走私废物罪定罪处罚。

弹头、弹壳是否属于前款规定的"报废或者无法组装并使用"或者"废物"，由国家有关技术部门进行鉴定。

第五条 走私国家禁止或者限制进出口的仿真枪、管制刀具，构成犯罪的，依照刑法第一百五十一条第三款的规定，以走私国家禁止进出口的货物、物品罪定罪处罚。具体的定罪量刑标准，适用本解释第十一条第一款第六、七项和第二款的规定。

走私的仿真枪经鉴定为枪支，构成犯罪的，依照刑法第一百五十一条第一款的规定，以走私武器罪定罪处罚。不以牟利或者从事违法犯罪活动为目的，且无其他严重情节的，可以依法从轻处罚；情节轻微不需要判处刑罚的，可以免予刑事处罚。

第六条 走私伪造的货币，数额在二千元以上不满二万元，或者数量在二百张（枚）以上不满二千张（枚）的，可以认定为刑法第一百五十一条第一款规定的"情节较轻"。

具有下列情形之一的，依照刑法第一百五十一条第一款的规定处七年以上有期徒刑，并处罚金或者没收财产：

（一）走私数额在二万元以上不满二十万元，或者数量在二千张（枚）以上不满二万张（枚）的；

（二）走私数额或者数量达到第一款规定的标准，且具有走私的伪造货币流入市场等情节的。

具有下列情形之一的，应当认定为刑法第一百五十一条第一款规定的"情节特别严重"：

（一）走私数额在二十万元以上，或者数量在二万张（枚）以上的；

（二）走私数额或者数量达到第二款第一项规定的标准，且属于犯罪集团的首要分子，使用特种车辆从事走私活动，或者走私的伪造货币流入市场等情形的。

第七条 刑法第一百五十一条第一款规定的"货币",包括正在流通的人民币和境外货币。伪造的境外货币数额,折合成人民币计算。

第八条 走私国家禁止出口的三级文物二件以下的,可以认定为刑法第一百五十一条第二款规定的"情节较轻"。

具有下列情形之一的,依照刑法第一百五十一条第二款的规定处五年以上十年以下有期徒刑,并处罚金:

(一)走私国家禁止出口的二级文物不满三件,或者三级文物三件以上不满九件的;

(二)走私国家禁止出口的三级文物不满三件,且具有造成文物严重毁损或者无法追回等情节的。

具有下列情形之一的,应当认定为刑法第一百五十一条第二款规定的"情节特别严重":

(一)走私国家禁止出口的一级文物一件以上,或者二级文物三件以上,或者三级文物九件以上的;

(二)走私国家禁止出口的文物达到第二款第一项规定的数量标准,且属于犯罪集团的首要分子,使用特种车辆从事走私活动,或者造成文物严重毁损、无法追回等情形的。

第九条 走私国家一、二级保护动物未达到本解释附表中(一)规定的数量标准,或者走私珍贵动物制品数额不满二十万元的,可以认定为刑法第一百五十一条第二款规定的"情节较轻"。

具有下列情形之一的,依照刑法第一百五十一条第二款的规定处五年以上十年以下有期徒刑,并处罚金:

(一)走私国家一、二级保护动物达到本解释附表中(一)规定的数量标准的;

(二)走私珍贵动物制品数额在二十万元以上不满一百万元的;

(三)走私国家一、二级保护动物未达到本解释附表中(一)规定的数量标准,但具有造成该珍贵动物死亡或者无法追回等情节的。

具有下列情形之一的,应当认定为刑法第一百五十一条第二款规定的"情节特别严重":

（一）走私国家一、二级保护动物达到本解释附表中（二）规定的数量标准的；

（二）走私珍贵动物制品数额在一百万元以上的；

（三）走私国家一、二级保护动物达到本解释附表中（一）规定的数量标准，且属于犯罪集团的首要分子，使用特种车辆从事走私活动，或者造成该珍贵动物死亡、无法追回等情形的。

不以牟利为目的，为留作纪念而走私珍贵动物制品进境，数额不满十万元的，可以免予刑事处罚；情节显著轻微的，不作为犯罪处理。

第十条 刑法第一百五十一条第二款规定的"珍贵动物"，包括列入《国家重点保护野生动物名录》中的国家一、二级保护野生动物，《濒危野生动植物种国际贸易公约》附录Ⅰ、附录Ⅱ中的野生动物，以及驯养繁殖的上述动物。

走私本解释附表中未规定的珍贵动物的，参照附表中规定的同属或者同科动物的数量标准执行。

走私本解释附表中未规定珍贵动物的制品的，按照最高人民法院、最高人民检察院、国家林业局、公安部、海关总署《关于破坏野生动物资源刑事案件中涉及的CITES附录Ⅰ和附录Ⅱ所列陆生野生动物制品价值核定问题的通知》（林濒发〔2012〕239号）的有关规定核定价值。

第十一条 走私国家禁止进出口的货物、物品，具有下列情形之一的，依照刑法第一百五十一条第三款的规定处五年以下有期徒刑或者拘役，并处或者单处罚金：

（一）走私国家一级保护野生植物五株以上不满二十五株，国家二级保护野生植物十株以上不满五十株，或者珍稀植物、珍稀植物制品数额在二十万元以上不满一百万元的；

（二）走私重点保护古生物化石或者未命名的古生物化石不满十件，或者一般保护古生物化石十件以上不满五十件的；

（三）走私禁止进出口的有毒物质一吨以上不满五吨，或者数额在二万元以上不满十万元的；

（四）走私来自境外疫区的动植物及其产品五吨以上不满二十五吨，或者数额在五万元以上不满二十五万元的；

（五）走私木炭、硅砂等妨害环境、资源保护的货物、物品十吨以上不满五十吨，或者数额在十万元以上不满五十万元的；

（六）走私旧机动车、切割车、旧机电产品或者其他禁止进出口的货物、物品二十吨以上不满一百吨，或者数额在二十万元以上不满一百万元的；

（七）数量或者数额未达到本款第一项至第六项规定的标准，但属于犯罪集团的首要分子，使用特种车辆从事走私活动，造成环境严重污染，或者引起甲类传染病传播、重大动植物疫情等情形的。

具有下列情形之一的，应当认定为刑法第一百五十一条第三款规定的"情节严重"：

（一）走私数量或者数额超过前款第一项至第六项规定的标准的；

（二）达到前款第一项至第六项规定的标准，且属于犯罪集团的首要分子，使用特种车辆从事走私活动，造成环境严重污染，或者引起甲类传染病传播、重大动植物疫情等情形的。

第十二条 刑法第一百五十一条第三款规定的"珍稀植物"，包括列入《国家重点保护野生植物名录》《国家重点保护野生药材物种名录》《国家珍贵树种名录》中的国家一、二级保护野生植物、国家重点保护的野生药材、珍贵树木，《濒危野生动植物种国际贸易公约》附录Ⅰ、附录Ⅱ中的野生植物，以及人工培育的上述植物。

本解释规定的"古生物化石"，按照《古生物化石保护条例》的规定予以认定。走私具有科学价值的古脊椎动物化石、古人类化石，构成犯罪的，依照刑法第一百五十一条第二款的规定，以走私文物罪定罪处罚。

第十三条 以牟利或者传播为目的，走私淫秽物品，达到下列数量之一的，可以认定为刑法第一百五十二条第一款规定的"情节较轻"：

（一）走私淫秽录像带、影碟五十盘（张）以上不满一百盘（张）的；

（二）走私淫秽录音带、音碟一百盘（张）以上不满二百盘（张）的；

（三）走私淫秽扑克、书刊、画册一百副（册）以上不满二百副（册）的；

（四）走私淫秽照片、画片五百张以上不满一千张的；

（五）走私其他淫秽物品相当于上述数量的。

走私淫秽物品在前款规定的最高数量以上不满最高数量五倍的，依照刑法第一百五十二条第一款的规定处三年以上十年以下有期徒刑，并处罚金。

走私淫秽物品在第一款规定的最高数量五倍以上，或者在第一款规定的最高数量以上不满五倍，但属于犯罪集团的首要分子，使用特种车辆从事走私活动等情形的，应当认定为刑法第一百五十二条第一款规定的"情节严重"。

第十四条 走私国家禁止进口的废物或者国家限制进口的可用作原料的废物，具有下列情形之一的，应当认定为刑法第一百五十二条第二款规定的"情节严重"：

（一）走私国家禁止进口的危险性固体废物、液态废物分别或者合计达到一吨以上不满五吨的；

（二）走私国家禁止进口的非危险性固体废物、液态废物分别或者合计达到五吨以上不满二十五吨的；

（三）走私国家限制进口的可用作原料的固体废物、液态废物分别或者合计达到二十吨以上不满一百吨的；

（四）未达到上述数量标准，但属于犯罪集团的首要分子，使用特种车辆从事走私活动，或者造成环境严重污染等情形的。

具有下列情形之一的，应当认定为刑法第一百五十二条第二款规定的"情节特别严重"：

（一）走私数量超过前款规定的标准的；

（二）达到前款规定的标准，且属于犯罪集团的首要分子，使用特种车辆从事走私活动，或者造成环境严重污染等情形的；

（三）未达到前款规定的标准，但造成环境严重污染且后果特别严重的。

走私置于容器中的气态废物，构成犯罪的，参照前两款规定的标准处罚。

第十五条 国家限制进口的可用作原料的废物的具体种类，参照国家有关部门的规定确定。

第十六条 走私普通货物、物品，偷逃应缴税额在十万元以上不满五十万元的，应当认定为刑法第一百五十三条第一款规定的"偷逃应缴税额较大"；偷逃应缴税额在五十万元以上不满二百五十万元的，应当认定为"偷逃应缴税额巨大"；偷逃应缴税额在二百五十万元以上的，应当认定为"偷逃应缴税额特别巨大"。

走私普通货物、物品，具有下列情形之一，偷逃应缴税额在三十万元以上不满五十万元的，应当认定为刑法第一百五十三条第一款规定的"其他严重情节"；偷逃应缴税额在一百五十万元以上不满二百五十万元的，应当认定为"其他特别严重情节"：

（一）犯罪集团的首要分子；

（二）使用特种车辆从事走私活动的；

（三）为实施走私犯罪，向国家机关工作人员行贿的；

（四）教唆、利用未成年人、孕妇等特殊人群走私的；

（五）聚众阻挠缉私的。

第十七条 刑法第一百五十三条第一款规定的"一年内曾因走私被给予二次行政处罚后又走私"中的"一年内"，以因走私第一次受到行政处罚的生效之日与"又走私"行为实施之日的时间间隔计算确定；"被给予二次行政处罚"的走私行为，包括走私普通货物、物品以及其他货物、物品；"又走私"行为仅指走私普通货物、物品。

第十八条 刑法第一百五十三条规定的"应缴税额"，包括进出口货物、物品应当缴纳的进出口关税和进口环节海关代征税的税额。应缴税额以走私行为实施时的税则、税率、汇率和完税价格计算；多次走私的，以每次走私行为实施时的税则、税率、汇率和完税价格逐票计算；走私行为实施时间不能确定的，以案发时的税则、税率、汇率和完税价格计算。

刑法第一百五十三条第三款规定的"多次走私未经处理"，包括未经行政处理和刑事处理。

第十九条 刑法第一百五十四条规定的"保税货物"，是指经海关批准，未办理纳税手续进境，在境内储存、加工、装配后应予复运出境的货物，包括通过加工贸易、补偿贸易等方式进口的货物，以及在保税仓库、保税工厂、保税区或者免税商店内等储存、加工、寄售的货物。

第二十条 直接向走私人非法收购走私进口的货物、物品，在内海、领海、界河、界湖运输、收购、贩卖国家禁止进出口的物品，或者没有合法证明，在内海、领海、界河、界湖运输、收购、贩卖国家限制进出口的货物、物品，构成犯罪的，应当按照走私货物、物品的种类，分别依照刑法第一百五十一条、第一百五十二条、第一百五十三条、第三百四十七条、第三百五十条的规定定罪处罚。

刑法第一百五十五条第二项规定的"内海",包括内河的入海口水域。

第二十一条 未经许可进出口国家限制进出口的货物、物品,构成犯罪的,应当依照刑法第一百五十一条、第一百五十二条的规定,以走私国家禁止进出口的货物、物品罪等罪名定罪处罚;偷逃应缴税额,同时又构成走私普通货物、物品罪的,依照处罚较重的规定定罪处罚。

取得许可,但超过许可数量进出口国家限制进出口的货物、物品,构成犯罪的,依照刑法第一百五十三条的规定,以走私普通货物、物品罪定罪处罚。

租用、借用或者使用购买的他人许可证,进出口国家限制进出口的货物、物品的,适用本条第一款的规定定罪处罚。

第二十二条 在走私的货物、物品中藏匿刑法第一百五十一条、第一百五十二条、第三百四十七条、第三百五十条规定的货物、物品,构成犯罪的,以实际走私的货物、物品定罪处罚;构成数罪的,实行数罪并罚。

第二十三条 实施走私犯罪,具有下列情形之一的,应当认定为犯罪既遂:

(一)在海关监管现场被查获的;

(二)以虚假申报方式走私,申报行为实施完毕的;

(三)以保税货物或者特定减税、免税进口的货物、物品为对象走私,在境内销售的,或者申请核销行为实施完毕的。

第二十四条 单位犯刑法第一百五十一条、第一百五十二条规定之罪,依照本解释规定的标准定罪处罚。

单位犯走私普通货物、物品罪,偷逃应缴税额在二十万元以上不满一百万元的,应当依照刑法第一百五十三条第二款的规定,对单位判处罚金,并对其直接负责的主管人员和其他直接责任人员,处三年以下有期徒刑或者拘役;偷逃应缴税额在一百万元以上不满五百万元的,应当认定为"情节严重";偷逃应缴税额在五百万元以上的,应当认定为"情节特别严重"。

第二十五条 本解释发布实施后,最高人民法院《关于审理走私刑事案件具体应用法律若干问题的解释》(法释〔2000〕30号)、最高人民法院《关于审理走私刑事案件具体应用法律若干问题的解释(二)》(法释〔2006〕9号)同时废止。之前发布的司法解释与本解释不一致的,以本解释为准。

附表:(略)

最高人民法院、最高人民检察院关于办理妨害文物管理等刑事案件适用法律若干问题的解释

(2015年12月30日 法释〔2015〕23号)

为依法惩治文物犯罪,保护文物,根据《中华人民共和国刑法》《中华人民共和国刑事诉讼法》《中华人民共和国文物保护法》的有关规定,现就办理此类刑事案件适用法律的若干问题解释如下:

第一条 刑法第一百五十一条规定的"国家禁止出口的文物",依照《中华人民共和国文物保护法》规定的"国家禁止出境的文物"的范围认定。

走私国家禁止出口的二级文物的,应当依照刑法第一百五十一条第二款的规定,以走私文物罪处五年以上十年以下有期徒刑,并处罚金;走私国家禁止出口的一级文物的,应当认定为刑法第一百五十一条第二款规定的"情节特别严重";走私国家禁止出口的三级文物的,应当认定为刑法第一百五十一条第二款规定的"情节较轻"。

走私国家禁止出口的文物,无法确定文物等级,或者按照文物等级定罪量刑明显过轻或者过重的,可以按照走私的文物价值定罪量刑。走私的文物价值在二十万元以上不满一百万元的,应当依照刑法第一百五十一条第二款的规定,以走私文物罪处五年以上十年以下有期徒刑,并处罚金;文物价值在一百万元以上的,应当认定为刑法第一百五十一条第二款规定的"情节特别严重";文物价值在五万元以上不满二十万元的,应当认定为刑法第一百五十一条第二款规定的"情节较轻"。

第二条　盗窃一般文物、三级文物、二级以上文物的，应当分别认定为刑法第二百六十四条规定的"数额较大""数额巨大""数额特别巨大"。

盗窃文物，无法确定文物等级，或者按照文物等级定罪量刑明显过轻或者过重的，按照盗窃的文物价值定罪量刑。

第三条　全国重点文物保护单位、省级文物保护单位的本体，应当认定为刑法第三百二十四条第一款规定的"被确定为全国重点文物保护单位、省级文物保护单位的文物"。

故意损毁国家保护的珍贵文物或者被确定为全国重点文物保护单位、省级文物保护单位的文物，具有下列情形之一的，应当认定为刑法第三百二十四条第一款规定的"情节严重"：

（一）造成五件以上三级文物损毁的；

（二）造成二级以上文物损毁的；

（三）致使全国重点文物保护单位、省级文物保护单位的本体严重损毁或者灭失的；

（四）多次损毁或者损毁多处全国重点文物保护单位、省级文物保护单位的本体的；

（五）其他情节严重的情形。

实施前款规定的行为，拒不执行国家行政主管部门作出的停止侵害文物的行政决定或者命令的，酌情从重处罚。

第四条　风景名胜区的核心景区以及未被确定为全国重点文物保护单位、省级文物保护单位的古文化遗址、古墓葬、古建筑、石窟寺、石刻、壁画、近代现代重要史迹和代表性建筑等不可移动文物的本体，应当认定为刑法第三百二十四条第二款规定的"国家保护的名胜古迹"。

故意损毁国家保护的名胜古迹，具有下列情形之一的，应当认定为刑法第三百二十四条第二款规定的"情节严重"：

（一）致使名胜古迹严重损毁或者灭失的；

（二）多次损毁或者损毁多处名胜古迹的；

（三）其他情节严重的情形。

实施前款规定的行为，拒不执行国家行政主管部门作出的停止侵害文物的行政决定或者命令的,酌情从重处罚。

故意损毁风景名胜区内被确定为全国重点文物保护单位、省级文物保护单位的文物的,依照刑法第三百二十四条第一款和本解释第三条的规定定罪量刑。

第五条 过失损毁国家保护的珍贵文物或者被确定为全国重点文物保护单位、省级文物保护单位的文物,具有本解释第三条第二款第一项至第三项规定情形之一的,应当认定为刑法第三百二十四条第三款规定的"造成严重后果"。

第六条 出售或者为出售而收购、运输、储存《中华人民共和国文物保护法》规定的"国家禁止买卖的文物"的,应当认定为刑法第三百二十六条规定的"倒卖国家禁止经营的文物"。

倒卖国家禁止经营的文物,具有下列情形之一的,应当认定为刑法第三百二十六条规定的"情节严重":

(一)倒卖三级文物的;

(二)交易数额在五万元以上的;

(三)其他情节严重的情形。

实施前款规定的行为,具有下列情形之一的,应当认定为刑法第三百二十六条规定的"情节特别严重":

(一)倒卖二级以上文物的;

(二)倒卖三级文物五件以上的;

(三)交易数额在二十五万元以上的;

(四)其他情节特别严重的情形。

第七条 国有博物馆、图书馆以及其他国有单位,违反文物保护法规,将收藏或者管理的国家保护的文物藏品出售或者私自送给非国有单位或者个人的,依照刑法第三百二十七条的规定,以非法出售、私赠文物藏品罪追究刑事责任。

第八条 刑法第三百二十八条第一款规定的"古文化遗址、古墓葬"包括水下古文化遗址、古墓葬。"古文化遗址、古墓葬"不以公布为不可移动文物的古文化遗址、古墓葬为限。

实施盗掘行为,已损害古文化遗址、古墓葬的历史、艺术、科学价值的,应当认定为盗掘古文化遗址、古墓葬罪既遂。

采用破坏性手段盗窃古文化遗址、古墓葬以外的古建筑、石窟寺、石刻、壁画、近代现代重要史迹和代表性建筑等其他不可移动文物的，依照刑法第二百六十四条的规定，以盗窃罪追究刑事责任。

第九条 明知是盗窃文物、盗掘古文化遗址、古墓葬等犯罪所获取的三级以上文物，而予以窝藏、转移、收购、加工、代为销售或者以其他方法掩饰、隐瞒的，依照刑法第三百一十二条的规定，以掩饰、隐瞒犯罪所得罪追究刑事责任。

实施前款规定的行为，事先通谋的，以共同犯罪论处。

第十条 国家机关工作人员严重不负责任，造成珍贵文物损毁或者流失，具有下列情形之一的，应当认定为刑法第四百一十九条规定的"后果严重"：

（一）导致二级以上文物或者五件以上三级文物损毁或者流失的；

（二）导致全国重点文物保护单位、省级文物保护单位的本体严重损毁或者灭失的；

（三）其他后果严重的情形。

第十一条 单位实施走私文物、倒卖文物等行为，构成犯罪的，依照本解释规定的相应自然人犯罪的定罪量刑标准，对直接负责的主管人员和其他直接责任人员定罪处罚，并对单位判处罚金。

公司、企业、事业单位、机关、团体等单位实施盗窃文物、故意损毁文物、名胜古迹，过失损毁文物，盗掘古文化遗址、古墓葬等行为的，依照本解释规定的相应定罪量刑标准，追究组织者、策划者、实施者的刑事责任。

第十二条 针对不可移动文物整体实施走私、盗窃、倒卖等行为的，根据所属不可移动文物的等级，依照本解释第一条、第二条、第六条的规定定罪量刑：

（一）尚未被确定为文物保护单位的不可移动文物，适用一般文物的定罪量刑标准；

（二）市、县级文物保护单位，适用三级文物的定罪量刑标准；

（三）全国重点文物保护单位、省级文物保护单位，适用二级以上文物的定罪量刑标准。

针对不可移动文物中的建筑构件、壁画、雕塑、石刻等实施走私、盗窃、倒卖等行为的，根据建筑构件、壁画、雕塑、石刻等文物本身的等级或者价值，依照本解释第一条、第二条、第六条的规定定罪量刑。建筑构件、壁画、雕塑、石刻等所属不可移动文物的等级，应当作为量刑情节予以考虑。

第十三条 案件涉及不同等级的文物的，按照高级别文物的量刑幅度量刑；有多件同级文物的，五件同级文物视为一件高一级文物，但是价值明显不相当的除外。

第十四条 依照文物价值定罪量刑的，根据涉案文物的有效价格证明认定文物价值；无有效价格证明，或者根据价格证明认定明显不合理的，根据销赃数额认定，或者结合本解释第十五条规定的鉴定意见、报告认定。

第十五条 在行为人实施有关行为前，文物行政部门已对涉案文物及其等级作出认定的，可以直接对有关案件事实作出认定。

对案件涉及的有关文物鉴定、价值认定等专门性问题难以确定的，由司法鉴定机构出具鉴定意见，或者由国务院文物行政部门指定的机构出具报告。其中，对于文物价值，也可以由有关价格认证机构作出价格认证并出具报告。

第十六条 实施本解释第一条、第二条、第六条至第九条规定的行为，虽已达到应当追究刑事责任的标准，但行为人系初犯，积极退回或者协助追回文物，未造成文物损毁，并确有悔罪表现的，可以认定为犯罪情节轻微，不起诉或者免予刑事处罚。

实施本解释第三条至第五条规定的行为，虽已达到应当追究刑事责任的标准，但行为人系初犯，积极赔偿损失，并确有悔罪表现的，可以认定为犯罪情节轻微，不起诉或者免予刑事处罚。

第十七条 走私、盗窃、损毁、倒卖、盗掘或者非法转让具有科学价值的古脊椎动物化石、古人类化石的，依照刑法和本解释的有关规定定罪量刑。

第十八条 本解释自 2016 年 1 月 1 日起施行。本解释公布施行后，《最高人民法院、最高人民检察院关于办理盗窃、盗掘、非法经营和走私文物的案件具体应用法律的若干问题的解释》（法（研）发〔1987〕32 号）同时废止；之前发布的司法解释与本解释不一致的，以本解释为准。

最高人民法院关于审理毒品犯罪案件适用法律若干问题的解释

（2016年4月6日　法释〔2016〕8号）

为依法惩治毒品犯罪，根据《中华人民共和国刑法》的有关规定，现就审理此类刑事案件适用法律的若干问题解释如下：

第一条　走私、贩卖、运输、制造、非法持有下列毒品，应当认定为刑法第三百四十七条第二款第一项、第三百四十八条规定的"其他毒品数量大"：

（一）可卡因五十克以上；

（二）3，4-亚甲二氧基甲基苯丙胺（MDMA）等苯丙胺类毒品（甲基苯丙胺除外）、吗啡一百克以上；

（三）芬太尼一百二十五克以上；

（四）甲卡西酮二百克以上；

（五）二氢埃托啡十毫克以上；

（六）哌替啶（度冷丁）二百五十克以上；

（七）氯胺酮五百克以上；

（八）美沙酮一千克以上；

（九）曲马多、γ-羟丁酸二千克以上；

（十）大麻油五千克、大麻脂十千克、大麻叶及大麻烟一百五十千克以上；

（十一）可待因、丁丙诺啡五千克以上；

（十二）三唑仑、安眠酮五十千克以上；

（十三）阿普唑仑、恰特草一百千克以上；

（十四）咖啡因、罂粟壳二百千克以上；

（十五）巴比妥、苯巴比妥、安钠咖、尼美西泮二百五十千克以上；

（十六）氯氮卓、艾司唑仑、地西泮、溴西泮五百千克以上；

（十七）上述毒品以外的其他毒品数量大的。

国家定点生产企业按照标准规格生产的麻醉药品或者精神药品被用于毒品犯罪的，根据药品中毒品成分的含量认定涉案毒品数量。

第二条 走私、贩卖、运输、制造、非法持有下列毒品，应当认定为刑法第三百四十七条第三款、第三百四十八条规定的"其他毒品数量较大"：

（一）可卡因十克以上不满五十克；

（二）3，4-亚甲二氧基甲基苯丙胺（MDMA）等苯丙胺类毒品（甲基苯丙胺除外）、吗啡二十克以上不满一百克；

（三）芬太尼二十五克以上不满一百二十五克；

（四）甲卡西酮四十克以上不满二百克；

（五）二氢埃托啡二毫克以上不满十毫克；

（六）哌替啶（度冷丁）五十克以上不满二百五十克；

（七）氯胺酮一百克以上不满五百克；

（八）美沙酮二百克以上不满一千克；

（九）曲马多、γ-羟丁酸四百克以上不满二千克；

（十）大麻油一千克以上不满五千克、大麻脂二千克以上不满十千克、大麻叶及大麻烟三十千克以上不满一百五十千克；

（十一）可待因、丁丙诺啡一千克以上不满五千克；

（十二）三唑仑、安眠酮十千克以上不满五十千克；

（十三）阿普唑仑、恰特草二十千克以上不满一百千克；

（十四）咖啡因、罂粟壳四十千克以上不满二百千克；

（十五）巴比妥、苯巴比妥、安钠咖、尼美西泮五十千克以上不满二百五十千克；

（十六）氯氮卓、艾司唑仑、地西泮、溴西泮一百千克以上不满五百千克；

（十七）上述毒品以外的其他毒品数量较大的。

第三条 在实施走私、贩卖、运输、制造毒品犯罪的过程中，携带枪支、弹药或者爆炸物用于掩护的，应当认定为刑法第三百四十七条第二款第三项规定的"武装掩护走私、贩卖、运输、制造毒品"。枪支、弹药、爆炸物种类的认定，依照相关司法解释的规定执行。

在实施走私、贩卖、运输、制造毒品犯罪的过程中，以暴力抗拒检查、拘留、逮捕，造成执法人员死亡、重伤、多人轻伤或者具有其他严重情节的，应当认定为刑法第三百四十七条第二款第四项规定的"以暴力抗拒检查、拘留、逮捕，情节严重"。

第四条 走私、贩卖、运输、制造毒品，具有下列情形之一的，应当认定为刑法第三百四十七条第四款规定的"情节严重"：

（一）向多人贩卖毒品或者多次走私、贩卖、运输、制造毒品的；

（二）在戒毒场所、监管场所贩卖毒品的；

（三）向在校学生贩卖毒品的；

（四）组织、利用残疾人、严重疾病患者、怀孕或者正在哺乳自己婴儿的妇女走私、贩卖、运输、制造毒品的；

（五）国家工作人员走私、贩卖、运输、制造毒品的；

（六）其他情节严重的情形。

第五条 非法持有毒品达到刑法第三百四十八条或者本解释第二条规定的"数量较大"标准，且具有下列情形之一的，应当认定为刑法第三百四十八条规定的"情节严重"：

（一）在戒毒场所、监管场所非法持有毒品的；

（二）利用、教唆未成年人非法持有毒品的；

（三）国家工作人员非法持有毒品的；

（四）其他情节严重的情形。

第六条 包庇走私、贩卖、运输、制造毒品的犯罪分子，具有下列情形之一的，应当认定为刑法第三百四十九条第一款规定的"情节严重"：

（一）被包庇的犯罪分子依法应当判处十五年有期徒刑以上刑罚的；

（二）包庇多名或者多次包庇走私、贩卖、运输、制造毒品的犯罪分子的；

（三）严重妨害司法机关对被包庇的犯罪分子实施的毒品犯罪进行追究的；

（四）其他情节严重的情形。

为走私、贩卖、运输、制造毒品的犯罪分子窝藏、转移、隐瞒毒品或者毒品犯罪所得的财物，具有下列情形之一的，应当认定为刑法第三百四十九条第一款规定的"情节严重"：

（一）为犯罪分子窝藏、转移、隐瞒毒品达到刑法第三百四十七条第二款第一项或者本解释第一条第一款规定的"数量大"标准的；

（二）为犯罪分子窝藏、转移、隐瞒毒品犯罪所得的财物价值达到五万元以上的；

（三）为多人或者多次为他人窝藏、转移、隐瞒毒品或者毒品犯罪所得的财物的；

（四）严重妨害司法机关对该犯罪分子实施的毒品犯罪进行追究的；

（五）其他情节严重的情形。

包庇走私、贩卖、运输、制造毒品的近亲属，或者为其窝藏、转移、隐瞒毒品或者毒品犯罪所得的财物，不具有本条前两款规定的"情节严重"情形，归案后认罪、悔罪、积极退赃，且系初犯、偶犯，犯罪情节轻微不需要判处刑罚的，可以免予刑事处罚。

第七条 违反国家规定，非法生产、买卖、运输制毒物品、走私制毒物品，达到下列数量标准的，应当认定为刑法第三百五十条第一款规定的"情节较重"：

（一）麻黄碱（麻黄素）、伪麻黄碱（伪麻黄素）、消旋麻黄碱（消旋麻黄素）一千克以上不满五千克；

（二）1-苯基-2-丙酮、1-苯基-2-溴-1-丙酮、3,4-亚甲基二氧苯基-2-丙酮、羟亚胺二千克以上不满十千克；

（三）3-氧-2-苯基丁腈、邻氯苯基环戊酮、去甲麻黄碱（去甲麻黄素）、甲基麻黄碱（甲基麻黄素）四千克以上不满二十千克；

（四）醋酸酐十千克以上不满五十千克；

（五）麻黄浸膏、麻黄浸膏粉、胡椒醛、黄樟素、黄樟油、异黄樟素、麦角酸、麦角胺、麦角新碱、苯乙酸二十千克以上不满一百千克；

（六）N-乙酰邻氨基苯酸、邻氨基苯甲酸、三氯甲烷、乙醚、哌啶五十千克以上不满二百五十千克；

（七）甲苯、丙酮、甲基乙基酮、高锰酸钾、硫酸、盐酸一百千克以上不满五百千克；

（八）其他制毒物品数量相当的。

违反国家规定，非法生产、买卖、运输制毒物品、走私制毒物品，达到前款规定的数量标准最低值的百分之五十，且具有下列情形之一的，应当认定为刑法第三百五十条第一款规定的"情节较重"：

（一）曾因非法生产、买卖、运输制毒物品、走私制毒物品受过刑事处罚的；

（二）二年内曾因非法生产、买卖、运输制毒物品、走私制毒物品受过行政处罚的；

（三）一次组织五人以上或者多次非法生产、买卖、运输制毒物品、走私制毒物品，或者在多个地点非法生产制毒物品的；

（四）利用、教唆未成年人非法生产、买卖、运输制毒物品、走私制毒物品的；

（五）国家工作人员非法生产、买卖、运输制毒物品、走私制毒物品的；

（六）严重影响群众正常生产、生活秩序的；

（七）其他情节较重的情形。

易制毒化学品生产、经营、购买、运输单位或者个人未办理许可证明或者备案证明，生产、销售、购买、运输易制毒化学品，确实用于合法生产、生活需要的，不以制毒物品犯罪论处。

第八条 违反国家规定，非法生产、买卖、运输制毒物品、走私制毒物品，具有下列情形之一的，应当认定为刑法第三百五十条第一款规定的"情节严重"：

（一）制毒物品数量在本解释第七条第一款规定的最高数量标准以上，不满最高数量标准五倍的；

（二）达到本解释第七条第一款规定的数量标准，且具有本解释第七条第二款第三项至第六项规定的情形之一的；

（三）其他情节严重的情形。

违反国家规定，非法生产、买卖、运输制毒物品、走私制毒物品，具有下列情形之一的，应当认定为刑法第三百五十条第一款规定的"情节特别严重"：

（一）制毒物品数量在本解释第七条第一款规定的最高数量标准五倍以上的；

（二）达到前款第一项规定的数量标准，且具有本解释第七条第二款第三项至第六项规定的情形之一的；

（三）其他情节特别严重的情形。

第九条 非法种植毒品原植物，具有下列情形之一的，应当认定为刑法第三百五十一条第一款第一项规定的"数量较大"：

（一）非法种植大麻五千株以上不满三万株的；

（二）非法种植罂粟二百平方米以上不满一千二百平方米、大麻二千平方米以上不满一万二千平方米，尚未出苗的；

（三）非法种植其他毒品原植物数量较大的。

非法种植毒品原植物，达到前款规定的最高数量标准的，应当认定为刑法第三百五十一条第二款规定的"数量大"。

第十条 非法买卖、运输、携带、持有未经灭活的毒品原植物种子或者幼苗，具有下列情形之一的，应当认定为刑法第三百五十二条规定的"数量较大"：

（一）罂粟种子五十克以上、罂粟幼苗五千株以上的；

（二）大麻种子五十千克以上、大麻幼苗五万株以上的；

（三）其他毒品原植物种子或者幼苗数量较大的。

第十一条 引诱、教唆、欺骗他人吸食、注射毒品，具有下列情形之一的，应当认定为刑法第三百五十三条第一款规定的"情节严重"：

（一）引诱、教唆、欺骗多人或者多次引诱、教唆、欺骗他人吸食、注射毒品的；

（二）对他人身体健康造成严重危害的；

（三）导致他人实施故意杀人、故意伤害、交通肇事等犯罪行为的；

（四）国家工作人员引诱、教唆、欺骗他人吸食、注射毒品的；

（五）其他情节严重的情形。

第十二条 容留他人吸食、注射毒品，具有下列情形之一的，应当依照刑法第三百五十四条的规定，以容留他人吸毒罪定罪处罚：

（一）一次容留多人吸食、注射毒品的；

（二）二年内多次容留他人吸食、注射毒品的；

（三）二年内曾因容留他人吸食、注射毒品受过行政处罚的；

（四）容留未成年人吸食、注射毒品的；

（五）以牟利为目的容留他人吸食、注射毒品的；

（六）容留他人吸食、注射毒品造成严重后果的；

（七）其他应当追究刑事责任的情形。

向他人贩卖毒品后又容留其吸食、注射毒品，或者容留他人吸食、注射毒品并向其贩卖毒品，符合前款规定的容留他人吸毒罪的定罪条件的，以贩卖毒品罪和容留他人吸毒罪数罪并罚。

容留近亲属吸食、注射毒品，情节显著轻微危害不大的，不作为犯罪处理；需要追究刑事责任的，可以酌情从宽处罚。

第十三条 依法从事生产、运输、管理、使用国家管制的麻醉药品、精神药品的人员，违反国家规定，向吸食、注射毒品的人提供国家规定管制的能够使人形成瘾癖的麻醉药品、精神药品，具有下列情形之一的，应当依照刑法第三百五十五条第一款的规定，以非法提供麻醉药品、精神药品罪定罪处罚：

（一）非法提供麻醉药品、精神药品达到刑法第三百四十七条第三款或者本解释第二条规定的"数量较大"标准最低值的百分之五十，不满"数量较大"标准的；

（二）二年内曾因非法提供麻醉药品、精神药品受过行政处罚的；

（三）向多人或者多次非法提供麻醉药品、精神药品的；

（四）向吸食、注射毒品的未成年人非法提供麻醉药品、精神药品的；

（五）非法提供麻醉药品、精神药品造成严重后果的；

（六）其他应当追究刑事责任的情形。

具有下列情形之一的，应当认定为刑法第三百五十五条第一款规定的"情节严重"：

（一）非法提供麻醉药品、精神药品达到刑法第三百四十七条第三款或者本解释第二条规定的"数量较大"标准的；

（二）非法提供麻醉药品、精神药品达到前款第一项规定的数量标准，且具有前款第三项至第五项规定的情形之一的；

（三）其他情节严重的情形。

第十四条 利用信息网络，设立用于实施传授制造毒品、非法生产制毒物品的方法，贩卖毒品，非法买卖制毒物品或者组织他人吸食、注射毒品等违法犯罪活动的网站、通讯群组，或者发布实施前述违法犯罪活动的信息，情节严重的，应当依照刑法第二百八十七条之一的规定，以非法利用信息网络罪定罪处罚。

实施刑法第二百八十七条之一、第二百八十七条之二规定的行为，同时构成贩卖毒品罪、非法买卖制毒物品罪、传授犯罪方法罪等犯罪的，依照处罚较重的规定定罪处罚。

第十五条 本解释自 2016 年 4 月 11 日起施行。《最高人民法院关于审理毒品案件定罪量刑标准有关问题的解释》（法释〔2000〕13 号）同时废止；之前发布的司法解释和规范性文件与本解释不一致的，以本解释为准。

后　记

　　写这么一本书出来感觉特别辛苦，为此，我耗费了巨量的时间和心力。近几年，我平均每天至少会阅读和研究十份以上的走私犯罪刑事裁判文书，多的时候，会高达五六十份。此外，还要研究大量的专著、论文及规定。同时还要办案，间或还写了一两本其他专著。但，写作本书所付出的精力无疑是最多的，为了把这本书写得尽可能好一些，在定稿前的几个月我们有意识地没有再接新案，对于慕名来访的当事人家属总是找些理由婉拒。因为人的时间、精力总是有限的，不可能面面俱到、一一兼顾，如庄子所言："以有涯随无涯，殆矣！"而业务一旦开启，便是责任。其实，每个人都会遇到类似问题，我们是要追求浅一层的"完美"还是深一层的"专长"呢？我想人生既要会做加法，更要会做减法；铺得开是能耐，收得住需定力。

　　关于律师专业化的问题，我想这应当代表了律师未来的发展方向。随着科技进步及人工智能的迅猛发展，很多专业性不够强的法律业务未来将会由机器人来做。而且，就算在目前形势下，"万金油"律师也是很难有较好生存发展空间的。唯有依凭过硬的人品、扎实的专业和自己不断精心打造出来的经典案例，才是王道。我们认为，刑事领域所涉业务实际包罗万象，只有在其中做进一步细分，才可能称得上真正的专业领域。我们始终认为，如果没有实际在某个专业细分领域办理过或深入研究过逾千起疑难复杂的案件，并取得卓有成效的辩护成果或公认的极具指导意义的研究成果，是很难说精通某专业领域的。

　　关于律师与权力机关的关系问题。我们认为，海关及检、法作为处理走私犯罪案件中的国家机关在总体上是值得我们尊重的，而海关在各类行政机关中应当说是做事较为认真和严谨的。不过，若是站在学术研究及专业探讨的角度出发，则大家应当是平等而互敬的关系，每一个判例及问题也应当是开放而自由的，也唯有在研究探讨足够公开、透明、充分的领域才可能产生可靠而又有生命力的知识。而且，即便在案件辩护的场域，也应当让两造意见平等而充分地展现。正如迈克·麦考韦利教授所指出的，"英国人认为获得真相的最好方法是让各方寻找能够证实真相的各种事实，然后双方展示他们所获得的所有材料……两个带有偏见的寻找者从田地的两端开始寻找，他们漏掉的东西要比一个公正无私的寻找者从地中间开始寻找所漏掉的东西要少得多"。由此可见，认为律师能够代表正义的观点难谓准确，但认为没有律师的参与便可通往正义的观点则更值得商榷。

关于律师与委托人或被告人的关系问题。诚如陈瑞华教授所言，律师应将委托人或被告人视为合作伙伴和必要助手，就辩护目标和辩护手段进行充分沟通、讨论和协调并取得一致意见，同时还要告知其一切法律风险。辩护律师的身份是基于委托人或被告人的授权和信任所产生的，毫无疑问应当以精准到位的专业、勤勉敬业的作风、坚韧不拔的精神来最大限度地维护被告人的合法权益，但规范执业应始终成为律师辩护的生命线。美国著名辩护律师艾伦·德肖维茨就坦言："当我代表被告，我的确是想要赢——依循一切公正、合法、符合伦理的方式。"因此，只要我们决定受理某个案件，摆在前面的就只有一个日程——赢下这场官司。为此，我们必须排除万难，用尽一切合法手段来挽救当事人。

关于从业理念的问题。在案件辩护的场域，我们秉持的是被告人合法权益最大化的理念；而在辩护以外的研究场域，我们秉持的是支持一切体制内外法律人认真研法适法以推动法治进步及业态进化的理念。

关于如何读书和做研究的问题。我们认为，阅读既是一种学习手段，又是一种生产方式，更是一种生活方式，最后应内化为一种习惯和本能，而研究能力及研究成果实际是检验阅读质量及专业水平的最佳途径。办案也必须将阅读、理解、演绎、对比、归纳、分析、判断等学习手段或研究方法贯穿始终，并将最终的研究成果以口头或书面形式呈现出来，从这个意义上来说，辩护意见也就是一种研究成果。

关于本书研究的问题类型。我们已将自认为在走私犯罪领域中大部分最重要且具典型意义的问题纳入了研究范围，对此进行了类型化思考，并得出了一些较系统的研究成果。但由于精力、时间及篇幅所限，本书并不打算论述走私犯罪中的所有重要问题，而且，书中所论及的主题也是我们具有研究优势的，当然，另外还有些具有研究优势的领域如加工贸易走私犯罪等领域，本书涉及不太多，这要留待将来时间充裕之时再作充分阐释。

本书的顺利完成要感谢研究中心及团队成员的大力支持。特别感谢樊崇义教授、陈兴良教授、田文昌律师、周光权教授、钱列阳律师、朱明勇律师等诸位名家拨冗为本书所作的隆重推荐，他们谦和的人品及渊博的学识让人景仰。同时，感谢武静律师耐心细致地收集了大量有用的素材；感谢莫丽冰律师慷慨提供了自己日常所用的参考书籍；感谢贾智存律师不辞辛劳从中国台湾地区帮我带回部分重要参考资料；感谢孙国东律师、郑宗亨律师，本书个别判例的分析借鉴了他们的研究成果或观点。感谢本所的管理者及同事们给予我的鼎力支持。感谢恩师石佑启教授，是他引领我走进了学术之门。感谢吴友明律师一直以来给予我的各种无私帮助。感谢王发旭律师、徐永忠律师、陈沸律师对我的大力支持。最后，要特别感谢我的家人一直以来的默默支持。

对于如何打磨心性，要归功于维特根斯坦的理论和王阳明的心学，它们长久以来给予了我很多滋养。知而未行不是真知，知行合一方谓真知。维特根斯坦在《逻辑哲学论》一书中写道："永恒的生命属于那些活在当下的人。"过去已去，将来未来。一切心法，还要在当下炼、事上炼和世上炼。省察过往，珍惜当下，便是最好的未来。

图书在版编目（CIP）数据

走私犯罪判例释解与辩点分析／晏山嵘著 . —2 版 . —北京：中国法制出版社，2023.1
ISBN 978-7-5216-3055-8

Ⅰ.①走… Ⅱ.①晏… Ⅲ.①走私罪-案例-中国 Ⅳ.①D924.335

中国版本图书馆 CIP 数据核字（2022）第 199001 号

策划编辑／责任编辑：黄丹丹　　　　　　　　封面设计：杨泽江

走私犯罪判例释解与辩点分析

ZOUSI FANZUI PANLI SHIJIE YU BIANDIAN FENXI

著者／晏山嵘
经销／新华书店
印刷／保定市中画美凯印刷有限公司
开本／710 毫米×1000 毫米　16 开　　　　　　印张/33　字数/332 千
版次/2023 年 1 月第 2 版　　　　　　　　　　2023 年 1 月第 1 次印刷

中国法制出版社出版
书号 ISBN 978-7-5216-3055-8　　　　　　　　定价：108.00 元

北京市西城区西便门西里甲 16 号西便门办公区
邮政编码：100053　　　　　　　　　　　　　　传真：010-63141600
网址：http://www.zgfzs.com　　　　　　　　　编辑部电话：010-63141812
市场营销部电话：010-63141612　　　　　　　　印务部电话：010-63141606

（如有印装质量问题，请与本社印务部联系。）